JN191126

昭和・平成・令和の大学生

大学生調査 35 年から見る価値観の変化

片桐新自
Katagiri Shinji

関西大学出版部

　私は，1987（昭和 62）年から 5 年おきに関西の複数の大学で大学生の価値観や意識に関する調査を行い，これまでにこの調査データに基づいて，すでに 3 冊の書籍を刊行してきた。

　1 冊目は，2007（平成 19）年に実施した第 5 回調査までの結果を踏まえた『不安定社会の中の若者たち——大学生調査から見るこの 20 年』（世界思想社，2009 年），2 冊目は，2012（平成 24）年に実施した第 6 回調査までの結果を踏まえた『不透明社会の中の若者たち——大学生調査 25 年から見る過去・現在・未来』（関西大学出版部，2014 年），3 冊目は，2017（平成 29）年に実施した第 7 回調査までの結果を踏まえた『時代を生きる若者たち——大学生調査 30 年から見る日本社会』（関西大学出版部，2019 年）である。

　『不安定社会の中の若者たち』は，1987 年から 2007 年までの 20 年間を「不安定社会」と名づけ，その間の変化を捉えることを主眼とした。『不透明社会の中の若者たち』では，2011 年に東日本大震災という未曽有の危機が生じ，不安定なりに細々とした未来が見えていた 2007 年頃の状態から，先がよく見えない不透明な状況に陥ってしまっていたので，その時代を「不透明社会」と名づけ，若者たちがどのような意識で生きようとしているのかに焦点を当てた。3 冊目の『時代を生きる若者たち』では，30 年間の大学生の変化から日本社会自体の変化を明らかにした。

　本書は，2022（令和 4）年に実施した第 8 回調査の結果を踏まえた最新の大学生論である。当然ながら，本書は過去 3 冊の本の改訂版という意味を持つが，新たなデータが加われば，解釈もまた新たにしなければならないため，今回もタイトルを変え，新たな本として世に問うものである。

　今回の調査で，この大学生調査は 35 年も経ったことになる。一人の研究

者が定点観測のように35年もの間，同じ方法，同じ内容の調査を行ったものは，他にはない貴重なものだと自負している。35年と言えば，完全に1世代差である。前回の2017年調査でもすでに学生の親世代が第1回あるいは第2回の調査対象となった世代になっていたが，今回の学生たちの親世代は，1997年の第3回調査の対象だった世代すら含まれている。

これだけの時間が経てば，同じ大学生と言っても価値観が大きく変わるのは当然だろう。これを一定の視点から一人の研究者が語りうるところに，本書の最大の価値がある。本書では，この35年の変化を踏まえて，最新の大学生たちの価値観を浮き彫りにし，さらには，今の学生たちが中心となって作り出していく今後の社会を予測してみたい。

本書で初めて，私の大学生調査と出会う人も多いだろうから，まずは，これまでの著作にも記した内容だが，本研究をスタートさせるに至った経緯を，自分史と絡めて語ることから始めたい。

私は1955年生まれである。高度経済成長と「55年体制」と呼ばれた安定的政治体制とともに育ってきた世代である。大学入学前年の秋に第1次オイルショックが起こり，「不況しか知らない大学生」とも言われたが，日本経済は比較的巧みにこのオイルショックを乗り切り，その後も高度成長とまではいかないが，低成長ながらも経済成長を続けていたため，日本の未来がどんどん悪くなっていくなどとはまったく思わずに大学生活を送っていた。それどころか，過激な政治活動を行う団体の勢力は弱まり，「一億総中流」といった言葉がはやり，『ジャパン・アズ・ナンバーワン』（E. ヴォーゲル著，TBSブリタニカ，1979年）というタイトルの本を刊行する外国人研究者も現れ，日本型資本主義こそもっとも成功した資本主義ではないかと多くの日本人が信じていた時代が，まさに私の大学時代だった。

その後，日本の経済成長は株価や地価で測れば，バブル経済期まで続いたということになるわけだが，その時代まで日本はずっとよい時代が続いていたと見る人は少ない。1980年代以降は，過剰な欲望に取り憑かれ，日本人的美徳を失っていく時代だったと見る人の方が多いのではないだろうか。そうした日本人的美徳として語られてきたのが，「勤勉・勤労であること」，「組織への忠誠心が高いこと」などであるが，バブル経済直前の1980年代半

ば頃からそうした価値観を共有しないように見える若者が大量に登場するようになったと認識した人たちが，そうした新しいタイプの若者たちに「新人類」というネーミングを与え，この言葉は，1986年の流行語大賞に選ばれるほど人口に膾炙した。

　当時すでに若い大学教師となっていた私にとって，「新人類」と呼ばれた世代はほんの少しだけ下の世代で，大学教師として教え始めた最初の世代にあたった。「新人類」と名づけた旧世代の人々と同じ世代に属しているとも言えない立場にあった私からすると，「新人類」とは言っても，どれほど価値観が異なっているのか，実感が湧きにくかった。そこで，実際に若者たちを対象に調査を行い，その実態を把握してみようと思った。しかし，若者といってもその層は広く，様々なタイプの若者がいるので，その中から，無理なく調査を実施できる層として，大学生を対象とすることにした。

　最初に行った1987年の調査で，多くの学生たちに当てはまる価値観として，個人主義的でありながら，同調性・協調性を重視し，世の中が大きく変わってほしくないと思う保守性・保身性を持ち，楽しく楽に生きたいと考える「個同保楽主義」という価値観を抽出し，地味ながらも注目をされた[1]。5年経った1992年に，その後どう変化があったのか，なかったのか，また若者のコミュニケーションのあり方なども調べてみたいと思い，第2回調査を実施した。それ以降は，5年おきに大学生調査を行うことがライフワークとなり，2022年の第8回調査で，35年もの時間を経たことになる。

　昭和の終わり，バブルの時代に始まったこの調査が，平成を越え令和まで続いてきたのだから，同じ大学生とは言っても，現在と35年前とでは，実に多くの点で違いが見られるのは当然である。社会学的に興味深いのは，こうした意識の違いが，それぞれが体験し育ってきた社会の違いによって生み出されるものだということである。この35年を簡単に総括することはできないが，静かに大きく変化した35年であったことは間違いない。少しだけだが，振り返ってみよう。

　経済面では，肥大化した欲望を誰もが簡単に充足できそうな幻影を見ていたバブル経済の時代があり，あっという間にその崩壊，そして潰れることはないだろうと思っていた企業が潰れ，長い不況の時代が続いた。ようやく脱

して立ち直りかけたかに見えたところに，リーマン・ショックと東日本大震災のダブルパンチで，株価はバブル期の4分の1以下の水準まで落ち込み，なかなか浮上できなかった。2012年末に誕生した第2次安倍内閣以降は，大胆な景気回復策で大企業を中心に業績改善の兆しが見られ，株価も上昇したが，根本的な日本経済の立て直しがはかられたわけではなかった。そこに，2020年からの新型コロナのパンデミックが起こり，その対応のために，もともと償還の見通しが立たないほど不健全化していた赤字国債がさらに膨大に発行され，将来世代に大きな負担を引き継がせることになってしまった。消費税も，この調査が始まった頃は，まだ導入されていなかったが，この35年の間に，3%での導入，5%，8%から10%まで上がったが，今後さらに上げざるをえなくなるのではないかと予測せざるをえないような状況になりつつある。

　政治の面では，この35年の間に21人もの総理大臣が生まれ，自民党は2度政権を失った。1990年代から2010年代前半頃までは，新たな政党ができては消えといった不安定な事態を繰り返しながらも，2009年に民主党が単独政権を作った時には，これで日本にも二大政党制の時代がやってきたかと思わせたが，結局自民党中心の安定政権に戻ってしまった。この35年の間に，衆議院選挙が中選挙区制から小選挙区比例代表並立制に変わったために，中選挙区時代より自民党の安定感が増してしまった。投票権年齢は20歳から18歳へ引き下げられたが，その変更によって大学生の政治関心が増しているようには見受けられない。しかしそうは言っても，まったく影響がないわけではなく，各時代の大学生は，それなりにこうした政治状況の変化に影響されて政治意識を形成してきている。本調査の初期にあたる1990年代は，政党の離合集散という節操のなさから政党離れが進んでいたが，2000年代後半以降は小選挙区比例代表並立制が定着したためか，政治の中身は詳しくわからなくても投票先の政党を選ぶことだけはするようになっている。特に，長期安定政権だった安倍内閣時代の学生たちの自民党支持率は非常に高かったが，その安倍総理が辞職した後，2022年には暗殺されるという衝撃的な事件も起きてしまい，そのことが学生たちの支持政党にどのような変化をもたらしたかは今回の調査の注目点のひとつである。

　こうした経済や政治の変化以上に，生活面での技術進歩はこの35年間に

革命的と言ってよいほどの変化を遂げた。それは，ICT の発展である。コンピュータが小型化しパソコンと呼ばれ安価になっていき，様々な家電製品等にコンピュータが組み込まれていくといった時代が 35 年前だったが，その後インターネットが普及し，さらに携帯電話，スマートフォンが必需品となり，若者たちの思考，行動，コミュニケーションのすべてが，スマホなしでは語れなくなった。いつでもどこにいても連絡が取れるし，情報も得られるようになるという時代がこんなに早く来るとは，35 年前には多くの人は考えもしなかった。

　社会の価値観もまた大きく変わってきた。特に若者に影響が大きかったのは，生き方の多様性を認める方向への変化であった。かつては自明のものとされていた社会的属性に基づく「○○らしさ」を押しつける圧力は弱まり，自由な生き方選択ができるようになった。ただ，自分にふさわしい生き方を見つけ出すのは容易ではなく，「○○らしさ」という形で示されるモデルが薄れた分だけ，若者は不安にも囚われやすくなり，周りの友人たちを身近な準拠集団として彼らと同じような行動をすることで不安を払拭しようとし，結果として個性のないみんな同じような生き方をする若者が大量に現れるという潜在的逆機能が生まれているようにも見える。

　この 35 年は，それ以前の時代と比べると不安定で，先行きがどうなるかわからない不透明な時代という状況は 10 年前から基本的には変わっていない，というかむしろ不透明さはさらに増している。それを直感的に理解しているがゆえに，今の若者たちは今を楽しむことを唯一の目標としているように見える。しかし，それでも若者たちは長い人生を歩んでいかなければならない。35 年という長きにわたって大学生を定点観測してきた本書を通して，自らの意識や価値観を相対化し，自分なりの生き方を見つけてくれる若者が出てきてくれることを密かに期待している。

　本書は，調査データに基づいて語っていくものであるが，その際の私のスタンスは，データを禁欲的に解釈するのではなく，日常的な学生たちとのつきあいや観察から得ているデータも利用して，多少大胆な解釈や予測も思い切ってしていきたいというものである。手堅いが読んでいておもしろくない調査報告書でもなく，おもしろいけれどデータ的な根拠が薄弱という社会評

論書でもない社会学書を書きたいというのが，私の強い思いである。社会学という学問は，そういうことのできる学問だということを示してみたい。

禁欲的な解釈より大胆な解釈をというのは，第1回の調査を行った時から考えていたことである。というより，こういう調査をする意義とはまさにそこにあるのではないかと考えている。大学生という社会人予備軍の価値観を知ることで，今後どのような社会が現出するかを予測することも可能になるはずだ。第1回調査の際に若者の価値観として見い出した「個同保楽主義」は，中流意識を持つ人々にフィットする価値観であり，今や社会の多数派の価値観になったと言ってもよいだろう。しかしそれゆえにこそ，一世代若返った今，かつての「個同保楽主義」とは異なる価値観の持ち主が若者の間で増えつつあるようだ。

社会の移り変わりとともに，価値観が変わっていくのは当然で，特に過去の知識や経験の少ない若者がもっとも時代の影響を受けやすいのは確かだろう。「昔はこうだった，ああだった」と年配者がいくら口を酸っぱくするほど言い続けても，実感で理解できないことはなかなかわかったという気にはならないものだ。若者たちの新しい価値観は，彼らが社会に出て経験値を増す中で変化していくものだが，完全に変化してしまうものではなく，自らの原点として残り続けるものである。その意味で，「若者の価値観＝次世代の主要な価値観」という位置づけが可能となる。

本書を通して，各時代の大学生の意識や価値観がわかったというだけでなく，不透明になっている日本社会の未来についてのイメージを多少なりとも読者に想起してもらえた時，本書の狙いは本当の意味で達成されたと言えるのだと考えている。

注

1）朝日新聞（1987 年 11 月 21 日大阪版朝刊）と読売新聞（1987 年 12 月 2 日大阪版夕刊，同年 12 月 10 日大阪版夕刊）で紹介され，1989 年に刊行された『現代用語の基礎知識』に「個同保楽主義」という言葉が「ワードウォッチング用語」に採用された（1085 頁）。

昭和・平成・令和の大学生
——大学生調査 35 年から見る価値観の変化——

◆

【目　次】

第1章　これまでの調査から語ってきたこと

　本書は，最新のデータである 2022 年調査の結果を踏まえて，35 年間の若者意識の変化とそれを導いた日本社会の変化，そして今後の予測を語ることが主たる課題だが，そのためにも，まずはこれまで 5 年おきに行ってきた調査を基にして，私がその時々でどのようなことを語ってきたかを最初に振り返っておきたい。

1-1　「新人類」たちの価値観
——1987 年調査から——

　第 1 回の 1987 年調査では，「新人類」とまで呼ばれた若者たちの価値観を分析する中で，「はじめに」でも述べたように，「個同保楽主義」という価値観を見出したわけだが，もちろん調査の結果は，同じ大学生と言っても決して一枚岩ではなく，多様な価値観の持ち主がいることもきちんと示していた。その上で，その中の多数派の姿を多少単純化して捉えるならば，「やや個人主義的でありながら，他人との協調性を大事にし，大きな社会の変化を望まず，できることなら楽しく楽に暮らしていきたいと考えている」と言えるのではないかと指摘した。

　この価値観の持ち主は，やや個人主義的で楽しく楽に生きていきたいと考えているといった点から，「会社人間」としてまじめに働いてきたことを誇りにしている旧世代 [1] から見たら，眉をひそめたくなる存在と思われがちだが，実際には彼ら若者の個人主義は徹底した「ゴーイング・マイ・ウェイ」ではなく，自分と自分にとって大切な家族や仲間のことは大事にしていくという「拡大された個人主義」——「私生活主義」と言ってもよいもの——であり，集団に適応できないという特性ではない。当然連動することだ

が，「楽しく楽に」というのも，可能ならばといった程度であり，徹底的にそれを追い求めているわけではない。むしろ協調性を重んじ，他者に同調していく生き方や，大きな社会変化を望まない志向性などの価値観も具有している点から見れば，大学紛争時代の学生たちより，はるかに扱いやすい若者たちといってもよいだろう。もちろん過去の若者と比べて変化している点も見出された[2]が，それらは決してこの世代だけに突然変異的に生まれたものではなく，時代の変化——特に経済的な豊かさの浸透——によって徐々に変わってきた部分と言えよう。

　おそらく，「個同保楽主義」という価値観はある程度豊かな中流意識を持った人々には適合的な価値観であり，いずれ若者だけではなく，日本社会全体の支配的な価値観になるのではないかと指摘した。これが，第1回の調査結果から語ったことの骨子である。

1-2　若者たちのコミュニケーション
——1992年調査から——

　1992年に2回目の価値観調査を行った。この調査の狙いは，「新人類」という言葉がもうほとんど使われなくなっていたその時点で，「個同保楽主義」という価値観を含めて，学生たちの意識は変化したのか，しなかったのかを明らかにすることにあった。これが第2回調査を行おうと考えた最初のきっかけだった。

　しかし，この第2回調査では，それだけではなく新たな課題として，こうした価値観がどのような人間関係の中で生み出され，またどのような人間関係を作り出していくのかを知りたいと考え，若者のコミュニケーションのあり方とその意識を捉えるための質問項目を大幅に増やした。具体的には，親子関係，男女関係，友人関係などである。この後者の課題は，日頃学生たちを観察する中で感じていた微妙な違和感——「反抗期を経験していない」「語り合うわけでもないのに友だちと一緒にいる」など——の原因を明確化したいという思いから出てきたものでもあった。

　調査の結果明らかになったことは，「個同保楽主義」という価値観には大きな変化はないが，伝統的性別役割に対して懐疑的な考えの若者が増えてい

ること，社会関心や政治関心のさらなる低下などが確認された。結果的に見ると，あまり大きな変化の見られなかった第1回調査との比較以上に，データの新鮮さもあって，若者のコミュニケーションの有り様が第2回調査のより重要なファインディングスとして浮かび上がることになった。

　少し具体的に紹介しておくと，親子関係に関しては多くの学生たちがかなり良好であり，かつての若者のような反抗心を持っている学生はやはり少なかった。友人との関係においては，本来一緒に行わなくてもよいような行動をなんとなく一緒に行う「群れ行動」をよくする者がかなり多く，男女関係は平等であるべきだという意識が強まっていた。この1992年調査をベースとして書いた論文のまとめに，当時私は以下のように書いた。

　　前回の調査から5年しか経っていないので，今回の調査で捉えられた若者の価値観は基本的には前回提示した「個同保楽主義」のままであると言ってよいだろう。ただ今回の調査では，「個」や「楽」の部分より，「同」や「保」の部分が「協調的安定志向」の強まりという形で，やや前面に出てきた感じがする。「個性重視」が強調される中で，現実においては，個性的な学生は減少してきているという印象は最近とみに増している。1989年に起きた「連続幼女誘拐殺人事件」などもこうした傾向へ拍車をかける役割を果たしたと考えられる。自分の趣味に没頭し，一人で時間を過ごすことの多い人間を「おたく」と称し差別する風潮は，この事件以来一般化した。「おたく」というラベルを貼られないためには，あまり個人主義的行動はせず，たくさんの友人とつきあい，「コミュニケーション不全症侯群」[3]に陥っていないことを示し続ける必要があると，若者たちが無意識の内に思い込んでも仕方がない程の影響力を持った事件だったように思われる。

　　今回の調査で顕著に表れた結果として，男子学生の社会関心の低下と，「旧人類的若者的革新性」[4]のさらなる衰退が目立つ。豊かで安定した日本社会において，次代を担うべき若者たちは社会の進むべき方向を見出せずにいる。日本はさらに豊かになってよいのか，いけないのだとしたらどこに社会の目標を措定すべきなのだろうか。目標を見出せない若者たちは社会関心を持たず，自分と家族と仲間たちだけの身近な世界に逃げ込むという選択をすることによって，精神的不安状態から脱却している。実際自分たちが関与しなくとも社会は順調に動いてきたし，これからも動いていくだろうと考えている。こうして若者の社会関心の低下，政治離れ，現状維持志向の広まりが生じているのである。その意味で，これは若者全体に当てはまる問題なのだが，女子学生の場合は，女性であるがゆえに

自分自身の問題として考えなければならない不平等な問題が，女性が社会に進出すればするほど露見してきているために，男子学生ほどには社会関心を低下させずにいる。

　社会体制や社会的権威に対する批判意識が弱いばかりでなく，若者たちは親という権威に対しても批判どころか，逆にかなり高い肯定的評価を与えている。やさしく家族思いの両親と従順で素直な子どもたちが作り出す親子関係は非常に良好で，良好すぎて親離れ，子離れが進まないのではないかと思わせるほどだ。実際学生たちに話を聞いても，反抗期らしい反抗期を経験していないと言う者が少なくない。反権威主義的志向の強かったかつての若者たちが親となって作り出した家庭では，親だからというだけで権威がふりかざされることは少なく，その子どもたちは親に対する強い反発を感じずに成長してきている。伝統的性別役割に対する意識が薄れつつあるのも，かつての親たちの世代より，現在の親たちの方がはるかに平等化が進んでいることがやはり影響していると考えられる。

　最後に，専門家的禁欲さを破って多少大胆な予測をしてみたい。前回の調査を企画した際に持っていた「若者の価値観を把握することによって，今後の日本社会の趨勢を見極めることができるはずだ」という問題意識にひとつの答えを出してみたい。前回そして今回と確認された「個同保楽主義」という価値観は，単なる一時的なものではなく，現在の日本社会の特徴——豊かで安定した中流意識社会——が必然的に生み出したものなので，激的な変化——たとえば，世界大戦の勃発など——がない限り，今後も確実に広がり日本社会の中心的価値観になることはほぼまちがいないと思われる。少なくとも，後20 ～ 30年経った時には，こうした価値観を身につけた現在の若者たちが社会の中枢を担っている。その時に，日本はどのような社会になっているだろうか。おそらく，社会的に沈滞ムードの漂う衰退期に入っているのではないだろうか。この「個同保楽主義」の価値観を持つ者は，指示を受けて働く組織のフォロワーメンバーとしてはそれなりに使えるが，失敗を恐れずに自分自身が全体を引っ張っていこうというリーダータイプではない[5]。日本社会はリーダー不在の状況に直面することになろう。これまでの日本のように，経済的な発展を社会の進むべき方向として持ち続けることができれば，リーダー不在でも社会はそれなりに動いていくことができるが，すでに国際的に見てトップになってしまった日本が20 ～ 30年後にも同じ目標を持ち続けていられるとは考えがたい[6]。目標を失った社会の中で指示を待つ人々は，さらに社会を衰退へと向かわせるのに大きな役割を果たすことになろう。長い世界の歴史の中で繰返し現れた繁栄から衰退への峠を今や日本が越えようとしているような気がする。もしかしたら，「個同保楽主義」という価値観は，この峠にさしかかったすべての社会で現れ，社会を衰退に向かわせる価値観なのかもしれ

ない。

（片桐新自「若者のコミュニケーションと価値観」
『関西大学社会学部紀要』第25巻第2号，1993年，122-123頁より）

この論文で未来図を描いた時間がすでに経過してしまった。予測は当たっただろうか。「沈滞ムードの漂う衰退期」と認識している人は少ないかもしれないが，日本社会の活力は間違いなく薄れている気がする。日本社会が盛り上がるのは，もっぱらスポーツや祭りのようなイベントばかりで，政治，経済，技術といった部門では，かつての最上位の地位から滑り落ち，中位国に近づいている。しかし，多くの国民は，特に強い不満も持たず，なんとなく幸せそうに暮らしている。健全な批判精神が弱まる中で，政府のなすことをそのまま受け入れている。この趨勢のまま進めば，確実に日本は衰退社会への道を歩んでいくだろう。その意味で残念だが，30年前の予測通りになりつつあると言えよう。

1-3　「大人」になりきれない若者たち
—— 1995年調査から ——

1997年の第3回調査を行う2年前の1995年に，実は関連の調査をひとつ行っている。それは，第1回調査を行った1987年当時に関西大学社会学部の学生だった人に行った郵送調査である[7]。5年おきの大学生調査では，各時代の学生たちが時代の影響を受け，どう価値観を変えてきたかが測れるわけだが，人は自分自身の経験からも価値観を変化させていく。この変化を明らかにするためには，こうした調査が不可欠である。

従来の「年齢論」的考え方からすれば，年齢を重ねるとともに，様々な経験を経て，自ずと意識や価値観も変わっていくはずである。しかし，1980年代の半ば以降登場した「新人類」と名づけられた若者世代は，従来の若者世代と異なり，社会に反抗的ではなく，上昇志向が弱く，圧倒的に私生活を重視するという，従来の「年齢論」が想定していた若者像から言えば逸脱的特徴を持っており，必ずしも年齢を増したからと言って，意識や価値観を大きく変化させていくとは予想できない部分もあった。はたして彼らは，過剰

5

なまでに豊饒の時代に生まれ育った新しい価値観を持った「新人類」世代なのか，それとも，やはり歳とともにいわゆる「大人」になっていく人々なのか，これを明らかにすることがこの調査の目的であった。

　調査の結果明らかになったのは，以下のようなことである。第1に，単純な加齢による影響はわずかしか見られなかったこと。第2に，社会的な役割の変化による影響は，様々な点にわたって見られたこと。第3に，時代の変化による影響は，国際的・国内的な政治状況の変化と，ジェンダーをめぐる状況の変化に関わる意識や意見のところで，かなり明確に見られたこと，などである。この調査の主たる狙いは，大学卒業後4～7年を経たことによって，学生時代と異なる意識や価値観を人々が持つようになったかどうかという点にあったので，上で指摘したことのうち，特に注目すべきなのは，第1と第2の点である。そこで，これらの点について，もう少し詳しく触れてみたい。

　まず，単純な加齢効果がわずかしか見られないことについてだが，当初の予想では，年齢を増すことで「大人」としての自覚がめばえ，社会関心や政治関心が高くなったり，仕事や生活目標などが変化したりするのではないか

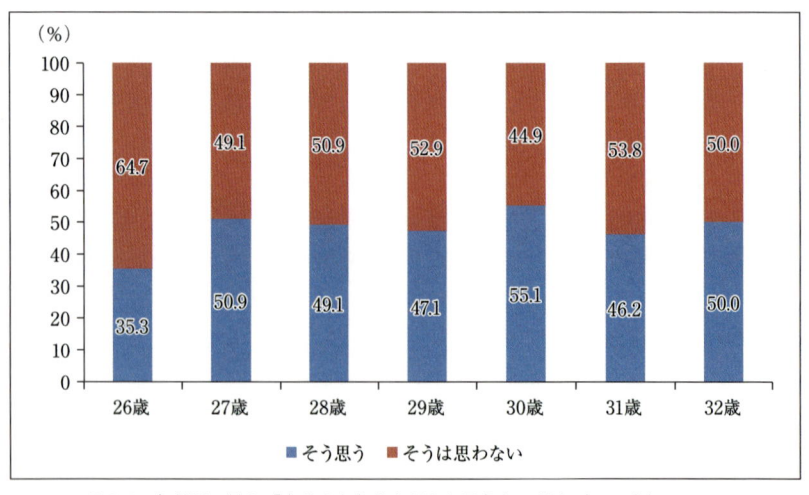

図1-1　年齢別に見た「自分はもう大人だ」と思う人の割合（1995年）

と考えていたが，どうやら単純な加齢だけではそうした変化はあまり起こらないようだ。図 1-1 を見てもらえばわかる通り，27 歳から 32 歳では大人自覚意識に大きな差はなく，単に年齢を増しただけでは意識は変わらないようである。しかし，加齢は社会的役割の変化をもたらし，その役割変化によって意識や価値観は変化していることを考えるならば，加齢も間接的には影響を与えていると見ることもできよう。実際当然のことながら，大学生よりは大人自覚意識はかなり高くなっている（1992 年の大学生では 25.3％，1997 年の大学生では 20.5％）。

　次に，社会的役割の変化による影響をまとめておこう。社会的役割の変化は仕事と家庭によってもたらされている。仕事を持つことによって，人々はいわゆる「社会人」となり，学生時代とはまったく異なった生活スタイルをしいられる。自由な時間が大幅に減少するため，友人とのつきあい方が変化し，テレビやマンガといった娯楽に対する関心は弱くなっている。また，経済活動の一端を担う「社会人」として，経済問題への関心を高めている。

　家庭の方では，結婚して親から独立した際に，また子どもを持った時に，社会的役割は大きく変化する。この家庭内での役割の変化こそ，多くの意識や価値観の変化を導いているものである。仕事に対する意識，生活目標，生活に対する満足感，ジェンダー意識など多くの点で，この家庭内役割による違いが見られた。特に，父となり，母となった人々は，仕事志向が強くなったり，家庭や地域の問題に関心が高くなったりと，いわゆる「大人」の意識にもっとも近づいていた（「自分は大人だと思う」人の割合：独身者 42.1％，既婚無子 49.3％，既婚有子 58.7％）。

　しかし，これらの変化は，学生時代の意識や価値観と比べて，質的にまったく異なったものになったというほどのものではない。かつての大学紛争世代のような批判的価値観の持ち主ではない「新人類」世代は，就職をし，家庭を持ったからといって，ドラスティックに変えなければならないような意識や価値観は，初めからあまり持っていなかった。彼ら「新人類」世代の価値観は，もともと若者特有の価値観というよりは，豊かな時代が生み出した中流意識を持った人々に適合的な価値観である。それゆえ，「新人類」世代は，学生時代から持っていた意識や価値観を大きく変えることもなく，「社会人」となることができた。

他方で，こうした若者特有の価値観が喪失してしまったことにより，ある意味では若者は「大人」へ脱皮しにくくなったとも言えるかもしれない。すでに子の親となった人でも，その4割以上が自分のことをまだ「大人」だと認識していない。若者的価値観と「大人」的価値観の境目が曖昧になったことにより，少なからぬ若者が，就職をしても，結婚をしても，親となっても，「大人」になったという自覚を明確に持てぬまま，年齢を重ねている。もちろん，さらに40歳，50歳と年齢を増し，自分の子どもが大きくなっていけば，「大人」だという自覚を持つ者は増えていくだろうが，子どもが小さいうちは，「新人類」世代の中には，「『大人』になりきれない『若者』たち」であり続ける者が少なからずいるだろう。そして，そうした意識の持ち主が増えることで，長い間自明視されてきた「若者と大人」という区分がどんどん曖昧になっていくのだろう。

　以上が，1995年に若い社会人を対象にして行った調査から私が語ったことである。

1-4　時代状況に影響される若者の価値観
── 1997 年調査から ──

　1997年の第3回調査のポイントは，10年間の学生の意識や価値観の変化──あるいは変化しなかったこと──を明らかにすることにあったが，第2回調査以降に大きな社会的変化がいろいろあったので，そうした時代状況を踏まえていくつかの新しい質問項目も入れた。ひとつは，1993年の非自民細川連立政権以降に誕生した政権の不安定さと，それと対応する形で広まった「住民投票」などの直接民主主義的決定方式の広まりといった政治状況の変化が学生たちの意識や関心にどのように影響しているかを尋ねた部分である。もうひとつは，1995年に起きた阪神・淡路大震災以後，ボランティアを行う若者が非常に増えたので，学生たちのボランティアの経験や意識について尋ねることであった。他にも，オウム事件，PKO派遣，従軍慰安婦問題，神戸児童連続殺傷事件，援助交際，インターネットの急速な普及，就職氷河期など，学生たちに影響を与えたのではないかと思われる事態が，1992年調査以降にたくさん生じていたので，こうした時代状況が若者たちの価値

観にどう影響したかを把握することを目的として分析を行った。

　価値観の変化を見ていく上での私の基本的な考え方は，次のようなもので
ある。価値観は社会によって作られるものであり，社会が変化すれば価値観
も変化せざるをえない。ただ，社会の変化の中には急速なものもあれば，緩
慢なものもあり，それに伴って価値観の変化も緩急様々である。一般的に
言って，社会にとって突発的で外在的要因による変化は急速で不安定なもの
になりやすいのに対し，漸次的で内在的な要因による変化は緩慢だが安定的
なものになりやすいと言えるだろう。この第 3 回調査の時点で第 1 回調査か
ら数えて 10 年という時間が経っていたわけだが，10 年という時間はこうし
た価値観の変化を測るのに決して十分な長さではないが，かといって何も見
出しえないほど短い時間でもない。10 年程度ではその変化は見えにくい非
常に長期的な変化をする価値観もあれば，10 年程度でも時代の影響による
変化がはっきり見て取れる価値観もあるだろう。その時点で私が語りえたの
は以下のようなことであった。

　　本稿をまとめている最中に，中学生による殺傷事件が頻繁に起こった。「キレ
　る子どもたち」というフレーズで，マスメディアにも大きく取り上げられた。そ
　うした事件の報道を見ながら思ったことはたくさんあるのだが，そのひとつに，
　とりあえず大きな問題も起こさず大学生になれた若者は，やはりそれなりの成功
　者なのかもしれないということがある。今や，4 割を超える若者が大学生・短大
　生になっており，もはや特別なエリートといった存在ではないわけだが，それで
　も中学生たちと比べると，大学生たちには「せっかく大学まで入ったのだから」
　という守るものを持った意識がかいま見られる。さらに，私が調査対象とした大
　学は相対的にレベルが高いことを考慮すれば，ここで調査結果として出てきてい
　るものは，若者の中のかなり上澄み的な一部のデータにすぎないということを認
　識しておかなければならないだろう。だから，たとえば若者の中でボランティア
　志向が強まりつつあるなどという言明や，仕事と余暇によく表れていたようなバ
　ランス感覚の良さも，若者全般に当てはまることと言えないかもしれない。そう
　した限定的なデータであるということを認識しながら，この調査の結果を総括的
　にまとめておきたい。
　　本稿の最大の狙いは，この 10 年間の学生たちの価値観や意識の変化を捉える
　ことにあったわけだが，まず大きく変化してきたものとしては，第 1 に，性別役
　割や性交渉に関する意識があげられる。表れ方も受け入れられ方も異なっている

が，変化の根幹にあるものは，ともに伝統的なジェンダー観の弱体化であり，共通性があると言えよう。こうしたジェンダー観の変化は一時的・突発的なものではなく，1960 年代以降，漸次的・安定的に変化してきたものなので，今後も確実に変化は進んでいくだろう。

第 2 に，ジェンダー関連意識ほどには劇的には変化していないが，社会関心や上昇志向が低下してきていることがあげられる。この変化の背景には，日本が安定的な豊饒の時代に入ってから久しいことがある。戦中，戦後のどん底時代まで戻らなくとも，1960 年代頃まではまだ物があり余っているような時代ではなかったし，日本社会がそして個々の生活が，もっと豊かにもっとよくなっていくことを誰もが望んでいた。それは，上昇志向にも結びついていたし，社会に関心を持つことにも結びついていた。しかし，今の大学生のほとんどは第 1 次オイルショック後の 1970 年代後半の生まれである。豊かになりすぎ，国際的にも批判されることの多くなった 1980 年代以降の記憶しかほとんどない。そんな時代の中で育った彼らが，かつての若者のように，上昇志向も社会関心も持ちえないのは当然であろう。

第 3 の変化として取り上げる政治に対する意欲・関心が減退しているのも，日本の進むべき方向を見出せないという意味では，同様の原因が背景にあるものとして考えられるが，これに関しては最近 5 年間に起こった政界の節操なき混乱が短期的要因として拍車をかけたことも指摘しておかなければならないだろう。逆に言えば，政治状況が変われば，政治に対する関心は多少戻ってくる可能性を残していると言えよう。

第 4 に，自衛隊に対する肯定的見方が増えたことも意識の変化としてあげられる。これは，先に述べたように，「阪神・淡路大震災」や「オウム事件」といった突発的な出来事で「災害救助隊」としての印象が強まったことの影響という側面が強く，短期的でまだ安定していない変化である。しかし考えてみると，日本の自衛隊は，1952 年に「保安隊」として創設されて以来一度も戦闘に参加したことはなく，もともとこうした「災害救助隊」としてもっぱらその役割を果たしてきたとも言える。それゆえ，「阪神・淡路大震災」や「オウム事件」は確かに突発的な出来事ではあったが，それによって自衛隊の任務自体が変わったわけではなく，変わったのは，人々の受け止め方である。以前も同じような仕事をしていたにもかかわらず，かつてはそれでも自衛隊に拒否反応を示す人が多かったのに，今回はそうではなくなったのには，やはり理由はあるだろう。ひとつは，ソビエト連邦の崩壊による東西冷戦の終結，そしてもうひとつは，「自衛隊違憲」を唱え続けてきた一大勢力であった社会党の政策転換があげられるだろう。そう考えてくると，自衛隊に対する見方の変化も単純に短期的な変化とは言えないか

もしれない。

　もうひとつ，多少躊躇しながら思いがけない変化として指摘しておきたいのは，大学別の学生の意識差が縮小していることだ。10 年前には，大阪大学の学生たちがいかにも「一流大学」の学生らしく，社会関心が高く，体制批判的といった意識を示していたのだが，今回の調査結果を見ると，ほとんど他の共学大学と差がなくなってきている。伝統的性別役割分業に批判的な人が女子学生にやや多いこと，国政選挙に対する投票意欲が多少高いこと，自衛隊を違憲とする人が多いことなどが異なるぐらいで，1987 年調査のようにほとんどすべての面で他大学との違いを示すような結果にはならなかった。前に指摘したように「偏差値教育」のひずみ[8] ということも考えられなくはないが，たぶんそれ以上に大きいのは，1993 〜 1994 年の非自民政権の失敗であろう。かつて体制批判的というのは，自民党批判とイコールだった。そして，自民党から政権さえ奪えば，何かが改善されると漠然と信じられていた。しかし，現実に非自民政権が生まれ，それが惨憺たる結果をもたらしたことにより，体制批判的志向は向かうべきところを失ってしまった。こうした時代状況の中で，いわゆる一流大学の学生と言えども，社会や政治に対する関心と方向性を見失いつつあるとしても仕方がないことなのかもしれない。

　次に，この 10 年間あまり変化がなかった部分をまとめておこう。社会に関しては，現在の天皇制を維持し，核武装などはせずに，福祉の行き届いた社会を理想とするという考え方がほとんど変化なく支持されている。個人の生活や価値観では，家族や友人との人間関係が大切で，他人との協調性を大事にする。人生観では闘争志向より調和志向，好む上司のタイプはビジネスライクなタイプよりも親分肌のタイプの方が一貫して好まれている。親とのコミュニケーション頻度や親から子に伝えられている教訓などにも大きな変化はなかった。このように見てくると，10 年前に提示した「個同保楽主義」という価値観が，ほとんど修正を迫られないものだということが理解されるだろう。

　最後に，今回の調査で新たに導入した質問から得られたものをまとめておこう。「転職志向」，「直接民主制的投票」，「性の商品化」，「傷つきたくない・傷つけたくない症候群」，「自分探し」，「ボランティア志向」などが，今回新たに導入したテーマであったが，この中で特に注目したいのが，「直接民主制的投票」と「ボランティア志向」である。どちらもそれなりに積極的に受け止められているが，この両者に共通するものはなんだろうか。それは，自分の行動の結果がわかりやすい——できることなら文字通り目に見える——形で表れるかどうかではないだろうか[9]。当選したら勝手な行動をする議員を選ぶ選挙にはあまり行く気はないが，身近な地域のたった一人のトップである市長の選挙なら多少は投票しよ

うという気になるし，さらに地域の重要な問題の諾否を直接決められる住民投票や，一国の首相を直接決められる選挙なら一段と投票意欲が増すのは，まさに自分の投じた一票の結果がわかりやすい形で見えるからであろう。また，ボランティアも自分のしたことが，相手に感謝されたり，笑顔で応対されたりするという形で直接的に返ってくる活動であるため，やりがいを感じられるだろうという思いが背景にあって，やってみたいという人がかなりいるのであろう。逆に，一般的な仕事は，その仕事の結果がわかりやすい形で見えにくいため，やりがいや充実感は得られないだろうと予想し，仕事を頑張ってやりたいという意識は少なくなってきているのであろう。

　自分のしたことの結果をわかりやすい形で得たいというのは，若者に限らず誰でも持つものであろう。ただ上の世代にはその結果は必ずしも目に見える形でなくとも，想像力を働かせて，自分の仕事がどのような連関の中に組み込まれており，どういう役割を果たしているかを頭で理解することで納得できる人が少なくない。しかし，映像世代の申し子である現代の若者たちは，非常にわかりやすい目に見える形で現れた場合のみ，初めて理解ができるという人が多い。頭の中で，抽象的な因果連関を構築することは不得意な人が多い。それが，仕事や議員を選ぶ選挙よりも，ボランティアや直接民主制的投票を好む志向性の根底にあるものと言えよう。

　最初に述べたように，この調査の対象となっている大学生は，若者層の一部にすぎない。ただ，この一部がその他の若者層とまったくかけ離れたところに位置する存在だとは思えない。ちょうど氷山の一角が見えているようなもので，水面下の形はどうなっているかはわからないが，すくなくとも連続した全体の一角であることだけは間違いないと思う。確かに，いくつかは表面に出ているがゆえに，水面下の部分とは異なる性質を持ってしまっているものもあるだろうが，大部分はここに現れたものと同じか，より程度が進んだものとして存在しているだろうと確信している。実際，ナイフを振り回す大学生はあまりいないが，「キレた」という言葉は，大学生の会話の中にも頻繁に登場してきている。決して大学生たちは若者の中の特別な存在ではないというのが，10年間調査をしてきた感想である。

（片桐新自「現代学生気質──アンケート調査から見るこの十年」
『関西大学社会学部紀要』第 30 巻第 1 号，1998 年，33-36 頁より）

1-5　収斂する意識と「まじめ」の復権
——2002 年調査から——

　2002 年の第 4 回調査は当初実施するのをやや躊躇した。というのは，第 3 回調査を終えた時点で，一応 10 年間を総括してしまっていた上に，1997 年から 2002 年までの直近 5 年間は，その前の 5 年間（1992 〜 1997 年）に比べると，社会状況にも大きな変化はなかったように思え，興味深いファインディングスは出てこないのではないかと不安に思ったのが原因であった。当時の論文には以下のように書いている。

　今回 2002 年調査を基に本稿を執筆するにあたって，この 5 年の間にどのようなことが生じたかを思い起こしてみた。総理大臣は橋本，小渕，森，小泉と 4 人も変わった。アメリカはジョージ・ブッシュが大統領になり，2 度も戦争をした。そして，暦の上では 21 世紀というまさに新世紀に突入した。しかし，日本社会はこの 5 年で大きく変化したのだろうかと考えると，それ以前の 2 度の 5 年間に比べるとあまり大きな変化はしていないような気がする。経済は相変わらずバブル経済の後遺症から立ち直れずにいる。株価は下がる一方で倒産に追い込まれる銀行や企業が多々出てきているにもかかわらず，多くの国民は深刻な危機感を持たないまま，なんとなく豊かな私生活を続けている。アメリカの戦争も結局はよそ事で，総理大臣なんて自民党政権である限り，結局中身が同じ本の表紙を変えただけで，なんの新鮮さも感じられない。「17 歳の犯罪」や「国立大学附属小学校児童殺傷事件」など理不尽な犯罪は相も変わらず起こったが，その前の 5 年間に生じた「オウム事件」や「神戸児童殺傷事件」に比べると，インパクトは小さかった。
　このように振り返ってみると，この 1997 年から 2002 年の 5 年間は，日本社会は停滞していたのではないかという気がしてくる。そして，この停滞はたまたまこの 5 年間にのみ当てはまるものではなく，今後の日本社会のありようを示しているような気がしてならない。今や日本は「停滞社会」に入ったのではないだろうか。一般に，社会というものはなんとなく進歩するもの，発展するものと思われているが，必ずしもそうではない。この 5 年間の日本を見れば，進歩や発展はもう望めないのではないかと思わざるをえない。いずれ日本は，「衰退社会」に

なっていくのかもしれないが，今のところは「停滞社会」というネーミングを与えるのがぴったりだろう。

（片桐新自「停滞社会の中の若者たち——収斂する意識と「まじめ」の復権」
『関西大学社会学部紀要』第 35 巻第 1 号，2003 年，58-59 頁より）

　しかし，3 回続けてきた貴重な継続的調査をここで打ち切るのはあまりにももったいないという思いの方が強かったため，この「停滞社会」の中で学生たちは何を考え，どのような価値観を形成しているのかをやはり調査しておこうと思い，第 4 回調査を予定通り実施した。ところが，データを集めて分析してみると，最初の危惧に反して，非常に興味深い結果が出てきた。それは，まさに「停滞社会」という大きな社会的変化がなかったことによる若者の意識や価値観の収斂であった。当時の論文のまとめの部分を引用しておきたい。

> 　今回の調査で見えてきたことをまとめておきたい。ひとつは，価値観が大きな変化の時代から収斂の時代に向かい始めたのではないかということだ。ジェンダー観の収斂，男女の意識差の縮小などがその典型である。現在のような停滞社会がしばらく続く限り，今後も若者の価値観はどんどん収斂に向かい，大きな変化は少なくなっていくだろう。過去 2 度の 5 年間と比べて，今回の 5 年間の変化の小ささは，私にそのような思いを抱かせる。
> 　第 2 の発見は，若者たちの間で一貫して価値を失いつつあると思われていた「まじめさ」が，実は静かに復活しつつあるのではないかということだ。これはまだ徴候にすぎず，こう言い切ってしまうのは少し大胆すぎるかもしれない。実際，大学生たち自身に「まじめさ」が復活してきているのではないかと言えば，きょとんとした顔をするかもしれない。しかし，経済的発展の見込めない停滞社会では，いい加減な気持ちでは生きていけないという危機感が，大学生たちの中にも静かに浸透してきているのではないだろうか。今回の調査結果から，「まじめ」な生き方への見直しの徴候が，かすかにだが見えたような気がして仕方がない。バブル経済という，どんなにいい加減に生きても生きられそうだった過剰すぎる豊かさの時代の記憶をほとんど留めない大学生たちが今後さらに増えてくるので，経済状態が大きく変わらない——すなわち停滞が続く——限り，徐々に「まじめな」生き方を見直す学生が増えてくるのではないだろうか。

（片桐新自，前掲論文，84-85 頁より）

そして，「個同保楽主義」的価値観については以下のように述べた。

　　第3回の調査である前回の1997年調査まで，この価値観にはほとんど変化は
ないと主張してきた。もちろん，今回もこの価値観は通用しなくなったなどと
いうつもりはないが，4つの特質に強弱の差がかなり出てきたように思われる。
具体的には，同調性や保守性は相変わらず強い——あるいはさらに強まっている
——が，個人主義的な面と楽しく楽に生きていたいという面が，以前より弱く
なってきているように思われる。私が指摘した個人主義は，もともと自分のこと
だけしか考えないというものではなく，自分や家族，親しい友人といった身近な
人たちのことしか視野に入らないという意味での「拡大された個人主義」であっ
たので，その意味では今でもあまり変化はしていないと言えるが，以前は多少な
りとも見られたまさに個人主義的で勝手な行動といったものをとる大学生を見か
けることはかなり少なくなった。いくら「拡大された個人主義」が中心だと言っ
ても，典型的な個人主義的行動をそんなに取らなくなった学生たちに「個人主義
的」という言い方は当てはめにくくなってきている。また，「楽しく，楽に」の
方は，「まじめさ」の静かな復活との対抗関係の中で弱まってきているように思
われる。もちろん，ここで調査対象にしているのは，大学生だけなので，若者一
般を代表させることはできない。大学のキャンパス以外の世界には，個人主義的
で楽しく楽に生きようとしている若者がそれなりにいることは間違いない。しか
し，大学生も若者の重要な一部を形成していることは間違いなく，時代の変化を
受けて大学生に表れている変化は，若者全体の変化の方向性とも一致しているは
ずである。回復しない経済状態はそれなりに若者たちの価値観に影響を与えてい
るのではないだろうか。
　　もともと1回目の調査をやろうと思ったきっかけは，若者たちが「新人類」と
呼ばれ，まるで別種の価値観の持ち主のように言われていたことであった。調査
の結果見出した「個同保楽主義」という価値観のうち「個」と「楽」こそ，旧世
代から見ると若者が「新人類」に見える部分であると指摘しておいたが，今やそ
の「個」と「楽」が弱まってきているので，若者たちの「新人類」的特徴は薄れ
つつあると言えるだろう。

（片桐新自，前掲論文，85頁より）

1-6 不安定社会の中の若者たち
── 2007 年調査から ──

2007 年調査直前の 5 年間は，長い不況からようやく日本が抜け出す気配が見え，徐々に経済にも明るさが見え始めた時期であった。小泉・竹中の構造改革路線は，格差を広げたものの，他方で，楽天の三木谷浩史やライブドアの堀江貴文や村上ファンドの村上世彰といった時代の寵児も生み出した。大学生の意識に様々な面で影響する就職活動状況も，ちょうど団塊世代が定年で大量に会社をやめていく時期にもあたっていたため，2005 年あたりから上向き傾向が出ていた。

政治面では，小泉純一郎首相が郵政民営化にこだわって無理に解散した 2005 年の衆議院選挙で圧勝し，自民党と公明党で 3 分の 2 を超える議席を得て，安定政権を作り上げたが，2006 年に首相が安倍晋三に交代した後は，次々に政治家の不祥事が明らかになり，一度民主党に政権を担わせてみようという政権交代ムード──それは政治への久しぶりの期待感──が高まりつつあった。

そうした明るい兆しが見えていたにしても，この時点での大学生たちはバブル崩壊後の日本しかほとんど記憶にない若者たちなので，かつての「大学＝レジャーランド」と言われた時代の学生たちとは違い，気楽に過ごすことはなく，大学を「就職予備校」のように捉え，とりあえず失敗しないように生きていこうとする世代であった。彼ら世代の特徴について，私は以下のように述べた。

バブル経済の時代に生まれたが，小学校時代から「倒産」や「リストラ」の話ばかり耳にし，価値観を本格的に形成する時期である 2000 年代に入ると，「格差社会」「ニート」「ワーキングプア」「勝ち組・負け組」といった言葉ばかりが大きく聞こえてくる中で，失敗しないように生きなければという思いを強く持ちながら育った世代と言えよう。高度経済成長期のまっただ中で，学生時代に多少の反社会的行動をしても，雇ってくれる企業は見つかるし，そこで普通に働いていれば，着実に給料も地位も上がっていくということを信じられた 1960 年代の大学生とは，まったく異なる社会環境にある。今や，全体としてパイが拡大し，

放っておいても分け前が増えるような時代ではない。場合によっては，分け前に
まったくありつけないかもしれない，そんな恐怖心が，学生たちを手堅い人生
を生きさせるように誘っている時代である。たとえ，それが第三者から見ると，
チャレンジ精神のない指示待ちロボットのようであっても，リスクの増した現代
社会においては，もっとも失敗可能性の低い生き方であれば，進んでその生き方
を選択するような価値観を形成せざるをえなかった世代である。

（片桐新自『不安定社会の中の若者たち——大学生調査から見るこの20年』
世界思想社，2009年，177頁より）

　個同保楽主義をはじめとする価値観がこの世代にどう継承されたのかについ
ては，以下のようにまとめておいた。

　最後に，この研究の原点ともなった1987年調査で見出した多数派の学生たち
の価値観「個同保楽主義」が，20年経ってまだ維持されていると言えるかどうか
を検討してみよう。2002年調査ですでに表れていた「同調性（協調性）」と「保
守性」が強まり，「個人主義的」な面と「楽しく楽に」という面が弱まるという
傾向は，2007年調査でさらに明確になってきた。多様な生き方が認められ，個
性化教育が唱えられる中で，大多数の学生たちに潜在的逆機能として生じたこと
は，個人としての生き方を選択する難しさだったのではないだろうか。「自分ら
しく生きればいいんだよ」と言われても，どう生きたら自分らしい生き方ができ
るのか確信を持てる人はわずかしかいない。伝統的ジェンダー観が否定的に語ら
れ，選択肢が多様化した分，生き方を決められずに悩む人は増えている。結果と
して，自分と似たような友人たちを準拠集団として同じような行動をしておくの
がもっとも無難だと無意識のうちに考える若者たちが増えている。そのためにも，
仲のよい友人を何人も作っておくことは重要で，その関係を保つためには，強い
自己主張はせず，しっかり場の空気を読みながらうまく合わせることが何より大
事になっている。また，知識があることが下手をすると「おたく」と見られマイ
ナスに評価されてしまう時代になってからは，知識が豊富な人間であることに価
値が置かれなくなり，広く浅くコミュニケーションを上手に取れることが，学生
たちの中で最大の価値になってきている。個人主義的であると周りから思われる
ことは，「百害あって一利なし」になってきている。つまり，「同調性」圧力が，
若者の社会で強まることで，個人主義的要素は影を薄くしてきているのである。
　それに比べれば，「楽しく楽に」という志向性は，学生たちの間でもまだ潜在
的にはかなり残っていると言えよう。たとえば，仕事観で「ある程度の収入さえ

得られるなら，出世するより気楽な地位にいたい」と思う人や，「働かないでも暮らしていけるだけのお金があれば遊んで暮らしたい」と思う人がたくさんいること，また「子どもでいたい」と思う人が増えていることは，その証左と考えられよう。ただ，今の学生たちは現実的で，そんなことは夢物語で実際にはできることではないと考えている。それゆえ，実際の行動では地道にまじめに人生を手堅く歩んでいこうとしている。1997年には3割強しかいなかった転職はすべきではないという考え方をする学生が，2007年では半数を超えていること，大学の授業への出席が極端によくなったことなど，学生たちがまじめになってきていることを示すデータはいくつもある。本当は「楽しく，楽に」生きたいけれど，現実的に考えれば，人生を失敗しないためにはしんどくてもまじめに生きなければいけないと思っているというのが，現代の学生たちの実態であろう。

　このように見てくると，「個同保楽主義」のうち，同調性と保守性の高さしか残らず，これだけだと，伝統的な「和」を重視する日本人と何ら変わらないと言われそうだ。しかし，時代とともにやはり価値観は変わってきているはずで，当然現在の若者たちに特有な価値観もあるはずなので，以下それを指摘していきたい。

　まず残った同調性と保守性の高さだが，これもある意味では現代の学生たちの顕著な特徴とも言えるということを指摘しておきたい。もともと，大学生という社会的立場は，将来のエリート候補生として能力に自信を持ってはいるものの現行の社会を動かす立場にないために，一般の人々よりもはるかに現状に対して批判的な見方をとりやすい立場である。それゆえ，現代の大学生たちがそうした健全な批判精神をあまり持たず保守的立場を取っているのは，逆に現代の学生ゆえの特徴と位置づけられる。5割以上の人が大学・短大に進学する時代ゆえに，自らを「エリート候補」と位置づけられず，能力に自信もなければ，政治にも深い関心がないゆえに保守的になってしまっている。大阪大学の学生などは現在でも十分「エリート予備軍」であるはずなのだが，すでに何度か述べてきたように，ここでも20年前に比べると，エリート大学生らしい批判精神が弱まっている。大阪大学の女子学生は他の大学の女子学生に比べると多少批判精神が強く社会関心も高いが，男子学生に至っては，エリート大学生らしい批判精神や社会関心は特に見られなくなっている。

　同調性の方も，先述の通り，極端なほどに他者に合わせるようになってきており，大学生なら本来できなければならない自分の意見をしっかり主張するということができない学生ばかりになってきている。健全な競争すら差別になるかもしれないという臆病な学校教育と，少子化の結果過大な子育てエネルギーを持った母親たちの過度な保護の中で育ち，「傷つきたくない・傷つけたくない症候群」を身につけた学生たちは，言うべきことも言わない，毒にも薬にもならない明る

いさわやかな若者を演じ続けている。日本の将来や大学のあり方をめぐってつかみ合いにならんばかりの激論を交わしていた大学生たちが当たり前のようにいたということが，今の学生たちにはまったく想像もできないことになっている。他者の気持ちを読み波風を立てないことだけが上手な大学生というのは，ある意味で実に奇妙な大学生とも言えるのではないだろうか。

　「個同保楽主義」以外の価値観にも目を向けてみよう。まずは，FEV 基準に基づき行動するという点だ。早く効率的で目に見える形で結果が表れることならやるが，いつ結果が出るかわからないようなことにはエネルギーをかけようとしない。抽象的だったり，長期にわたったり，関連性が見えにくいことはやろうとはしない。大学での学びで言えば，理論的な話には興味が持てず，長い時間をかけてひとつのことを研究しようとすることは好まず，深く考えなければわからないようなことには取り組もうとしないといった学生が多い。

　自分で道を切り開き失敗を恐れずにチャレンジしていくという精神も，大学生に関しては確実に弱まっていると言えるだろう。現代の大学生たちにとって，とりあえず大学生であるということは大きく道を踏み外さずに人生を歩んでこられているということの証であり，このまま順調に卒業まで至れば，特別な技能も知識も身につけていなくとも，その後の人生を平均以上で歩んでいくための最低限のパスポートになる。それゆえ，とりあえずこのまま失敗をしないためには，冒険はせずに，堅実に与えられた課題だけをこなしていこうとする。これが多くの学生たちが無意識に選んでいる「ベストの選択肢」である。まるで，それは与えられた指令だけをこなすロボットのようである。

（片桐新自，前掲書，167-171 頁より）

1-7　不透明社会の中の若者たち
—— 2012 年調査から ——

　2007 年調査から 2012 年調査までの 5 年間は，激動の時代だったと言ってもよいだろう。2007 年調査段階で良好となりつつあった経済は，2008 年秋のリーマン・ショックによって一転した。その責任を負わされる形で自民党に政治を任せておく不満が高まり，ついに 2009 年に民主党が本格的な政権交代を成し遂げた。しかし，急速に肥大化した政党は，政権をきちんと担うには準備不足の感が否めず，政権交代の際に国民に約束した公約が実現できないまま，内部抗争にエネルギーを費やすこととなり，失望感ばかりが国民

の間では募っていった。

　民主党政権に決定的ダメージを与えたのは，東日本大震災とその結果生じた福島第一原発事故だった。誰がトップでも対処のしようがなかったであろう，この重大事故の責任を民主党政権は負わされることとなった。経済もまったく上向かず，2012年調査の頃には，すべての責任を民主党政権に取らせるというような空気になりつつあった。

　国際関係においては，2008年にアメリカで，若いバラク・オバマが大統領に決まりフレッシュなイメージを与える一方で，隣国中国の経済的，政治的，軍事的大国化が急速に進み，日本との間では尖閣諸島問題等での衝突が危惧されるような状況がしばしば生じ，国を守ることを現実的に考えなければならないという意識を広く国民に持たせていった時代でもあった。

　しかし，こうした政治的重大事件より，学生たちにとってより大きな影響を与えたのは，2008年のiPhoneの発売であった。これ以降スマートフォンが急速に普及し，この小型パソコンとも呼べるスマホが学生たちの生活の必需品となり，人間関係も情報収集もすべてスマホ頼りになっていった。こうした社会情勢に無意識に影響された2012年時点の大学生の特徴を，私は以下のように捉えた。

　　結論から先に言ってしまえば，現代の学生たちは今までの学生たちに比べて，日本を愛する気持ちを持ち，ルール順守のやさしく素直な若者たちで，強く颯爽とした政治的リーダーを望んでいると言えよう。
　　今回の調査対象者になった大学生たちの日本を愛する気持ちは，公立学校の入学式や卒業式において国旗掲揚と君が代斉唱が実質的に義務づけられた1999年の「国旗・国歌法」の成立後に，大部分の義務教育時代を過ごしていること，物心がついた頃にはサッカーブームになっており，ワールドカップ出場権やオリンピック出場権の獲得をめぐって，始終「日本代表を応援する」といった状況にあったこと，中国の経済力・軍事力の巨大化によって日本を守らなければという意識が増していること，そして東日本大震災が起こり，みんなで日本を立て直そうという雰囲気が醸成されたことなどから，自然に高まったと考えられる。また，1970年代，80年代頃まであった欧米諸国への憧れもすっかりなくなって，日本が一番いい国だと単純に思える時代に育ってきた世代であるというのも大きいだろう。

　ほぼ全員がゆとり教育世代である今回の調査対象学生たちは，競争心に乏しく協調性に富む他者にやさしい若者たちに育っており，ルール厳守に慣れており，若者的逸脱行動は少なく，むしろルール破りに対して厳しい目を向ける[10]。一般に非難されるような行動をした人に対しては集中的に批判するために，ネット上でしばしば「炎上」といった現象が生じるようになっている。かつて「カウンターカルチャー（対抗文化）」とも言われた大人世代から批判される文化の担い手だった若者たちが，今や一般社会のルールの番人のような役割を果たしているかのようである。ネット全盛期のこの時代において，「一億総監視社会」にでもなってしまったかのようで，若者たち——特に大学生たち——は逸脱行動をほとんどしなくなっただけでなく，意識的かどうかは別としてスマートフォンを使った逸脱行動の監視人になってしまっている。

　日常生活のルールには厳しい学生たちだが，知識面では不十分なところが多く，政治問題・社会問題に関しては，長期的で大きな仕組みの中に位置づけて的確に評価を下すことができず，唯一の判断基準は感覚的なものになっている。それゆえ，颯爽としたリーダーが歯切れよく強い言葉で評価を下せば，それを疑うことなく正しいと思ってしまう典型的なフォロワー体質になっている[11]。ただし，現代のネット環境の中では，フォロワーだった人間も積極的に行動を起こすことは容易である。そういう行動を取り始めれば，ただの受け身のフォロワーではなく，発信力のあるオピニオンリーダー的役割を果たせることが，過去との違いだろう。

　前回提示した「社会に飼い慣らされた，明るく陽気だが，臆病で長期的視野を持たない『指示待ち症候群』的若者」と根本的に異なるわけではないが，今回の若者の方が意識的に日本社会の一員たることを選び取っている感じがする。明るさや陽気さももちろんあるが，それよりまじめさ，従順さが前面に出てきているように思われる。長期的視野は，この不透明社会の中では持たないというより持てないという方が学生たちの実感に近いかもしれない。将来計画は立てても無駄かもしれないので，身近な人たちとなごやかに，今を楽しむということを生活目標にして毎日を過ごすしかないというところであろう。

　若者たちが受け身で「指示待ち」であることは，今回も確認される。大学への入学目的で「当然だと思っていたから」や「就職を有利にするため」や「大卒の肩書が欲しかったから」が上位に来ることからもわかるように，学生たちはベルトコンベヤーに乗ったかのように，中学から高校へ，高校から大学へ入り，さらには就活をして社会に出て行こうとしている。そこには決められたコースをはみ出さないように，決められた通りに歩む若者たちの姿が見える。自らが信じるよりよい社会を作るためなら反社会的行動すらする学生が皆無になっただけでな

く，過大な自己評価を基に大きな夢を語る学生もほとんどいなくなってしまった。日本を愛し，ルールを守り，突出しないように気をつけながら，手堅く人生を生きて行こうとする，やさしく素直な学生たちで，キャンパスは埋め尽くされつつあるのかもしれない。

（片桐新自『不透明社会の中の若者たち——大学生調査 25 年から見る過去・現在・未来——』 関西大学出版部，2014 年，188-190 頁より）

1-8 時代を生きる若者たち
—— 2017 年調査から——

　2012 年から 2017 年の 5 年間は比較的安定した時代だった。政治的には，2012 年 12 月に民主党から政権を取り戻した自民党安倍内閣が丸々 5 年間継続していたし，経済はアベノミクスの効果で大企業を中心に業績をやや回復し，特に大学生の就職に関しては，「売り手市場」とまで言われるような時代になった。当然ながら，学生の安倍内閣に対する支持は高く，自民党支持率は 5 割を超えた。反自民的志向が強かったかつての大学生とはまったく違う存在になっていた。

　この 2017 年調査でくっきりと表れたことのひとつが，ジェンダー平等化志向が再び上昇したことである。1980 年代から 1990 年代にかけて強まっていたジェンダー平等化志向は 2000 年頃を境に停滞から逆転へと向かい保守化傾向が表れていたが，2012 年調査あたりから，まずは女子学生を中心に平等化に向かう再逆転傾向がわずかながら見え始めていたが，この 2017 年調査では，男子学生も含めて明確に平等化志向の再上昇傾向が表れた。男性だから，女性だからという伝統的ジェンダー観を否定的に見る見方が確実に広まりつつあった。

　そして，その志向性とも関連しているのが，結婚したいとか子どもを持ちたいという気持ちが薄れ，個人として楽しく自由に生きたいという考えを持つ学生が確実に増えつつある傾向が示されたことだ。生活目標を尋ねた質問で「その日その日を自由に楽しく過ごす」という選択肢が，7 回目の調査で，初めて「身近な人となごやかな毎日を送る」を抜いてもっとも選ばれる選択肢となった。そうした個人として楽しむ生活を可能にさせると若者に思わせ

ているのは，スマートフォンの存在である。スマホがあれば，一人でも十分楽しめるという気持ちにさせている。1回目の調査で見いだした「個同保楽主義」と似て非なる「新・個同保楽主義」が広まりつつあるというのが，2017年調査の結論であった。著書には以下のようにまとめた。

　　今回の調査結果から，この研究の原点ともなった1987年調査で抽出した多数派の学生たちの価値観「個同保楽主義」が，また復活してきているような印象を受ける。これまでもこの価値観がまったく消え去ったと考えていたわけではなかったが，同調性と保守性がどんどん強くなり，個人主義的な面と，楽に楽しく生きていたいという面が見えにくくなり，4つの価値観を同等の比重で並べるのはやや躊躇する気持ちになっていた。しかし，今回の調査結果では，様々な質問の回答から，個人主義的な面と，楽して生きたいという面が再び強く出てきている。たとえば，生活目標では，「その日その日を自由に楽しく過ごす」がもっとも多く選ばれているし，仕事観では，「働かないでも暮らしていけるだけのお金があれば遊んで暮らしたい」という人が3分の2以上になっている。「いずれは必ず結婚したい」という人も「いずれは必ず子を持ちたい」という人も男女ともに減り，家族を作るという目標を持たない人が増え始めていることも見て取れる。
　　「個」と「楽」が再び強まってきたのは，就職環境とネット環境の変化が影響していると考えられる。就職環境が好転し，1990年代後半から2000年代前半のような，まじめに頑張らないと就職ができないかもしれないという危機感が大学生から薄れつつある。また，便利になったネット環境により，知識や情報は楽に得られるようになり，苦労して目標を達成したという経験を持つ学生が少なくなりつつある。また，ネット環境は人間関係も変化させている。以前なら，顔を合わせないとできなかったようなコミュニケーションがスマホを通して容易にできるようになり，空間的には1人でいても好きな時に人間関係を楽しめるようになっている。であれば，無理に誰かとともに暮らす必要もないという考えを持つ人も出てくるだろう。こうした環境の変化が，現在の大学生の中で，「個」と「楽」を強めている気がする。
　　他方で，同調性は友人関係——ネットを通しても含めて——を中心に高く維持されているし，保守性に関してはより強くなっている。後者は，かつての自分たちの生活があまり変わってほしくないという消極的な現状維持的保守性から，安倍自民党に対する圧倒的支持に表れているように，愛国主義的な心情も含む積極的な政治的保守性になりつつある。
　　以上のように見てくると，かつて抽出した「個同保楽主義」がそのまま復活し

つつあるというよりも，新しい「個同保楽主義」の出現といった方がいいのかもしれない。かつての「個同保楽主義」は，家族や仲のよい友人も含んだ拡大された個人主義——私生活主義に近い——を大事にしているがゆえに，対面関係にある人々に対しての同調性・協調性も高く，自分の生活が大きく変わってほしくないという現状維持的な保身性・保守性を持ち，できないだろうと思いつつも楽に楽しく生きていきたいというものだった。しかし，今回見出した「個同保楽主義」は，個人としての生活や時間を何よりも大切にし，友人のSNSに「いいね！」をつける浅い表面的な同調行動はまめに行い，日本を愛する気持ちを持ち政治的保守を支持し，しんどいことにはチャレンジせず楽に入手できるもので楽に生きていこうとする，そんな「新・個同保楽主義」になっているようだ。

　かつての「個同保楽主義」は，「新人類」特有の価値観というより，守るべきものを持っていると自覚する中流意識を持った人々にフィットする価値観なので，世代を超えて多くの日本人に当てはまる価値観だろうと指摘しておいた[12]が，今回見出した「新・個同保楽主義」は，まさに現在の若者世代にフィットする価値観で，1世代以上上の世代では共有できない部分の方が多いだろう。

　30年前に，「個同保楽主義」という価値観がいずれ日本人の中心的な価値観になるだろうと予想し，今やまさにそうなったと言えると思うが，そうした時代だからこそ，新たな価値観を持った新世代が登場しつつあるのだろう。彼らを，私は「ゆとスマ世代」と名づけたい。競争させない，頑張らなくてよいというゆとり教育の中で育ち，自らの能力を伸ばすための高めのハードル設定はせず，容易にできることしかしない。そして，常にスマホを携帯し，知識を得るのも，マンガを読むのも，ゲームをするのも，暇つぶしの動画を見るのも，友人とのコミュニケーションを取るのも，すべてスマホで済ませる。努力して何かを身につけることでアイデンティティを確立しようとせず，安易にコスプレし，インスタ映えする写真をSNSにアップし，「いいね！」をたくさんもらうことで，自分の存在確認がなされたような気持ちになっている。これが，「ゆとスマ世代」の典型イメージである。そして，その彼らにフィットした価値観が，「新・個同保楽主義」である。もちろん現在のすべての大学生がこういう人たちではないし，多数派はまだここまで極端ではないだろうが，当てはまる大学生は今後確実に増えていくのではないかと思っている。

（片桐新自，『時代を生きる若者たち——大学生調査30年から見る日本社会——』
関西大学出版部，2019年，217-219頁より）

1-9　社会人の価値観
——2020 年調査から——

　1995 年に一度実施して以来できていなかった大学を卒業した人たちの調査を 25 年ぶりに実施した。調査対象としたのは，私の関西大学のゼミの卒業生である。1994 年卒業の 50 歳になろうかという人から 2020 年に卒業したばかりの人まで 249 名が回答してくれた。年齢幅が大きいので，卒業 1 年目から 4 年目の 20 歳代前半層，卒業 5 年目から 8 年目の 20 歳代後半層，卒業 9 年目から 13 年目の 30 歳代前半層，卒業 14 年目から 19 年目の 30 歳代後半層，卒業 22 年目から 27 年目の 40 歳代層の 5 グループに分けて分析をした[13]。

　この調査を行うことで，卒業すると，学生時代とどういう点が変わってくるのかが明らかになった。顕著な違いを見せたもののひとつに仕事観がある。「仕事と余暇」のバランスの取り方を聞いた質問で，学生や若い社会人は圧倒的に「余暇派」になっているが，30 歳代以上の男性においては，「余暇派」より「仕事派」の方が多くなっており，女性でも 30 歳代以上は，余暇派は 3 割以下になり，「均等派」が過半数を超え，「仕事派」も年齢が高い層ほど多くなっている。また，転職に対するマイナスイメージが社会人には少なく，転職否定派はどの年代層でも少なく，多くて 2 割強，年代層によっては 1 割を切る。学生や若い社会人にとっては，仕事は嫌だけどやらなければならないものというイメージだが，ある程度仕事経験を積んだ社会人にとっては，やりがいを感じられることも多く，そのやりがいを求めて転職するのもおおいにありうるものという考え方に変わるようだ。

　「大切なもの」として「家族」をあげる人の割合は，学生時代よりもはるかに多くなる。「家族・友人・人間関係」に分類できる回答を書いた人は，2017 年調査の関大生の場合は 38.4％だが，2020 年の社会人調査では 61.4％である。特に「家族」「子ども」「パートナー」という回答を書く人が増え，30 歳代以上の層では 3 分の 2 以上，既婚者では 4 分 3 がそうした回答を書いていた。自分が子どもとして所属していた定位家族から，自分自身がパートナーや自分の子どもと作る生殖家族に愛情の対象は移り，より愛着は強くなるのだろう。

20 歳代後半が中心だった 1995 年の社会人調査で 5 割弱しかいなかった「大人自覚」を持つ人の割合は，2020 年の社会人調査でも大きく伸びていなかった。40 歳代という，世間的に見たら 100％大人と思われる年代層でも，男性では 51.9％，女性でも 58.6％しか「自分は大人だ」と回答しておらず，4 割以上は「大人だ」と自己評価していないという結果が出た。これはおそらく第三者から見たら自分は「大人」の範疇に入るだろうことは十分理解しているが，「大人」という言葉が持つ成熟度のようなものを真剣に考えると，自分はまだまだ大人でないという思いを持つ人が少なくないということなのだろう。

　以上が過去 7 回の大学生調査と，2 回の社会人調査から，私が語ってきたことの概要である。大学生調査の詳しいデータは，次章以降，2022 年調査の結果も踏まえて紹介していくこととしたい。

注

1）この時点での「旧世代」をどの世代以上とみるかは難しいが，少なくとも「団塊の世代」までは入るだろう。「団塊の世代」は大学紛争世代で，彼らにとっての「旧世代」に反抗してきた「新しい世代」だという自負心を持っているかもしれないが，組織への忠誠心が強いこと，「克己勉励」意識の持ち主であることなどの点で，それ以前の世代と共通性を持っている。セクトを会社に置き換え，自分が努力をすれば，会社が，ひいては日本がよくなると信じて熱く行動できた世代である。「団塊の世代」のすぐ後の「しらけ世代」（私もここに入るのだが）は，過激化しすぎた大学紛争の暗い結果と，高度経済成長の終焉によって，単純に明るく考えられなくなった未来を否が応でも受け止めざるをえない立場に置かれ，組織に忠誠心を尽くすことや，社会的問題で熱くなることに懐疑的になった最初の世代である。それでも，「しらけ世代」は熱くなれないことに一抹のコンプレックスを感じていた上に，2 度にわたるオイルショック不況の余波をもろに被り，自分自身の生活のためにもまじめに生きないといけないと思う（「勤勉」の価値観）世代だった。だが，「新人類世代」は，旧世代——特に「団塊の世代」——に対するコンプレックスを感じることもなく，経済も低成長ながらも安定したことで将来に対する不安もあまり感じずに，自分の世界に入り込むようになっていたために，「しらけ世代」とは違って，旧世代から強い違和感を持って受け止められたのであろう。

2）1 回目の調査にもかかわらず過去との比較が可能なのは，本調査のいくつかの項目を，1953 年から行われている統計数理研究所の「日本人の国民性調査」と，1973 年から行われている NHK 放送世論調査所（現・NHK 放送文化研究所）の「日本人の意識調査」から借りてきているためである。特に後者の 1973 年と 1978 年の調査に関しては，「短大・大学在学中」の層の人々のデータが示されている書籍が刊行されていたので，より的確な比較をすることができた。ちなみに，女性の生き方に関する考え方や仕事観などに変化が顕著に見られた。片桐新自「「新人類」たちの価値観——現代学生の社会意識」『桃山学院大学社会学論集』第 21 巻第 2 号，1988 年，121-150 頁参照。

3）「コミュニケーション不全症侯群」とは，中島梓によって用いられた言葉で，この頃流行語のひとつとなっていた。従来，人が自然に行いえていた他者とのコミュニケーションをうまく行いえなくなっていることを言う。中島梓『コミュニケーション不全症侯群』筑摩書房，1991 年参照。

4）社会の周辺部に位置する若者が，その位置ゆえに社会の中核を形成する体制や権威に対して批判精神を持つことを示すために作った私の造語である。1970 年代前半頃までは，若者に非常に多かった立場。片桐新自「「新人類」たちの価値観——現代学生の社会意識」『桃山学院大学社会学論集』第 21 巻第 2 号，1988 年，141 頁参照。

5）「パックス・アメリカーナ」を謳歌していた 1950 年代のアメリカ社会の労働者に対して，ミルズがラベリングした「陽気なロボット」との類似性が感じられる。C.W.Mills, *White Collar : The American Middle Classes*, Oxford University Press, 1951（杉政孝訳『ホワイト・カラー——中流階級の生活探究』東京創元社，1957 年）参照。

6）この 1992 年調査では，日本のさらなる経済的発展を肯定する学生は，約 4 割（41.5％）しかおらず，6 割近くの学生は否定していた。ちなみに，第 3 回の 1997 年調査でも肯定する者はほとんど変わらず 4 割強（41.1％）だったが，第 4 回の 2002 年調査から大きく伸びて 62.5％，第 5 回の 2007 年調査では景気が少し戻っていたためか 56.8％とやや減ったが，2012 年調査は 73.0％，2017 年調査は 73.5％，そして今回の 2022 年調査は 84.0％にまで増えた。30 年以上も賃金も上がらず稼げない国になってしまった日本の大学生たちが，経済発展を期待するのは自然なことなのだろう。

7）1995 年 8 月に 960 名に郵送で送り，288 名（男性 164 名，女性 124 名）から有効票を回収した（回収率 30.0％）。片桐新自「「新人類」は今——「大人」になりきれない「若者」たち」『関西大学社会学部紀要』第 28 巻第 1 号，1996 年参照。

8）偏差値を上げるための効率的学習と，一般的な社会関心を持つことがずれてしまうこと。

9）若者が行動を起こす気になるこの潜在的な基準を，後に私は「FEV 基準」と名づけた。"FEV" とは，"Fast"（すばやく），"Efficient"（効率的に），"Visible"（目に見える形で）の頭文字を取ったものである。片桐新自「停滞社会の中の若者たち──収斂する意識と「まじめ」の復権」『関西大学社会学部紀要』第 35 巻第 1 号，2003 年，73 頁参照。

10）年配者の中には，若者は社会のルールを守っていないものが多いと思う人も多いかもしれないが，世代間のずれによる守るべき社会的ルールの違いがかなり影響しているように思う。多くの若者たちは「他者に直接的な迷惑はかけない」というルールを守って行動している。他方で，環境への負荷や，間接的な迷惑には想像力が働かず，傍から見ていると，かなり迷惑な行為になっていることはある。しかし，後者のような迷惑行動は年配者世代もやっている。それぞれの世代が，それぞれの社会的ルールに従って行動しているので，異なる世代から見たら，迷惑行為に見えることも多いのだろう。違法行為という点では，昔の若者よりも間違いなく少なくなっている。少年犯罪も減っているし，昔は当たり前だった未成年大学生の飲酒，喫煙も大きく減っている。

11）政治家でなくても，メッセージ性の強い歌手やバンドのライブに感動して涙を流しながらそれを受け止めるといった姿をよく見せるが，それはまるで新興宗教の信者の集会のようにも見える。

12）片桐新自「「新人類」たちの価値観──現代学生の社会意識」『桃山学院大学社会学論集』第 21 巻第 2 号，1988 年，143 頁。

13）このグループ分けは，年齢を加味しながら，1995 年調査の対象となった卒業 5 ～ 8 年目の社会人とも比較ができるように作ったものである。卒業 20 年目と 21 年目がいないのは，その 2 年間の学年のゼミを募集しなかったからである。片桐新自「社会人の価値観──大学を卒業すると何が変わるのか？」『関西大学社会学部紀要』第 53 巻第 1 号，2021 年，3-4 頁参照。

第2章　調査対象者に関する基本データ

2-1　調査方法と調査対象者の基本属性

　第1章で見てきたように，これまでも調査結果に対してかなり思い切った解釈をしてきたわけだが，あくまでも調査データをベースにしていることは間違いないので，まずは，どういう大学生を対象に，どのような方法で調査を行ったのかを明らかにしなければならないだろう。

　8回の調査の実施期間は，第1回が1987年6月，第2回が1992年11月，第3回が1997年10月，第4回が2002年11月，第5回が2007年10月，第6回が2012年10月，第7回が2017年10月，第8回が2022年10月を中心としたおよそ1か月の期間である。第1回のみが夏休み前の期間であるが，後の7回はいずれも秋に行っている。

　8回ともに調査をさせてもらった大学は，桃山学院大学，関西大学，大阪大学の3校である。たまたま縁があって，この3校では8回とも調査が行えたわけだが，国立と私立，レベルなどから考えて，比較的バランスのよい3校と言えよう。この他に，女子大学はまた違う考え方の学生が多いのではないかと考え，第1回調査から，4年制女子大学を調査対象としている。第1回は同志社女子大学を，第2回以降は7回連続で神戸女学院大学を調査対象大学とさせてもらっている。他には，第1回から第3回までは短期大学の女子学生たちも調査対象としており，また第2回と第3回では関西学院大学も調査対象とした。短期大学は，ひとつの大学のみから集めることが困難だったため，複数の大学から集めた。第4回以降は，短期大学を調査対象からはずしたが，これは，18歳人口の減少とともに，短期大学に進学する女性の割合が少なくなり，代わりに4年制共学大学へ進学する女性が増えたことを

勘案した結果である[1]。関西学院大学に関しては，2度調査対象にしてみたが，関西大学との差が小さく，対象からはずしても問題はないと判断した。

　調査方法は，授業の際に配布しその場で記入してもらい回収する集合調査法を基本としたが，時間の都合等で，配布だけして後日回収するという配票調査法も併用している[2]。こうした調査方法では，とうてい厳密な統計的分析に耐えうる標本は抽出できない。しかし，厳密な標本抽出作業をしても，郵送調査などでは回収率が極端に低くなってしまい，結局信頼に足る調査データではなくなってしまう場合も多いことを考えるなら，厳密な標本抽出法ではないが，多数の回答を得られるこういう形での調査方法もやむをえないものとして認められるのではないかと考えている。

　こうした調査方法を採用しているため，その時々の調査によって，調査対象者の学年や所属学部などに偏りが出て，同じ大学とは言っても，かなり違う層が調査対象者になってしまっている。その中で，桃山学院大学と関西大学の2校は，比較的標本の属性が安定していて，8回の調査すべてで，各学年の回答者数に極端な偏りがなく，かつ所属学部も大多数が社会学部なので，なるべく正確に学生意識の変化を見ようとするなら，この2校のデータに絞って見た方がいいかもしれない。しかし，この2校においても，この35年間で男女の比率がかなり変化したので，同じ大学の同じ所属学部学生の意識とは言っても，性別割合の変化による影響も決して無視はできず，2校だけを対象にしても，必ずしも適切な標本になるとも言えないだろう。いずれにしろ，標本には偏りがあることを認識しながらも，趨勢を大きく捉えるという形で分析をしていくことにしたい。各回の調査対象者の基本属性は表2-1，表2-2の通りである。

　年齢に関しては，25歳以下を原則とした[3]。留学生は，2007年調査までは，それを明らかにするための質問項目を作っていなかったので多少入ってしまっている可能性があるが，調査票に一言書いてくれているケースも多く，わかった場合は対象者からはずした。2012年以降の調査では，最後に留学生にはチェックを入れてもらう欄を作ったので，留学生は調査対象者には入っていない。

　学部に関しては，社会学部と社会学部的要素が濃い大阪大学の人間科学部に所属する学生が，毎回の調査対象者のうち圧倒的多数を占める。1987

表 2-1　調査対象者の基本属性（大学別×性別）実数　　　　　実数（％）

		1987 年	1992 年	1997 年	2002 年	2007 年	2012 年	2017 年	2022 年
桃山学院大学	男子	141(78.3)	73(58.4)	86(53.1)	113(47.7)	130(46.1)	124(57.9)	151(59.4)	124(59.3)
	女子	39(21.7)	52(41.6)	76(46.9)	124(52.3)	152(53.9)	90(42.1)	103(40.6)	85(40.7)
	計	180(32.7)	125(21.4)	162(20.6)	237(32.8)	282(39.0)	214(32.8)	254(37.9)	209(32.9)
関西大学	男子	76(73.1)	88(55.0)	135(50.0)	90(36.4)	97(40.2)	101(35.8)	130(47.8)	138(41.3)
	女子	28(26.9)	72(45.0)	135(50.0)	157(63.6)	144(59.8)	181(64.2)	142(52.2)	196(58.7)
	計	104(19.8)	160(27.4)	270(34.4)	247(34.2)	241(33.3)	282(43.3)	272(40.5)	334(52.5)
大阪大学	男子	62(70.5)	37(48.1)	47(56.6)	47(43.1)	57(41.9)	58(51.8)	51(51.0)	24(40.7)
	女子	26(29.5)	40(51.9)	36(43.4)	62(56.9)	79(58.1)	54(48.2)	49(49.0)	35(59.3)
	計	88(16.2)	77(13.2)	83(10.6)	109(15.1)	136(18.8)	112(17.2)	100(14.9)	59(9.3)
神戸女学院大学	男子								
	女子		55(100)	54(100)	129(100)	64(100)	44(100)	45(100)	34(100)
	計		55(9.4)	54(6.9)	129(17.9)	64(8.9)	44(6.7)	45(6.7)	34(5.3)
同志社女子大学	男子								
	女子	115(100)							
	計	115(20.9)							
関西学院大学	男子		46(46.0)	85(54.5)					
	女子		54(54.0)	71(45.5)					
	計		100(17.1)	156(19.8)					
短期大学	男子								
	女子	57(100)	68(100)	61(100)					
	計	57(10.4)	68(11.6)	61(7.7)					
総計	男子	279(51.3)	244(41.7)	353(44.9)	250(34.6)	284(39.3)	283(43.4)	332(49.5)	286(45.0)
	女子	265(48.7)	341(58.3)	433(55.1)	472(65.4)	439(60.7)	369(56.6)	339(50.5)	350(55.0)
	計	544(100)	585(100)	786(100)	722(100)	723(100)	652(100)	671(100)	636(100)

（各大学の計の比率は，全体の中で各大学が占める割合を示す。）

年は 53.8％，1992 年は 61.2％，1997 年は 75.2％，2002 年は 84.5％，2007 年は 76.1％，2012 年は 89.0％，2017 年は 92.5％，2022 年は 94.7％である。残りの大多数も学部による意識差の小さい文系学部所属学生である。4 年制大学の理系学部所属学生は，1987 年が 5.7％，1992 年は 0％，1997 年は 1.8％，2002 年は 0％，2007 年は 2.1％，2012 年は 2.0％，2017 年は 1.9％，2022 年は 0％で，ほぼすべて大阪大学理学部と工学部の学生である。つまり，この

表 2-2　調査対象者の基本属性（大学別×学年別）実数　　　　　実数（%）

		1987 年	1992 年	1997 年	2002 年	2007 年	2012 年	2017 年	2022 年
桃山学院大学	1 年	50(27.8)	38(30.4)	28(17.3)	62(26.2)	100(35.5)	60(28.0)	92(36.2)	59(28.2)
	2 年	50(27.8)	44(35.2)	62(38.3)	89(37.6)	41(14.5)	52(24.3)	51(20.1)	44(21.1)
	3 年	38(21.1)	25(20.0)	51(31.5)	56(23.6)	96(34.0)	52(24.3)	65(25.6)	55(26.3)
	4 年	42(28.3)	18(14.4)	21(13.0)	30(12.7)	45(16.0)	50(23.4)	46(18.1)	51(24.4)
関西大学	1 年	24(23.1)	28(17.5)	63(23.3)	71(28.7)	67(27.8)	69(24.5)	62(22.8)	69(20.7)
	2 年	47(45.2)	60(37.5)	108(40.0)	80(32.4)	74(30.7)	52(18.4)	72(26.5)	65(19.5)
	3 年	13(12.5)	33(20.6)	66(24.4)	55(22.3)	52(21.6)	95(33.7)	76(27.9)	116(34.7)
	4 年	20(19.2)	39(24.4)	33(12.2)	41(16.6)	48(19.9)	66(23.4)	62(22.8)	84(25.1)
大阪大学	1 年	24(27.3)	0(0.0)	2(2.4)	106(97.2)	37(27.2)	27(24.1)	13(13.0)	0(0.0)
	2 年	33(37.5)	52(67.5)	36(43.4)	0(0.0)	70(51.5)	56(50.0)	63(63.0)	32(54.2)
	3 年	13(14.8)	16(20.8)	33(39.8)	1(0.9)	22(16.2)	11(9.8)	16(16.0)	20(33.9)
	4 年	18(20.5)	9(11.7)	12(14.5)	2(1.8)	7(5.1)	18(16.1)	8(8.0)	7(11.9)
神戸女学院大学	1 年		19(34.5)	32(59.3)	54(41.9)	21(32.8)	1(2.3)	32(71.1)	0(0.0)
	2 年		33(60.0)	21(38.9)	41(31.8)	12(18.8)	19(43.2)	1(2.2)	13(38.2)
	3 年		1(1.8)	1(1.9)	15(11.6)	21(32.8)	19(43.2)	10(22.2)	9(26.5)
	4 年		2(3.6)	0(0.0)	19(14.7)	10(15.6)	5(11.4)	2(4.4)	12(35.3)
同志社女子大学	1 年	25(21.7)							
	2 年	29(25.2)							
	3 年	32(27.8)							
	4 年	29(25.2)							
関西学院大学	1 年		45(45.0)	56(35.9)					
	2 年		16(16.0)	60(38.5)					
	3 年		35(35.0)	19(12.2)					
	4 年		4(4.0)	21(13.5)					
短期大学	1 年	29(50.9)	38(55.9)	37(60.7)					
	2 年	28(49.1)	30(44.1)	24(39.3)					
総計	1 年	152(27.8)	168(28.7)	218(27.7)	293(40.6)	225(31.1)	157(24.1)	199(29.7)	128(20.1)
	2 年	187(34.4)	235(40.2)	311(39.6)	210(29.1)	197(27.2)	179(27.5)	187(27.9)	154(24.2)
	3 年	96(17.6)	110(18.8)	170(21.6)	127(17.6)	191(26.4)	177(27.1)	167(24.9)	200(31.4)
	4 年	109(20.0)	72(12.3)	87(11.1)	92(12.7)	110(15.2)	139(21.3)	118(17.6)	154(24.2)

大学生調査は，基本的に社会学部系を中心とした文系学生の価値観調査ということになる[4]。

2-2 「レジャーランド」から「就職予備校」へ
——「出席度」と「入学理由」から見る大学生の変化——

　バブル経済の時代を頂点に 1980 年代から 1990 年代半ばにかけて，大学はしばしば「レジャーランド」と揶揄された。実際，つらい受験戦争から解放されて社会に出るまでの間，のんびりと楽しむ場所として大学を位置づけている学生たちは少なくなかったように思う。今でも大学生たちは楽しそうで，たいして状況は変わっていないのではと見る人もいるかもしれないが，下記に示す本調査のデータからわかるように，学生たちは非常に「まじめ」になってきている。

　1992 年から同じ選択肢で尋ねている授業への出席度について見てみよう。「よく出席する」と回答した人の比率は，1992 年調査では 36.1％しかいなかったのに，1997 年調査では 47.6％になり，2002 年調査では 64.5％と 3 分の 2 近くになってからもじわじわと上昇を続け，最新の 2022 年調査ではつ

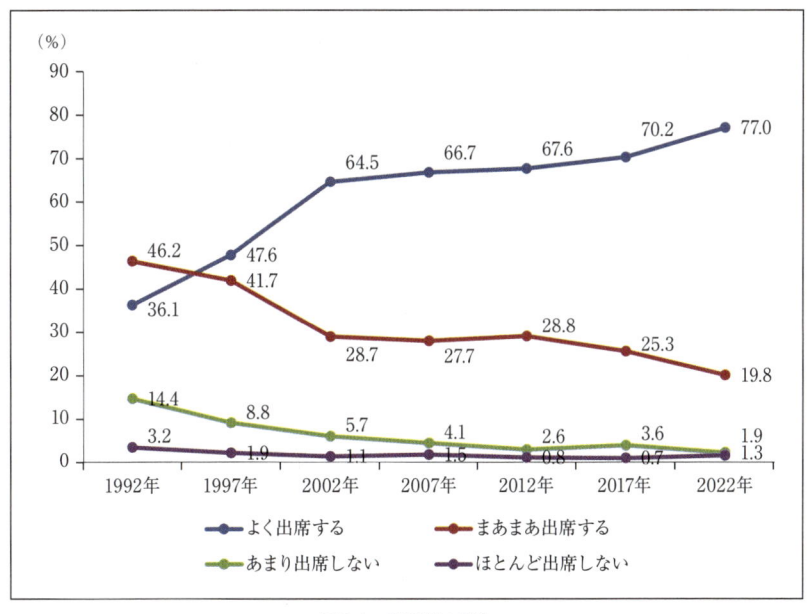

図 2-1　出席度の変化

いに 77.0％になっている（図 2-1 参照）。2000 年代以降，大部分の学生たちにとって授業はまじめに出席するのが当たり前となった[5]。調査対象者に出席率のよい女子学生や低学年が増えているせいではないかと思われるかもしれないので，男女別と学年別のデータも示しておこう。

表 2-3　授業に「よく出席する」割合（性別）　　　　　　　　（％）

	1992 年	1997 年	2002 年	2007 年	2012 年	2017 年	2022 年
男子	25.9	37.7	62.4	62.0	62.5	66.2	74.1
女子	43.4	55.7	65.7	69.7	71.7	74.3	79.4

　表 2-3 からは，「よく出席する」という人が 2002 年調査以降，男女ともに 6 割を超えていることがわかるだろう。男子は 2002 年調査から 2012 年調査までの 3 回は 62％台であまり変化がなかったが，2017 年調査以降は再び上昇し，今回は 74.1％とほぼ 4 分の 3 の割合になった。女子は毎回少しずつ増え，今回は 79.4％と約 8 割にまでなった。2002 年調査を除き男女間での統計的有意差が見られ，女子の方がよく出席すると言えるが，2000 年代以降，その差は 10 ポイント以下で，1997 年調査までのような大きな差ではない。

表 2-4　授業に「よく出席する」割合（学年別）　　　　　　　（％）

	1992 年	1997 年	2002 年	2007 年	2012 年	2017 年	2022 年
1 年	42.9	67.4	66.6	77.3	73.9	77.4	89.1
2 年	42.6	46.9	72.9	76.6	79.3	78.0	83.8
3 年	26.6	35.9	63.0	58.1	58.8	62.3	70.0
4 年	13.9	23.0	41.3	41.8	57.7	57.6	69.5

　学年別でも授業の多い 1，2 年生と授業が少なくなる 3，4 年生の間に大きな差が今でもあるが，上位年次も含めて「よく出席する」という人が確実に増える傾向にあることは確認できるだろう（表 2-4 参照）。
　学生たちは 1990 年代以前と比べると，間違いなく授業によく出席するようになっている。この学生たちの行動変化を導いた理由はいくつか考えられる。ひとつには，大学教育自体の変貌があげられる。かつての大学では，勉

強は自分でするものという考え方が主流で，大学教員自身も学者・研究者と自己規定している者が多く，学生の習得度評価に力を入れる人は多くなかったので，授業に出なくとも単位を取得するのはそれほど難しいことではなかった。しかし，近年の大学教育においては，学生にいかに丁寧な指導をするかが求められている。大学教員は授業に力を注がなければならず，注いだ限りは習得度も正確に判断したいと考えている。このことは，別の角度から見れば，きちんと出席して授業を受けた学生なら単位も取りやすいが，授業にあまり出席しない学生では単位は取りにくいという教育システムになっているということを意味し，学生たちは授業に出席するように動機づけられているのである。

　2つ目に，現在の大学生たちが大学を高校の延長として位置づけており，高校に毎日通ったように，大学にも授業があればちゃんと通うのが当たり前と考えている人が多いことがあげられるだろう。今どきの学生たちは，大学のことを「学校」と言い，自分たちのことを「生徒」と言う学生が多い。授業でも，教師が話すことや板書したことを書きとめることは熱心に行うが，紹介された参考文献などを読んで自分で理解を深めようとする学生は少ない。まさに高校生が授業を受ける姿勢と変わらない。「大学の高校化」とでも呼べそうなこの事態を嘆く大学教員も少なくないが，とりあえず出席に関してはよくなる方向に作用している。

　3つ目に，そしてもっとも重要と思われるのが，多くの学生たちが授業にまじめに出るのは，知識を得たい，思考力を身につけたいという，大学教育が本来狙っているものを理解した上での行動ではなく，3年生までに卒業に必要な単位のほとんどを取り終えて，就職活動を後顧の憂いなく行えるようにするためのベストな選択と考えているからである。

　出席状況が非常によくなった2002年調査の頃は，バブル崩壊から約10年で，日本経済はまだどん底状態にあった。大学生の就職に関しては「就職氷河期」と呼ばれていた時期であり，学生たちはまじめに授業に出て単位を取っていなければ就職もままならないという強い不安感に囚われていた。

　2007年調査の時点では，バブル崩壊から10数年の不況期をようやく脱し，さらには団塊世代の大量退職との入れ替わりで，就職状況は「売り手市場」と言われる時期が来ていた。しかし，バブル経済崩壊以降の10数年の間に，

「格差社会」が一般化し，下手をしたら，自分も「フリーター」や「ニート」，あるいは「ワーキングプア」になってしまうかもしれないという不安感は，むしろいっそう強くなっていた。高度経済成長期のようにとりあえず働き口を見つけたら定年までなんとかなると思えていた時代とはまったく異なる時代になっており，いくら「売り手市場」と言われていても，学生たちは必死で就職活動をせざるをえなかった。

　学生たちにとってやや甘めと思われた時代は長続きしなかった。2008年9月にはリーマン・ショックが起こり，就職環境は一気に氷河期に逆戻りした。さらに，2011年3月には東日本大震災という未曽有の大災害が起こり，学生の就職環境は再び最悪に近い状態にまでなった。その痛手から十分立ち直れていなかった時期に，2012年調査は実施しており，就職活動への必死さは2007年調査の時よりも増していた。

　2012年末に誕生した安倍内閣は「アベノミクス」を打ち出し，大企業を中心に景気が多少よくなり，株価も上がり，大学生の就職環境は改善された。しかし，この四半世紀に浸透した「大学は就職のために行くところ」という意識は強まることはあれ，弱まることはなく，就職活動に必死になる姿は変わらない。

　このように近年の学生たちにとっては就職活動がもっとも重要なので，これと両立しえない授業は就職活動が本格化する前に片づけておきたいという意識が，授業にまじめに出る大学生を大量輩出しているのである。そもそも大学に入学するのも，学びたいことがあるという以上に，「大卒」という肩書が就職する上で――さらに言えば，その後結婚する上でも――不可欠な肩書だからだ。今や私立大学を中心に，行き届いた就職支援――「キャリアデザイン」という名称を使って一般化している――が売りになる時代になっている。大学は今や「レジャーランド」から「就職予備校」へと変貌したと言えよう。

　学生たちのこうした意識は，私の調査の「入学理由」からも見て取れる。大学の「就職予備校」化を示すのは，「就職を有利にするため（就職）」と「大卒の肩書きが欲しかったから（肩書）」の伸びである。「学びたいことがあったから（学問）」「友人を作るため（友人）」「遊びたかったから（遊び）」を含めた5つの入学理由の選択率のグラフは大学生の変化をもっとも端的に

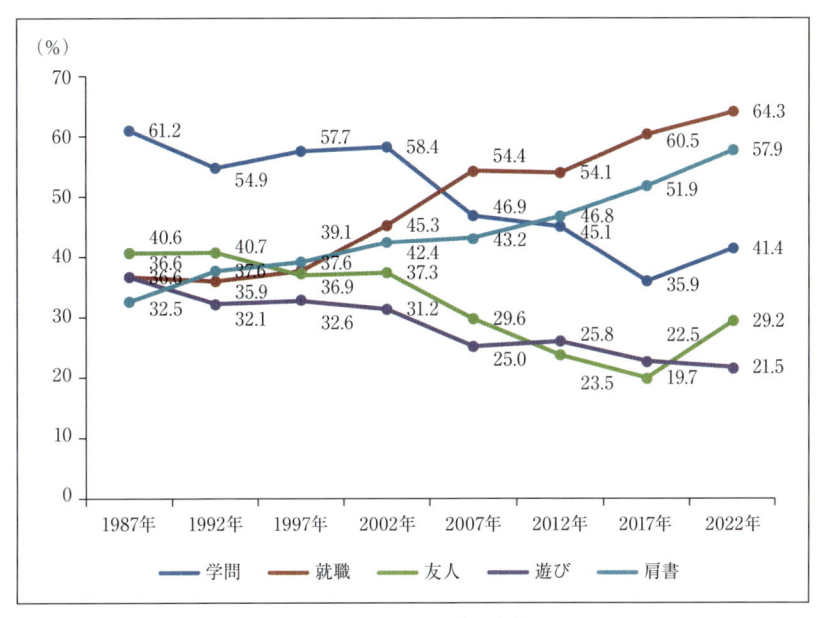

図 2-2　大学入学理由の変化

示していると言えるだろう（図 2-2 参照）。第 1 回調査である 1987 年調査で
は下位にあった「就職を有利にするため」と「大卒の肩書きが欲しかったか
ら」は，その後どんどん選択する人が増え，今回の調査でも，他の 3 つの理
由を大きく引き離して，上位 1，2 位を占めている。

　他方で，大学本来の目的である「学びたいことがあったから」を選ぶ学
生は，2007 年調査以降前回の 2017 年調査まで大幅に減り続け，また大学
が「レジャーランド」と呼ばれていた時代に選択する人が多かった「友人を
作りたかった」や「遊びたかったから」も 2007 年調査以降前回まで大きく
減ってきた。今回の調査では，「学びたいことがあったから」と「友人を作
るため」は，久しぶりに大きく比率を戻したが，これはコロナ禍で自由に大
学に行けず，学びのイメージも違い，友人も作りにくかったということが影
響した一時的な結果だろう[6]。

　「学問」ばかりでなく，「遊び」や「友人」という人間関係を作ることも，
ある意味で，積極的に大学という場を活かしたいと考えているという位置づ

けができるだろう。こうした積極的に大学で何かをしたいという意識が減り,「就職」や「大卒の肩書」だけを求める学生が増えるというのは,まさに今や大学というのは,特別な期待を持たずに当然通る人生のひとつの段階にすぎないという位置づけになっていることを示していると言えよう。現代の日本においては,平均並み以上の生活をするためには,大卒という肩書は当然持っていなければならない「エントランス・チケット（入場券）」になっていることを,若者たちは無意識に自覚しているのである。

　このことは,大学入学理由の別の回答からも確認できる。この大学入学理由を問う質問項目には,私の想定外の回答が出てくる可能性も考えて,「その他」という選択肢を設け,具体的に内容を書き込んでもらっている。こういう面倒な記述を必要とする項目を選んでわざわざ書き込む人は少ないはずなのだが,1987年の第1回調査の時に,約6人に1人が「社会に出る前にもう少し時間が欲しかった」といった内容を書き込んだ。この「モラトリアム」[7] として大学生活を求める人は実際にはもっと多いのだろうと気づかされ,2回目の1992年調査からは,事前に独立の選択肢として置くことにし

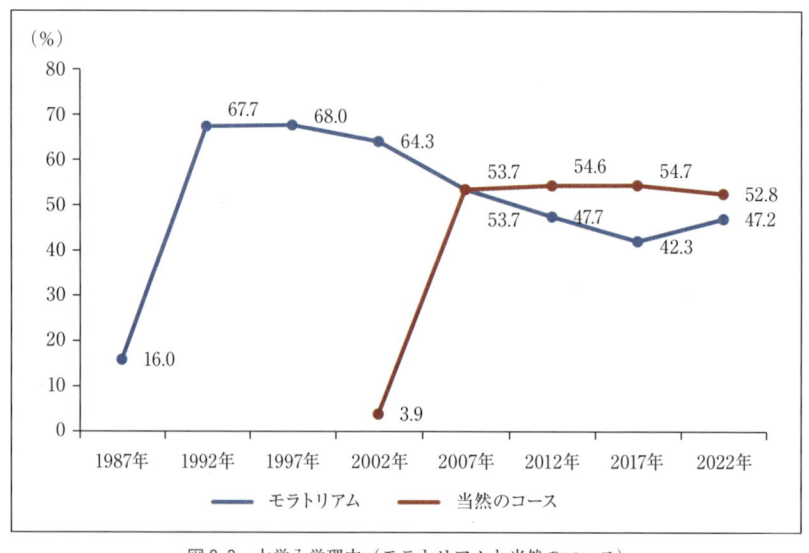

図 2-3　大学入学理由（モラトリアムと当然のコース）

た。その結果，この選択肢はもっとも多く選ばれる選択肢となった。1992年調査では 67.7%，1997 年調査では 68.0% で，ともに 2 番目に選択が多かった「学びたいことがあった」(1992 年 54.9%，1997 年 57.7%) を 10 ポイント以上上回っていた (図 2-2 および図 2-3 参照)。

2002 年調査でも 64.3% でもっとも多く選ばれてはいたが，「学びたいことがあった」(58.4%) との差は縮まり，それ以外に「その他」を選んで，「大学に行くのは当然だと思っていたから」といった内容を書き込んだ人が 30人近くにも及んだ。1997 年までの回答でもこういう内容のものは多少あったが，これほど多くはなかったので，「モラトリアム」とあまり大きな差はない意識ではないかと思っていたが，これだけ多くの人が「モラトリアム」選択肢とは別にわざわざ書き込むということは，やはり別の感覚なのだろうと判断し，2007 年調査から独立した選択肢として置いた。その結果，2007年調査では「モラトリアム」とまったく同数の 53.7% の人が，そして 2012年調査では 54.6% もの学生がこの選択肢を選び，もっとも多くの人が選ぶ入学理由となった。

2017 年調査では，「モラトリアム」が 42.3% に減り，「当然のコース」は 54.7% でほぼ前回と同じ選択率だった。「モラトリアム」が 20 年間減り続けたのは，実は「学問」「遊び」「友人」が減り続けていたのと軌を一にした現象として解釈できる。それはつまり，大学で何かをしたいという意欲の減少を示していた。「学びたい」「遊びたい」「友人を作りたい」と同様に「社会に出る前に考えたい」というのも，ある意味大学という場の大事な活かし方なのだが，それも求めない人が増えていたという解釈が可能となる。今回の 2022 年調査では，この選択肢を選ぶ人も 25 年ぶりに増えたが，これもコロナ禍で大学生活で思ったような経験ができていないことの反映なのではないだろうか。今後，「社会に出る前に考えたい」という入学目的を選ぶ人が増え続けるとは思えない。

1950 年代には半分くらいの人しか行かなかった高校[8]に，今や 96% もの人が進学し，「なぜ高校に行くのか」という問いがまったく意味を持たなくなったように，50% 以上の人が進学するようになった大学も，今や少なくない人々にとって，小中高と同様，人生で歩むべき当然のコースになっており，「なぜ大学へ」という問いが意味を持たなくなってきている。「就職を有

利にするため」「大卒の肩書きが欲しかったから」という理由を選んだ人の多くも積極的に選択したというより，「不利な就職活動にならないため」とか「大卒の肩書程度は持っていないと結婚すらままならないから」といった消極的な選択にすぎなかったと見るべきだろう。今や，大卒の肩書きは，豊かな生活を送るための「プレミアム・チケット」ではなく，そこそこの人生を歩んでいくために最低限必要な「エントランス・チケット」となっており，なぜそれを手に入れたいのかなどという理由はわざわざ考える必要のないものとなっている。今回のコロナ禍で，多少大学生活を見直す気持ちになってくれているのはよいことだが，現状の生活に対する満足度は，コロナ禍以前の大学生より高いというデータを見ると[9]，大学という場を活かしたいという気持ちの復活もどこまで本気なのだろうかという懐疑の念が湧いてくる。

　全体的な趨勢としては，こうした変化があると言えるわけだが，男女別・大学別に分けて見てみると，それなりに違いがある（表2-5, 表2-6参照）。桃山学院大学と関西大学の男子学生では過去4回いずれも「就職を有利にするため」がもっとも多く選ばれる選択肢であるが，大阪大学の男子学生は4回とも「学びたいことがあった」という入学理由を選ぶ人が多い。特に，今回の調査では87.5％もの人がこの選択肢を選んでおり，今回同様に伸びたとはいえ30％台にとどまっている2つの大学との違いを示す。大阪大学は女子学生もこの選択肢を選ぶ人が多く，今回の調査では88.6％もの人が選んでいる。

　桃山学院大学と関西大学で異なるのは，大学に行くのが当然のコースだったと思うかどうかで違いが出る。桃山学院大学の場合，男女ともに「当然のコース」を選択する人は毎回5割に届かないが，関西大学では男女ともに毎回5割以上——女子では6割以上——がこの選択肢を選んでいる。「当然のコース」を選択する人は，大阪大学でも男女ともに多い。また，関西大学の学生たちの場合，男女ともこの2回の調査では「大卒の肩書きが欲しかった」を選ぶ人が6割を超えており，他大学の学生よりかなり多い。これは単純に「大卒の肩書き」という以上に「関西大学卒」という肩書きが，入学した学生にとってかなり魅力を持つものとして受け止められているということの表れなのだろう。

表 2-5　大学別入学理由（男子）　　　　　　　　　　　　（%）

	学問	就職	友人	遊び	肩書	資格	モラトリアム	当然のコース	その他
桃大									
2007 年	34.6	53.1	27.7	21.5	43.8	16.2	46.2	40.8	2.3
2012 年	28.2	48.4	21.0	27.4	40.3	4.8	41.1	37.1	6.5
2017 年	24.5	47.7	14.6	15.9	40.4	9.3	39.1	31.1	6.6
2022 年	30.6	58.1	28.2	24.2	50.0	16.1	46.8	39.5	3.2
関大									
2007 年	39.2	60.8	28.9	27.8	46.4	16.5	56.7	50.5	5.2
2012 年	46.5	57.4	25.7	29.7	50.5	9.9	45.5	55.4	3.0
2017 年	34.6	66.9	23.8	30.8	60.0	4.6	44.6	58.5	3.1
2022 年	39.1	68.8	29.7	24.6	61.6	1.4	43.5	50.7	2.9
阪大									
2007 年	73.7	57.9	24.6	26.3	47.4	3.5	49.1	52.6	5.3
2012 年	60.3	46.6	22.4	31.0	39.7	8.6	31.0	58.6	1.7
2017 年	64.7	54.9	15.7	15.7	43.1	2.0	33.3	58.8	0.0
2022 年	87.5	45.8	16.7	29.2	54.2	0.0	45.8	66.7	0.0

表 2-6　大学別入学理由（女子）　　　　　　　　　　　　（%）

	学問	就職	友人	遊び	肩書	資格	モラトリアム	当然のコース	その他
桃大									
2007 年	41.4	50.0	27.6	21.1	40.9	10.5	55.3	43.4	1.3
2012 年	30.0	51.1	23.3	27.8	54.4	2.2	58.9	42.2	3.3
2017 年	27.2	59.2	21.4	24.3	55.3	5.8	54.4	42.7	2.9
2022 年	40.0	54.1	20.0	16.5	51.8	5.9	41.2	35.3	3.5
関大									
2007 年	41.7	59.7	36.9	29.9	44.4	5.6	58.3	61.8	2.8
2012 年	47.0	56.9	26.0	24.9	49.2	5.0	54.7	68.0	1.7
2017 年	28.2	72.5	22.5	23.2	62.7	2.8	41.5	76.1	2.1
2022 年	36.7	71.4	38.3	24.5	64.8	2.0	52.6	63.8	1.5
阪大									
2007 年	74.7	46.1	29.1	25.3	44.3	8.9	53.2	77.2	1.3
2012 年	68.5	66.7	20.4	13.0	50.0	1.9	44.4	68.5	0.0
2017 年	79.6	67.3	24.5	24.5	59.2	4.1	53.1	79.6	0.0
2022 年	88.6	60.0	22.9	8.6	48.6	5.7	42.9	77.1	0.0
神女									
2007 年	50.0	50.0	28.1	25.0	34.4	6.3	54.7	62.5	7.8
2012 年	65.1	53.5	20.9	20.9	37.2	9.3	46.5	51.2	4.7
2017 年	42.2	48.9	11.1	20.0	26.7	8.9	20.0	51.1	4.4
2022 年	38.2	70.6	17.6	2.9	58.8	0.0	52.9	55.9	0.0

凡例：1位　2位　3位　50%以上

桃山学院大学の学生が他の選択肢より相対的に多く選ぶのは，「社会に出る前にもう少し時間が欲しかった」である。男女ともに毎回上位3位までに入っている。選んでいる人の割合は関西大学と変わらないが，大学に行くのは当然だからという選択肢を選ぶ人がやや少ない分，当然だから大学に進学したというより，社会に出る前にしばらく余裕のある時間を過ごしたいという思いから大学に進学した人がやや多いという特徴を持っていそうである。

　神戸女学院大学の場合は調査対象者数が少なく，学部にも偏りがあるので，毎回もっとも多く選ばれる入学理由が異なり，なかなか傾向性を読みにくい。一応3位までに入る項目は，「当然のコース」「就職」「学問」の3つと捉えることはできるが，今回の調査結果では，「学問」は38.2%で5位に落ちており，これまで4，5番目の選択順位で4割も選ぶ人がいなかった「肩書き」が58.8%の人に選ばれて初めて2位に入ったが，この回答が最近の神戸女学院生を代表しているどうかはわからない。

注

1）8回の調査年の女子の4年制大学と短期大学の進学率は，以下の通りである。1987年（13.6％：21.5％），1992年（17.3％：23.5％），1997年（26.0％：22.9％），2002年（33.8％：14.7％），2007年（40.6％：11.9％），2012年（45.8％：9.8％），2017年（49.1％：8.6％），2022年（53.4％：6.7％）。

2）2022年調査の時期は，まだ新型コロナの流行期であり各大学とも遠隔授業が多く，これまで通りの調査が行えるか危惧していた。しかし，インターネットを使った調査にしてしまうと，調査対象者の質が大きく変わってしまう可能性があったので，各大学ともに，これまで通りの授業時間中の集合調査を基本とし，配票調査を補助的に加えるという調査方法でお願いし，協力していただけたのは非常にありがたかった。

3）例外的に，1987年調査では，26歳2名，不明1名が，1992年調査では26歳1名，27歳1名，不明1名が入っている。

4）実は，前回の2017年調査では，こうした本調査の偏りを相対化するために，関西大学理系学部であるシステム理工学部の学生たち55名（男子54名，女子1名）にも調査対象者になってもらった。ただし，この55名分のデータをそのまま過去の調査と比較する基本データに入れてしまうと，理系学生の比重がこれまでより大

幅に増してしまうので，過去の調査と比較する全体データには入れずに，同じ関西大学の社会学部生との比較対象として分析した。その結果，入学目的など確かにいくつかの項目で文系学生とは違う傾向を示したものもあったが，それほど多くはなかった。

5）今回の調査は，新型コロナ流行期で，学生たちはこれまでと違って大学へ登校する回数が少なくなっているため，出席度も落ちていたりするかもしれないという予測もしていたが，数少ない対面の授業にはちゃんと出るようにし，オンデマンドで受けられる授業も自分なりに時間を見つけて授業をきちんと受けているという自覚を学生たちは持っているようで，これまで以上に出席度は高くなっていた。

6）SNS の浸透によって高校までの友人たちともまるでいつも会っているかのようにコミュニケーションを取れたり，同じ趣味の友人も作りやすくなっているため，大学という場で無理に友人作りに励む必要性は基本的に下がっているはずだが，コロナ禍で自由にサークルにも入れないという状態を経験した学生たちは，やはり大学での友人も大事だなという思いを抱いたのだろう。

7）モラトリアムとは，執行猶予という意味の英語で，社会に出ることを猶予されている若者たちの状態を指す言葉として，E.H. エリクソンが心理学用語とした。日本では，小此木啓吾の『モラトリアム人間の時代』（中央公論社，1978 年）が刊行されて，一般に広まり，卒業後進むべき方向を見出せない大学生が熟慮する時間を求めて留年することなどを「モラトリアム留年」と言うようになった。

8）高校進学率は，1954 年に初めて 50％を超え，1950 年代は一貫して 50％台であった。1954 年 50.9％→ 1955 年 51.5％→ 1956 年 51.3％→ 1957 年 51.4％→ 1958 年 53.7％→ 1959 年 55.4％。

9）現在の生活に「かなり満足」と答えた人はこれまで 2 割を超えたことがなかったのに，今回は 31.3％もおり，「どちらかと言えば満足」と答えた 59.4％と合わせると，「満足」と答えた人は初めて 9 割を超えた。

第3章　大きく揺れ動いた男女観

　男女の生き方やあり方，またその関係をめぐる考え方は，本調査を実施してきた35年の間に，社会の変化を受けて実に複雑に変化してきた。第1回調査を実施した1987年は，男女雇用機会均等法が施行されたばかりで，まだまだ伝統的性別役割意識が社会に色濃く残っており，女性が男性と対等に働くことに対して社会的にはまだ十分受け入れられたとは言いがたい時代だったが，その後の10数年間に若者の意識はジェンダー平等を受け入れる方向に確実に変化していった。しかし，2000年代に入った頃から，40歳に近づいた均等法第1世代が結婚や出産の時期を逃したと焦る姿を見ながら，学生たちの中にも，バリバリ働くことは女性としての幸せを逃してしまうことになるのではないかという見方が広がり，性別役割を肯定する意識が再び強まり，「若者の保守化」[1]と呼ばれるような逆転現象を生み出した。

　しかし，成長しない経済が長く続く中で，1970年代までのような男性だけの給与で家族全員が十分に暮らしていけるという状況ではなくなり，共働きが前提とされる状況になり，女性たちも再び働き続けるのが当然だし，男性も家事育児に積極的に関わるべきだと言われる時代になり，2010年代に入ると，再びジェンダー平等に向かって価値観が少しずつ変化するようになった。

　2010年代後半に入ると，そもそも男性と女性という2分法を前提していてよいのか，異性と恋愛し，結婚し，家族を作るということは本当に必要なことなのかといった考え方も広まっていき，ジェンダーどころか性別そのものを前提としない考え方が広まり，男女のあり方，生き方，考え方を大きく変えつつある。

　こうした複雑な変化がこの8回の大学生調査の結果としてくっきりと表れてきているので，以下，具体的に見ていきたい。

3-1 劇的に変化した性別役割意識

　上記で述べたようなこの 35 年間の変化がくっきり表れているものとして，まずは，結婚後に女性が仕事を続けるべきかどうかという考え方の推移を見てほしい。

　図 3-1 は 35 年間の推移を男女合わせてトータルで見たもの，図 3-2 は男女別に見たものである。1987 年の第 1 回調査の際には，男女合わせて 4 分の 1 近い学生（男子 28.8%，女子 20.1%）が「女性は結婚したら，家庭を守ることに専念した方がいい（結婚退職）」を選んでいた。今の学生からしたら信じられない数字だろう。しかし，時代は，男女雇用機会均等法が施行され，義務教育でもかつての男女別名簿や男子生徒が様々な場面で女子生徒より優先されるという慣習が消えていく時代であったため，この後の 1992 年調査や 1997 年調査では，そうした新しいジェンダー平等の考えに基づいた教育を受けてきた学生が増え，女性も「結婚して子どもが生まれても，できるだけ職業を持ち続けた方がよい（できるだけ続ける）」という考え方が大きく伸びていった。特に，1997 年調査では，「できるだけ続ける」が男子学生で

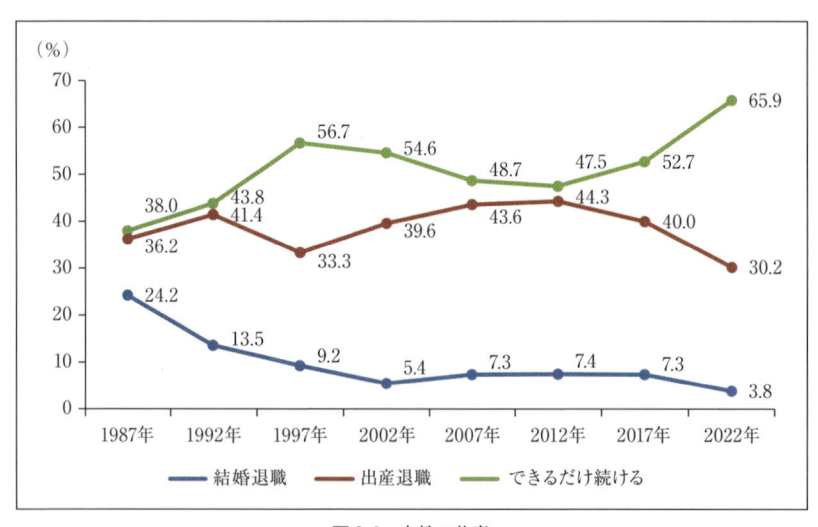

図 3-1　女性の仕事

も 5 割近くが選択し，「子どもができるまでは，職業を持っていた方がよい（出産退職）」を初めて抜きもっとも支持される考え方になり，男女合わせた全体としては「できるだけ続ける」が 5 割を大きく超え，「結婚退職」が 1 割を切っただけでなく，「出産退職」という考え方も 3 分の 1 まで減少した。

　この時点では，「できるだけ続ける」が増えるというこの趨勢はこのまま続いていくだろうと予測していたのだが，次の 2002 年調査では，「できるだけ続ける」が 4 回目にして初めて減少に転じ，「結婚退職」は減ったものの，「出産退職」が男女ともにかなり増え，それまでの 2 回の調査とは異なる傾向を示した。2007 年調査になると，この逆転傾向はよりはっきり表れ，「できるだけ続ける」が全体では過半数を切り，その分「出産退職」だけでなく「結婚退職」すら増加に転じることとなった。これは，上に述べたように，40 歳前後になった均等法第一世代の女性たちの，自分が歩んできた人生への懐疑的な行動を揶揄するような流行語や風潮 [2) などを，学生たちが敏感に感じ取った結果であった。この調査を行ったのと同じ年の 2007 年 5 月に私の関西大学の 3 年生ゼミの女子学生 13 名に「できたら専業主婦にな

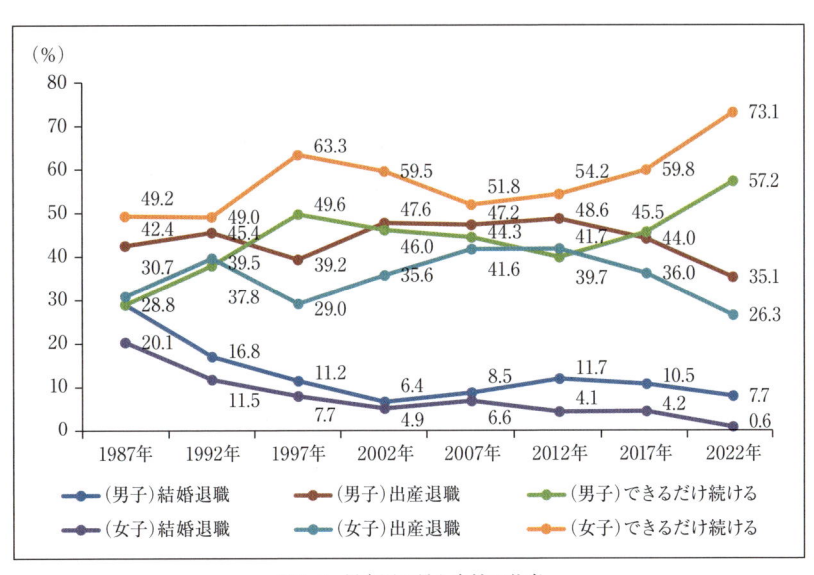

図 3-2　男女別に見た女性の仕事

りたいと思っている人はいますか」と聞いたところ，13名全員が「なりたい」と答え，私自身が驚愕した思い出もあるような時代だった。

　2012年調査でも，男女合わせると，わずかながら「できるだけ続ける」が減っていたのだが，これは男子学生が大きく減らしたために生じた結果で，女子学生の方はこの時点で「ずっと続ける」という考え方が15年ぶりに増加に転じ，どうやら再び逆転が起きそうな予兆を見せていた。女性の仕事に関しては，男子学生は自分の問題というよりパートナーとなる女性の問題として受け止める傾向が強い。それゆえ，自分自身の意向以上に，女子学生たちがどのような意識を持っているかを漠然とながらも察知し，その意識に合わせるという側面が見られるため，女子学生より意識変化が遅めに起きることになる。女子学生たちが仕事を続けるという意識を高めていた1980年代から90年代は，男子学生もそれを受け入れる方向に変化していた。それが2000年代に入ってからは，女子学生たちの間でできれば出産を機に家庭に入りたいという意識が進行しているのを感じとり，男子学生の方もその方向へ意識を変化させていた。そういう流れだったので，この2012年調査の女子学生において「できるだけ続ける」という意識が再び増加する傾向を示したことで，次の2017年調査では，きっと男子も増加に転じているのではないかと予測したが，実際に2017年調査では男女ともに「できるだけ続ける」と考える人が増え，全体でも5ポイント以上増えることとなった。

　この2017年時点の「できるだけ続ける」の再増加は，女性も働かないと生活ができないという経済的事情や，子どもを産んでも仕事を続けられる社会的環境がある程度整ってきたことによるものではないかと考え[3]，当然2022年調査でもこの増加は続くだろうと予測していたが，今回の調査結果として出てきた65.9％という数字は，私の予測をはるかに超える増加だった。

　働き続けることへの大幅な意識の高まりは，女性だからといって家庭中心——結婚するかどうかも含めて——に生きる必要はないという強い意識の表れと考えられる。前回2017年の「できるだけ続ける」の選択率52.7％は，1997年や2002年よりも低く，ようやく1990年代終わり頃の意識に戻ったという意味付けもできたが，今回の65.9％という選択率からは，男女のあり方や性別役割分業といった考え方が別のステージに入ったように感じられる。それゆえ，当然ながら家事育児の分担に関しても，今回の調査結果はこ

れまでの推移からは想定できないほどの変化を示しているので，これも合わせて見ていこう。

　図 3-3 が男女を合わせた 30 年間──この質問は第 2 回の 1992 年調査から

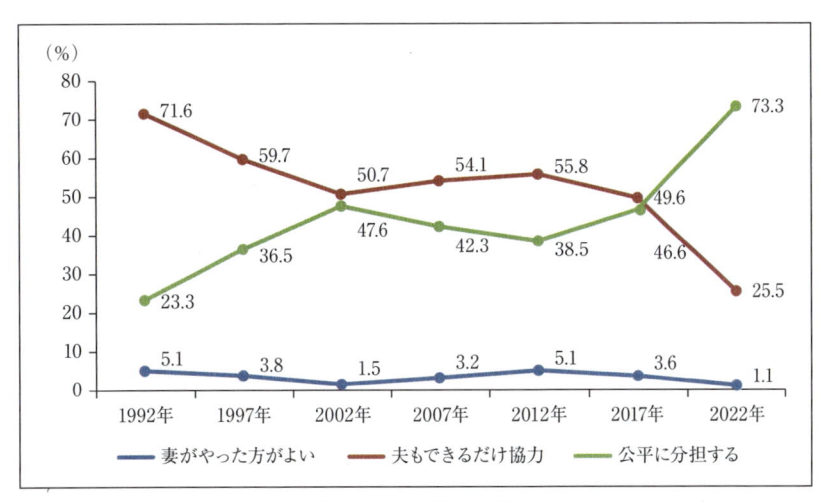

図 3-3　家事育児の分担

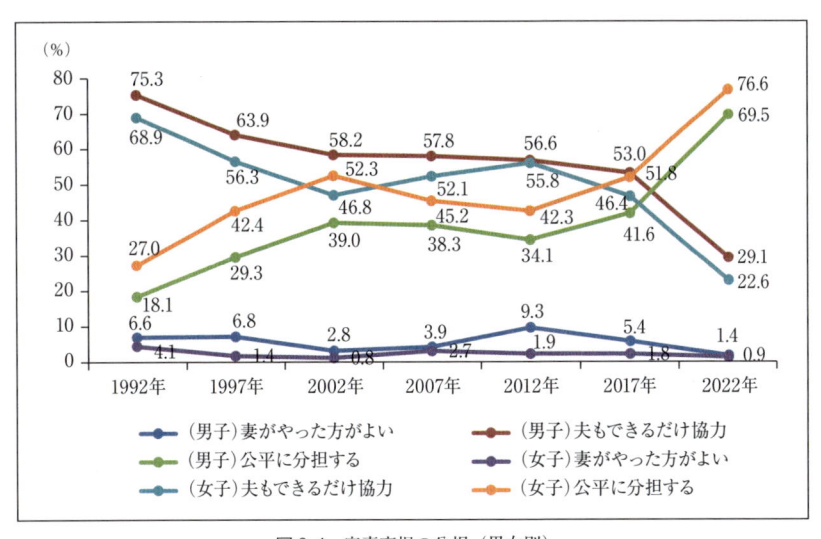

図 3-4　家事育児の分担（男女別）

実施——の推移であり，図3-4が男女別に見たものである。まず男女合わせた全体の比率の推移を見てもらうとわかりやすいが，今回「どちらの方が向いているかなどとは言えないので，´公平に分担すべきだ（公平分担）」という考え方を選択する学生が大幅に増加した。30年前の多数派と少数派が完全に逆転した形である。この質問には「育児」という言葉が入っているため，これまでどうしても出産，授乳をする女性の方が向いていると思う人が多かった。図3-4からわかるように，男子学生では前回まで一度も「公平分担」の選択率が「どちらかといえば女性の方が向いているとは思うが，夫もできるだけ協力すべきだ（夫もできる限り協力）」を超えることはなかった。女子学生では，2002年と2017年でわずかに逆転していたが，その差は5ポイント程度であったため，男女合わせた全体としての比率は過去6回の調査で常に「夫もできる限り協力」がもっとも選択率が高かった。それが今回男子で69.5%，女子は76.6%，全体でも73.3%が「公平分担」を選んだ。「夫もできる限り協力」との選択率の差は，男子でも40ポイント以上，女子では50ポイント以上と，これまでとはまったく異なるレベルの意識変化が起きたと言いうるほどの大きな変化である。

　わずか5年間でこれほど女性の仕事と家事・育児に関する学生の意識を大きく変化させたのには，何か大きな理由があるはずである。原因として考えられるのは，既存の性別役割分業を批判する報道や教育が圧倒的な量でなされたことである。

　図3-5は，「LGBT」という語句を含む記事がどの年にどのくらい出されたかを，朝日新聞系メディア[4]と読売新聞系メディア[5]に関して検索した結果をグラフ化したものである。朝日新聞での初出は2004年1月23日，読売新聞は2008年8月21日であった。その後も2011年，2012年頃までは毎年ごくわずかな記事が出るだけだったのが，2013年頃からはどちらも少しずつ増え，朝日新聞系では2015年頃から，やや保守的な読売新聞系でも2016年からは意図的に記事を増やしたのだろうと容易に推測できるほどの増加数となっている。2020年にともにかなり減ったのは，新型コロナ関連記事に押されたためだろうが，それでもどちらもそれなりの件数の報道はなされており，十分LGBTに関するメディアによる世論喚起は続いていたと言えよう。

　大新聞がそろって急にLGBTに関する報道を大幅に増やしていったのは，

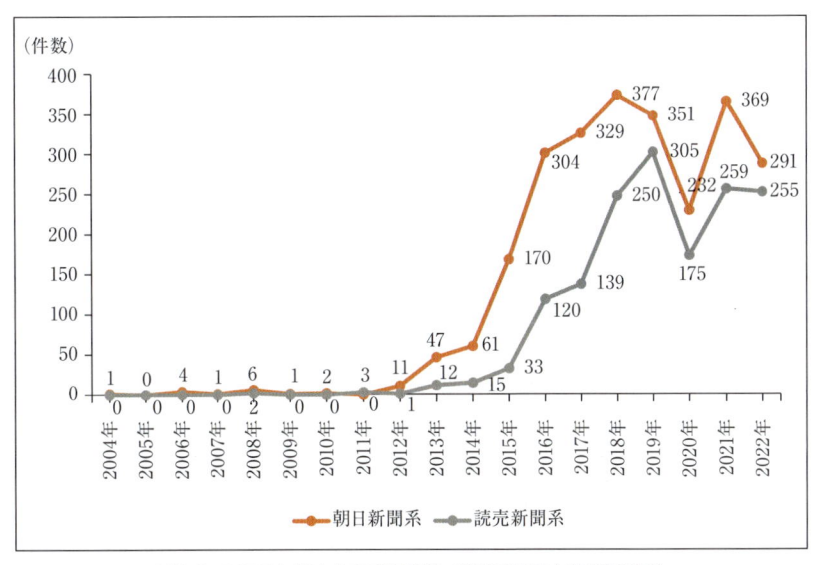

図 3-5　LGBT に関する記事掲載数（朝日新聞系と読売新聞系）

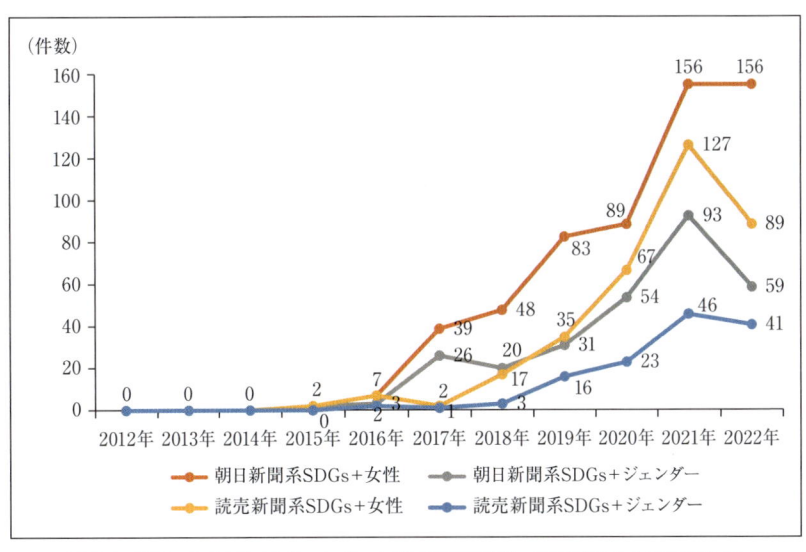

図 3-6　SDGs の「女性」「ジェンダー」関連記事掲載数（朝日新聞系と読売新聞系）

2013 年 9 月に 2020 年東京オリンピックの開催が決定したことがきっかけである。欧米的な価値観で基準が作られているオリンピックを開催するにあたっては，遅れている日本の LGBT に対する社会的受容を進めなければならないということが暗黙の了解事項になり，政府，東京都，マスメディアが協力して，LGBT への理解増進に向けて動き出した結果がこの新聞記事件数に表れたわけである。実際に，東京都は 2018 年 10 月，オリンピック憲章に沿って，LGBT 等の人びとへの差別を禁止する条例（「東京都オリンピック憲章にうたわれる人権尊重の理念の実現を目指す条例」）を制定した。

　LGBT に関する報道とともにもうひとつ注目すべきなのは，SDGs に関する報道である。SDGs は，2012 年 6 月にリオデジャネイロで開催された「国連持続可能な開発会議」で生み出された言葉で，その具体的な目標として 17 の目標が 2015 年 9 月の国連総会で決定した。その目標の一つに「ジェンダー平等の実現」があり，SDGs の報道が急増する中で女性の社会的立場の改善を求めて既存の性別役割分業を見直すべきだという報道も大量になされることになった。図 3-6 は，「SDGs」と「女性」を含む記事件数と，「SDGs」と「ジェンダー」を含む記事件数を示したものである。図 3-5 と見比べてもらうとわかるが，LGBT と女性・ジェンダーがらみの SGDs の記事が，ともに 2010 年代後半に急増している。

　LGBT の話とジェンダー平等の話は厳密に考えると矛盾する点もあるのだが，これまで半ば自明視されてきた生物学的性に基づく生き方を見直すという点では共通点を持つ。当然学校教育の場でも，男だから女だからということで制約されない生き方が推奨され，LGBT に対する理解も深める教育がなされてきた。実際に本調査の対象者となった 2022 年の大学生たちからは，「中学高校から，そういう教育を受けてきました」という声をしばしば聞いたし，学生たちが自分たちで調査票を作る場合は，「男性／女性」という 2 カテゴリーで問うのは間違っているので，必ず「その他」という選択肢を入れるべきであると考えるようになっている。今回の調査対象者となった学生たちの大多数は，大学入学時期が 2019 年から 2022 年の学生たちなので，中学・高校時代が 2013 年 4 月から 2022 年 3 月の期間ということになり，特に高校時代は LGBT や SDGs のジェンダー平等に関する世論喚起がもっとも強くなされていた時期であり，学校教育においても，マスメディアにおいて

も，さらにはネットメディアにおいても，従来当たり前に受け止められてきた男女 2 分法や，異性愛を基本とすることへの疑問を身に着け，伝統的性別役割に基づいた生き方に対する否定的意識も強めることになったのだろう。こうした教育を受け，世論を敏感に感じ取った結果が，前回調査からの学生たちの異次元の意識変化を生み出したのである。

　大学別での結果を見ておくと，女性の仕事に関しても，家事育児の分担に関しても，もっともジェンダー平等志向が強いのは大阪大学の学生たちである。女子学生ではすべての調査回で「女性も仕事をできるだけ続ける」という選択肢と，「家事育児を公平分担する」という選択肢を選ぶ割合がもっとも多い。また男子学生においても，この 2 つの選択肢を選ぶ割合が大阪大学の学生がトップでなかったのは，それぞれ 1 回だけである。「進歩的」と言われる価値観の受容は偏差値の高い大学生において高いという傾向は昔からの一貫した傾向である。

3-2　家族を作るという物語の行方

　結婚や子どもを持つことに関する学生の意識も時代とともに変化してきた。次にこの点について見ていこう。

　結婚の意思に関しては，1997 年の第 3 回調査から尋ねているが，その時点では男子学生の 56.4%，女子学生の 60.7% しか「必ず結婚したい」と答えていなかったが，2000 年代に入って伝統的性別役割を肯定する逆転現象が起きるようになってからは，男女ともに結婚意思が高まり，男子は 2012 年調査で 73.0% が，女子では 2007 年調査で 73.3%，2012 年調査でも 72.1% と 7 割を超える学生たちが「必ず結婚したい」と回答していた（図 3-7 参照）。また，子どもに関しても，この頃は男女ともに 7 割を超える学生たちが「必ず持ちたい」と答えていた（図 3-8 参照）。こうした学生たちの意識から，2012 年調査後に刊行した『不透明社会の中の若者たち』では「不透明な時代においては，結婚し子どもを持ち育てるという『小さな物語』が，唯一の現実的な目標として相対的な魅力を増しているのだろう」と述べた[6]。

　しかし，2017 年調査から「必ず結婚したい」，「必ず子どもを持ちたい」という意識が減り始め，今回の 2022 年調査では，男女ともに結婚意欲も子

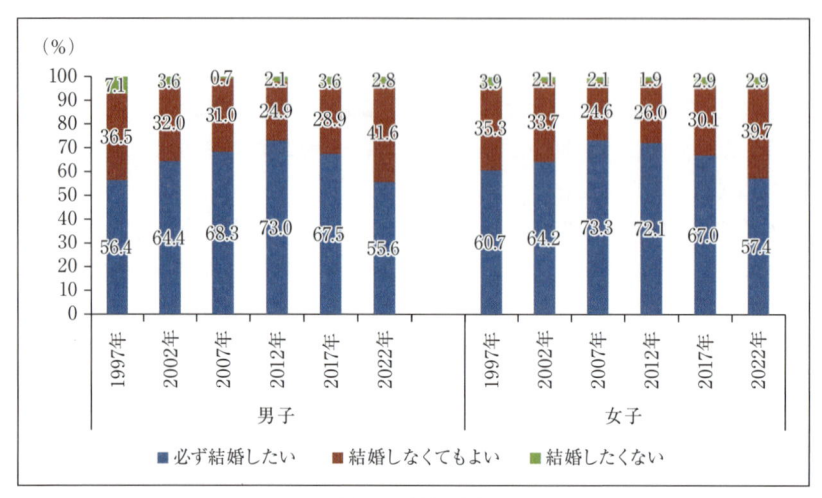

図 3-7　結婚の意思

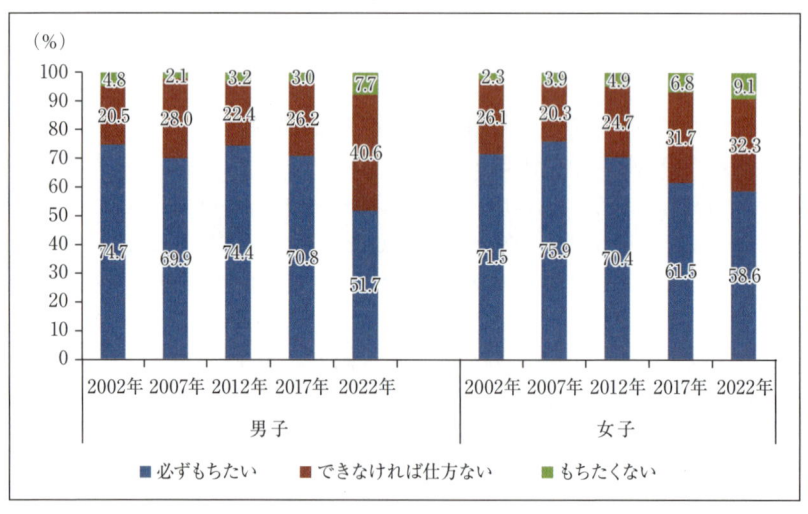

図 3-8　子を持つ意思

を持つ意欲もこれまでの調査の中で過去最低になった。いずれもなんとか過半数は超えているものの，その減少度合いからすると，学生の中で「必ず結婚したい」とか「必ず子どもを持ちたい」という考えの持ち主が半数を切

るのも時間の問題だという気がする。結婚の方は「したくない」と答える人は3％未満だが，子どもに関しては「持ちたくない」と答える人が男子で7.7％，女子で9.1％とかなり増えてきている。こういう意識が増えるのには，個人として自由気ままに生きたいという意識が高まっていることも大きな影響を与えているだろうが，これまで半ば自明視されてきた生物学的性に基づく生き方をしなくてもいいという社会の風潮の方がより影響を与えているだろう。

　大学別・性別で見ると，男女とも結婚意思や子を持つ意思がもっとも弱いのは，大阪大学の学生たちである。今回の場合，「いつか必ず結婚したい」という人は，男子全体では55.6％なのに対し阪大男子は41.7％であり，女子の場合は，全体では57.4％に対し阪大女子は42.9％である。過去の調査結果を見ても，過去6回のうち，阪大男子は5回，阪大女子は6回とも，結婚意思がもっとも弱い。また，自分の子どもをいずれは必ず持ちたいという意思も，男子全体では51.7％に対して阪大男子は45.8％，女子では全体が58.6％に対し阪大女子は42.9％にすぎない。伝統的性別役割分業に対してもっとも否定的な考え方を持つ大阪大学の学生たちにおいて結婚の意思も子を持つ意思も弱いということは，やはりこの回答が性別役割を遂行するかどうかという意識と関連が高いことをよく表していると言えるだろう。

　結婚の際に名字をどうするかという問題も，長らく日本では妻が夫の名字に変更することが社会的慣習のようになってきていたために，性別役割分業に関する意識とまったく同様の変化をしている。

　図3-9，図3-10を見てもらうとわかるように，1987年の第1回調査から1997年の第3回調査までは単純に，「妻が夫の名字に変える」（「当然夫の名字を名のるべき」＋「現状では夫の名字を名のった方がよい」）という古い考え方が減り，「合わせる必要はなく別姓でよい」や「男女どちらが改めてもよい」という新しい考え方が増えていると総括できたが，その後は逆方向への変化が見られた。2002年の第4回調査の際には5年前の1997年調査からの変化が小さく，もしかしたら収斂値になったのではないかとも考えたが，2007年，2012年と調査をしていくと，収斂したのではなく結婚の際の名字選択に関しては保守的な考え方が復活するという逆転現象の始まりだったことが明らかになった。2007年調査では，女子学生において逆転傾向が

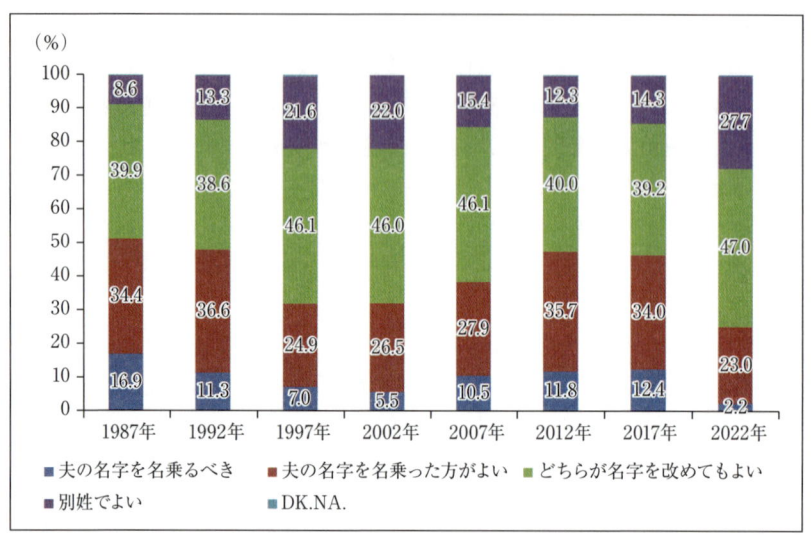

図 3-9　結婚の際の名字

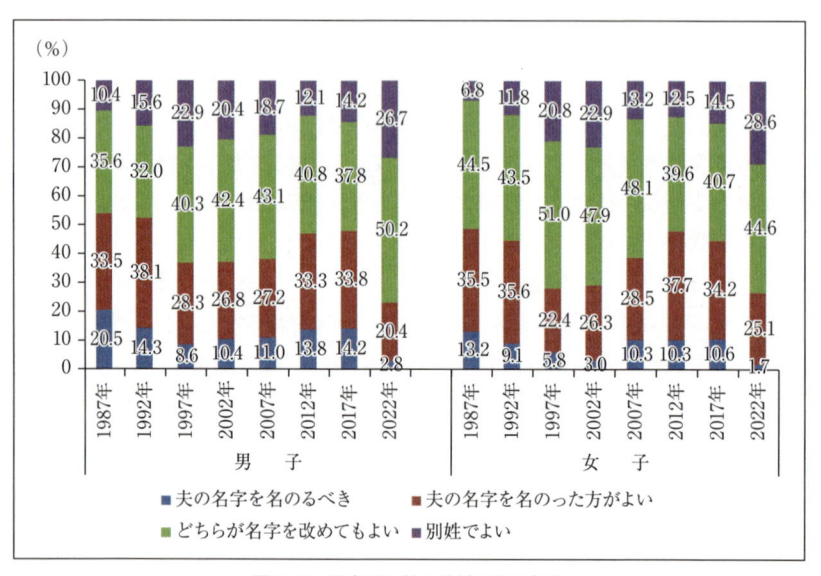

図 3-10　男女別に見た結婚の際の名字

はっきり表れたが，男子学生においてはまだ変化は小さかった。2012年調査で，男女とも保守的方向への逆転傾向がはっきり表れた。

　結婚の際の名字の問題に関しては，政治の動きも軽視できない。1990年代に入って本格的な検討が始まった「選択的夫婦別姓制度」は，1996年には法制審議会が選択的夫婦別氏（別姓）制度を含む「民法の一部を改正する法律案要綱」を答申し，それを受けて超党派の議員が「選択的夫婦別氏制度」を導入する民法改正案を議員立法で提出するなど，実現可能性が非常に高まっていたため，それを望む学生も多くなっていた。しかし，この民法改正が遅々として進まず，2000年代に入ってからはメディアで取り上げられることも少なくなり，現実主義的な学生たち——特に女子学生——にとって，別姓婚は現実的な選択肢として考えにくい時代となり，それが調査結果にも表れたと言えよう。

　しかし，2017年調査では，女子学生において再逆転傾向が表れ，20年ぶりに「夫の名字を名のった方がよい」を選択する人が減り，「別姓でよい」を選択する人が増えた。この時点では，実際に名字を変えることにならざるをえない女子学生の方がこの問題にも敏感であり，女性の仕事継続の考え方と同様に，女子学生の意識の変化に男子学生が後追いをするような形で意識を変化させていくと考えられるので，2022年調査では男女ともに保守的な考え方が減るだろうと予測していたが，実際の調査結果はここでも予測以上の意識変化が見られた。

　男女ともに「妻が夫の名字に変える」という考え方を選択する者が過去最低になった（男子23.2%，女子26.8%）が，特に男子学生はこれまでは最低でも3分の1以上の学生が「妻が変える」ことを望んでいたのに，今回は一気に4分の1以下にまで減ってしまった。「どちらが変えてもよい」も初めて過半数を超え，「別姓でもよい」も初めて4分の1を超えた。これまで女子学生の意識の後追いのように見えていた男子学生の意識だが，今回の調査では女子学生より先に進んだようにも見える。しかし，これはジェンダー平等教育の成果という以上に，結婚自体を望まない学生の増加のせいかもしれない。毎回「いずれは必ず結婚したい」という学生においては，男女ともに「妻が夫の名字に変える」ことを選択する者が多いからだ。先に見たように，結婚の意思自体が減っていることで，全体としての「別姓夫婦」や「どちら

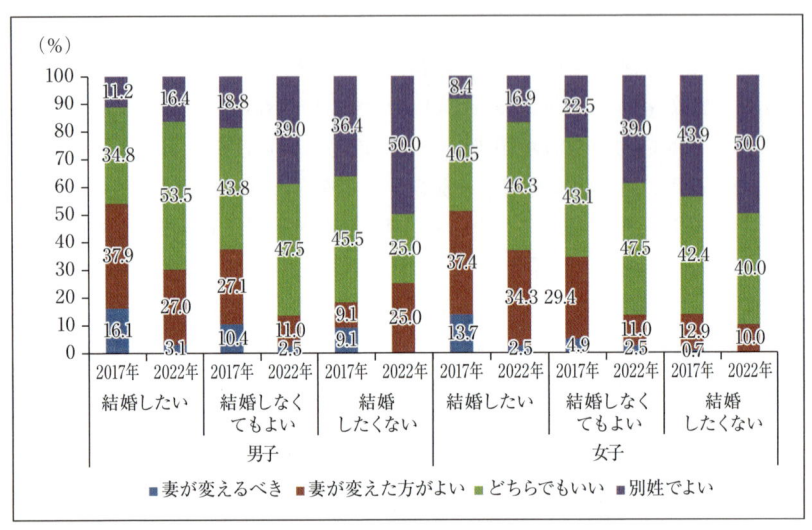

図 3-11　結婚の意思と結婚の際の名字（2017 年と 2022 年の比較）

が変えてもよい」という考えの人が増えたとも考えられるからである。

　この点を確認するために，結婚の意思と結婚の際の名字をどうするべきかの意識の関連を 2017 年調査と 2022 年調査で比較してみた。図 3-11 に見られるように，基本的に男女ともに「妻が夫の名字に変える」という古い考え方が大きく減り，「別姓でよい」や「どちらが変えてもよい」が増えている。特に，「必ず結婚したい」や「適当な相手がいなければ，結婚しなくてもよい」という選択をしている人たちで結婚の際の男女平等の考え方が大幅に増えている。この結果を見ると，単に結婚の意思が減ったことで結婚の際の男女平等の名字選択をする人が増えたのではなく，やはりジェンダー平等に向けての意識が全体として高まったと言えるだろう。

　同様に，関連がある自分の子を持ちたいかどうかという意識と名字選択意識との関連も見ておこう。図 3-12 に見られるように，ここでも「必ず持ちたい」や「できなければそれでもよい」という選択をした人たちで，男女平等の名字選択をする人が大幅に増えていることが確認できる。

　別姓夫婦が認められていないから結婚する気になれないと思う学生はそう多くはないかもしれないが，結婚に対する意欲が下がっていく中で，少しで

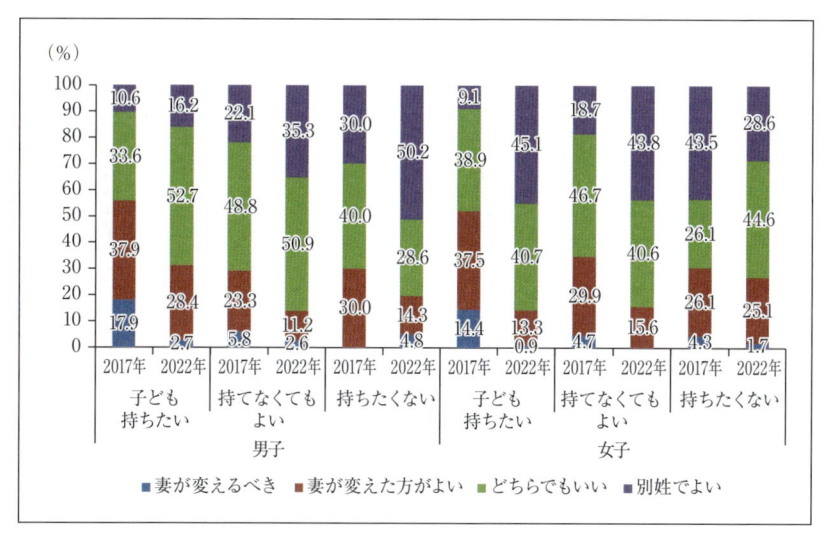

図 3-12　子を持つ意思と結婚の際の名字（2017 年と 2022 年の比較）

も結婚の障害になることは取り除いていくべきだという観点から言えば，別姓夫婦も法的婚姻として認められるようにしていくべきだろう。結婚したいと思える環境，さらには子どもを作りたいと思える環境をできる限り作っていかなければならないはずだ。家族を作るという「物語」を多くの人が普通に持ちたくなるような社会であってほしいものだ。

3-3　ジェンダーの受け止め方

　これまでにもすでにいろいろ触れてきたジェンダーだが，もっとも端的な形では，「男らしさ」「女らしさ」という社会的性格として捉えられているので，この「男らしさ／女らしさ」をどう受け止めているかという質問に対する学生たちの回答がどう変化してきたかを見てみよう。
　図 3-13 は，一般論として「男らしさ／女らしさ」を必要と考えるかという質問に対する回答で，図 3-14 は自分自身が「男らしい／女らしい」と言われたらどう思うかという質問に対する回答結果である。基本的に一般論としてはある程度必要だと認識するが，自分に向けられた場合は単純に嬉しい

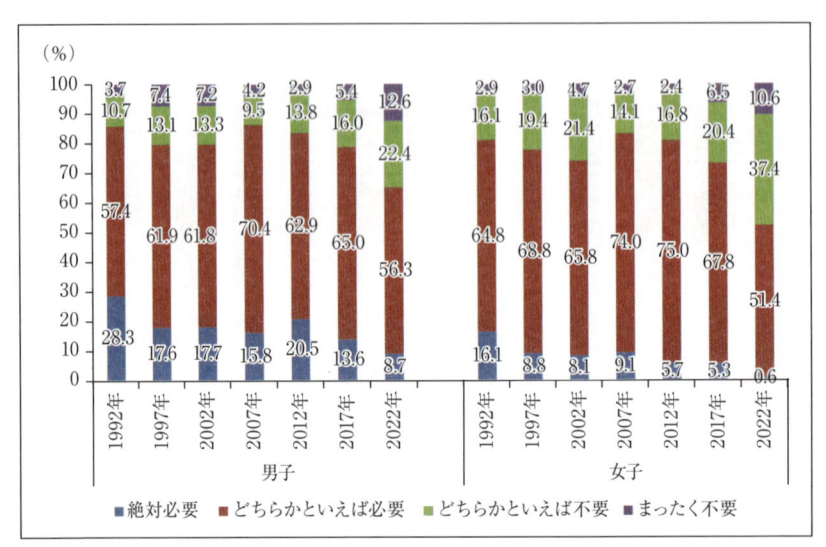

図 3-13 「男らしさ／女らしさ」は必要か

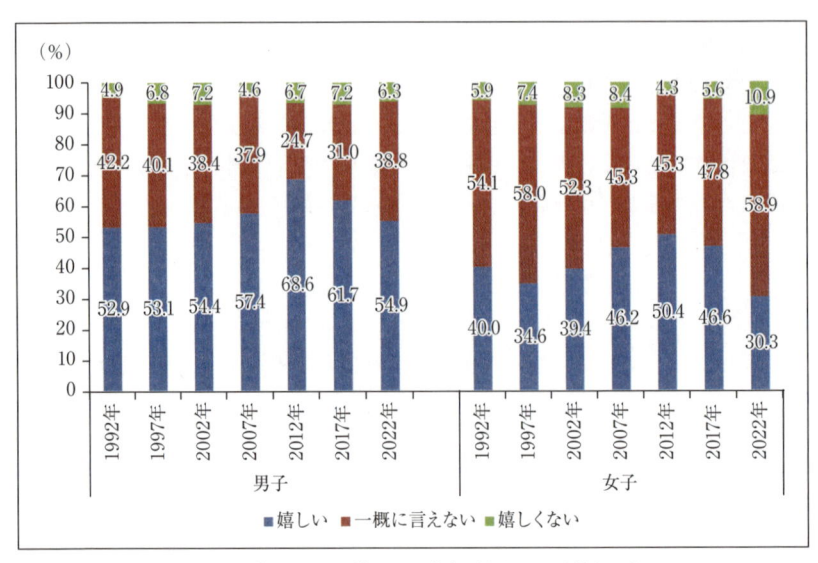

図 3-14 「男らしい／女らしい」と言われるのは嬉しいか

と思えない場合もありそうだというのが大学生——特に女子学生——の認識である。

　推移に注目するなら，この2つの質問への回答は，他のジェンダー関連項目と同じような推移をしてきた。図3-13に見られる通り，「男らしさ／女らしさ」を肯定する人（「絶対必要」＋「どちらかといえば必要」）は，1992年調査から2002年調査まで男女ともに減り続けていたが，2007年調査では他のジェンダー関連項目の変化と同様に反転した。2012年調査では再び減ったものの，男子で「絶対必要」という人は増えていたし，男女ともに肯定派はまだ8割以上という高い比率をキープしており，「男らしい／女らしい」と言われて嬉しいと答える人は男女とも増えていたので，再逆転が始まったと解釈しなかったが，2017年調査では男女とも一般論としても主観的受け止めにしても肯定的選択が減り，再逆転が始まったことが明らかになった。それでもまだこの時点では男女ともに7割以上の人が「男らしさ／女らしさ」を必要と考えており，「男らしさ／女らしさ」は，男女の生物学的な特徴と関係があると考える人も多いので，性別役割分業の平準化がどれほど進んでも肯定派が5割を切ることはおそらくないだろうと考えていたが，今回の女子学生で52％しか必要だと答えなかった結果を見ると，「男らしさ／女らしさ」を肯定する人が半数を切る日も近いと予測せざるをえない。主観的受け止めの方も女子学生では「嬉しい」と答える人が約3割まで減り，過去最低となった。

　このジェンダーに関する2つの質問に関しても，大学別で差が出る。どの大学でも今回大幅にジェンダーを肯定する意識が低下しているので，それを示すために（2017年比率→2022年比率）という形で示しておきたい。まず，「男らしさ／女らしさ」の必要性を肯定する学生が今回の調査で多かった順に並べると，関大男子（76.1％→66.6％），桃大男子（83.4％→66.2％），神戸女学院（77.8％→61.7％），関大女子（76.7％→54.6％），桃大女子（72.6％→50.6％），阪大男子（70.5％→50.0％），阪大女子（59.2％→31.4％）となる。また，「男らしい／女らしい」を嬉しいと思う割合の方は，関大男子（63.1％→59.4％），桃大男子（62.9％→52.4％），阪大男子（54.9％→41.7％），桃大女子（58.3％→35.3％），神戸女学院（40.0％→35.3％），関大女子（45.8％→31.1％），阪大女子（34.7％→8.6％）である。毎回同じ傾

向が出ているのは，大阪大学の女子学生が，必要性に関しても，主観的受け止めに対してももっとも低い評価だということだ。特に今回の調査では，前回まで最低でも3割程度はいた「女らしい」と言われて「嬉しい」と回答する人がわずか8.6%にまでなり，これまで1割に届くことのなかった「嬉しくない」と明確に否定する人が22.9%と大きく増え，初めて「嬉しい」と回答する人を上回った。一般論的な必要性に関しても，3分の2以上の68.6%が「必要ない」（「どちらかといえば必要ではない」48.6% ＋ 「まったく必要ではない」20.0%）と答えているが，「必要」と答える人より多くなったのは，今回の大阪大学の女子学生が初めてである。

　これまでは，知的能力が相対的に高く自信を持つ女子学生たちにとって，「女らしさ」は場面によっては制約として機能することが少なくないために嬉しいとは一概に言えないが，一般論として必要性は認める人が多かったが，今や不要と否定する人が多い時代に入ったと言えるだろう。

　こういう質問で「男らしさ／女らしさ」を考える時には，近代社会で確立された性別役割分業に伴って形成された「男らしさ／女らしさ」が調査対象者の念頭に浮かぶ。この5年ほどの間に，こうした近代社会の性別役割分業の批判，さらには「男／女」の2分法すら疑問視する論調が強まる中で，こういう調査結果が出てくるのも当然だろう。しかし，このまま性による違いがすべてなくなってしまうのが人々の望む形なのだろうか。ほとんどの人にとって，生物学的性による違いがすべて無視されることは生きやすい社会にはならないだろう。近代社会で形成された「男らしさ／女らしさ」に批判されるべきものが多いとしても，時代に合った新しい「男らしさ／女らしさ」として残すものを残し修正すべきは修正して再構成されるなら，社会にとって必要なものとして位置づけなおすことは可能なのではないだろうか。

　前節までで取り上げてきた他のジェンダー関連項目（「家事・育児の分担」「女性の仕事」「婚姻の際の名字」「結婚の意思」「子を持つ意思」）と，ここで取り上げた「男らしさ／女らしさ」の受け止め方との間には当然ながら強い関連が見られるが，今回はどの質問においてもジェンダー平等というか否定的な意識が大きく高まっているため，各グループごとの差が小さくなっている。

　もうひとつこのジェンダーの受け止め方と関連が深そうなのが，「生まれ

変わり希望」である。ジェンダー否定の空気が強まっているので，今回の調査では男女ともに異性への生まれ変わりを求める人が増えたりしているかもしれないと思ったが，決してそういう結果は出ていない（図3-15参照）。むしろ男女ともに現在の性にまた生まれ変わりたいという人がやや増えている。大きな変化ではないので，変化の原因を語ることは難しいが，むしろ他のジェンダー関連質問項目の大きな変化と違って，この項目の変化が小さい，あるいは現状の性を肯定しているとも解釈できる結果を見るなら，大多数の学生たちは，個人として男であること，女であることを生きづらいと思っているわけではなく，一般論としての古い性別役割分業やジェンダー観に批判的になっていると解釈するのが妥当なのではないだろうか。

　この生まれ変わり希望については，今回の結果だけでなく35年間の推移についても語っておこう。実はこの項目は，第1回調査を行った時に，結果を見てもっとも驚いたもののひとつだった。それは，男子学生の女性への生まれ変わり希望の多さにだった。もともと生まれ変わり希望について調査し

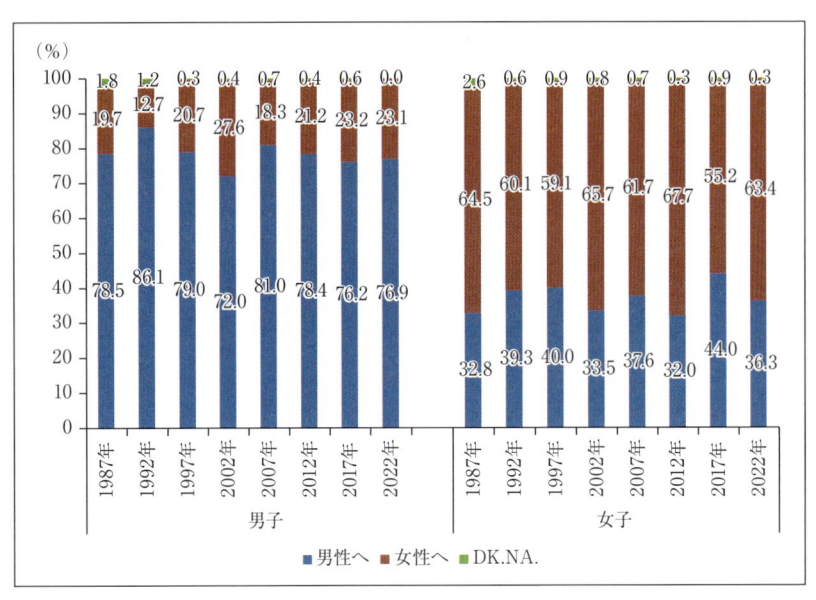

図 3-15　生まれ変わり希望（男女別）

てみようと思ったのは，かつては非常に多かった女性の男性への生まれ変わり希望[7] が，女性の社会的地位が向上する中で，かなり少なくなっているだろうと予想されたために，その変化の程度を女子学生の意識から明らかにしてみようと思ったからだった。他方，男性の場合は，時代，年齢に関わりなく，女性への生まれ変わり希望はほぼ6%前後であったので[8]，男子学生に関して尋ねても，この比率はそう変わってはいないだろうと漠然と考えていた。しかし，実際に調査結果を出してみたら，予想を超えて，約2割（19.7%）もの男子学生が女性への生まれ変わりを希望していた[9]。

　以前から苦労が多いのは男性であるという認識はないわけではなかったが，男性にはそれを補って余りある楽しみがあると考えられてきた[10] ために，女性に生まれ変わりたいと考える男性は少なかった。つまり，[（男性の楽しみ）−（男性の苦労）＞（女性の楽しみ）−（女性の苦労）] と大多数の男性たちは考えていたわけである。それが，この時点の男子学生の間で上記の不等式が逆転したと判断する者が約2割にも増えていたのは，私にとってはかなり驚くべき結果であった。

　その後7回の調査結果も含めたものが図3-15である。1992年調査で男子学生の女性への生まれ変わり希望はいったん減ったが，その後の2回は増え，2002年調査では男子の27.6%，女子の33.5%が異性への生まれ変わり希望を持ち，その差がもっとも小さくなったので，このまま男女とも3人に1人ぐらいが別の性に生まれ変わりたいという希望を持つ「男女同等社会」に向かっているのではないかと2002年調査の分析の際に予測した[11]。しかし，次の2007年調査では男女ともに男性希望が増し，2012年調査では逆に男性希望が男女ともに少し減った。2017年調査は，男女ともに異性への生まれ変わり希望が増したが，今回はまた現状の性を希望する人が増えた。正直言ってこの比率の変化の解釈は非常に難しい。ジェンダー観や男女観の意識変化との関連があるのではないかと思うのだが，今回の結果からもわかるように単純な関連はしていないようだ。

　この問いに関するもうひとつ興味深いことは，一般の調査結果と大学生の調査結果の違いである。まず男性に関して見ると，統計数理研究所の国民性調査[12] では，男性で女性に生まれ変わりたいという人は，一般では相変わらず5~6%に留まったままである。20歳代の男性だけで見ると，1988年3%

→ 1993 年 3%→ 1998 年 12%→ 2003 年 4%→ 2008 年 5%→ 2013 年 8%である。
1998 年と 2013 年にやや高くなった時期があるが，大学生ほど高くはない。

　他方，女性の男性への生まれ変わり希望はどうかと言うと，一般の女性で
はどんどん減り（1988 年 34%→ 1993 年 29%→ 1998 年 28%→ 2003 年 25%
→ 2008 年 23%→ 2013 年 23%），また大学生と比較的近い年齢である 20 歳
代女性だけで見ても，1988 年 39%→ 1993 年 24%→ 1998 年 28%→ 2003 年
26%→ 2008 年 26%→ 2013 年 28%という推移で，1990 年代以降は，一貫し
て本調査の女子学生の方が高い。

　つまり，男女ともに大学生の方が異性に生まれ変わりたいという希望が強
いということになる。大学生という立場は，まだ実社会において社会的立場
を得ておらず，それぞれの性として生きることの充実感をつかめていない人
が多いために，異性への生まれ変わり希望がやや高めに出るのかもしれない。

　説明の難しい「生まれ変わり希望」だが，少なくとも「異性への生まれ変
わり希望率の差」＝〔（女性の男性への生まれ変わり希望率）－（男性の女
性への生まれ変わり希望率）〕という指標で，どの程度「男性優位社会」で
あるかは測れるのではないかと考えている。この差が小さくなればなるほ
ど，「男女同等社会」に近づいたと言えるだろう。たとえば，これを統計数
理研究所の調査データに関して見てみると，1988 年 30 ポイント→ 1993 年
26 ポイント→ 1998 年 23 ポイント→ 2003 年 20 ポイント→ 2008 年 17 ポイ
ント→ 2013 年 17 ポイントとなり，少しずつその差が縮まっていることがわ
かる。つまり，日本社会は全体としてはゆっくりだが，確実に男女同等社会
に向かっていると見ることができる。

　他方，私の 30 年間の大学生調査では，1987 年 13.1 ポイント→ 1992 年
26.6 ポイント→ 1997 年 19.3 ポイント→ 2002 年 5.9 ポイント→ 2007 年 19.3
ポイント→ 2012 年 10.8 ポイント→ 2017 年 20.8 ポイント→ 2022 年 13.5 ポ
イントとなる。2002 年のように，その差が非常に小さくなった時期もあっ
たが，2017 年調査では 20.8 ポイントとなり，一般の人々よりも差が開いた。
女子学生の男性への生まれ変わり希望が過去最高の 44.0%になったことが大
きく影響した。しかし，今回はまた女子学生の女性への生まれ変わり希望が
かなり増えたため 13.2 ポイントと少しその差が縮まった。

　両性にとっての理想の社会は，どちらの性に生まれても，もう一度その性

に生まれてきたいと100％の人が思えることだと思うが，世の中には様々な価値観の持ち主がいるので，実際には100％の人がそう思うというような事態は生じないだろう。せめて，男女の生まれ変わり希望の差が0ポイントに限りなく近づくようになることが，男女共生社会のめざすべきところではないだろうか。

3-4　男女交際をめぐる考え方

　男女間の性交渉に対する考え方も，伝統的ジェンダー観に対する評価と連動して変化をしてきた意識と言えよう。明治期以降，日本の近代化が進む中で，女性に対する性規範は「純潔教育」という形で厳格に求められるようになってきた。1970年代まではこうした言説が強く残っていたが，女性たちの伝統的性役割からの解放が求められる中で，性に関する意識・行動の束縛からの解放もめざされるようになり，80年代後半以降，性をめぐる意識も大きく変化してきた。

　図3-16に見られる通り，私の調査でも，1970年代や1980年代の空気感の中で成長した第1回の1987年調査の時の学生たちでは，「結婚式がすむまでは性的交渉をすべきではない」と「結婚の約束をした間柄ならよい」という選択肢を選ぶ人は，男女合わせて約3割——女子学生だけなら44.3％——もいたが，1992年調査では15％を切り，1997年調査では8％弱となった。この時期逆に増えていたのは，「結婚や愛は関係ない」という考え方と「深く愛し合っているならよい」という考え方であった。ちょうど伝統的ジェンダー観が弱体化していく時期と重なっている。そして，ジェンダー観に関する意識と同様，2002年調査の際に停滞あるいはわずかながらの反転傾向が見えたが，8割を超える学生たちが「深く愛し合っているならよい」を選ぶようになったため，2007年調査からは，実態をより正確に把握するために，選択肢をひとつ増やして，「つきあっていればよい」という選択肢を入れてみた。学生たちの恋愛の話を聞いていると，性交渉を重く考えずに行っている学生も少なくないようだったので，愛情の程度を分けて尋ねないと実態は把握できないだろうと思ったからである。その結果，2007年調査では，男子学生では4割が，女子学生でも3分の1以上の人がこの選択肢を選んだ。

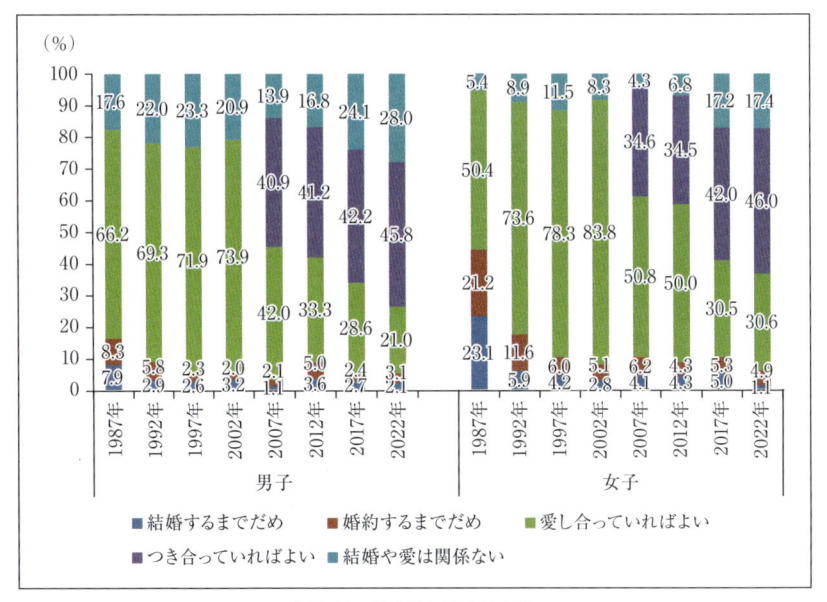

図 3-16　性交渉に関する意識

「深く愛し合っているならよい」という選択肢だけでなく，「結婚や愛は関係ない」という選択肢を選ぶ人が減ったのも，より自分の考えに近い選択肢が作られたためだろう。

　5つの選択肢にして3回目の調査だった2017年の結果は，それ以前の2回と比べて大きく変化をした。男女とも「深く愛し合っているならよい」という考え方が大きく減り，「結婚や愛は関係ない」が大きく増えた。特に，女子学生に関しては劇的な変化であった。過去2回5割を切ることがなかった「深く愛し合っているならよい」という考え方が，一気に30.5%に激減し，これまで3分の1強だった「つきあっていればよい」が42.0%に，そして過去2回4.3%，6.8%だった「結婚や愛は関係ない」が17.2%に大きく伸びた。

　今回2022年の調査結果は，基本的に2017年の結果の延長線上にあると言えよう。女子学生では，「結婚するまではだめ」とか「婚約するまではだめ」という保守的な考え方が合わせてもわずか6%になり，その分「つきあって

いればよい」が4ポイント増えたが，それ以外の2つの選択肢の選択率はほぼ前回通りだった。男子学生の方は，「深く愛し合っているならよい」という考え方がさらに減り，その分，「つきあっていればよい」と「結婚や愛は関係ない」がそれぞれ4ポイント弱増えた。

　性的交渉に関する考え方が，この10年でこんなにハードルが下がってしまった原因は，若者の恋愛離れにあると考えている。世間一般で「恋愛が面倒」と思う若者は年々増えているが，それは大学生においても見られる傾向である。恋愛を求めて恋愛にエネルギーを使っている人にとっては，性的関係はその先に来るものと想定されるだろうが，恋愛をしたいと思っていない人が性的関係について考える時には，「恋愛」を前提にしない考え方になるのは当然だろう [13]。

　この性的交渉に関する質問も，もともとはNHK放送文化研究所の「日本人の意識調査」から借りてきたものである。2007年調査以降，選択肢をひとつ独自に増やしたのでその点に配慮しながら，一般の人々と大学生の違いを見てみよう。この問題に関しては，世代差が大きく，古い世代は厳格に考えるため，一般の人々の方が安易な性交渉に対して否定的である。「深く愛し合っているなら性的交渉があってもよい」という考え方ですら，過半数に届いていない（1988年30.9%→1993年35.1%→1998年42.8%→2003年43.7%→2008年44.2%→2013年46.2%→2018年46.6%）。ましてや，「性的交渉に結婚とか愛とかは関係ない」は，2013年までは5%程度，2018年はやや増えたものの7.2%に留まっている [14]。NHKの調査でも，20歳代前半の若い世代だけなら当然もっと開放的なので，この一般との差は，大学生であるかどうかという以上に，世代差が表れていると考えるべきだろう。

　次に，デート費用の負担割合について見てみよう（図3-17参照）。この質問は，1992年と1997年——さらには，1995年の社会人調査——において尋ねたが，ちょうど時代が男女平等化に向かって意識変化が急速に進んでいた時代だったこともあり，男性の負担割合は，1992年の5割9分から1997年には5割7分に下がっていた。特に男子学生の回答で負担割合が大きく減る（6割1分→5割8分）という変化をしていた [15] こともあり，今後どんどん男女平等化に向かって進み，男性の負担割合も5割に近づいていくのだろうと思い，2002年調査からは尋ねるのをやめていた。

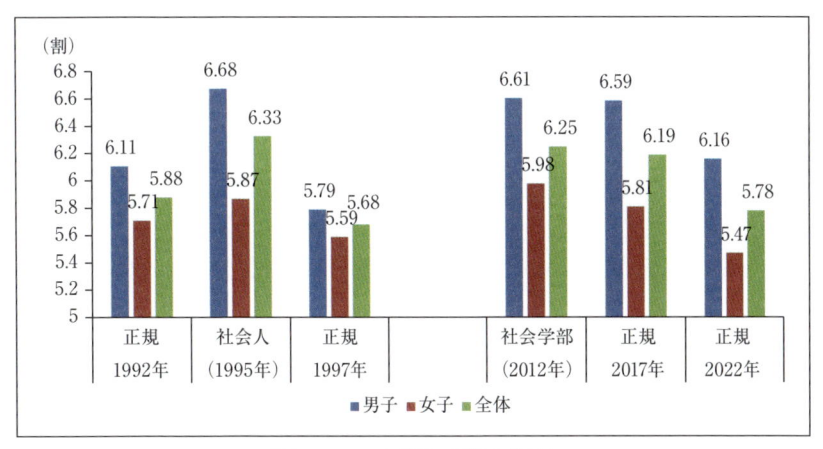

図 3-17　デート費用の男性負担割合

　しかし，2000 年代に入ってから，伝統的ジェンダー観を肯定する意識が復活していることが確認されるようになったので，この質問も改めて設ける必要性を感じ始めた。2012 年調査では，正規の調査票自体にはこの質問を入れなかったのだが，正規調査の直後にフォローアップ調査として，関西大学の 2 ～ 4 生の学生たち男女 104 名（男子 44 名，女子 60 名）を対象にして，この質問をしてみたところ，やはり 1992 年や 1997 年とはかなり違う結果が出てきた。男性の負担すべき割合の平均値は，男子学生では 6 割 5 分を超え，女子学生でも 5 割 9 分を超え，1990 年代の趨勢とは完全に逆転していた。

　そこで 2017 年調査において 20 年ぶりに正式にこの質問を復活させたところ，2012 年に行ったフォローアップ調査とほぼ同じような結果が出た。1990 年代とは異なる，デートの際の経済負担は男性がかなり多めにするという考え方が戻っていた。しかし，今回は 1990 年代の結果に近くなった。女子学生においては，「割り勘でいい」という人がこれまでの調査の中で一番多く（68.6％），男性の負担すべき割合の平均値は 5.47 割でこれまででもっとも低くなった，一方，男子学生は 2017 年に比べると男性の負担割合は減ったものの，それでも 6.16 割となっており，25 年前の 1997 年調査時の5.79 割と比べるとまだかなり高い。「男らしさ」に対しては疑問を持つ人が

増えているが，デートの際の金銭負担という点では，男女平等にという考えにはそう簡単にならないようだ。男性が多く払った方がいいと思う人は，男女合わせて4割以上いたが，女性が多めに払った方がいいと思う人は1人もいなかった。

　この質問への回答は，「男らしさ／女らしさ」の必要性をどう考えるかということと相関関係はあるが，「まったく必要ない」という人でも，男子では5.81割，女子でも5.38割という平均値になり，5割ぴったりにはならないのは興味深い。

注

1 ）代表的なものとしては，山田昌弘『なぜ若者は保守化するのか——反転する現実と願望』東洋経済新報社，2009年があげられる。
2 ）たとえば，30歳をすぎても結婚できていない，あるいは子どもがいない女性を「負け犬」と名付けた本（酒井順子『負け犬の遠吠え』講談社，2003年）が話題を呼んだり，40歳前後の女性たち——特に独身女性——を「アラフォー」と呼び，「婚活」（結婚相手を見つけるための様々な活動）に必死になる姿を描いたTVドラマが放送され，2008年の流行語大賞を得たりした。
3 ）かつてのように男性1人の収入で家族が豊かに暮らせる状況でなくなってしまったこと，女子学生を含め多くの学生が奨学金を借りていて，その返済のために働かなければならないこと，また育児休暇制度や保育所が徐々に充実してきていること，などがあげられる。
4 ）朝日新聞系の検索に使ったのは，朝日新聞クロスリサーチであり，そこでは1985年からの『朝日新聞』，『朝日新聞デジタル』，『アエラ』，『週刊朝日』の記事検索ができる。
5 ）読売新聞系の検索は，ヨミダス歴史館で行った。1986年以降の『読売新聞』の記事が検索できる
6 ）片桐新自『不透明社会の中の若者たち——大学生調査25年から見る過去・現在・未来』関西大学出版部，2014年，36頁。
7 ）たとえば，女性全体の男性への生まれ変わり希望は，1958年が64%，1963年が55%，1968年が43%，1973年が42%であった。統計数理研究所国民性調査委員会編『第3　日本人の国民性』至誠堂，1975年，471頁参照。

8）たとえば，男性全体の女性への生まれ変わり希望は，1958 年が 5%，1963 年が 7%，1968 年が 5%，1973 年が 5% で，20 歳代の男性だけで見ても，1958 年が 5%，1963 年が 6%，1968 年が 7%，1973 年が 6% だった。統計数理研究所国民性調査委員会編『第 3　日本人の国民性』至誠堂，1975 年，471，554 頁参照。

9）ちなみに，この 1987 年調査では女子学生の男性への生まれ変わり希望は 32.8% で，統計数理研究所国民性調査の 70 年代調査の女性一般よりは低くなっていたが，ほぼ同じ時期（1988 年）に行われた同調査の女性一般は 34%，20 歳代女性は 39% だったので，少し少ないくらいでほとんど変わりはなかった。

10）苦労と楽しみはそれぞれ男女どちらが多いかという質問も，統計数理研究所国民性調査で行われている。基本的には男女ともに男性の方が女性よりも苦労が多いと答えているが，楽しみに関しても 1970 年代までは男女ともに圧倒的に男性の方が楽しみが多いと答えていた（『統計数理研究所研究リポート 99　国民性の研究　第 12 次全国調査』統計数理研究所，2009 年，96-99 頁参照）。

11）片桐新自「停滞社会の中の若者たち——収斂する意識と「まじめ」の復権」『関西大学社会学部紀要』第 35 巻第 1 号，2003 年，62 頁参照。

12）国民性調査の最近のデータに関しては，統計数理研究所のウェブサイトである「日本人の国民性調査」（http://www.ism.ac.jp/kokuminsei/index.html）から引用している。

13）牛窪恵は，『恋愛しない若者たち——コンビニ化する性とコスパ化する結婚』（ディスカヴァー携書，2015 年）で，恋愛と切り離されたセックスが若者の間で広まっていることを指摘している。

14）NHK 放送文化研究所編『現代日本人の意識構造［第八版］』NHK 出版，2015 年，32-40 頁，「付録 1」の 21 頁，および最新の 2018 年調査の結果に関しては，NHK 放送文化研究所のウェブサイト「第 10 回日本人の意識調査（2018）結果の概要」（https://www.nhk.or.jp/bunken/research/yoron/pdf/20190107_1.pdf）を参照。

15）女子学生では，5 割 7 分から 5 割 6 分に下がっていた。ちなみに，男女平等化が進んでいたこの時代でも，社会人となると意識が異なり，1995 年の社会人調査では，割り勘でよいと考える男性は 30% しかおらず，平均でも 6 割 7 分も男性が負担すべきという意識だった。

第4章　親評価と自立心

4-1　親のようになりたいか?

　尊敬する人を大学生に尋ねると,「両親」と答える人が多くなったという話は,もうかなり前から言われている。また今や,反抗期らしい反抗期を経験したという学生に出会うことはめったになくなった。1960年代の高度経済成長期に子ども時代を過ごした私のような世代だと,父親が「家長」的な意識を持ち,家庭の独裁者的な振る舞いをするので,青年期に入るとそういう父親に反発心を持ったという人が多かったのだが,いつのまにか時代は変わり,やさしくて理解力のある父親,友だちのようになんでも話せる母親といった「仲良し親子」が当たり前になってきた。

　こうした親像の変化は,団塊の世代(第1次ベビーブーム世代)が家庭(「ニューファミリー」と言われた)を築くようになってから始まったと見てよいだろう。それでも,団塊世代は大学紛争世代でもあり,まだ社会や組織への貢献意識が高く,特に男性は私生活に重心を置くことを潔しとしない世代だったが,その後の世代は,私生活に重心を置くことを疑問視しない志向性を養いながら成長したため,家庭を居心地のよいものにするための努力を惜しまなかった。結果として,母親だけでなく父親もあたたかくてやさしい家庭が多く築かれ,良好な親子関係ができあがっている。それは一見すると,好ましい変化のように見えるが,自立心を養い,社会の一員となっていかなければならない学生たちにとって,一概にプラスに作用しているとばかりは言えないかもしれない。しかし,影響分析は後ですることとし,まずは学生たちが親をどのように評価しているかを客観的に見てみよう。

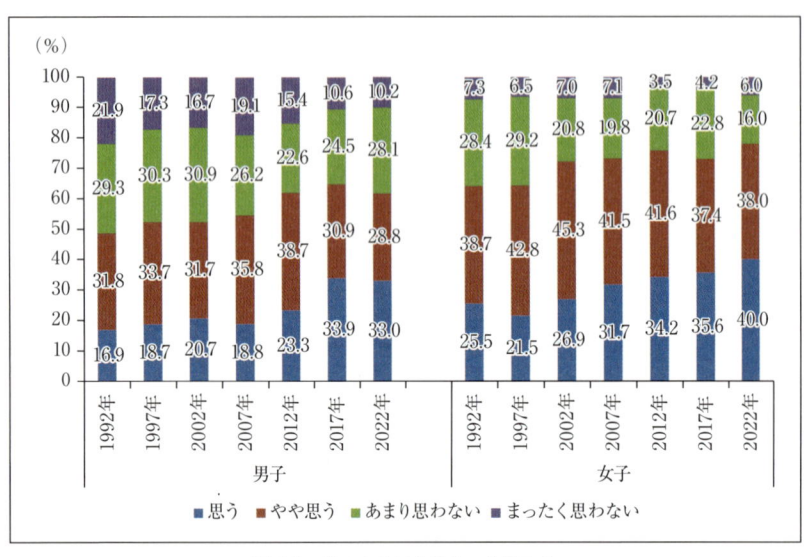

図4-1 親のようになりたいと思うか

　図 4-1 は，1992 年調査から尋ねている「（同性の）親のようになりたいか
どうか」という質問に対する回答結果である。これは同性の親を総合的にど
う評価しているかの指標になるだろう。肯定的な選択肢である「思う」と
「やや思う」を足した割合の変化を見ると，2017 年調査の女子学生，今回の
男子学生で少しだけ下がっているが，女子学生が今回調査では再び上がって
過去最高値になったことを考えると，基本的には 30 年前から「親のように
なりたい」と思う学生は増え続ける傾向にあると見てよいだろう。それは，
言い換えれば，親を自分の目標とする大学生は着実に増えているということ
である。

　「親のようになりたい」と思うかどうかは，結婚の意思や子を持つ意思と
強く関連している（図 4-2，図 4-3 参照）。親を自分の目標とする大学生であ
るほど，親と同じように結婚し，子を持ちたいという意識が強い。ただし，
結婚の意思も子を持つ意思も今回の調査では全体に大きく減ったために，
「親のようになりたい」という学生でも「いずれは必ず結婚したい」，「いず
れは子どもを必ず持ちたい」と答えた学生は，男女ともに前回に比べて大

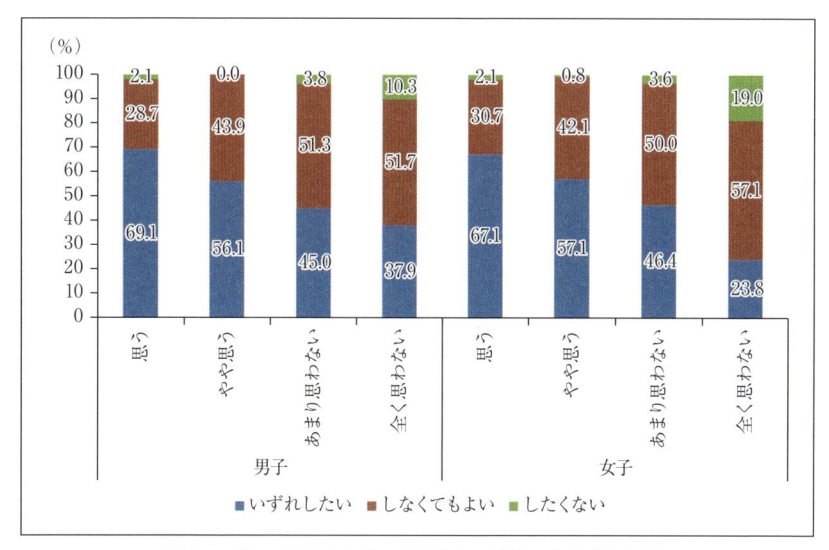

図 4-2　親のようになりたいと思うか×結婚の意思（2022 年）

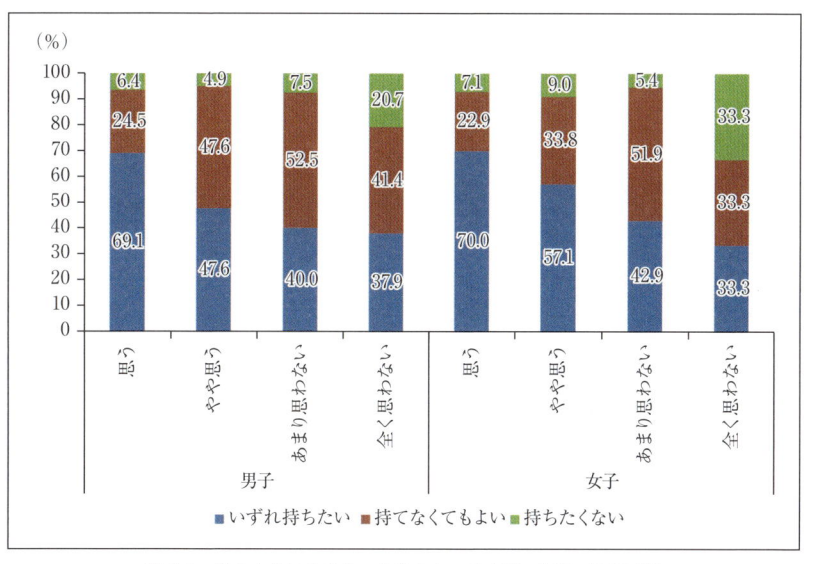

図 4-3　親のようになりたいと思うか×子を持つ意思（2022 年）

表4-1　親のようになりたいかどうかとジェンダー意識の関連（男子）　　　　　（%）

	1992 年		1997 年		2002 年		2007 年		2012 年		2017 年		2022 年	
	はい	いいえ	はい	いいえ	はい	いいえ	はい	いいえ	はい	いいえ	はい	いいえ	はい	いいえ
＜親のようになりたいか＞														
男（女）らしいは嬉しいか	***		**				***				**		***	
1．はい	57.6	49.2	56.5	49.4	51.9	57.3	66.9	46.0	71.7	63.2	64.5	56.9	66.5	35.8
2．一概に言えない	42.4	41.1	40.2	39.9	41.1	35.9	30.5	47.6	20.8	31.1	30.8	31.0	29.5	54.1
3．いいえ	0.0	9.7	3.3	10.7	7.0	6.8	2.6	6.3	7.5	5.7	4.7	12.1	4.0	10.1
男（女）らしさは必要か		*		***						***		***		**
1．絶対必要	31.4	25.8	16.8	18.6	15.6	19.7	18.8	12.5	21.4	19.8	15.4	9.6	10.8	5.5
2．どちらかといえば必要	59.3	54.8	70.3	52.7	64.8	59.8	68.2	73.4	68.8	53.8	69.2	57.4	59.1	51.4
3．どちらかといえば必要ない	8.5	12.9	9.2	17.4	12.5	14.5	10.4	7.8	8.7	20.8	10.3	27.0	21.6	23.9
4．まったく必要でない	0.8	6.5	3.8	11.4	7.0	6.0	2.6	6.3	1.2	5.7	5.1	6.1	8.5	19.3
結婚の際の名字	***		***				**		***		*			
1．妻が改めるべき	17.0	11.3	10.9	6.0	6.2	14.5	11.0	10.9	16.9	8.5	16.4	10.3	3.4	1.9
2．妻が改めた方がいい	48.3	28.2	35.9	19.9	29.5	23.9	33.8	19.5	38.4	26.4	37.1	28.4	21.0	19.4
3．どちらが改めてもよい	23.7	40.3	33.7	47.6	43.4	41.0	40.9	45.3	36.6	47.2	34.3	43.1	52.3	46.3
4．別々でよい	11.0	20.2	19.6	26.5	20.9	20.5	14.3	24.2	8.1	17.9	12.2	18.1	23.3	32.4
女性の仕事	**		***						*		**			
1．結婚したら家庭に専念	19.0	15.0	11.5	10.8	4.7	7.7	9.7	7.1	12.7	7.6	9.8	12.1	8.5	6.5
2．子どもができたら家庭に専念	52.6	38.3	46.4	31.3	48.8	47.0	50.0	44.1	52.0	43.8	49.5	33.6	36.9	32.4
3．できるだけ職業を持ち続ける	28.5	46.7	42.1	57.8	46.5	45.3	40.3	48.8	35.3	48.6	40.7	54.3	54.5	61.1
家事・育児									*		***			
1．妻がやった方がよい	6.8	6.5	8.1	5.4	0.8	4.3	3.3	4.7	10.5	7.7	3.7	7.8	2.3	0.0
2．夫もできるだけ協力すべき	77.8	72.6	66.5	61.1	58.6	59.0	63.4	50.8	60.5	50.0	60.3	40.5	29.5	28.7
3．公平に分担すべき	15.4	21.0	25.4	33.5	40.6	36.8	33.3	44.5	29.1	42.3	36.0	51.7	68.2	71.3
生まれ変わり希望													*	
1．男性	89.7	85.2	82.2	76.0	76.0	69.0	81.8	81.1	79.2	77.1	78.0	74.6	80.1	71.6
2．女性	10.3	14.8	17.8	24.0	24.0	31.0	18.2	18.9	20.8	22.9	22.0	25.4	19.9	28.4

（カイ二乗検定 ***…p ＜ 0.01 **…p ＜ 0.05 *…p ＜ 0.10）

きく減っている（「親のようになりたい」人のうち「必ず結婚したい」男
子：2017 年 83.0％→2022 年 69.1％，女子：2017 年 76.7％→2022 年 67.1％
／「必ず子を持ちたい」男子：2017 年 86.6％→2022 年 69.1％，女子：2017
年 78.2％→2022 年 70.0％）。「親のようになりたい」と答えた学生たちの中
にも，結婚や子を持つことを親のようになることの前提としない人が増えて
きているようだ。必ずしも結婚し子を持つという形でなくても，ちゃんと生

表 4-2　親のようになりたいかどうかとジェンダー意識の関連（女子）　　　　（%）

	女 子												
	1992 年		1997 年		2002 年		2007 年		2012 年		2017 年		2022 年	
	はい	いいえ	はい	いいえ	はい	いいえ	はい	いいえ	はい	いいえ	はい	いいえ	はい	いいえ
＜親のようになりたいか＞														
男（女）らしいは嬉しいか	***		**										**	
1．はい	47.2	27.1	35.6	32.5	40.8	35.9	46.1	46.6	53.0	42.7	48.8	41.8	31.5	26.0
2．一概に言えない	48.6	63.9	59.4	55.8	51.3	55.0	47.0	40.7	43.4	50.6	46.3	50.5	60.1	54.5
3．いいえ	4.1	9.0	5.0	11.7	7.9	9.2	6.9	12.7	3.6	6.7	4.9	7.7	8.4	19.5
男（女）らしさは必要か			**		**		*		**		**			
1．絶対必要	18.3	12.3	7.9	10.4	8.2	7.6	11.2	3.4	5.8	5.6	5.7	4.4	0.7	0.0
2．どちらかといえば必要	66.2	62.3	73.3	60.4	65.0	67.9	73.5	75.4	78.4	64.0	72.2	56.0	53.5	44.2
3．どちらかといえば必要ない	13.2	21.3	17.0	24.0	23.5	16.0	12.8	17.8	14.0	25.8	17.1	29.7	36.3	41.6
4．まったく必要でない	2.3	4.1	1.8	5.2	3.2	8.4	2.5	3.4	1.8	4.5	4.9	9.9	9.5	14.3
結婚の際の名字	**		***				**		**				***	
1．妻が改めるべき	11.4	5.0	5.8	5.8	2.6	3.8	10.9	8.5	10.8	7.9	11.8	7.7	1.8	1.3
2．妻が改めた方がいい	37.9	31.4	27.3	13.0	28.2	21.4	30.2	23.7	41.2	27.0	35.4	30.8	28.6	13.0
3．どちらが改めてもよい	41.1	47.9	48.2	56.5	48.1	47.3	48.3	47.5	36.9	48.3	41.1	40.7	45.8	40.3
4．別々でよい	9.6	15.7	18.7	24.7	21.1	27.5	10.6	20.3	11.1	16.9	11.8	20.9	23.8	45.5
女性の仕事	***		*		**				*					
1．結婚したら家庭に専念	14.7	5.8	7.2	7.8	5.6	3.1	7.5	4.3	5.4	0.0	3.7	5.6	0.4	1.3
2．子どもができたら家庭に専念	41.7	35.5	33.0	22.1	38.8	27.5	42.1	40.2	41.5	41.4	37.3	33.3	27.1	23.4
3．できるだけ職業を持ち続ける	43.6	58.7	59.8	70.1	55.6	69.5	50.5	55.6	53.1	58.6	59.0	61.1	72.5	75.3
家事・育児	***		**		**		*		***					
1．妻がやった方がよい	4.6	3.3	1.1	1.9	1.2	0.0	1.9	5.1	2.2	1.1	1.6	2.2	1.1	0.0
2．夫もできるだけ協力すべき	76.3	55.7	60.6	48.1	50.1	38.2	54.5	45.3	61.6	37.1	48.4	41.1	23.1	20.8
3．公平に分担すべき	19.2	41.0	38.3	50.0	48.7	61.8	43.6	49.6	36.2	61.8	50.0	56.7	75.8	79.2
生まれ変わり希望					***		**							
1．男性	36.5	45.0	38.4	44.1	29.4	45.3	34.9	46.1	30.2	37.1	42.4	49.4	36.4	36.4
2．女性	63.5	55.0	61.6	55.9	70.6	54.7	65.1	53.9	69.8	62.9	57.6	50.6	63.6	63.6

（カイ二乗検定　***…p ＜ 0.01　**…p ＜ 0.05　*…p ＜ 0.10）

きてきた身近な大人として知る唯一の存在として，親を目標とするという学生は増えてきているのだろう。

　親のようになりたいかという意識とジェンダー観とは当然関連があるのだが，これも徐々に関連性が弱まりつつある。表 4-1，表 4-2 は，親のようになりたいと思う（「思う」＋「やや思う」＝「はい」）学生と，そう思わない（「あまり思わない」＋「まったく思わない」＝「いいえ」）学生の 2 グルー

プに分け，男女別にジェンダー観との相関関係を過去 7 回分示したものである。今回の調査でも多少は相関関係が出ているが，明らかに過去の調査の方が親のようになりたいと思う学生の方が，そう思わない学生たちより，伝統的ジェンダー観に対して肯定的であることが表から読み取れるだろう。男子では，2002 年はやや例外的な結果だが，1992 年，1997 年，2012 年，2017 年の各調査では 4 〜 5 項目で関連が見られる。女子学生でも 2012 年調査までは毎回 4 〜 5 項目で関連が見られていたが，2017 年調査以降 1 〜 2 項目でしか関連が見られなくなっている。親のようになりたいということが，必ずしも「男性／女性」としての生き方を踏襲することではなくなりつつあることの表れと言えるのではないだろうか。

4-2　項目別に見る両親の評価

　次に，学生たちが両親のどういうところを評価しているのかを詳しく見てみよう。表 4-3，表 4-4 は，8 つの評価項目に対して，学生たちが父親と母親をそれぞれどう評価しているかを示したものである。各表の右の 3 列は，評価状況を一目でわかるように得点化したもので，「非常に思う」を 3 点，「まあ思う」を 2 点，「あまり思わない」を 1 点，「まったく思わない」を 0 点として計算した各項目の平均点である。
　a 〜 e の 5 つがプラスイメージの項目，f 〜 h の 3 つがマイナスイメージの項目になる。表 4-3，表 4-4 の得点部分を比較してもらえばわかるように，5 つのプラスイメージの項目のうち，「仕事（または家事に）熱心」だけ男子学生が父親の方を母親よりもやや高く評価しているが，それ以外のプラスイメージの項目はすべて男女ともに母親の方が父親よりも高く評価されている。しかし，父親の評価も低いわけではなく，「自分を理解してくれている」という項目がもっとも低いが，それでも「そう思う」（＝「非常に思う」＋「まあ思う」）人は約 3 分の 2 近くいる。その他の 4 項目に関してはすべて 4 分の 3 以上の学生たちから肯定的に評価されているので，父親の評価が低いのではなく，母親の評価が非常に高いということである。5 項目すべてで「そう思う」と答える人の割合が 85％以上になっている。
　f 〜 h のマイナスイメージの 3 項目に関しては，母親も父親も「うるさい」

表 4-3　父親の評価 (2022 年)　　　　(得点以外は%)

(父親評価)	非常に思う	まあ思う	あまり思わない	まったく思わない	DK/NA	(得点) 全体	(得点) 男子	(得点) 女子
a. 仕事熱心	52.4	37.1	7.5	1.3	1.7	2.43	2.47	2.40
b. 家族思い (やさしい)	42.9	39.3	11.8	4.2	1.7	2.23	2.20	2.25
c. 頼りがいがある	45.8	35.4	12.3	4.9	1.7	2.24	2.28	2.21
d. 尊敬できる	40.3	38.4	14.2	5.5	1.7	2.15	2.19	2.12
e. 自分を理解してくれている	27.4	38.8	24.5	7.4	1.9	1.88	1.93	1.84
f. こわい	5.3	20.3	38.1	34.3	2.0	0.97	1.02	0.92
g. うるさい	7.9	22.3	31.0	37.1	1.7	1.01	1.08	0.95
h. うっとうしい	6.1	20.9	35.2	36.0	1.7	0.97	1.01	0.94

表 4-4　母親の評価 (2022 年)　　　　(得点以外は%)

(母親評価)	非常に思う	まあ思う	あまり思わない	まったく思わない	DK/NA	(得点) 全体	(得点) 男子	(得点) 女子
a. 仕事熱心	50.6	41.2	7.1	0.6	0.5	2.42	2.43	2.42
b. 家族思い (やさしい)	70.9	25.3	2.8	0.5	0.5	2.67	2.65	2.70
c. 頼りがいがある	56.3	29.4	11.2	2.5	0.6	2.40	2.36	2.44
d. 尊敬できる	57.7	33.8	6.4	1.6	0.5	2.48	2.44	2.52
e. 自分を理解してくれている	50.2	35.8	9.4	3.3	1.3	2.35	2.27	2.41
f. こわい	4.1	13.1	37.6	44.8	0.5	0.76	0.75	0.77
g. うるさい	9.0	26.6	33.3	30.7	0.5	1.14	1.21	1.08
h. うっとうしい	4.2	16.0	37.1	42.1	0.5	0.82	0.93	0.74

という項目が 3 割を超える学生から「そう思う」とされているが，あとの項目はすべて「そう思う」人は 3 割未満である。要するに，親の評価は父母ともに高く，特に母親の評価が非常に高いというのが現在の状況である。では，こうした状況は以前からずっとそうだったのだろうか。次に，この親評価の推移を見てみよう (表 4-5 ～表 4-10 参照)。

　この質問は，1992 年から導入したが，1997 年調査の際にいったんはずし，2002 年調査以降は毎回尋ねているので，今回で 6 回目の実施となる。まず男女合わせた全体の得点に注目すると，プラスイメージ項目に関しては，「仕事（家事）熱心」以外は，すべて今回の調査の得点がもっとも高くなっている。男子学生では，すべての項目で今回が最高点となっている。女子学

表4-5　父親評価（全体）

	1992年	2002年	2007年	2012年	2017年	2022年
仕事（家事）熱心	2.40	2.45	2.31	2.32	2.40	2.43
家族思い（やさしい）	2.06	2.14	1.99	2.09	2.17	2.23
頼りがいがある	2.03	2.09	1.96	1.99	2.14	2.24
尊敬できる	2.00	2.04	1.97	2.00	2.11	2.15
理解してくれている	1.58	1.59	1.58	1.64	1.73	1.88
こわい	1.08	1.06	1.04	1.04	1.03	0.97
うるさい	1.24	1.08	1.19	1.25	1.05	1.01
うっとうしい	1.02	0.98	1.09	1.15	1.01	0.97

表4-6　母親評価（全体）

	1992年	2002年	2007年	2012年	2017年	2022年
仕事（家事）熱心	2.37	2.34	2.20	2.23	2.46	2.42
家族思い（やさしい）	2.38	2.50	2.50	2.50	2.60	2.67
頼りがいがある	2.02	2.17	2.17	2.26	2.34	2.40
尊敬できる	2.05	2.20	2.23	2.31	2.37	2.48
理解してくれている	1.92	2.12	2.07	2.15	2.22	2.35
こわい	0.95	0.91	0.93	0.94	0.97	0.76
うるさい	1.51	1.45	1.49	1.51	1.35	1.14
うっとうしい	0.97	0.90	0.98	1.11	1.03	0.82

表4-7　父親評価（男子）

	1992年	2002年	2007年	2012年	2017年	2022年
仕事（家事）熱心	2.37	2.37	2.29	2.31	2.43	2.47
家族思い（やさしい）	1.98	2.00	1.92	2.06	2.19	2.20
頼りがいがある	1.97	2.01	1.92	2.05	2.17	2.28
尊敬できる	1.99	1.98	1.95	2.01	2.15	2.19
理解してくれている	1.63	1.55	1.61	1.73	1.83	1.93
こわい	1.08	1.06	1.11	1.11	1.05	1.02
うるさい	1.12	1.02	1.23	1.25	1.04	1.08
うっとうしい	0.94	0.92	1.09	1.10	0.98	1.01

表4-8　母親評価（男子）

	1992年	2002年	2007年	2012年	2017年	2022年
仕事（家事）熱心	2.32	2.36	2.16	2.25	2.43	2.43
家族思い（やさしい）	2.29	2.43	2.44	2.45	2.61	2.65
頼りがいがある	1.82	2.02	1.99	2.11	2.28	2.36
尊敬できる	1.90	2.11	2.10	2.19	2.33	2.44
理解してくれている	1.80	2.05	1.97	2.09	2.20	2.27
こわい	0.87	0.79	0.72	0.85	0.92	0.75
うるさい	1.56	1.50	1.49	1.63	1.41	1.21
うっとうしい	1.08	1.01	0.99	1.23	1.09	0.93

表4-9　父親評価（女子）

	1992年	2002年	2007年	2012年	2017年	2022年
仕事（家事）熱心	2.42	2.48	2.32	2.30	2.37	2.40
家族思い（やさしい）	2.11	2.21	2.03	2.12	2.15	2.25
頼りがいがある	2.07	2.14	1.98	1.95	2.11	2.21
尊敬できる	2.01	2.07	1.97	2.00	2.07	2.12
理解してくれている	1.55	1.61	1.55	1.58	1.63	1.84
こわい	1.07	1.06	0.99	0.99	1.00	0.92
うるさい	1.33	1.11	1.17	1.25	1.07	0.95
うっとうしい	1.08	1.01	1.09	1.19	1.04	0.94

表4-10　母親評価（女子）

	1992年	2002年	2007年	2012年	2017年	2022年
仕事（家事）熱心	2.40	2.34	2.22	2.21	2.50	2.42
家族思い（やさしい）	2.45	2.54	2.54	2.54	2.59	2.70
頼りがいがある	2.16	2.23	2.29	2.37	2.41	2.44
尊敬できる	2.16	2.25	2.32	2.41	2.41	2.52
理解してくれている	2.01	2.15	2.14	2.20	2.24	2.41
こわい	1.01	0.98	1.07	1.02	1.02	0.77
うるさい	1.47	1.43	1.49	1.43	1.29	1.08
うっとうしい	0.89	0.85	0.99	1.02	0.96	0.74

（プラスイメージ項目は得点の高いところを，マイナスイメージ項目は得点の低いところを評価ポイントが高いものと考え，色付きのセルにしている。）

生では，母親の「仕事（家事）熱心」という評価が今回は少し下がったが，それ以外は基本的に上昇傾向にあり，ほとんどの項目で今回がもっとも得点が高い[1]。

　各項目別に，より詳細に見ていこう。まず「仕事熱心」——母親に関しては「仕事（または家事に）熱心」——と思うかどうかという項目に関しては，前回の調査で初めて母親の得点が父親の得点を上回ったが，今回女子学生の評価が下がったため，再び父親の方が母親よりわずかに得点の高い唯一の項目に戻った。前回の調査で，この項目で初めて母親の得点が父親の得点を上回った際に，本来は 2007 年調査ですでに逆転していたかもしれないと述べた。というのは，実は 2007 年調査と 2012 年調査の際に，「（または家事に）」という文言を入れずに，父親と同じく単純に「仕事熱心」かどうかだけで尋ねていたために，得点が伸びなかったのではないかと思ったからだ。前回の 2017 年調査で再び「（または家事に）」という文言を質問文に戻したところ，2012 年調査からの伸びがもっとも大きな項目となったので，2007 年調査と 2012 年調査も同じ文言で聞いていたら，もっと得点は高くなり，この項目も 2007 年時点ですでに母親の方が評価される項目だったのではないかと推測したのである。

　しかし，今回，前回と同様に「（または家事に）」という文言が入っていたにも関わらず，得点が下がった。男子学生の評価は前回と変わらなかったが，女子学生の評価がかなり下がり，全体として父親の得点を下回ることになった。他のプラスイメージの項目では，男女とも母親評価が大きく伸びている中で，この項目だけ前回から男子は変わらず，女子は下がるという結果になったのは，興味深い。ただし，十分高い得点ではあるので，この項目に関しては母親の評価が低いのではなく，父親の評価がやはりそれなりに高いゆえの逆転と見ておくのがよいだろう。男女とも父親のプラスイメージ評価の中でこの項目は常にもっとも高い得点になっており，やはり仕事を頑張ってしてくれている父親というイメージは大多数の学生にとって揺るぎないものとして現在もあるのだろうと推測させる結果である。

　「家族思い（やさしい）」という項目に関しては，母親の評価が非常に高い。男女ともに，母親のこの項目の得点は 1992 年調査の男子学生の回答で 2 位だった以外は，すべての項目の中で毎回もっとも得点が高い。母親が「家族思いでやさしい」のは昔から多くの家庭でそうだったと考えられるが，ますますその評価は高くなっている。父親に関しては，上ったり下がったりしていたが，この 10 年は上昇傾向にあり，評価が高くなってきている。

ちなみに，父親に対する「仕事熱心」と「家族思い」という評価をそれぞれ肯定的と否定的の２グループにしてクロスさせることで，「仕事も家庭への関わりも評価の高い父親（両立派）」（494 人），「家族思いでやさしいが，仕事熱心とは評価されていない父親（家庭派）」（29 人），「仕事熱心だと評価されているが，家族思いと思われていない父親（仕事派）」（76 人），「仕事熱心でもなく家族思いとも思われていない父親（ダメ親父）」（26 人）の４タイプができあがる。「両立派」の父親がもっとも高く評価され，「ダメ親父」がもっとも評価が低いのは当然だが，「家庭派」の父親と「仕事派」の父親とではどちらの方が評価が高いだろうか。父親を尊敬できるかどうかという質問との関連でその評価を見てみよう。

　図 4-4 に表れているように，男女ともに，「家庭派」の父親の方が「仕事派」の父親よりはるかに高く評価されている。前回の 2017 年調査において，男子学生の場合は，「家庭派」と「仕事派」の父親の評価の差は小さく（「非常に尊敬できる」と答えた人はともに 14.3％であり，「まあ尊敬できる」も含んだ割合は，「家庭派」50.0％，「仕事派」42.9％），男子学生は父親に関し

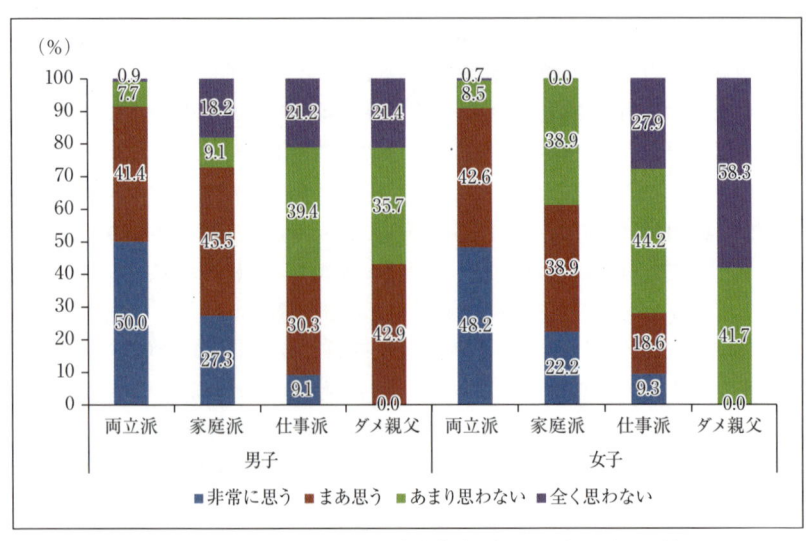

図 4-4　父親のタイプ別に見た父親を尊敬できるかどうか（2022 年）

ては仕事をしっかりしているということに対する評価が高いのかもしれないと考えたが，今回の結果を見ると，男子学生でも明らかに「家庭派」の父親の方が高く評価されており，今の学生たちには「仕事人間」というのはほとんど評価をされなくなっているのだろうと推測せざるをえない。

次に「頼りがいがある」という評価項目について見てみよう。30年前の1992年調査では，男子学生においては父親の評価が母親よりかなり高く，その結果として全体でもわずかだが，父親の方が母親より評価が高かったが，20年前の2002年調査以降は，男女ともに母親の方が高く評価される項目となっている。2007年，2012年とあまり伸びていなかった父親の得点が前回，今回とかなり伸びて，母親との差は少し縮まっているが，1992年調査時のような父親の方が得点が高くなる状況にはない。

かつての「父親は一家の大黒柱」という考え方からすると，同性の子である息子からさえ母親の方が頼りがいがあると思われているのは，家庭における父親の地位や役割の変化を想像させる。父親の権威の低下がよく話題になったのは1980年代後半から90年代前半くらいのことであり[2]，今や当たり前になりすぎて話題にもならなくなっている。ただし，この評価の変化には，学生自身がいつまでも未成熟な子ども気分のままでいるという要素も大きいのではないかとも考えられるが，これについては後述したい。

「尊敬できる」という項目も「頼りがいがある」と似たような傾向を示す。30年前の1992年調査の時は女子は母親の方を父親より尊敬できると答えていたが，男子では父親の方が母親より尊敬できると考えていた。しかし，2002年調査以降は男子学生においても母親の得点が父親よりかなり高くなり，そのまま現在に至っている。前回の2017年調査では父親の得点がかなり伸び，今回もわずかに伸びているが，男女ともに母親の方が父親よりも高く評価されているという事実に変化はない。息子からも娘からも，父親より母親の方が頼りがいもあり，尊敬できると思われる家庭の方が多くなってきているわけである。

父親を尊敬する場合，かつてなら仕事をする父親役割を評価してということだったと思うが，最近では，上で述べた父親のタイプ別評価にも表れていたように，仕事を熱心にやっていても家族思いと思われなければ，尊敬されない時代になっている。大学生たちも卒業して働き始めたら，仕事をきちん

と続けることの大変さが理解できて，父親の評価が学生時代より上がるというようなことも考えられるが，想像力の弱くなった現代の学生たちにとっては，目に見えるわかりやすい形で，家庭で気を配ってくれる母親の方が，自分たちが知らないところで努力している父親より尊敬するという評価は生まれやすいのだろう。

「自分を理解してくれている」という項目は，プラスイメージの項目の中では毎回もっとも評価が低い項目である。ただし，30年前と比べるなら，この評価項目の得点もかなり伸びている。特に，男子学生の母親が自分を理解してくれているという評価は大きく伸びている。女子学生の父親評価は男子学生の母親評価ほどには伸びていないが，それでも他のプラスイメージ項目よりは伸びている。総じて，大学生とその親とのコミュニケーションがより密になり，親の理解力が増しているのだろう。

続いて，ややマイナスイメージを持つ3つの評価項目——「こわい」「うるさい」「うっとうしい」——について見ていこう。まず，今回調査の結果を見ると，得点はいずれも1.00前後で低い得点だということを指摘しておかなければならない。この得点が低いということは，親にマイナスイメージを持つ人が少ないことを表す。経年変化で見ると，2012年調査頃まではあまり得点に大きな変化が見られなかったが，前回，今回とさらに得点が低下する傾向が見られ，この10年で両親との関係はさらに良好な人が増えていると言えそうだ。この10年となると，大学生の親世代は，団塊ジュニア世代が中心になってきている。自分自身も家庭を大事にする団塊世代に育てられた人たちは，自分が親になった時には，さらに家庭的で子どもに理解を示せる存在になっているのだろう。

個別に見ていくと，「こわい」という項目に関しては，全体としてみると前回まで父親は1を少し超える値で，母親は1に少し足りないくらいで推移していたが，今回は父親でも1を切り，母親では0.8を切った。特に母親の得点低下は男女ともにかなり大きいのだが，男子学生で母親得点が0.8を切ったことは過去に2度あったので，今回だけが特別低くなったわけではない。他方，女子学生が母親を「こわい」と思う評価は2002年調査で一度だけ1をわずかに下回った以外は毎回1以上の得点はあったのだが，今回は一気に0.8を切って0.77まで低下した。「こわい」というイメージは単なるマ

イナスではなく，権威につながるイメージでもあることを考えるなら，この
得点の大きな低下は，親の権威というのを感じる学生がより減っているとも
言えるかもしれない。

　「うるさい」という評価項目は，男女ともに毎回母親の方が父親よりはは
るかに得点が高い項目である。これは，いろいろ口出ししてくる母親を「口
うるさい」存在として，学生たちが見ているということだろう。しかし，
2012年調査まで1.5前後あったこの得点も前回から大きく減り始めて今回は
1.14と大幅に低くなった。この得点から見る限り，この面でも母親と大学生
の子どもとの関係は良好になっていると言えそうである。

　「うっとうしい」という評価項目は，2012年調査の時に父母ともに過去最
高得点になっていたが，前回の2017年調査から下がり，今回は父親で初め
て1を切り，母親も初めて0.9を切った。この項目に関しては，前回までは，
基本的には男子学生は父親より母親を，女子学生は母親より父親をよりやや
うっとうしい存在と見ているという結果が出ていた[3]。こういう結果が出る
のは，男子学生の場合は，「うるさい」と近い感覚で，愛情を押しつけてくる
母親をやや「うっとうしい」と感じ，女子学生の場合は，若い女性の生活感
覚と合致しない「おじさん感覚」が，少なからず父親を「うっとうしい」存
在に感じるからだろうと解釈してきた。しかし，今回男子学生が母親を「うっ
とうしい」と思う得点も，女子学生が父親を「うっとうしい」と思う得点も
かなり下がったのを見ると，もう以前のような説明はできなさそうだ。

　ひとつの仮説に過ぎないが，母親を「うるさい」とか「うっとうしい」と
思う人がこの10年で大きく減っているのはLINEという連絡手段が一般化
したことも影響している気がする。以前なら，母親が子どもに連絡をしよう
とする場合，電話をするという形での連絡手段が一般的で，これに対応す
るのが面倒だと思う学生は多かった。それが今やLINEという連絡方式にな
り，好きな時に連絡内容を見られ，応答できるという形になり，母親がまめ
に連絡してきたとしても，学生たちもその愛情を以前ほどうっとうしいと思
わずに受け止められているのではないだろうか。

　以上8つの項目の評価を総括すると，男女ともに父母の評価は高くなって
いるが，特に母親の評価が一段と高くなってきており，今や一家の精神的な
支柱は母親になっていると言えるだろう。

4-3　大人自覚と自立心

　両親の評価，特に母親の評価が高くなってきているのは，大学生が子ど
も化してきていることが関係しているのではないかという仮説をかつては
持っていた。図4-5 に見られるように，2007 年調査までは大人自覚を持つ
学生がどんどん減っていたので，この仮説は正しいのではないかと考えてい
た。しかし，2012 年調査以降「大人自覚」を持つ学生が増えているのに対
し，両親の評価はさらに上がっているので，どうやらこの仮説は当たってい
ないと言わざるをえない。表4-11 を見ても，大人自覚の低い人の方が両親
を評価しているとも言えない。両親の評価が高くなっているのは，大学生側
の主観的基準の低下ではなく，やはり現代に近づくほど，より子どもの立場
を理解しながら居心地の良い家庭環境作りをする両親が増えている結果なの
だろう。

　このように，親の評価との関連性は直接的には語れない大人自覚意識だ
が，大学生の意識を知る上では大事な項目なので，ここで詳しく扱っておき
たい。まず注目すべきは，なんと言っても，2007 年まで直線的に減り続け

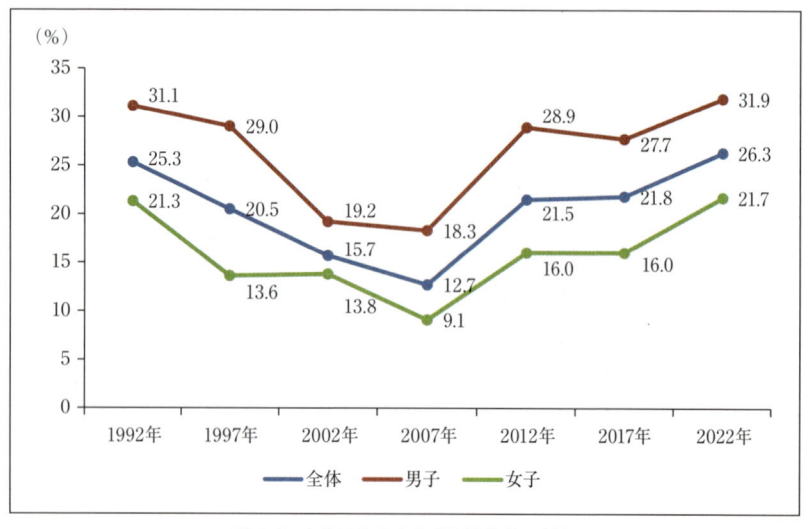

図 4-5　自分はもう大人だと思う人の割合

てきていた「自分はもう大人だ」と思う人の割合が，2012年から逆転して増え，今回はさらに増えて30年前の1992年とほぼ同じ水準に戻ったことだ（図4-5参照）。しかし，日頃学生たちと付き合っている私の実感としては，2012年頃から，学生たちが急に大人になってきたとはまったく思えない。実際，図4-6を見てもらえばわかるように，「子どもでいたい」という人の割合はじわじわ増え続け，今や3分の2近くもの学生が「子どもでいたい」と考えているし，「早く親から自立したい」と思う人は減り続け，ついに6割を切り，「早く働きたい」と思う人も約2割しかいない。にもかかわらず，主観的な大人自覚だけがこの間上昇した。一体これはどういうことなのだろうか。

　大人だと自覚する人の割合が同じくらいである1992年調査時の学生のこ

表4-11　大人自覚と親評価（得点）

	男　　子				女　　子			
（2022年調査）	父頼り	母頼り	父尊敬	母尊敬	父頼り	母頼り	父尊敬	母尊敬
自分はもう大人だ	2.32	2.32	2.17	2.41	2.19	2.88	2.11	2.45
まだ大人ではない	2.26	2.38	2.20	2.46	2.22	2.48	2.13	2.53
（2017年調査）	父頼り	母頼り	父尊敬	母尊敬	父頼り	母頼り	父尊敬	母尊敬
自分はもう大人だ	2.22	2.29	2.17	2.32	2.11	2.43	1.92	2.30
まだ大人ではない	2.14	2.28	1.98	2.34	2.11	2.41	2.10	2.43
（2012年調査）	父頼り	母頼り	父尊敬	母尊敬	父頼り	母頼り	父尊敬	母尊敬
自分はもう大人だ	2.17	2.21	2.09	2.29	1.89	2.32	1.86	2.29
まだ大人ではない	1.99	2.07	1.98	2.15	1.96	2.38	2.02	2.43
（2007年調査）	父頼り	母頼り	父尊敬	母尊敬	父頼り	母頼り	父尊敬	母尊敬
自分はもう大人だ	1.96	2.00	1.98	2.21	1.85	2.36	2.02	2.38
まだ大人ではない	1.91	1.99	1.94	2.08	1.99	2.29	1.97	2.31
（2002年調査）	父頼り	母頼り	父尊敬	母尊敬	父頼り	母頼り	父尊敬	母尊敬
自分はもう大人だ	1.96	1.83	1.85	2.04	2.15	2.32	2.26	2.25
まだ大人ではない	2.02	2.11	2.02	2.12	2.14	2.21	2.04	2.26
（1992年調査）	父頼り	母頼り	父尊敬	母尊敬	父頼り	母頼り	父尊敬	母尊敬
自分はもう大人だ	1.92	1.80	1.95	1.92	1.93	2.07	1.90	2.24
まだ大人ではない	2.00	1.83	2.01	1.89	2.10	2.18	2.04	2.14

大人自覚別に見た両親の評価（「頼りがいがある」と「尊敬できる」）
濃い青：0.10ポイント以上高い
薄い青：0.05以上0.10ポイント未満高い

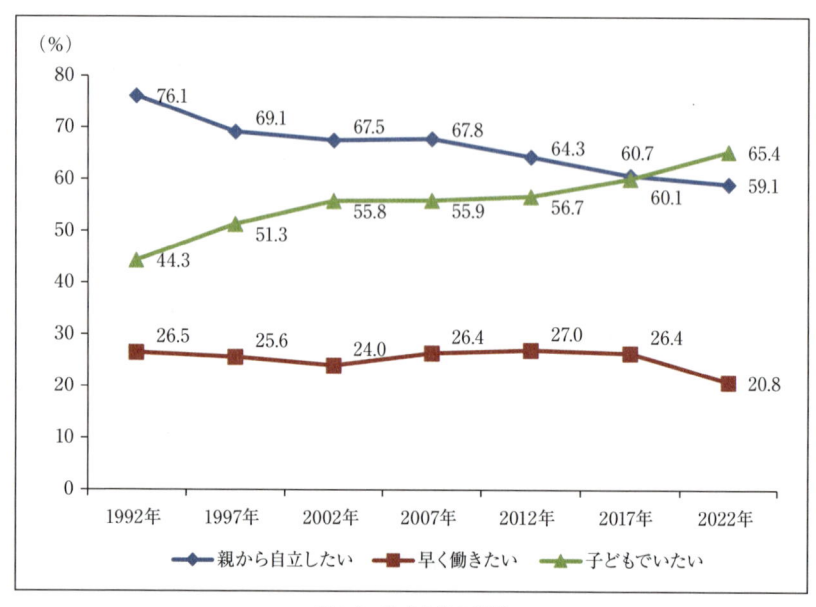

図 4-6　自立心等の推移

　の３項目に関する回答と比べてみると，同じくらいの割合の人が「もう大人だ」と答えていても，その内実はかなり違うということは理解できるだろう。
　もともと「大人」という概念は曖昧で，何を基準として自分を大人と考えるかに関する共通認識が存在するとは言い難い [4]。大学生から見たら，働いて自分の生活を自分で担えていることが「大人」の要件として頭に浮かびやすいと思うが，その基準で「大人」と自覚できる大学生はいつの時代もほとんどいない。にもかかわらず，1992 年調査時点で「もう自分は大人だ」と答える学生が男女合わせて４分の１以上もいたのは，そうした経済的基準以外の大学生なりの「大人基準」があり，それをクリアできていると思える学生たちがそれだけいたということだろう。
　実際に，1970 年代の半ばに大学に入学した私は，そういう大学生なりの「大人基準」を強く意識し，なんとかその基準をクリアしなければばと必死に背伸びした記憶がある。その「大人基準」とは，哲学書や思想書のような難しい本が読める，政治や社会問題に関して自分なりの意見を語れる，ビール

が飲める，麻雀ができる，異性との付き合いも経験しているといったような
ものだった。高校時代までは必要でなかったことが，大学生になると急に当
たり前にできなければいけないことのように言われ，必死で大学生たらんと
して，こうした大学生特有の暗黙のノルマをこなし，それらができるように
なると，いっぱしの「大人」になったような気がしたものだった。

　そういう空気感は 1990 年代まではそれなりに残っていた気がする。哲学
や政治へ関心を持たなければいけないといった基準は大分薄れていたが，遊
び面では高校時代とは違う大学生だからこそできることがあるという意識
は，学生たちに強かったように思う。1992 年調査で「もう大人だ」と答え
た 4 分の 1 の学生たちの多くは，こうした大学生なりの「大人基準」をクリ
アしていると思って答えた人たちが多かったのではないかと思う。

　その後 2007 年調査まで「大人自覚」を持つ学生が毎回減っていくのは，
新たな「大人基準」が見いだせない中で，未成年の飲酒は厳しく規制され，
恋愛も面倒くさいからしたくないという遊びの面でも，かつての「大人基
準」に照らすと，何もクリアできていない人が増え，自分は大人とは言えな
いなと答えざるをえなくなっていたからだろう。

　ところが，この減り続けていた「大人自覚」が 2012 年調査から大きく反
転増加した。これは，2007 年 5 月に 18 歳から投票できると規定された「国
民投票法」が成立し [5]，その頃から民法の規定も「18 歳成人」に変えよう
という議論が徐々に本格化してきたことが原因なのではないかと考えられ
る。2007 年調査の時点では，まだ大学生に 18 歳が成人年齢になるかもしれ
ないという認識は十分広まっていなかったため，大人自覚もそれまでのトレ
ンドのまままだ減り続けていたが，2012 年調査の頃には「18 歳で成人にな
る」という方向に向かっているという認識は広まり，曖昧な大人基準のひと
つとして 18 歳から成人という考え方を取り入れて回答する人が増えたのだ
ろう。2017 年調査での「大人自覚」の割合は 2012 年調査時とほとんど変わ
りがないが，今回の 2022 年調査でさらに増えたのは，やはり 2022 年 4 月 1
日から正式に 18 歳が法的に成人となったことが影響していると見るべきだ
ろう。

　かつての大学生の「大人基準」が無意味化しつつあった状況で，この「18
歳成人」という法的基準の登場は，それだけを根拠にして「自分はもう大人

だ」と答えてよいと考える大学生をそれなりに生み出した。法的に成人と位置付けられることで，実際の自分の成熟度に関わらず，「大人」と答えることに抵抗感を持たない人が増えたのだろう。

こういう形式的な基準で「大人だ」と答える人が増えているせいか，「自分は大人だ」と答える人と「大人ではない」と答える人の意識の差が小さくなっているようだ。ほぼ毎回 10 ポイント以上の差があり，統計的有意差も 2007 年調査以外では出ていた「友人と何かする時に中心になるかどうか」という項目との関連も，今回は男女とも差がかなり縮まり，統計的有意差はなくなってしまった（図 4-7 参照）。

もうひとつ毎回関連がかなり出ていたのは，「自分らしさ」をつかめているかどうかである。「はっきりつかめている」とか「だいたいつかめている」と答えた人がすべて大人自覚を持っているわけではないが，大人だと思えている人の方に，「自分らしさ」をつかめている人が多いのは当然であろう。今回は，女子では大人と思っている人の方が自分らしさをつかんでいると言えるが，男子では，「将来もつかめるかどうか不安だ」と答えた人の方が，

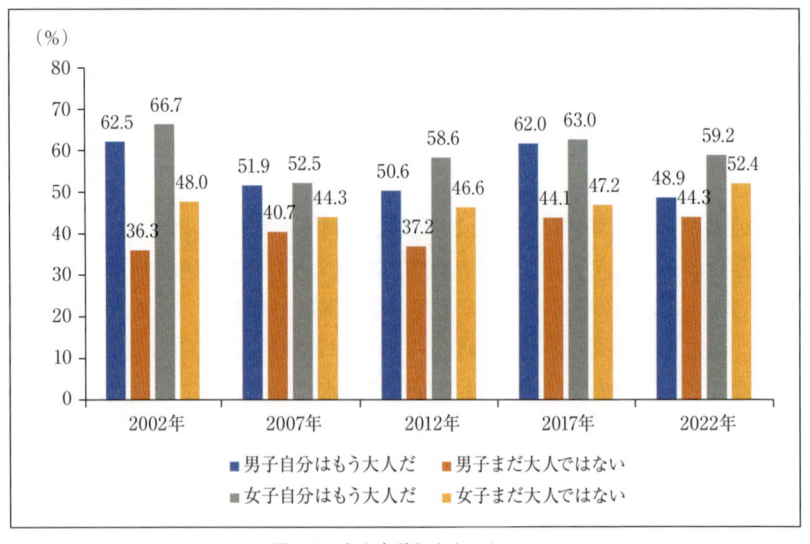

図 4-7　大人自覚と中心になるか

「はっきりつかめている」と答えた人より大人自覚のある人が相対的に多いという逆転現象すら起こしており[6]，内面的成熟度を考慮せずに大人だと答えた人がかなりいたのではないかと推測させる。

　今回調査で，「大人自覚」との関連性が5％未満の統計的有意差で見られるのは，男子学生では「早く親から自立したい」（男子「大人自覚あり」74.7％：「大人自覚なし」60.5％）の1項目だけとなっている。女子学生の方は「早く親から自立したい」（女子「大人自覚あり」64.5％：「大人自覚なし」51.5％）以外に，「子どもでいたいとは思わない」（43.4％：28.8％），「早く働きたい」（26.3％：17.5％），「自分らしさをつかめている」（65.8％：36.2％）の4項目で5％未満の統計的有意差が見られる。女子学生の方に男子学生よりは自らの成熟度を考えて「大人」かどうか判断する人が多かったようだ。しかし，男子学生の結果も合わせて考えるならば，大人自覚を持つ人とそうでない人との差は小さくなってきていると言わざるをえない。

　次に，「親からの自立」や「親との同居」に関する意識について見てみよう。まず「早く親から自立したいか」という意識は，1992年調査では4分の3以上（全体76.1％，男子82.2％，女子71.8％）の学生たちが「そう思う」と答えていたが，じわじわ減り，今回の2022年調査では全体で初めて6割を切った（全体59.1％，男子65.0％，女子54.3％）。確実に減ってきていて今後も減り続けていくだろうと予想されるが，とりあえず今の段階では，まだ約6割という多数派は，親からの自立を求めていることになる。ただし，「早く働きたい」という人は約2割しかおらず，逆に「大人になるより子どものままでいたい」という人が3分の2近くいるのだから（図4-6参照），「親からの自立」を望むと答えた人の大部分にとって，この「自立」とは経済面も含めた本格的な独立を意味していないことは明らかだろう[7]。

　ここで学生たちによって漠然と考えられている「親からの自立」の意味を明らかにするために，男女別に早く親から自立したいかという質問項目と両親の評価との関連を見てみよう。5％未満の統計的有意差が見られるのは，男子学生においては，「母・うるさい」「母・うっとうしい」の2項目のみで，女子学生においては，「父・理解度」，「父・うっとうしい」，「母・家族思い」，「母・頼りがい」，「母・尊敬」，「母・理解度」，「母・うるさい」「母・うっとうしい」と，父で2項目，母では6項目で有意差が見られた。この結

果から，母親との関係性が良好で評価が高ければ自立心は弱まり，母親の評価が低めだと自立心が高まると言えよう。今回は女子で父親評価の2項目で差が見られたが，前回の2017年調査の際には差が出ていないので，父親との関係の影響はあまり強いものではないと考えてよいだろう。学生たちの「早く親から自立したい」という意識は，母親から自由になりたいということを意味すると言えよう。つまり，自立といっても，決して本格的な独立を意味するものではなく，「経済的にはスネかじりのままでいたいが，母親の干渉からはもう少し自由になりたい」といった程度のものと考えられよう。

　学生時点での自立心は，将来の親との同居希望とも相関が見られる。早く親から自立したいと考える学生では，将来親と同居したいと考える人は1割に満たないが，早く自立したいと思っていない学生では4分の1の人が将来の親との同居を望む。これは，将来の親との同居希望にも親との関係性が反映しているので当然と言えよう。ただし，親評価は高まっているが，同居希望は増えているわけではない。わずかに増えた時期もあるが，全体としてみると，かなり減ってきている（図4-8参照）。1992年調査の頃は，男女ともに3割以上が将来の親との同居を考えていたのは，この頃の学生たちにはまだ三世代同居のイメージがかなりあり，どうせ三世代同居をするなら，自分

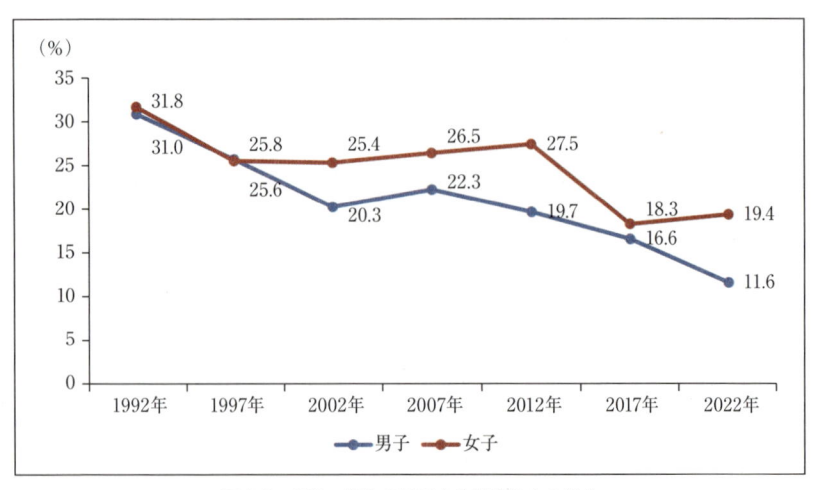

図4-8　将来，親との同居を希望する人の割合

の両親がいいと思う人がそれなりにいたからだろう。

　しかし，今や三世代同居のイメージは非常に薄れ，むしろ結婚せずにそのまま親と同居するイメージの方が強いかもしれない。実際，女子学生における親との同居希望と結婚の意思には関連があり，結婚したいと強く思っていない人の方が，親との同居希望を望むという有意差が出ている。親との同居希望を望む女子学生の割合は，「いずれ必ず結婚したい」人では14.4％，「適当な相手がいなければ結婚しなくてもよい」人では25.2％，「結婚したくない」人では40.0％である。他方で，男子学生の場合は，それぞれ9.6％，15.1％，0％となり，結婚したくないと答えた8人は，1人も親との同居も望んでいない。女子学生で結婚したくないと思っている人には，将来の「パラサイト・シングル」[8]候補がそれなりにいるのに対し，男子学生の結婚したくない人たちは生殖家族を作らず，定位家族からも離れ，個人で自由に生きたいと考える人たちのようだ。

注

1）2002年の女子学生の父親評価がかなり高く「仕事熱心」はいまだにこの年の得点の方が高い。

2）「亭主元気で留守がいい」というCMがはやったのが1986年，妻の実家あるいはその近くで婿のように暮らす人が増えてきていることを表した「マスオさん現象」が流行語になったのは，1987年のことだった。また，父親不在について語った中野収の『「家族する」家族 ——父親不在の時代というが……』（有斐閣）が刊行されたのは1992年のことであった。

3）2007年調査の男子学生の回答で父親の方が母親よりうっとうしいと評価された以外は，前回までの調査においては，男子は母親を，女子は父親をよりうっとうしい存在と見ていた。

4）大学生だけでなく，社会人になっても，かなりの年齢になっても，「自分は大人だ」と思えない人はたくさんいる。2020年に社会人対象に行った私の調査でも，40歳代の男性も女性も「自分は大人だ」と答えた人は6割に満たなかった。片桐新自「社会人の価値観——大学を卒業すると何が変わるのか？」（『関西大学社会学部紀要』第53巻第1号，14-16頁参照。

5）すべての選挙の投票権を18歳にする公職選挙法の改正が行われたのは2015年6

月17日で，18歳以上が初めて国政選挙の投票に行ったのは，2016年7月10日の参議院選挙だった。

6）自分らしさがつかめているかどうかのカテゴリー別に大人自覚を持つ人の比率を示すと，女子では「はっきりつかめている」36.8%，「だいたいつかめている」33.1%，「いずれつかめる」14.4%，「つかめるかどうか不安」11.1%という妥当な結果なのに対し，男子学生においては上記の順に，17.4%，38.5%，25.5%，35.0%という結果が出てくる。

7）「早く親から自立したい」と思っている人のうち，「子どものままでいたい」と答える人は57.2%，「早く働きたい」と思っていない人は71.5%もいる。

8）家族社会学者の山田昌弘が提示した概念で，結婚せずに親元で暮らす独身者のことを指す。山田昌弘『パラサイト・シングルの時代』ちくま新書，1999年参照。

第5章　ケータイなき時代からスマホ時代の友人関係へ

5-1　友人関係をめぐる社会状況の変化

　友情という感情自体は普遍的な親愛感情であり，時，場所を選ばずあまり変わらないものかもしれないが，友人関係というコミュニケーションのあり方は時代とともに変化する。私が最初にこの変化を意識するようになったのは，自分が大学教師になってしばらくしてのことだった。ある時大学近くの喫茶店で昼食を取っていたら，男子学生が4人入ってきてテーブルを囲み，それぞれに食事を注文したのだが，その後食事が出てくるのを待つ間も，食事中も食後も，その4人はそれぞれに漫画雑誌を読み，ほとんど会話をしないという光景を見た。なんで一緒に昼食を食べに来たのに，ほとんど会話をしないのだろうと，私には不思議に思えてならなかった。私の世代の感覚では一緒にいるのに会話をしないのは非常に気まずい気持ちになり，そんな気持ちになるくらいなら，一人で食べた方がいいと考えるのが普通であった[1]。

　あまりに奇妙な光景に思えたので，その後親しい学生たちに，この場面の話をし，どう思うかと聞いたところ，多くの学生が「別に普通じゃないですか。そんなに喋らなくても，一緒にいることには意味があるのですから」と答えた。そんなものなのかと不思議に思うとともに，学生たちの友人関係や意識について調べてみたいと思い，2回目の1992年調査で，友人関係，友人とのコミュニケーションのあり方を尋ねた。その結果，確かにたいした目的がなくとも一緒にいることを重視する人は多いものの，根本的にかつての若者とは違う友人関係になっているかどうかは確信できなかった。

　しかし，その後毎回調査を続けていく中で，いくつかの要因が影響して友

人関係はかなり変化してきているのではないかと確信するようになった。ひとつは社会の変化に伴う若者たちの価値観の変化である。1990 年代前半にバブル経済が終わった後，日本社会がこれ以上右上がりの成長をしていくと思えなくなった学生たちは，将来何者かになるために若いうちは克己勉励するという日々を送ることよりも，現在を楽しむことを自然に望むようになってきた。そうした現在を楽しむという価値観をより重視するようになった時，友人たちの存在というのは相対的に重要性を増す。魅力的な人間とは，何かができる人間という見えづらい基準で判断されず，友人が多い人間という目に見える基準で判断されるようになってきた。

　こうした価値観の変化は，特に男性において劇的に起こったことと言えよう。女性たちは昔から——というか，昔の方がより強く——将来何者かになるより，家庭を作り守るという価値観を引き受けさせられてきていたので，家族・近隣を含めた人間関係を大切にしながら毎日を楽しむという生き方を選択しやすかった。これに対し，男性たちは何者かになる，できれば「功成り名遂げる」ことが求められてきたし，そういう価値観を持ちやすかった。それゆえ，将来への前向きな希望が持ちにくい時代の中では，こうした男性的価値観はそのまま継承されにくくなってきたのである。

　そこに，さらに 1980 年代以降急速に浸透していくジェンダーに囚われない教育が加味され，伝統的な男性的価値観を引き受けようとする意識を持つ者が大幅に減り，身近な人たちと今を楽しむという価値観の持ち主が増え，その生活をするためには，友人関係は大切だという考え方を持つ人が増えてきている。女性たちの方は，ジェンダーに囚われないという教育の結果を，仕事中心の男性的な生き方を自分たち女性も選択できるようになったと受け止める人は少なく，生き方に関しては相変わらず多数派は，身近な人たちと今を楽しむという生き方選択をし続けたため，やはり友人関係は大切だという意識は増えることはあっても減ってはいない。

　さらに 1980 年代以降の教育の変化として，競争より協力や共生を重視するようになっていったことも大きいだろう。1980 年代前半は校内暴力が荒れ狂い，1980 年代半ば以降は学校内での「いじめ」が大きく取り上げられるようになり，教育現場では競争させて勝者と敗者を生むことに極端に慎重になっていき，友人たちは競争相手ではなく，ともに協力する仲間なのだと

いう意識を子どもたちに強く植えつけていった[2]。そうした教育を子ども時代に受けた大学生が 1990 年代以降はどんどん増えてきており，そのこともまた友人関係が大事だという意識を強める役割を果たしてきたと言えよう。

　教育方針の変化でもうひとつ影響していると思われるのは，1990 年代以降の個性重視教育である。「男らしく，女らしく」といったジェンダーに基づく生き方を否定的に伝えられ，他方で個性を伸ばすようにと言われ続けてきた若い世代は，自分らしく生きたいと強く願っているが，実際にどう生きたら自分らしく生きられるのかは簡単にはつかめず，結局周りの友人たちを準拠としながら生きるようになっている。その意味でも多くの友人を持つ必要性が増していると言えよう。

　このように友人関係を重視する大学生が増大する中で，その生き方をサポートするコミュニケーション・ツールとして，この 30 年ほどの間に急速に発展してきた ICT が大きな役割を果たすこととなった。この学生調査を始めた 1987 年調査，そして友人関係についての調査を始めた 1992 年調査の頃までは，コミュニケーション・ツールは，私が学生生活を過ごした 1970 年代とあまり変わらず，電話や手紙というものがほぼすべてであった。しかし，1997 年調査の時には，ネット環境を大きく変えた「Windows95」が発売されており，パソコンでのメールのやりとりは徐々に一般化しつつあり，また，携帯電話や PHS を持つ学生たちがかなり登場するようになっていたし，ポケットベルを利用して作られる友人関係（「ベル友」）が話題になる時代となっていた。ただ，まだこの時代は，パソコンも家にあっても一家に 1 台がせいぜいという状況だったし，携帯電話や PHS の使い方は通話によるコミュニケーションがほとんどだったので，連絡が取りやすくなったという変化はあったものの，友人間コミュニケーションのあり方が根本的に変わるというほどの役割を果たしていたとまでは言えなかった。唯一，ポケベルを利用しての友人関係やコミュニケーションの取り方が新しいものとして注目されるべきものであったが，ポケベルは女子高生を中心とした文化という位置づけで，大学生になると，ポケベルからは卒業していくのが一般的であった。

　この状況を大きく変えていくのが 1999 年の i-mode の登場である。携帯電話の通話以外の機能の充実が一気に進んだこの i-mode の登場によって，携帯電話は電話としてよりもメールのやりとりをするツールとなり，「携帯電

話」と呼ぶよりも「携帯（ケータイ）」と呼ぶのが一般的になっていった。2002 年調査時の大学 1 年生は，高校入学とともに i-mode に出会った世代で，すでに恋愛関係も友人関係も携帯——特にメール——の存在を前提にする世代となっていた。この 2002 年秋に 1 年生の授業で，「恋愛に携帯は不可欠か？」と質問したところ，半数以上の学生が肯定したことを印象的な出来事としてよく覚えている。もちろん，上位学年もこの頃にはほぼすべての学生たちが自分の携帯を所有する時代となっていた[3]。

　誰もが携帯を持ち，携帯のカメラ機能が充実してきた 2000 年代前半は，ブログが急速に普及するようになった。「ブログの女王」と呼ばれるタレントが登場し，ブログという情報発信ツールが一般に知られるようになったのは 2004 年のことだった。一般の学生たちでもブログを開設する人たちもいたが，まだこの頃は少数派に留まっており，ブログは有名人の日常を知るものという位置づけで捉えられることの方が多かった。この状況を大きく変えていったのが，SNS（ソーシャル・ネットワーキング・サービス）と呼ばれる交流サイトの普及である。SNS 自体の誕生は 1990 年代まで遡れるが，日本で一般に普及してくるのは，GREE や mixi が登場してくる 2004 年以降のことである。特に，日記が書きやすく，かつ 18 歳未満の加入禁止，招待加入制，マイミク申請方式などで，加入者に適度な安心感を与えることに成功した mixi は大学生を中心に急速に利用者を拡大した。

　2007 年調査の頃は，mixi がまさに全盛期だった。mixi で「マイミク」になっている人の近況を知ったり，自分の近況を知らせたりすることが容易になった。2007 年調査において，「友人のミクシィやブログを読むか」という質問に対し，「よく読む」と答えた人は 44.7％，「たまに読む」と答えた人は 23.0％で，3 分の 2 以上の学生たちが，この時点でネットを利用して，友人たちの近況を知るようになっていた。こうした SNS の普及によって，遠く離れて住みめったに会えないような地元の友人とも，まるで毎日会っているかのようなコミュニケーションが取れるようになったり，会ったこともない人とでも親しくコミュニケーションを交わしたりということができるようになった[4]。また，電話をするとかメールを送るというのは特定の友人にだけ自分のことを知ってもらうことになり，相手がこちらの気持ちを受け止められるような余裕がない時や，相手に心理的負担を与えてしまうのではないか

といったことも心配しなければならなかったが，SNS を使えば，特定の友人に負担をかけることなく，友人たちに自分の近況や思いを知ってもらい，誰かからコメントが返ってくることを期待できるようになった。つまり，1 対 1 を基本としていた友人関係から，1 対多あるいは多対多という友人関係へという変化を可能にしたのだった。

　2007 年調査から 2012 年調査の間に登場したスマートフォンは，大学生の友人関係にさらに大きな影響を与えた。iPhone の日本での発売開始が 2008 年 7 月であり，スマホが普及していくのはそれ以降である。つまり 2007 年調査の段階では大学生たちが持っていたのは，今や消えつつある「ガラケー（ガラパゴス携帯）」と揶揄される携帯電話であった。それが 2012 年調査の時点では大学生の圧倒的多数がスマホを利用するようになっていた[5]。2007 年調査の時点では，大学生たちの携帯の利用法としてはまだメールが中心で，SNS としては上記に述べたように mixi がもっともよく利用され，ブログも個人的な情報発信手段としてよく利用されていた。それがスマホ中心となった 2012 年調査の時点では，直接に連絡を取る方法としてはメールよりも LINE がよく使われ，SNS としては Twitter（現在の X）と Facebook がよく利用され，mixi はすでに過去のものという印象になっていた[6]。

　持ち歩き用の小型パソコンとも言えるスマホの普及は大学生たちのつながり方を大きく変えた。LINE というアプリケーションを使うことで，1 対 1 のコミュニケーションだけではなく，多対多というコミュニケーションが別々の場所にいながら可能となった。かなり以前からあったチャットというコミュニケーションと類似の機能であるが，スタンプだけで反応したり，写真や短いメッセージを送りやすかったりするので，軽いコミュニケーションが取りやすいのが魅力となっている。また，LINE 同士なら実質無料で通話も可能だし，仲のよい友人との間では便利な連絡手段として使われている。交流のためというよりメールに代わる便利な連絡手段として急速に普及した。

　Facebook は mixi に対する不満をカバーする SNS として普及したと言えよう。mixi がニックネームでの登録を基本としていたのに対し，Facebook は実名登録を基本としているため，より信頼性のある情報発信がされるようになり，「友達申請」を受けた時にも，申請してきた相手が誰かをより正確

に知ることができる。また，mixi では「足跡」と言われる，アクセスした
かどうかが記録されてしまう機能があったため，友人の近況をちょっと知ろ
うと思っても，何かコメントを書き残さないといけないような気にさせると
いう問題があった[7]。しかし，Facebook では，見るだけの人は友人の近況
を「足跡」を残さずに知ることができる上，読んだことだけを知らせるため
の「いいね！」ボタンがあるため，友人の近況をより知りやすくなった。

　Twitter は鍵がかけられていない限り，「友達申請」などが要らないので，
著名人のフォロワーになっている人も多い。自分自身も知らない人からも
フォローされてしまうし，字数制限もあるので，最近は，Twitter のアカウ
ントを複数を持ち，現実社会の友人用，趣味の友人用，匿名用などと使い分
けている人も少なくない。

　2012 年調査ではまだ普及していなかったが，それ以降大学生の間に急速
に浸透したのが，Instagram である。写真共有アプリケーションであり，写
真を中心とした SNS として大学生をはじめとする若い世代に大人気となっ
ている。第 7 回調査を行った 2017 年には「インスタ映え」という言葉が流
行語大賞に選ばれるほどに広く知られるようになった。

　現在の大学生がよく利用しているコミュニケーション・ツールは，まずは
なんと言っても LINE である。メールは就活の際とか大学の授業の関係で使
う以外にはもはやほぼ使わないという学生がほとんどである。友人の近況を
知る SNS としては，Instagram が圧倒的で，Twitter と TikTok もよく使わ
れている。Facebook は中年以上の利用する SNS という位置付けになり，大
学生で使っている人はほとんどいなくなっている[8]。学生たちがよく利用し
ているアプリは，いずれも文章でしっかりと伝えるものではない。LINE も
含め，写真やスタンプや短い文章でコミュニケーションを取ることが大学生
たちのルールになってきている。このことが友人関係をどう変化させている
のかは興味深いところである。

　以上のような社会状況の変化を踏まえた上で，次節以降，大学生たちの友
人関係について本調査のデータから分析していきたい。

5-2　群れ行動と群れ意識

　大学生たちがどの程度群れ行動を取っているのかは，最初に友人関係について知りたかったことなので，1992 年の第 2 回調査からずっと尋ねている。まずはその最新の結果を男女別に見てみよう（図 5-1 参照）。

　5 つの群れ行動やそれを導く意識を尋ねている。2012 年の第 6 回調査まで，「友人と一緒に授業を受ける」という行動と，「友人を探して一緒に昼食を食べる」という行動は，一貫して女子学生の方が男子学生よりも多く行う行動と言えていたが，前回 2017 年調査で，ついにどの意識・行動も男女の間で有意な差がなくなった。今回の調査結果では，「友人と一緒にトイレに行く」という行動に関して「よくある」と答えた男子がやや多かったため，その行動だけ 5% 未満の危険率で有意差が出ているが，「たまにある」まで含めれば，この項目もほぼ男女差がない項目と言えるだろう。

　1992 年調査で初めてこれらの群れ意識や群れ行動を尋ねた時には，「特別

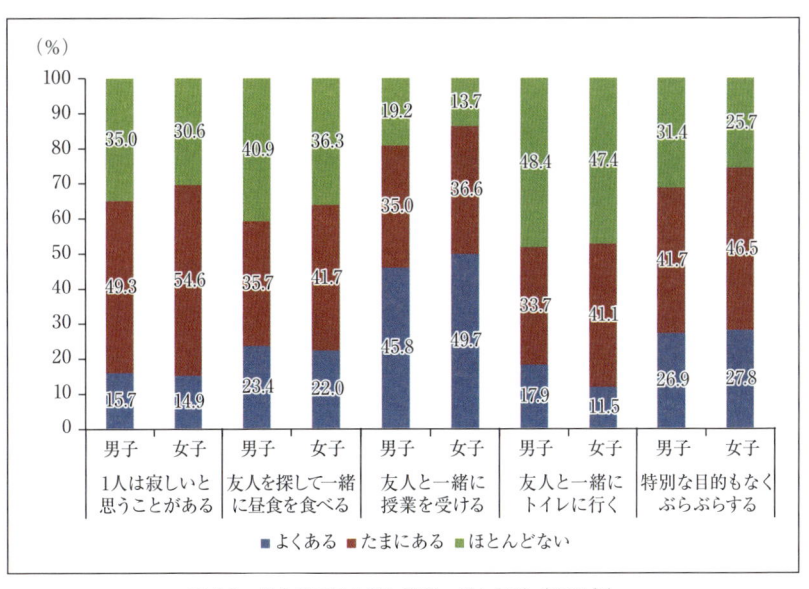

図 5-1　男女別に見た群れ意識・群れ行動（2022 年）

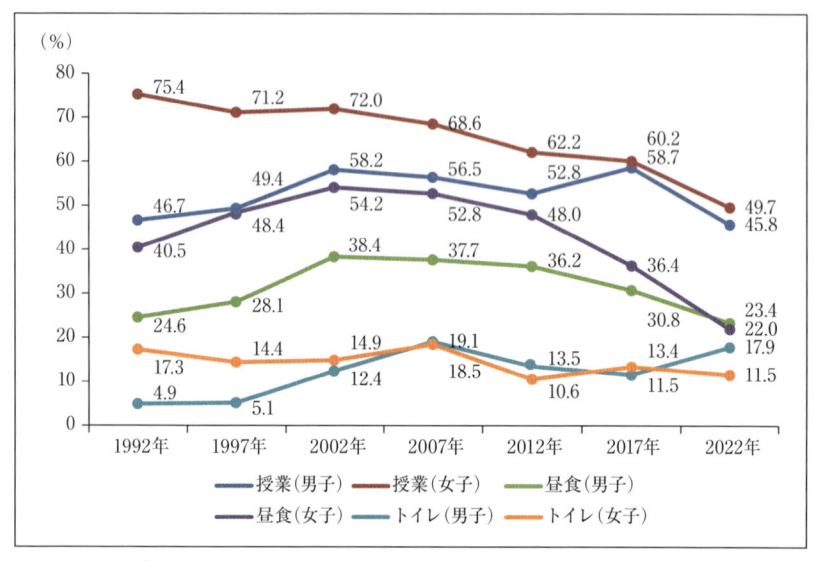

図 5-2 男女別に見たキャンパス内群れ行動の推移（よくする人の割合）

な目的もなく友人とぶらぶらする」という行動以外は，すべて女子学生の方が男子学生より有意に多く行う行動であるという結果が出たが，それは伝統的ジェンダー観の立場からは説明のつきやすいことだった。つまり，知人に目撃されやすい場所に一人でいることのマイナスイメージは，男子よりも女子の方ではるかに強かったからである。伝統的ジェンダー観に従えば，女性の場合は男性よりも協調性が重視される。授業中や昼食時といった多くの人の視線に晒される場面において，1 人でいるというのは，女性としてはかなり変わった人だという印象を与える。誰かと仲よく過ごしている姿を見せておく方がプラスになるということを，女性として 20 年前後生きてきた女子学生たちの多くは自然に学んできていたものだった。

　しかし，伝統的ジェンダー規範がすっかり薄れた今，女子学生の方が群れ行動をよくするとはとうてい言えなくなっている。1992 年から 2022 年までのキャンパス内群れ行動の男女別推移を示した図 5-2 を見てもらえば，この 30 年間で男女差は確実になくなってきたことがよくわかるだろう。

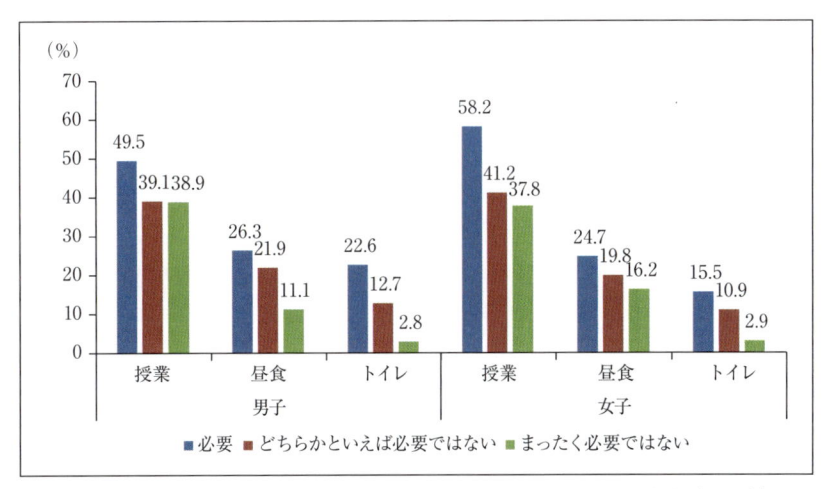

図 5-3　「男／女らしさ」の必要性認識別に見た群れ行動をよくする人の割合（2022 年）
（「必要」グループは，「絶対必要」と「どちらかといえば必要」と答えた人を合わせたもの。）

　図 5-3 は，男女それぞれにおいて，「男／女らしさ」を必要と評価するかどうかによって，キャンパス内群れ行動を取る人の割合に多少違いがでるかどうかを見たものだが，一応それなりには出る。弱い関連だが，男子では「友人を探して一緒に昼食を食べる」と「友人と一緒にトイレに行く」という行動が，女子では「友人と一緒に授業を受ける」と「友人と一緒にトイレに行く」という行動において統計的有意差が見られる。

　ここでより興味深いのは，女子学生より男子学生である。「男らしさ」をより必要だと認識している男子学生の方がそうではない学生よりキャンパス内群れ行動をよくしている。伝統的ジェンダー観に従うなら，「男らしさ」とは一人でも道を切り開いていくような逞しさというイメージがあり，それは群れ行動をしているような男性とは結びつかないものだったはずだ。しかし，現代において必要とされている「男らしさ」とはそういうものではなくなってきている。誰かと一緒にいることがプラスイメージにつながり，逆に一人でいることがマイナスイメージにつながるというのは，今や女子学生だけの話ではなくなりつつある。男女ともに友人が多いことが魅力的な人間に見える大きな要素となっている。それゆえ，友人と何かする時に中心になる

人の方が群れ行動をよくしているという結果も男子学生では出ている[9]。今や多くの友人とともにいることは、「男らしさ」を示す上でもプラスに作用すると男子学生たちは無意識のうちに考えていると言ってよいだろう。

　男女差の縮小以外に図5-2からもうひとつ注目すべきなのは、男女ともキャンパス内群れ行動が総じて減り気味であるという点だ。女子学生における「授業」と「昼食」の際の群れ行動はこの20年間一貫して減り続けているし、男子学生においても「昼食」は減り続けており、前回上がった「授業」も今回は過去最低の割合になった。「トイレ」に関しては低い比率なので、減少傾向が明確には見えないが、全体としては、確実にキャンパス内群れ行動は減りつつあると言ってよいだろう。ここには、急速に普及してきたSNSの影響があることは間違いないだろう。離れたところにいる友人ともいつでも容易に連絡を取ることができ、近況も知りうるコミュニケーション・ツールの登場によって、キャンパスという現実空間で友人とともにいる必要性が以前より弱くなっているからである。

　図5-4は、「一人でいるのが寂しいと思うことがある」という質問への男

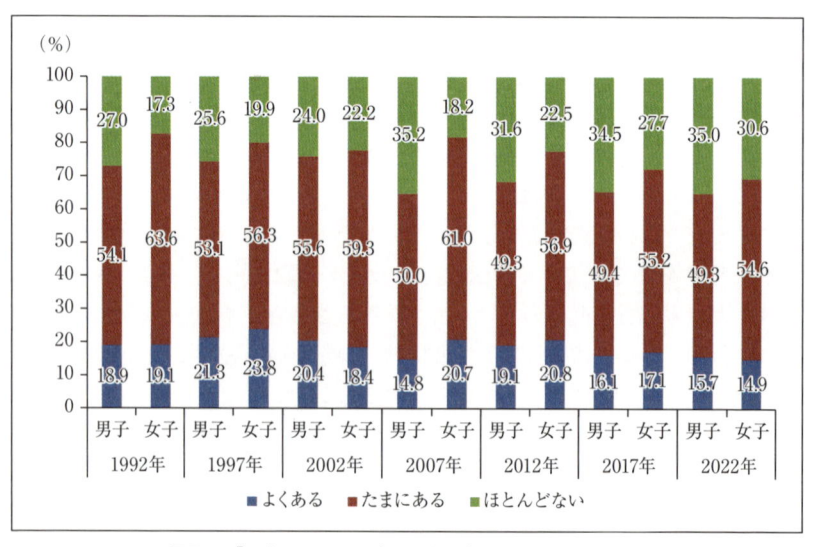

図5-4　「一人でいるのが寂しいと思うことがある」の推移

女別回答の 30 年間の推移だが，毎回少しだけ女子の方が寂しいと思う人が多い結果が出ているが，5％未満の危険率で男女間に統計的有意差が出たのは，1992 年，2007 年，2012 年の 3 回である。他の調査年の結果も含めて言えることは，「よくある」という人の割合は男女で大きく異なるわけではないが，「ほとんどない」と答える人が男子学生に毎回多い。特に，2007 年以降の調査では，一人でいても寂しいと思わない男子学生が 3 割を超えるようになった。そして，今回の調査では，女子でも初めて 3 割を超える人が「ほとんどない」を選択した。男子はこの 10 年，女子はこの 15 年，「一人でいるのが寂しいと思う」ことがほとんどない人が確実に増えてきている（図5-5 参照）。やはりネット環境がよくなり，スマホがあれば一人で過ごすことの手持ち無沙汰感や孤独感が減っているからなのだろう。

　なお，当然のことながら，この「一人でいるのが寂しいと思うことがある」という項目と他の群れ行動との間には，関連の強さには多少違いがあるが基本的にはすべて「寂しいと思うことがある人ほど群れ行動をしている」という関連が見られる。

　学年別に見ると，今回の調査結果は，男女とも 1 年生はキャンパス内群れ行動をよく行っているが，2 年生以上はあまり大きな差がないという結果が

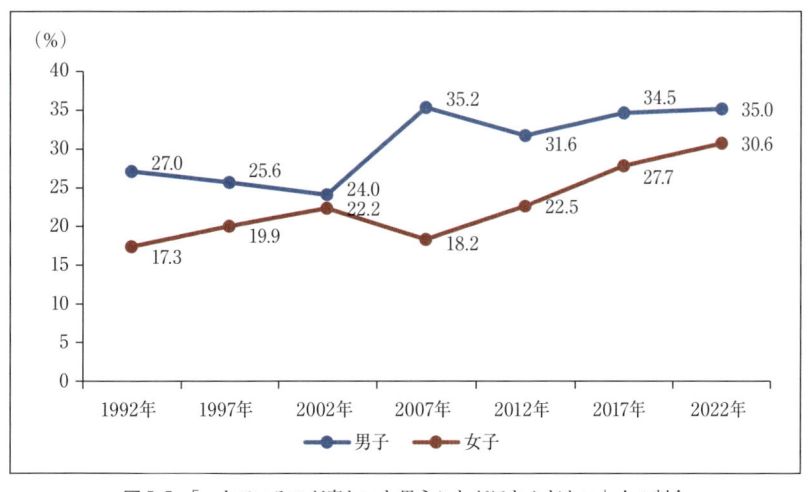

図 5-5　「一人でいるのが寂しいと思うことがほとんどない」人の割合

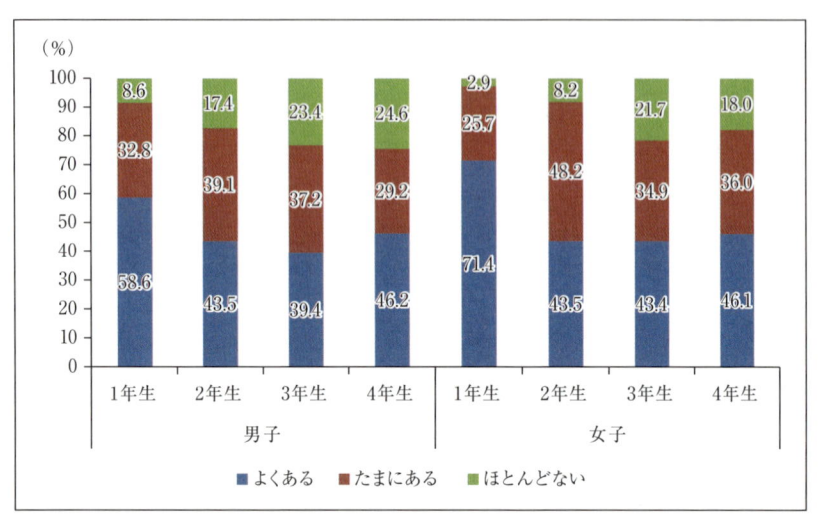

図 5-6　学年別群れ行動（友人と一緒に授業を受ける）

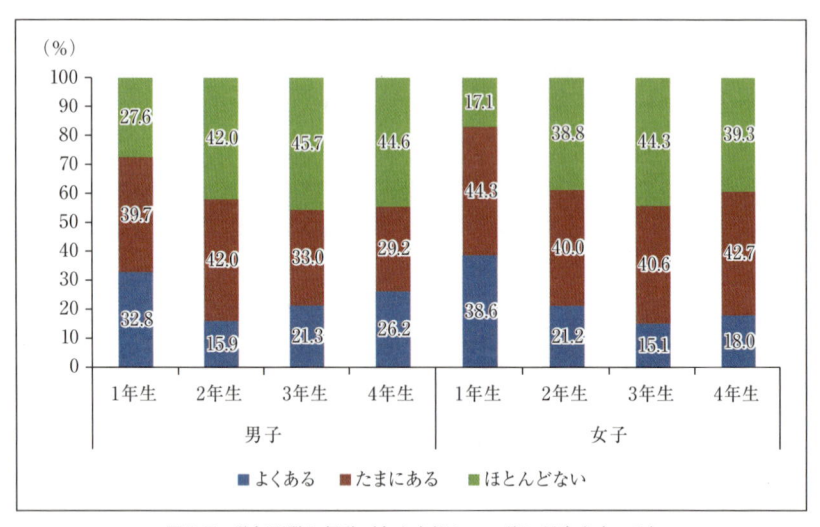

図 5-7　学年別群れ行動（友人を探して一緒に昼食を食べる）

今回は出ている（図 5-6，図 5-7 参照）。通常は，学年が上がるにしたがって
群れ行動する人が減る，少なくとも 1，2 年生と 3，4 年生の間ではかなり差

が出るものだが，今回は 1 年生と 2 年生以上で差が出ている。おそらく，これは新型コロナに対する大学の授業の開講の仕方がもたらしたものだろう。この調査の際の 3 年生は，新型コロナがまさに新型としての恐怖を巻き散らしていた 2020 年に大学に入学し，半年間はほぼ大学に来られないという状況に置かれていた。1 年生の 1 年間は普通に大学生活を送れたこの時点の 4 年生より，大学内に友人が少ない人が多く，このキャンパス内群れ行動でも 4 年生より群れていない。2 年生が入学した 2021 年も緊急事態宣言が何度も発出され，友人作りはまだ難しかった学年であっため，キャンパス内群れ行動も例年のコロナ以前の 2 年生ほどにはできないというのが実態だろう。2022 年入学の 1 年生は，コロナも 3 年目になり，大学も気をつけながら対面での授業に戻していこうとした時期の学年だったために，2 年生，3 年生に比べると，以前の 1 年生と同様にキャンパス内の群れ行動をそれなりにできるようになったということだろう。

　大学別では，男子の場合，明確な差はないが，女子の場合は，神戸女学院の女子学生に群れ行動が少ない。この神戸女学院の女子学生の群れ行動が少ないという事実は毎回確認される。今回の調査でも，「友人と一緒に授業を受ける」という行動をよくする人は女子学生全体では 49.7％に対して神戸女学院の女子学生は 41.2％。「友人を探して一緒に昼食を食べる」も女子学生全体が 22.0％のところに神戸女学院の女子学生は 14.7％しかいない。女性しかいない神戸女学院大学の女子学生たちは，男性の目を潜在的にも意識せざるをえない共学大学の女子学生と違い，キャンパス内で一人行動をすることへの抵抗感は小さいということなのだろう。

5-3　ネットを通した友人関係

　先に述べたように，この 35 年間，特に最近 25 年間のネット環境の変化は友人関係や友人コミュニケーションを大きく変えてきた。本節ではそれに直接に関連したデータを分析していきたい。

　ネットと友人関係の変化はあまりに急速だったため，私の大学生調査で取り込むようになったのは 4 回目の 2002 年調査からである。それも 1 問だけで，その質問が図 5-8 のグラフで示す「面識のない人と携帯やパソコンを通

して友だちになることはできますか」という質問である。メールや i-mode が急速に一般化しつつあったこの時期は，「メル友」と呼ばれたメールを通して友だちができたりする一方で，「出会い系サイト」などによる危ない事件も生じていたので，学生たちがどの程度警戒心を持っているのかを知りたくて入れた質問だった。この時点では，男女差もほとんどなく，ともに約 3 割が「友人になれる」と回答していた。一方で，学年差が出ていて，この時点での 1 年生だけが男女とも 35 〜 36％の人が「なれる」と答えており，3 割に届かなかった 2 年生以上よりかなり高めだった。この時の大学 1 年生は，高校入学時に i-mode が登場し，携帯が不可欠になった最初の学年だったことが影響したのだろうと分析した[10]。

2007 年調査，2012 年調査になると，男女差がやや出た。十分な統計的有意差ではなかったが，女子の方に警戒心が強く働き，男子の方が「友人になれる」人が多いのは妥当な結果と思った。しかし，2017 年調査で男女が逆転し，女子の方が「なれる」という人が多くなり，今回も差は縮まったが，女性の方がやや多いままである。ただし，統計的な有意差はないので，この問題に関しては，男女差は基本的にないと考えた方がよいだろう。

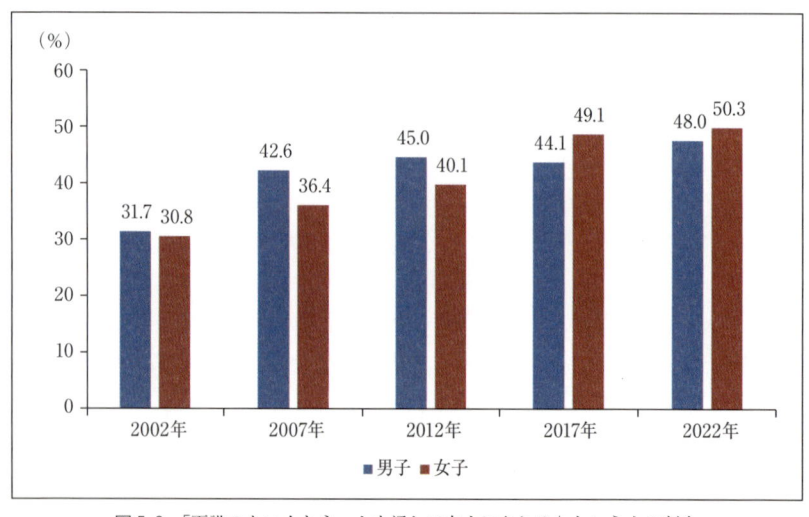

図 5-8 「面識のない人とネットを通して友人になれる」という人の割合

　むしろ，ここで注目しておきたいのは，全体的に「なれる」という人がじわじわ増えているという傾向である。2017 年調査の際に男子学生でわずかに減ったが，今回はまた増えていることをみれば，この時の減少はあまり意識する必要はないだろう。スマホと SNS の利用が若者のコミュニケーションにとって不可欠になっている状況から見て，やはり中長期的にはネットを通して友人になることに抵抗感のない人はさらに増えていく可能性が高いと予想される。

　なお，大学による差はそれなりに出ている。男子は統計的有意差があるとまで言えないのだが，2007 年調査以降 4 回連続で，「なれる」と答える人は，桃山学院大学が一番多く，ついで関西大学，そして大阪大学の順になっている。女子学生においても，2007 年調査以降は大阪大学の学生たちが総じて「なれる」と答える人が少なく，他方で桃山学院大学の女子学生は前回，今回と 6 割以上が「なれる」と答えており，突出して多くなっている。スマホと SNS への依存度が大学によってやや違いがあるようだ。

　2007 年調査からは質問項目を増やしたので，いくつかのネットを通してのコミュニケーションについてはこの 15 年間の変化を見ることができる。

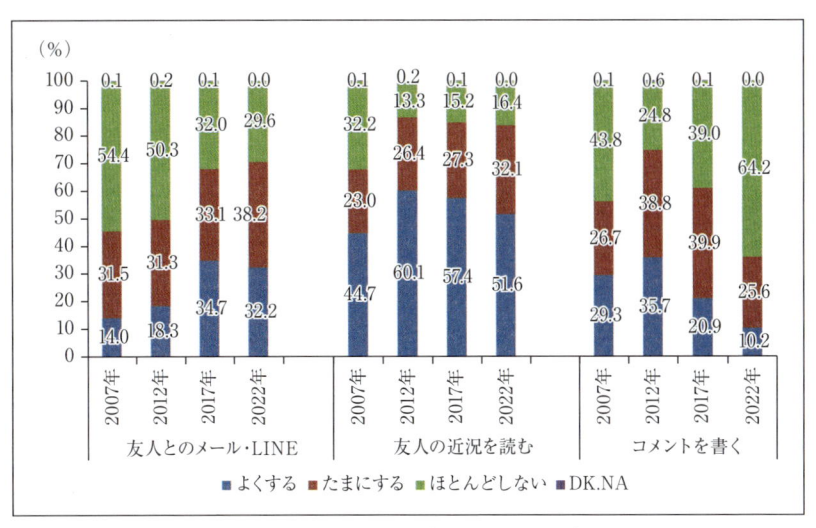

図 5-9　ネットを通した友人とのつきあい方

図 5-9 がそれであるが，この 3 つの項目の変化が一致していないことが気になるだろう。基本的な趨勢は，スマホの登場により 2007 年から 2012 年にかけて SNS を利用した友人とのコミュニケーションは大幅に増えたのに対し，2017 年以降は「SNS 疲れ」から減り始めているという状況である。

　「友人とのメール・LINE」だけが 2017 年調査で伸びたのは，実は質問文が変わったせいである。2007 年調査と 2012 年調査の際には，「たいした用もないのに友人と何度もメールのやりとりをする」というものだったが，すでに 2012 年調査の時点で，大学生が友人と連絡を取る手段は LINE 中心に変わっていた。にもかかわらず，質問文の中に「LINE」がなく「メール」だけで問われたために，LINE とメールを明確に区別する人は「よくする」「たまにする」を選択しなかったために，あまり増えないという結果を導いたと考えられる。2017 年調査では，「たいした用もないのに LINE 等で友人と何度もやりとりをする」と質問文を変えたために，「よくする」人が大きく増えることとなった。2012 年調査の段階でも，LINE を質問文の中に入

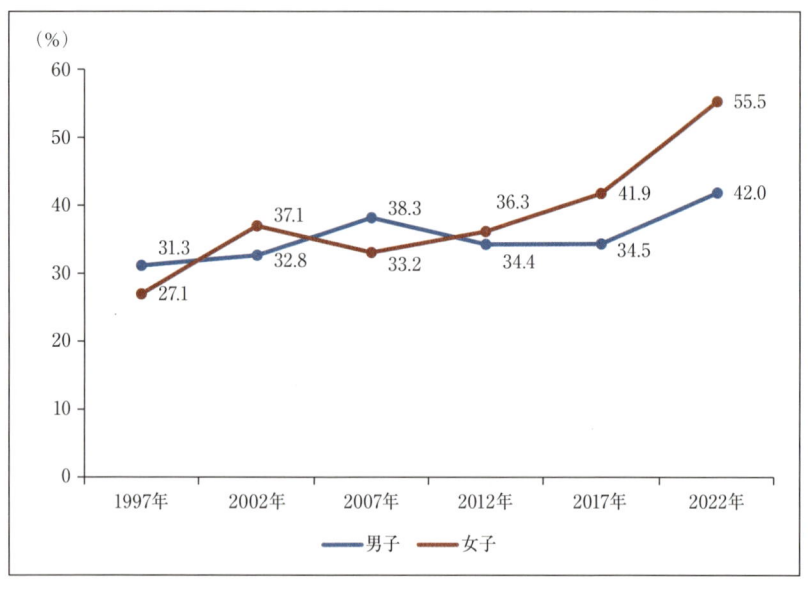

図 5-10　自分の発言で友人を傷つけてしまうのではと思う人の割合（男女別）（2022 年）

れておけば，その時点で大きく伸び，2017年調査の伸びがこんなに大きくなることはなかっただろう。今回の結果を見ると，LINEでのたいした用もないやりとりももう増えない状況になっている。あまりに情報が入ってきすぎるので，いかにして整理するかを考える学生が多くなってきているようだ[11]。

　SNSで友人の近況をチェックしたり，コメントを書くこともさらに減りつつあるが，特にコメントを書く人はこの10年でもっとも減少幅が大きい。ネット上でのコメントの書き方に関しては学生たちは特に慎重になっている。図5-10に見られるように，コメントを書く人が減り続けたこの10年の間に，「こんなことを言ったら，友人が傷つくのではないかと思う」人は大きく増えている。コミュニケーションを取りやすくなったがゆえに，気も遣わなければならない状況も増えてきている。友人の近況は見ても，リアクションは一切しないか，せいぜい「いいね！」を押すのに留めるのが無難と考える学生たちは確実に増えてきている。

　2017年調査からネットを通したコミュニケーションに関しては，さらに

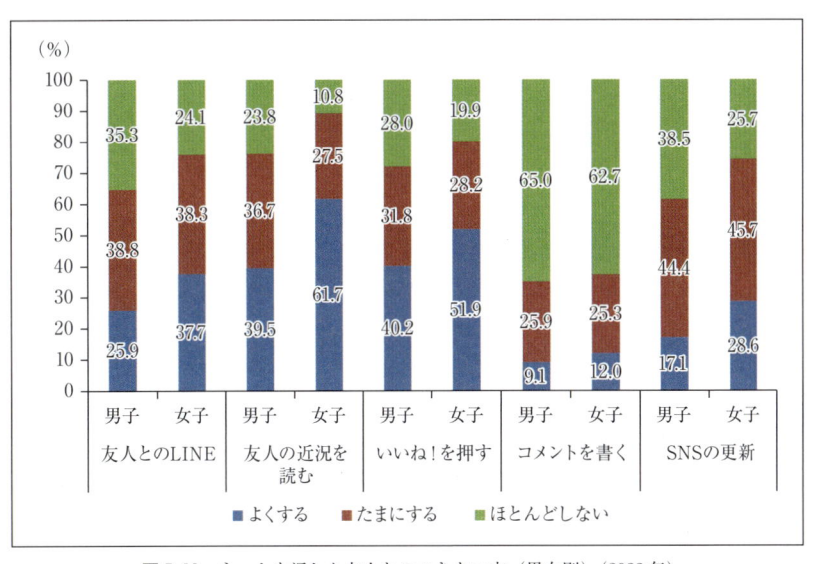

図5-11　ネットを通した友人とのつきあい方（男女別）（2022年）

質問項目を増やした。その今回の結果を男女別で出したものが，図5-11である。この5項目のうち，統計的に見て男女差がないのは「SNS等にコメントを書く」だけであり，後の4項目に関しては，女子学生の方が男子学生よりよくしていることが確認される。これは前回の2017年調査でも同じ結果が出ている。

　キャンパス内群れ行動に関しては男女差が見えなくなってしまったが，このネットを通した友人関係においては，女子学生の方が男子学生よりまめに行っている。ここには，まだジェンダーに基づく行為パターンが表れているようだ。ちなみに，当然ながら男女ともキャンパス内群れ行動をよくする人の方が，ネット・コミュニケーションもよく行っているという結果が出ている。

　群れ行動とは男女ともにすべて関連が見られた「一人でいるのは寂しいと思う」という意識とネット・コミュニケーションの関連を見ると，男子に関してはすべての項目で「一人でいるのは寂しいと思う」人ほどよくやっていると言えるが，女子に関しては，「たいした用もないLINEのやりとり」と「いいね！を押す」の2項目だけで統計的有意差が見られる。女子学生にとって，友人の近況を読んだり，SNSを更新したりすることは，一人でいるのが寂しいからといった理由でやるものではなく，ほとんどの人が普通にやっていることになっているがゆえに男子より差が出なくなっているのだろう。ただし，統計的有意差までは出ていないが，女子でも「一人で寂しいと思う」ことのある人の方が，ほとんどないという人よりは，総じてネット・コミュニケーションをよく行っているとは言える。

　2007年調査から尋ねてきたもうひとつのネット・コミュニケーションは，「匿名での書き込み」をよくするかどうかである。「ほとんどしない」という人が圧倒的に多いのと，他のネット・コミュニケーションとはやや異なる性質を持つので，他の項目と一緒に扱ってこなかったが，ここでまとめて紹介しておこう。まず全体的な推移だが，2007年は，「よくする」4.0%，「たまにする」8.2%，「ほとんどしない」87.7%，2012年は，それぞれ6.9%，12.3%，80.5%，そして2017年が7.7%，10.7%，80.8%で，今回の2022年は，5.7%，12.3%，81.9%で，前回よりよくする人が少し減った。Twitter等で友人にも教えていない「裏アカウント」を持つ人も少なくないようなの

で，そうした書き込みも「匿名」と見なすならば，実際にはもっと多くの人が，実名をさらさずにネット上に書き込みをしていることだろう。しかし，ここではそういう人たちが入っているのか，いないのかを割り出すことはできない。とりあえず，ここでできることは，ネット上に匿名の書き込みをよくすると答えた人（36名）がどのような特徴を持つ人かを明らかにすることくらいである。

　男女差も大学差もあまり大きくないこの匿名書き込みをよくする人たちは，ネットを通して面識のない人とでも友人になれると思っており（全体が48.4%に対し88.6%），友人の近況をよく読み（全体が51.7%に対し77.8%），「いいね！」もよく押し（全体が46.5%に対し77.8%），コメントもよく書き（全体が10.2%に対し47.2%），自分自身のSNSの更新もよく行っている（全体が23.2%に対し77.8%）。すなわち，ネット上のコミュニケーションに関しては非常にまめに行っている人々である。ところが，対面のコミュニケーションの方は他の学生より行っていない。たとえば，「授業を友達と並んで受ける」という群れ行動をよくする人は，全体が48.0%に対し匿名書き込みをよくする人では38.9%しかいない。この人たちの中には，「こんなこ

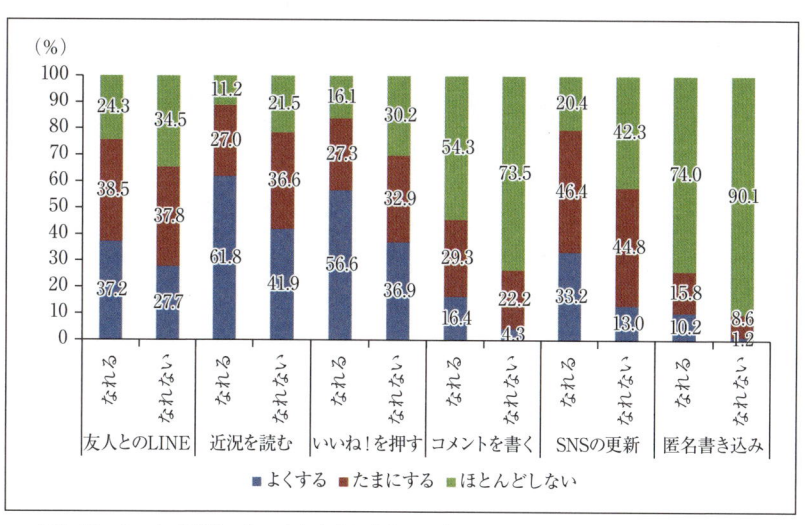

図5-12　ネットで面識のない人と友人になれる×ネット・コミュニケーション（2022年）

とを言ったら，友人が傷つくのではないか」とよく思う人が71.4％（全体は49.5％）もいる。ネットを通したコミュニケーションは好きだが，傷つけてはいけないという思いから，匿名で書き込みをするという行動選択をしているのだろう。対面の群れ行動が少ないのも，対面で話している間に相手を傷つける発言をしてしまうかもしれないという不安からやや避ける傾向にあるのではないだろうか。

「面識のない人とネットで友人になれるか」という質問とネット・コミュニケーションの関連は高く，上記の6項目すべてで「友人になれる」と答えた人の方が，ネット・コミュニケーションをより多く行っている（図5-12参照）。要するに，ネット・コミュニケーションをよく行っている人は，ネットを通してのコミュニケーションに不安よりも可能性を強く感じている人たちと言えよう。

「友人と何かする時に中心になるか」という質問との関連も高く，中心になる人たちは，「近況を読む」「いいね！を押す」「SNSの更新」で，ネット・コミュニケーションを男女ともによく行っているという関連が出る（図

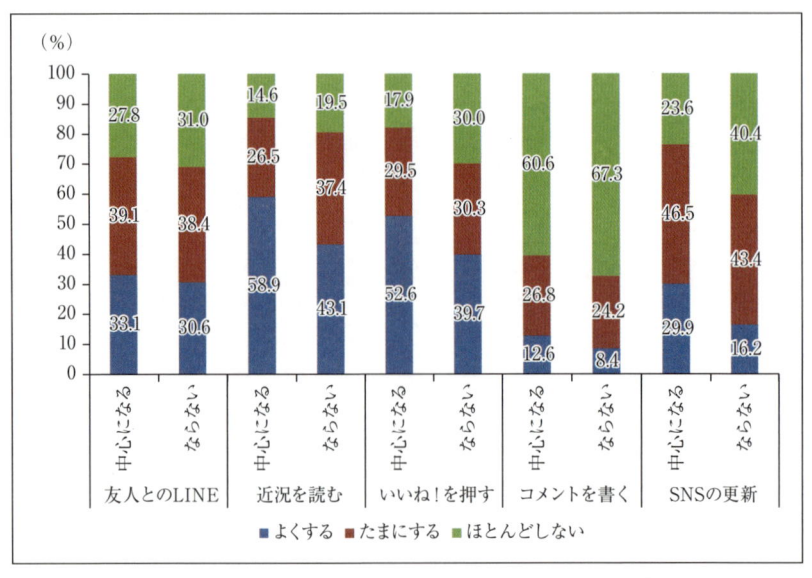

図 5-13　中心になるか×ネット・コミュニケーション（2022年）

5-13参照）。中心になるかどうかと対面の群れ行動との関連では，男子しか有意差が出なかったのに，このネット・コミュニケーションでは男女とも有意差が出るということは，今や友人関係の中心になる人は，こういうネット・コミュニケーションで連絡調整役をよくやっている人たちだということがわかる。

　中心になると答える人は，毎回約半数であるが（2002年47.1％→2007年44.0％→2012年44.9％→2017年49.2％→2022年50.0％），その特徴をここで示しておこう。彼らは，中心にならないと答える人と比べて，生活満足度が高く，より自分らしさをつかんでいて，闘争志向的で，若い頃の苦労は大事と考え，早く働きたいと考えており，気楽な地位に留まっていたいとは思っていない。つまり，友人関係で中心になると答える人たちは，社会と積極的に関わりを持ち，人生を前向きに生きていこうとする人たちである。

5-4　友人の数と質

　本調査では「親友数」を1992年調査から一貫して尋ねている。「親友」という概念を心と心の触れ合うような深い関係にある人と捉えるなら，時代が変わってもそんなに数は増えないものかもしれないが，そうした抽象的な関係として把握するのは難しいため，密にコミュニケーションを取っている相手を「親友」と捉える人も少なくない。以前であれば，コミュニケーションを取る手段としては，手紙や電話，あるいは会って話すといった方法しかなく，これらのコミュニケーション手段を利用するためには，時間や費用といったコストがそれなりにかかり，それだけのコストを払ってでも密にコミュニケーションを取ろうとする相手は「親友」と言ってもあながち間違いではなかった。しかし，現代のように，ネットを通して多くの友人の近況を知りえたり，多くの友人と時間も費用もそれほどかけずに容易に連絡を取れたりする時代になると，密にコミュニケーションを取っている人を「親友」と考える人たちの場合は，その数が非常に多くなってくる。本調査でも，SNSがかなり普及してきた2007年調査から，その影響が見て取れるようになった。

　図5-14を見てもらえばわかるように，1992年から2002年調査までは，大

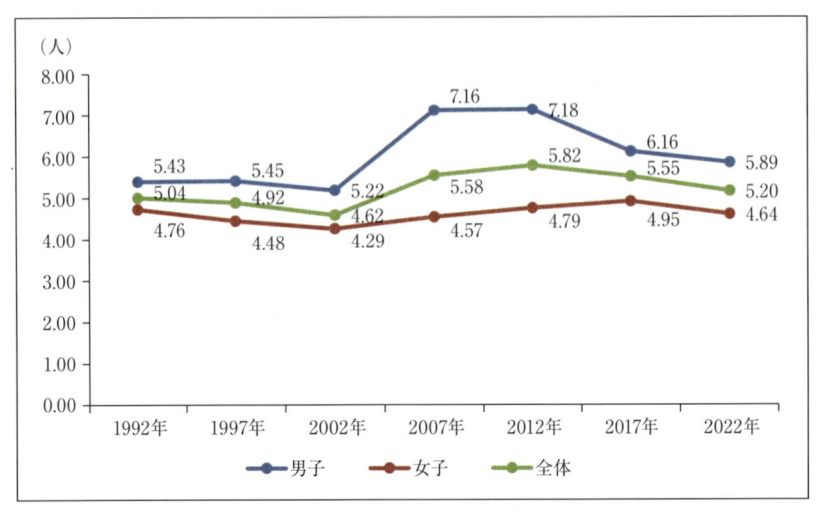

図 5-14　平均親友数の推移

きな変化ではないが，親友数は男女とも少し減り気味だった。それが，2007年，2012年調査で男子学生の平均値が大きく伸びたために，全体の平均値も大きく伸びた。この集計をするにあたっては，51人以上の回答は無効としているが，きちんと顔を思い浮かべずに数字だけ書き入れたのではないかと思われる20人以上という回答者が，男子だけで2007年調査では21名（20人が12名，30人が4名，40人が3名，50人が2名）おり，2012年調査ではさらに増えて26名（20人が17名，30人が6名，40人が1名，48人が1名，50人が1名）になり，それぞれ平均値を大きく引き上げた。2002年はわずか6名（20人が4名，30人が2名），1997年は15名（20人が13名，30人が2名），1992年は7名（20人が1名，25人が1名，30人が2名，33人が1名，35人が1名，50人が1名）だったのに比べると，その影響が大きいことがわかるだろう。

　SNSの浸透ぶりから考えれば，親友数は増えることはあっても減ることはないのではないかと2012年時点では予測していたが，予測に反して2017年調査以降は全体として減る傾向にある。これは，2007年，2012年と親友数が非常に増えていた男子学生の平均が大きく下がったことが直接的原因で

ある。平均親友数を押し上げていた親友数 20 名以上と答える男子学生は，2017 年では 15 名（20 人が 8 名，25 人が 1 名，30 人が 4 名，40 人が 1 名，50 人が 1 名）に減り，2022 年ではわずか 7 名（20 人が 3 名，25 人が 1 名，26 人が 1 名，30 人が 1 名，40 人が 1 名）へと大幅に減った。

　10 年前，15 年前の 2012 年調査や 2007 年調査の時点であれば，まだ SNS 普及以前の友人間コミュニケーションのあり方をよく知る学生たちだったので，SNS による変化を強く感じ，こんなに密に連絡が取れているのだから親友と数えてもいいだろうという判断を導いていたのだろう。しかし，2017 年以降の大学生たちは，中高生の頃—— 2022 年調査の学生なら小学生の頃——から SNS は当たり前に存在し，SNS で密に連絡が取れるからと言って，それだけで親友とみなすことはしない人が増えてきているのも当然だろう。

　それでも，やはり多少スマホや SNS の普及の影響があるのではないかと思えるのは，2022 年調査で 20 人以上の親友がいると答えた人が 7 名というのは 30 年前の 1992 年調査の際と同じ数なのだが，平均親友数は今回は 5.89 人で 1992 年の 5.43 人に比べるとかなり多くなっていることだ。20 人以上と答える人はかなり減ったものの，10 人以上親友がいると答える人の数は，1992 年は 35 人だったのに対し，今回は 55 人いる。対面コミュニケーションが基本だった時代なら，10 名以上の人と親友として付き合うのはなかなか大変だったはずだが，SNS 万能のこの時代なら，10 数名の人たちと親友として付き合うことは十分可能だと思う人はそれなりにいるということだろう。

　他方，女子学生においては男子学生ほどには極端な親友数の変化は起きていない（1992 年 4.76 人→ 1997 年 4.48 人→ 2002 年 4.29 人→ 2007 年 4.57 人→ 2012 年 4.79 人→ 2017 年 4.95 人→ 2022 年 4.64 人，図 5-14 参照）。2002 年から 2017 年まで平均親友数がじわじわ上がってきたのは，やはり SNS コミュニケーションの影響と考えられるが，過去最高になった 2017 年でも女子学生の平均親友数は 5 人には届いていなかった。多くの女子学生にとって，親友とはただ単にコミュニケーションが多い人ではなく，普通の友人には話せない深い話までできる関係の人という，昔ながらの定義に近い見方が取られているようである。男子よりも SNS をよく利用している女子学生だが，もともと友人とのコミュニケーションが多い女子学生にとって，「コ

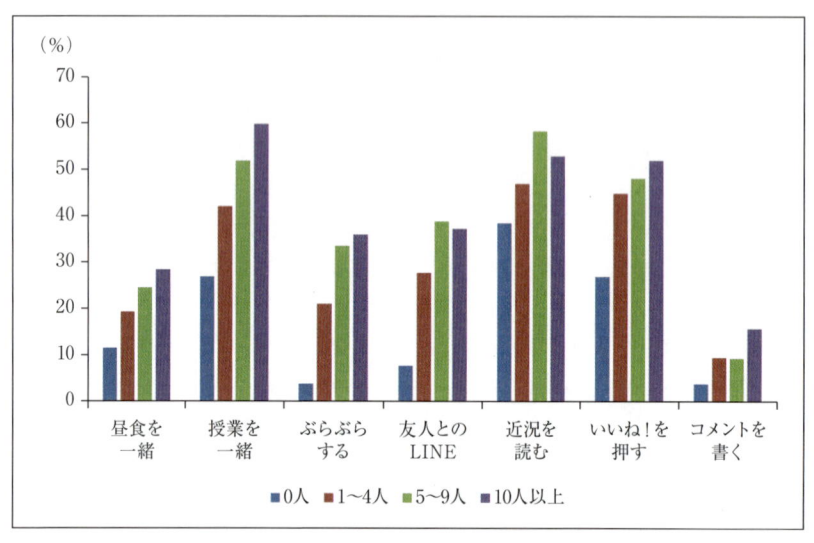

図 5-15 親友数グループ別に見た友人とのコミュニケーションをよくする人の割合 (2022 年)

ミュニケーション量が多いこと＝親友」とはならないのだろう。

　親友数の多い人，少ない人にはどのような違いがあるだろうか。親友数が0人，1〜4人，5〜9人，10人以上の4グループに分けて見てみると，基本的に親友数の多い人ほど，友人とのコミュニケーション行動をよくしているという関係がほぼ確認される（図5-15参照）。これらの項目との間で関連が見られるというのは，やはり親友の多い人は一緒に行動していたり，SNSを通してコミュニケーションを取っていたりする友人も多く，その中で親しく感じる友人を親友として数えているのだろうと推測させる。

　次に，好む友人の性質について見てみよう。表5-1に見られるように，1位の「思いやりのある」は不動である。2位は前回までずっと「明るい」だったが，今回は「ノリのよい」になり，「明るい」は3位に落ちた。2位の「ノリのよい」という性質は，1997年には37.4％しか選ばれず8位だったのが，2002年以降半数以上の人が選ぶようになり，相対的順位はじわじわ上がり，今回はついに2位になった。前回4位だった「頼りになる」が7位に落ち，代わりに「ユーモアがある」，「礼儀正しい」，「親切な」はそれぞ

表 5-1　好む友人の性質　　　　　　　　（順位（選択率））

順位	性質	2022年	2017年	2012年	2007年	2002年	1997年	1992年
1	思いやりのある	72.3	1(65.9)	1(66.7)	1(69.8)	1(71.3)	1(68.1)	1
2	ノリのよい	57.4	3(53.1)	4(54.4)	5(54.2)	6(52.8)	8(37.4)	9
3	明るい	54.2	2(56.2)	2(61.2)	2(66.3)	2(65.4)	2(62.3)	2
4	ユーモアがある	51.1	5(49.0)	3(57.5)	3(54.9)	4(56.0)	3(56.2)	6
5	礼儀正しい	50.3	6(48.9)	6(44.8)	9(36.2)	11(30.6)	11(28.1)	11
6	親切な	50.2	7(47.7)	9(40.5)	8(43.6)	7(43.2)	7(38.0)	13
7	頼りになる	45.6	4(51.6)	5(53.8)	4(54.2)	3(57.1)	5(51.8)	4
8	正直な	38.4	8(42.2)	8(41.4)	6(46.3)	5(54.3)	4(53.9)	3
9	寛大な	35.2	10(31.1)	10(33.3)	11(34.6)	10(35.3)	10(29.3)	7
10	元気な	35.1	9(37.0)	7(41.9)	7(44.4)	8(40.9)	9(33.3)	12
11	聞き上手な	27.4	12(25.5)	13(24.2)	13(23.8)	12(28.3)	14(21.6)	14
12	まじめな	23.3	11(26.1)	12(29.1)	12(27.5)	13(26.9)	13(22.9)	10
13	責任感のある	19.7	13(24.6)	11(29.3)	10(35.7)	9(40.7)	6(44.8)	5
14	知的な	17.8	14(17.3)	14(23.2)	14(19.1)	14(22.0)	12(23.4)	8
15	かわいい	15.4	15(17.3)	15(17.2)	15(16.5)	——	——	——
16	男（女）らしい	3.3	16(6.0)	16(8.9)	16(4.4)	15(6.4)	16(5.5)	15
	【かっこいい】	——	——	——	——	15(6.4)	15(7.6)	16

■ 25年前より10ポイント以上増加
■ 25年前より10ポイント以上減少

（1992年は3つだけを選択する回答方式で，1997年からすべて選択可という回答方式。2007年からは，「かっこいい」をやめ，「かわいい」を入れた。）

れ前回より1つ順位を上げた。

　前回との比較だと選択率自体にそこまで大きな変化は見られないが，25年前の1997年調査時と比べると，いくつかの性質でかなり大きな変化が見られる。増えたのは，「ノリのよい」（1997年37.4％→2022年57.4％），「礼儀正しい」（1997年28.1％→2022年50.3％），「親切な」（1997年38.0％→2022年50.2％）の3項目である。一見すると，「ノリのよい」のような表面的コミュニケーションをスムーズに進める性質ばかりが増加しているのではないかと思われがちだが，実は，「礼儀正しい」と「親切な」という対人関係を丁寧に行うような性質も大きく増加している。1980年代半ば頃から始まった友人をライバル視させない「ゆとり教育」がしっかり浸透する中で育った最近の学生たちはまじめでルールを順守し，他者への思いやりを大切

にする人が多い。かつての大学紛争期の学生たちのような，理想や成長のためなら多少の反社会的行為や相互批判も辞さないと考える学生は，今やほとんどいなくなった。

　他方，この25年で大きく選択率が減ったのは，「正直な」（1997年53.9%→2022年38.4%），「責任感のある」（1997年44.8%→2022年19.7%）の2項目である。いずれも長くつきあっていく上では，時代を問わず大事な性質だと思うのだが，やや重たくまじめすぎる印象を与える性質なのだろう。しかし，友人の性質として重視しないということは，自分自身の性質としても重視しないということにもなるだろう。1990年代には，半数以上の人が大事だと考え，順位も3位，4位だった「正直な」を大事だと思う人が4割を切り，同じく1990年代には5位，6位という上位にあった「責任感のある」という性質を大事だと思う人は5人に1人もいなくなり，順位も13位まで落ちていることには不安な思いも感じる。

　男女別に見ると，重視する友人の性質の選択率はかなり異なる（図5-16

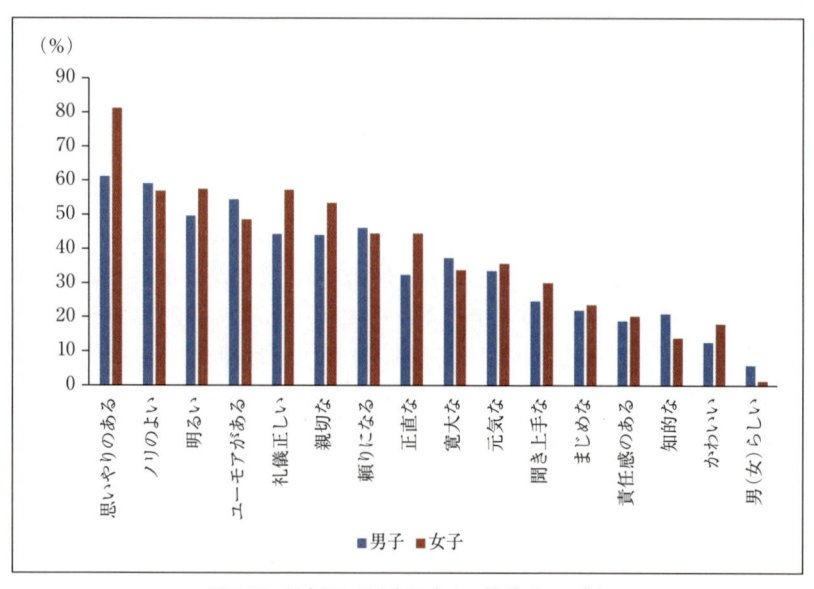

図5-16　男女別に見た好む友人の性質（2022年）

参照)。今回の調査では男女とも一番多く選ばれたのは「思いやりのある」
だったが，女子ではこの性質は毎回 1 位だが，男子で 1 位になったのは
2002 年調査以来 2 回目である。他にこれまで男子で 1 位になっているのは，
「ユーモアがある」が 2 回，「明るい」が 1 回，「ノリのよい」が 1 回である。
女子学生においては，「明るい」は毎回 2 位だが，「ユーモアがある」や「ノ
リのよい」は 3 位以内に入ったことはない。男子学生の方が女子学生より，
軽いノリのよい友人関係を求めていることは間違いないだろう。
　今回の調査で女子の方が統計的に見て有意に多く選択しているのは，「思
いやりがある」「明るい」「礼儀正しい」「親切な」「正直な」であるが，これ
らの性質はほぼ毎回女子学生の選択率が男子学生より有意に多い項目であ
る。女子学生は男子学生より友人の性質としてまじめなものを好む傾向が強
いと言えよう。男子の選択率がほぼ毎回女子より多いのは，「ユーモアがあ
る」「ノリのよい」「男（女）らしい」の 3 項目だが，この中で統計的に見て
有意差があるとまで言えるのは，「男（女）らしい」だけである。この性質

表 5-2　親友数別グループに見た好む友人の性質の選択率（2022 年）

	0 人	1 ～ 4 人	5 ～ 9 人	10 ～ 19 人	20 人以上
思いやりのある	73.1	72.3	71.3	70.0	100.0
ノリのよい	53.8	53.0	63.9	53.3	75.0
明るい	50.0	51.2	56.9	53.3	83.3
ユーモアがある	42.3	46.3	55.6	54.4	66.7
礼儀正しい	46.2	51.2	49.5	48.9	50.0
親切な	57.7	53.7	45.4	47.8	50.0
頼りになる	38.5	46.7	45.8	43.3	41.7
正直な	30.8	38.9	37.5	37.8	41.7
寛大な	46.2	35.1	30.6	40.0	41.7
元気な	30.8	28.8	40.3	38.9	66.7
聞き上手な	26.9	29.5	23.1	28.9	25.0
まじめな	30.8	21.8	22.7	24.4	33.3
責任感のある	26.9	21.8	14.4	21.1	25.0
知的な	19.2	16.5	20.4	11.1	33.3
かわいい	15.4	12.6	14.8	20.0	33.3
男（女）らしい	7.7	2.1	3.7	2.2	0.0

（　　　　最大の選択率）

は男子でも毎回もっとも選択率が低い項目だが，女子の選択率がさらに低い
ために，有意差が出てしまっているだけで，決して男子学生がこの性質を重
視しているとは言えない。

　表5-2は，親友数別に，好む友人の性質がどの程度選択されているかを見
たものである[12]。見てわかる通り，親友数20人以上と答えた人たちが9項
目でもっと選択率が高かった。さすがに親友数が多いと答えるだけあって，
様々な性質の友人を受け入れることができるようだ。しかし，ここでより注
目したいのは，親友数0人と答えた人たちが，毎回いくつかの項目で選択率
がもっとも高いことである。今回の調査でも，「親切な」「寛大な」「責任感
のある」「男（女）らしい」の4項目でもっとも選択率が高い。この4項目
のうち，「寛大な」「責任感のある」は，2012年調査以降3回連続で，親友
数0人と答えた人たちがもっとも多く選択している。親友数0人と答えたか
らと言って，コミュニケーションが苦手だとか親友を不要だと思っているわ
けではないのだろう。軽い付き合いやすい友人ではなく，まじめな性質の友
人を求めているがゆえに，親友の基準も上がり，親友と呼べる人はいないと
いう回答になってしまったのだろう。

注

1）私が見たのと同じ光景に出くわした中野収は，こうした行動をとる若者に「カプ
　セル人間」という名前をつけた。中野がその光景を見たのは，1960年代末なので，
　その当時の学生は私より上の世代にあたる団塊世代である。「しらけ世代」と呼ば
　れた私たちの世代ですら，あまり見かけなかった光景なのに，中野がこういう光景
　に出くわしたことにある種の驚きを感じる。若い時から，時代の空気に流された若
　者たちの政治的議論をシニカルに見，普通の若者たちに関心を寄せていた中野ゆえ
　に気づいた光景だったのだろう。中野収『若者文化人類学──異人としての若者論』
　東京書籍，1991年，172頁参照。
2）通常「ゆとり教育」と言うと，2002年度から導入された，大幅な教育内容の削減
　を含む教育改革を指すことが多いが，私は，この1980年代から始まった，競争させ
　ない教育，落ちこぼれを生まない教育こそ，「ゆとり教育」の本質だと考えている。

3）私のゼミでは，学年ごとにメーリングリストを作り連絡事項などを一斉メールで送っているが，このメーリングリストを作るようになったのが，2000年度入学生のゼミ所属が決まった2001年12月からである。この頃には，携帯は学生たちのほぼすべてが所有しているものとなっていたことの証左になるだろう。

4）大学の入学目的で「友人を作るため」を選択する人は，1987年調査から2002年調査までは30％台後半から40％程度で推移していたが，2007年調査では29.6％，2012年調査では23.5％，2017年調査では19.7％と，急速に落ちてきた。これは，高校時代までの友人たちとも密に連絡を取ることが容易になり，またSNSで友人をいくらでも作れるという状況が生まれたため，大学で友人を作るという意義が薄れてきていることの表れだろう。今回の2022年調査では29.2％と15年ほど前の水準に戻ったが，これは新型コロナの流行で対面での出会いが大幅に制限されてきた時期を経験したための一時的反動と解釈するのが妥当だろう。

5）2012年の正規調査では使用機種を聞かなかったので，フォローアップ調査として，2013年5月に，関西大学社会学部の学生256人（1年生97人，2年生55人，3年生72人，4年生32人）に調査をしたところ，スマホ利用者は245人（95.7％）であった。2012年調査の実施時期はこのフォローアップ調査より少し前になるが，2013年になってからスマホにしたというのは，2013年度入学生ばかりなので，2012年秋の段階でのスマホ普及率もほぼ同じ程度はあったものと推測できる。2011年度入学生は大学1年生だった2011年に60.3％がスマホに変えているが，2010年度入学生は入学した2010年にスマホにした人は19.4％しかおらず，半数近い48.4％がスマホに変えたのは2年生だった2011年であった。スマホは2010年から大学生に普及し始め，2011年に一気に広まったと言えよう。

6）上記のフォローアップ調査では，友人の近況を知ったり，連絡をしたりするために，よく利用しているものも聞いた。LINEは94.8％，Twitterが72.3％，Facebookが50.6％だったのに対し，mixiはわずか8.0％，メールも38.2％になっていた。

7）mixiも後に修正して，「足跡」を消せるようにもなったが，読んだのに消すというのも，何か悪いことをしているような気分で，あまり好ましい機能強化とは思われなかったようだ。

8）2023年5月にフォローアップ調査として，どのコミュニケーション・ツールをよく利用しているかを，関西大学の1〜4年生まで168人（1年生84人，2年生20人，3年生46人，4年生18人）に尋ねたところ，よく利用している人の割合は，LINEが98.2％，Instagramが87.3％，Twitterが45.8％，TikTokが36.9％，非常に新しいアプリであるBeRealも19.6％だったが，メールはわずか13.7％，Facebookに至っては「よく利用している」と回答した人は1人もいなくなってい

た。2013 年のフォローアップ調査と比べると，新しいアプリの登場もあり，LINE 以外は利用度がかなりは変わっていることがわかる。

9) 群れ行動をよくする人の割合を，中心になる男子とならない男子別に示すと，「昼食」(28.5% : 18.2%)，「授業」(50.8% : 40.9%)，「トイレ」(17.7% : 17.0%)，「ぶらぶらする」(33.6% : 20.3%) となっており，「トイレ」以外は，弱いけれど統計的有意差が見られる。ちなみに，女子の場合は，いずれも統計的有意差はない。

10) 2007 年以降の調査では，1 年生だけが突出して高いという結果は出ていない。最新の 2022 年調査で，ネットを通して友人になれると答えた人の割合は，1 年生 51.2%，2 年生 42.1%，3 年生 54.1%，4 年生 44.8%である。

11) 特に，LINE はわずかの間チェックしないだけでも，山のように通知が届いてしまうということもあり，新たに友人になるときに LINE は教えず，Instagram だけ教えるという人も増えてきている。

12) 親友数が 20 名以上と答えた学生は，男女合わせて 12 名に過ぎないが，一番多いグループを 10 人以上とした 4 グループ分類だとほとんどの項目で差がほぼなくなってしまうので，10 ～ 19 人と 20 人以上を分け，5 グループ分類で関係性を見た。

第6章　情報源の変化と社会関心

6-1　新聞の読み方に見る学生の変化

　新聞記事の各欄をどの程度読むかは，第1回調査からずっと尋ねてきているが，図6-1，図6-2を見てもらえばわかるように，学生たちはこの35年間，着実に新聞を読まなくなってきている。

　第1回の1987年調査では，新聞閲読度得点が1を超える——すなわち，「必ず読む」人が「ほとんど読まない」人より多い——項目は，テレビ欄，社会記事，スポーツ記事，マンガの4項目あったが，2017年調査から1を

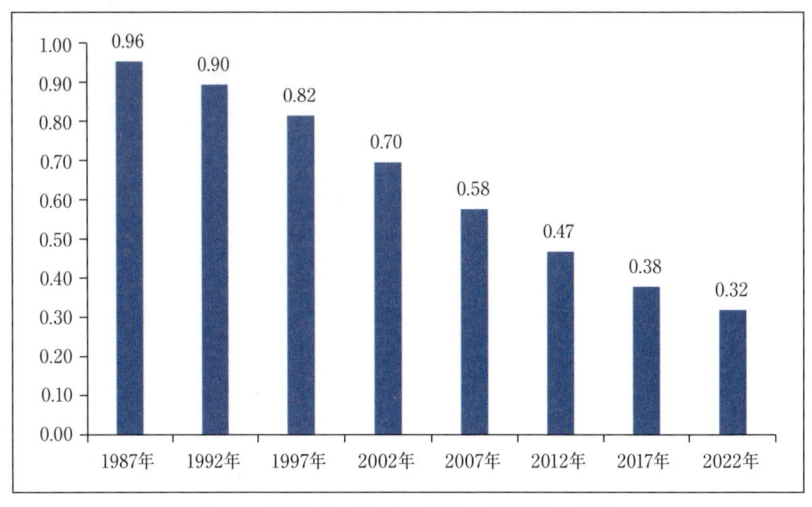

図6-1　新聞記事の読み方（全体の平均得点の推移）

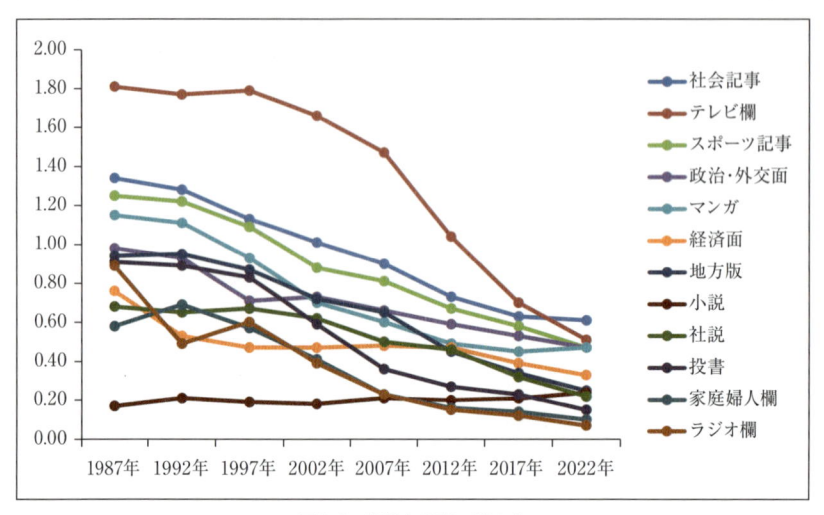

図 6-2　新聞各記事の読み方

（新聞閲読度得点は，「必ず読む」を 2 点，「時々読む」を 1 点，「ほとんど読まない」を 0 点として計算している。）

超える項目はなくなった。実は，他の欄は読まれなくなってきていた 1990 年代も，テレビ欄だけはかなり読まれていた。1997 年の第 3 回調査でもテレビ欄はまだ 8 割以上が「必ず読む」と答えていた。それが，2002 年調査で 7 割に減り，2007 年調査では 6 割を切り，2012 年調査で 3 分の 1 を切り，2017 年調査では 2 割を切り，今回の 2022 年調査は 10.5％とほぼ 1 割になってしまった。他の欄を読まなくなっていても，テレビ欄を多くの人が「必ず読む」と答えていた間は，新聞自体はほぼ毎日手に取っていたとみることができたが，今や新聞自体を手に取らない人が大多数になってしまったわけである。

　このように大学生の情報源としての重要性を減らしつつある新聞だが，35 年間一貫して同じ方法で調査してきた貴重なデータなので，もう少し詳しく語っておきたい。得点は大きく下がりつつも，前回まで 1 位を維持してきたテレビ欄がついに社会記事を下回り 2 位に落ちた。このことはここ数回のテレビ欄の得点の下落を見れば前回から予想できていた。現在のテレビは，リモコン操作で番組表を画面に示すことができるので，わざわざ新聞のテレビ

欄を見る必要がなくなっているし，ネット上でもテレビ番組表を調べることが簡単にできる。新聞のテレビ欄を見なくなるのも当然と言えよう。テレビを貴重な情報源として意識している人なら，新聞のテレビ欄をチェックして，どんな番組内容なのかを知りたくなるが，そこまでしてテレビを見ようと思う学生は今や極少数派である。見たいドラマなどもネット配信で見れるようになっており，下宿生だとテレビ自体を持っていない人も今や少なくない[1]。ニュースなどもスマホで知るのが一般的であり，今の大学生にとって，テレビは情報源としては十分機能しなくなってきている。

　今回初めて1位になったのは社会記事だが，あくまでもテレビ欄を読まない人が増えたことによる相対的な上昇で社会記事を読もうとする人が増えたわけではない（2017年0.63 → 2022年0.61）。スポーツ記事は今回は減少幅がやや大きく（2017年0.58 → 2022年0.47）テレビ欄を抜く結果にはならなかった。サッカーW杯の行われた年の調査だったので減少幅も小さくなることも予想されたが，そうはならなかった。やはり，今や新聞でスポーツ記事を確認したいと思う人は確実に減っているということだろう。

　スポーツ記事の減少幅が大きかったため，同点で，政治・外交面とマンガも3位に位置することとなった。政治・外交面は2002年調査の際に，5年前より得点が高くなったが，その後は少しずつ同じようなペースで減ってきている。他方，マンガは1997年までは，テレビ欄，社会記事，スポーツ記事に次いで4位だった。2002年に政治外交面に抜かれてからは5位が定位置になっていたが，今回わずかながらも得点が増えたために，一気に同点3位まで戻した。しかし，これもたまたまの結果で，大学生たちが新聞マンガに対する関心を戻してきているとは言えない。

　6位は経済面である。経済面は1987年の第1回調査では9位，1997年調査では11位までランクを落としていたが，その後2012年までは得点がほぼ維持され，他の項目がどんどん読まれなくなる中で相対的にランクを上げ，2012年以降は6位になった。これは，大学が就職予備校化する中で，就職活動に使えそうな新聞の経済面をチェックしておこうとする学生が相当数いたことによるものである。しかし，前回，今回ともに他の項目と変わらないくらい得点を落としており，ランクは6位のままだが，以前のように就職活動のために新聞の経済面を読むという学生は減ってきていることがわかる。

7 位以下では，小説が第 1 回調査の時より得点が高くなっている不思議な項目として指摘できる。第 1 回の調査の時の 0.17 という得点は，他の 11 項目から大きく引き離され，この小説が最下位の地位を抜け出すことなど永遠にありえないと思っていた。2002 年までは他の項目の得点が下がってきてはいたが，まだ小説が最下位で，これを下回る項目はないだろうと思っていたが，2007 年時点で，家庭婦人欄やラジオ欄との差がなくなり，2012 年調査でついに家庭婦人欄とラジオ欄を抜き 10 位になり，今回はなんと 8 位まで上がってきた。それも他の項目の得点が落ちたからという要因だけでなく，小説自体の得点が上がる（2017 年 0.21 → 2022 年 0.24）という要因もあってのランクの上昇であった。もともと高い得点ではないので多くの人はまったく読んでもいない項目だが，関心を持つ人は新聞離れがおおいに進んだ 35 年間でも一定程度変わらずいるようだ。

　地方版，投書欄は，どちらも 1997 年の第 3 回調査までは 0.8 以上の得点があり，12 項目中でも 5 位，6 位というランクだったが，その後どんどん読まれなくなり，今回の調査では地方版は 0.25 で 7 位，投書欄は 0.15 で 10 位となった。この 2 つの欄から得られる情報は，意識的に探さないとネットからは得にくいタイプの情報なので，新聞離れの結果こうした情報を学生たちが知り得なくなるという問題が生じる。ネットの情報はローカリティが薄いので，新聞を手に取らず地方版を見る機会が減ることにより，身近な地域で起きていることに関する情報を若者たちが得なくなる可能性は高い。また，投書欄はネットに自分の意見を書き込むことがない年配者の意見などが多く掲載されているため，投書欄を学生たちが読まなくなることで異なる世代の考え方を知る機会が減る。ネット情報頼りの新聞離れという現象がもたらす，日頃から自分が関心のある情報だけを大量にインプットし，日頃関心を持たない情報に関してはほぼ一切入ってこないという問題性が，端的に表れるところと言えよう。

　社説欄も 2002 年頃までは 0.6 台の得点を維持し，あまり得点が落ちない項目だったが，その後は他の項目と同様得点が着実に落ちてきた。前回は，4 年生では 0.44 で 6 位に入っていたので就職活動の際に社説は読んでおいた方がいいという考え方はまだ多少生きているのかもしれないと思ったが，今回は 0.25 で 7 位に落ちており，2 年生（0.23），3 年生（0.23）との差も小さ

くなり，もはや就職活動のために社説を読むという必要性もなくなりつつあるのだろう。

　最近10年，大学生が一番読まなくなっているのは，家庭婦人欄とラジオ欄であるが，これはある意味当然と言えよう。家庭婦人欄は，1992年の第2回調査で0.69と第1回調査の得点を上回ったが，その頃はマスメディアが新聞に家庭婦人欄を明確に作って積極的なキャンペーンを張っていた時代だった。しかし，その後ジェンダーの問題は，「家庭婦人」という言葉に収まらない広がりを見せ，新聞各社も家庭婦人欄といった紙面を明確に構成しなくなった。様々な項目にジェンダー関連の記事はあるので，新聞を読む人はそれなりに読んでいるだろうが，改めて家庭婦人欄をどの程度読んでいるかと言われれば，そういう紙面が明確に浮かばないこともあって得点が低くなるのは当然と言えよう[2]。

　最後はラジオ欄である。ラジオは1970年代までは若者文化そのものとも言える媒体だったが，ウォークマンの登場などから徐々に若者文化としてはその価値を薄れさせていたが，それでも1987年の第1回調査の時には，ラジオ欄の得点は0.89あり，全体の8位だった。その後，第2回調査までにラジオ欄の掲載面がテレビ欄と完全に切り離された[3]こともあって，一気に0.49まで得点を落とし，順位も11位と大きく下げた。そして2012年調査以降は，ラジオ欄は最下位に位置している。ちなみに，学生たちの話を聞くと，現在の大学生たちがまったくラジオを聞いていないということでもないようだ。好きなタレントがパーソナリティを務めている番組などを聞いている人は多少いるようだ。しかし，それを新聞のラジオ欄で確認して聞くというようなことは一切していないのが現状である。

　次に，性別，学年別，大学別の得点を見てみよう。まず，性別で見ると，男子学生が女子学生より統計的に見て有意によく読んでいるのは，社会記事，スポーツ記事，政治・外交面，マンガ，経済面，ラジオ欄の6項目あるのに対し，女子が有意により読んでいる項目はゼロである。当然，12項目の平均得点でも男子学生が女子学生よりかなり高い。また，男子学生においてテレビ欄は前回調査で初めてスポーツ記事に抜かれ，2位に落ちたが，今回調査では社会記事，政治・外交面，マンガにも抜かれ，5位に落ちている。他方，女子学生ではテレビ欄は，社会記事と同点で1位にランクされ，男子

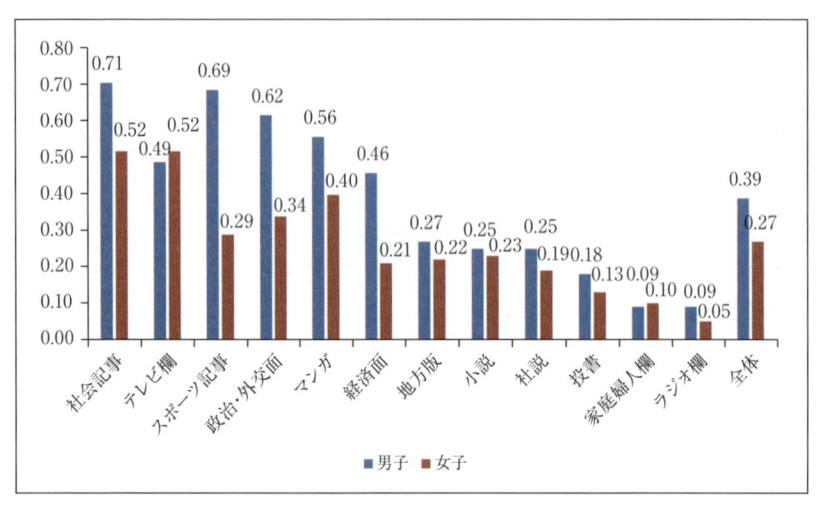

図 6-3　男女別新聞記事の読み方（2022 年）

学生よりも得点が高い数少ない項目の一つである。ここから，女子学生より男子学生においてテレビ離れが進んでいることがわかる（図 6-3 参照）。

　学年別では，これまで差が小さくなりつつも，就職活動での必要性からか 4 年生がもっともよく新聞を読んでいると言えていたが，今回は 1 年生が一番新聞を読んでいて 4 年生は 3 番目となった（1 年生 0.342，2 年生 0.311，3

表 6-1　大学×性別で見た新聞閲読度得点の推移

	1987 年	1992 年	1997 年	2002 年	2007 年	2012 年	2017 年	2022 年
桃大男子	0.97 ④	0.91 ④	0.85 ①	0.68 ⑥	0.62 ③	0.52 ④	0.43 ④	0.37 ④
関大男子	1.03 ③	0.86 ⑥	0.85 ①	0.74 ②	0.66 ①	0.56 ②	0.46 ②	0.39 ②
阪大男子	1.09 ①	0.89 ⑤	0.78 ⑥	0.76 ①	0.59 ④	0.65 ①	0.45 ④	0.50 ①
桃山女子	0.93 ⑤	0.93 ③	0.82 ④	0.64 ⑦	0.50 ⑦	0.27 ⑦	0.23 ⑦	0.26 ⑥
関大女子	0.86 ⑦	0.96 ②	0.83 ③	0.70 ④	0.55 ⑥	0.41 ⑥	0.30 ⑥	0.26 ⑤
阪大女子	1.04 ②	1.01 ①	0.79 ⑤	0.74 ③	0.65 ②	0.47 ⑤	0.55 ①	0.24 ⑦
神戸女学院	(0.93 ⑤)	0.79 ⑦	0.75 ⑦	0.69 ⑤	0.57 ⑤	0.55 ③	0.35 ⑤	0.37 ③
全体	0.96	0.90	0.82	0.79	0.58	0.47	0.38	0.32

（○数字は順位を表す。1987 年の神戸女学院のデータは同志社女子のデータ）

1 位　　2 位

年生 0.322，4 年生 0.317）。就職活動のために新聞を読むという必要性はもはやなくなってしまったようだ。

　これまでの 8 回の新聞閲読度得点の推移を，大学×性別で見ると，表 6-1 のような結果になる。1 回目の 1987 年調査の時は大阪大学の学生たちが男女ともに得点が高く，やはり偏差値レベルの高い大学の学生たちは社会関心も高いのだろうと思ったが，その後の結果を見ると，大阪大学の学生が毎回上位を占めるわけでもない。ただし，毎回 1 位と 2 位を占めているのがどのグループかを見るなら，やはり大学差は多少あると言えるだろう。

6-2　スマホが引き起こす社会関心の低下

　以前は，新聞を読んでいなければ，社会関心は低いと単純に言えた[4]が，今は情報機器が普及し，好きな時にニュース情報をスマホやパソコンから得ることができるようになっており，新聞を読まないことが即社会関心が低いとは言えなくなってきている。実際，2002 年調査以降の急速な新聞離れやテレビ離れの最大の原因が，ネットの普及によるものなのは明らかである。遅ればせながら，本調査でも 2007 年から「携帯（スマホ）でニュースを見る」と「パソコンでニュースをチェックする」という行動をどの程度よくするかを尋ねている。

　この質問項目を導入した 2007 年調査時点で，大学生たちが使っていたのは，今や「ガラケー」と呼ばれる携帯電話であった。その時点では，携帯でニュースをチェックする人とパソコンでチェックする人はほぼ同じくらいの割合だった。しかし，5 年後の 2012 年調査時にはほぼすべての学生たちが超小型パソコンとも言えるスマホを常時携帯するようになり，ニュースのチェックもスマホでという人が大きく伸び，パソコンでのチェックはわずかに減るという状況だった。2017 年になると，パソコンでのニュース・チェックがかなり減り，両者の差が大きくなった。今回の 2022 年調査ではスマホでの伸びはほぼ止まったが，パソコンでのニュース・チェックはさらに減っている（図 6-4 参照）。

　図 6-5 と図 6-6 は，携帯（スマホ）とパソコンでニュースをよく見る人の割合を大学×男女別で示したものである。2007 年調査の時は，関西大学男

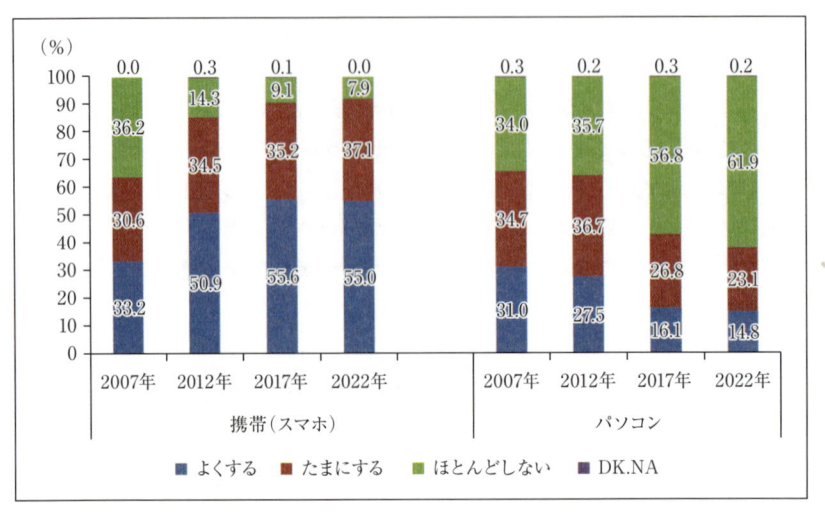

図6-4　ネットを利用したニュース・チェック

子（携帯：パソコン＝43.3％：49.5％），大阪大学男子（33.3％：42.1％），大阪大学女子（21.5％：31.7％）の3グループは，携帯でのニュース・チェックより，パソコンでのニュース・チェックをより多くしていたが，スマホが普及した2012年からはそういうグループはひとつもなくなった。ただし，今回は，前回の2017年調査時と比べると，上記の3グループは，パソコンでニュースをチェックする人が増えた（関西大学男子：2017年17.8％→2022年20.4％，大阪大学男子：2017年27.5％→2022年37.5％，大阪大学女子：2017年10.2％→2022年14.3％）。2020年からの新型コロナの流行でオンデマンド授業が広がり，2017年頃よりもパソコンの利用時間が増えた学生はかなりいるはずなので，それが影響したのではないかと考えられる。

　パソコンによるニュース・チェックをする人が増えたグループもあるが，パソコンと携帯（スマホ）の両方でよくニュースをチェックする人は，今回やや減り，これまでで一番少なくなった（2007年17.3％→2012年23.1％→2017年15.2％→2022年14.2％）。また，どちらか片方でもよくチェックする人も増えていない（2007年47.0％→2012年55.5％→2017年56.7％→2022年55.6％）

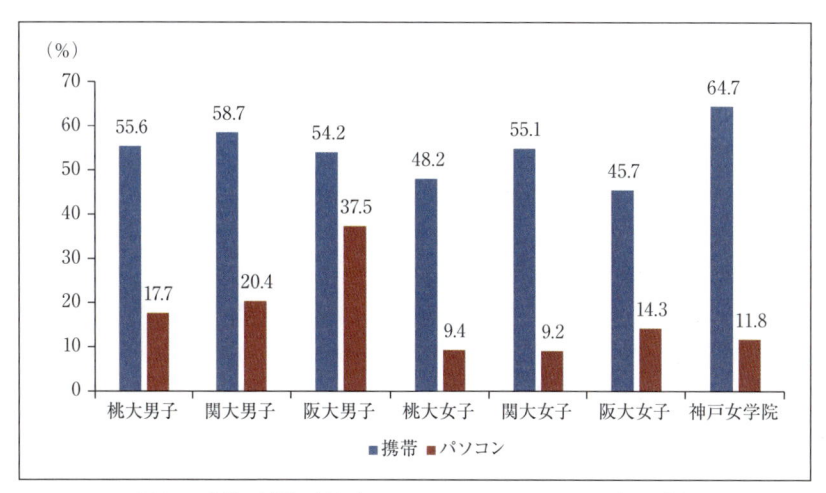

図 6-5　大学×性別で見たネットでのニュース・チェック（2022 年）

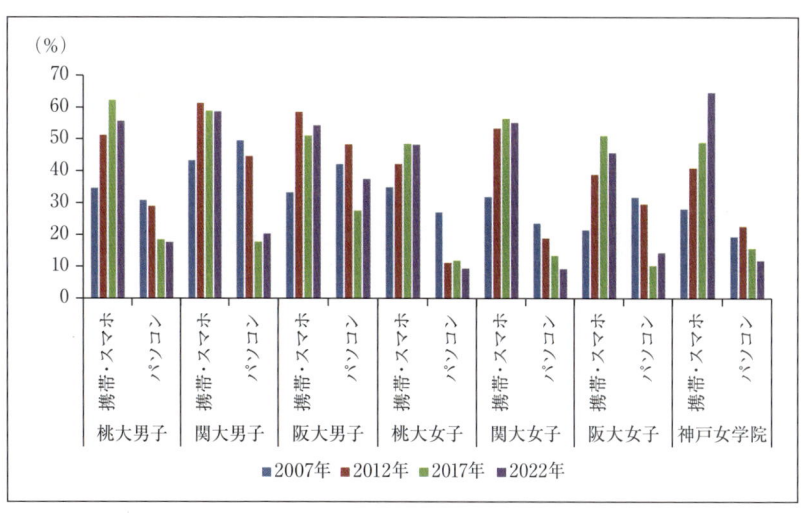

図 6-6　大学×性別で見たネットでのニュース・チェックの推移

　スマホという，ニュース情報をすばやくどこでも容易に入手できる道具を持ったからと言って，学生たちの社会関心は高まりはしないようだ。2012 年

調査の頃は，スマホが登場してからまだ間もない時期で，以前のガラケーに比べるとはるかにニュース情報も見やすくなり，アクセスする人も多くなったが，2017年調査以降はスマホの利用は当たり前になり，容易にニュースが見られるからいろいろ見てみようという気持ちを起こさせる状況にはない。

　学生たちにとって情報源としてどのくらいの重要性を持っているのかを知るために，新聞記事の読み方と比較してみよう。比較のために，携帯（スマホ）とパソコンでのニュース・チェックを「よくする」を2点，「たまにする」を1点，「ほとんどしない」を0点として，新聞閲読度得点と同様に得点化してみた（図6-7参照）。2007年調査ではどちらも0.97で，新聞各記事との読まれ方との比較では，1.47のテレビ欄に次いで2位という結果だったが，2012年調査では，携帯（スマホ）は大きく伸びて1.37，パソコンはやや落ちて0.92になり，前者は新聞記事でもっとも読まれていたテレビ欄の1.04を大きく上回った。2017年調査では，スマホはさらに伸びて1.47になったが，パソコンは大きく落ちて0.59となり，今回の2022年調査の結果も

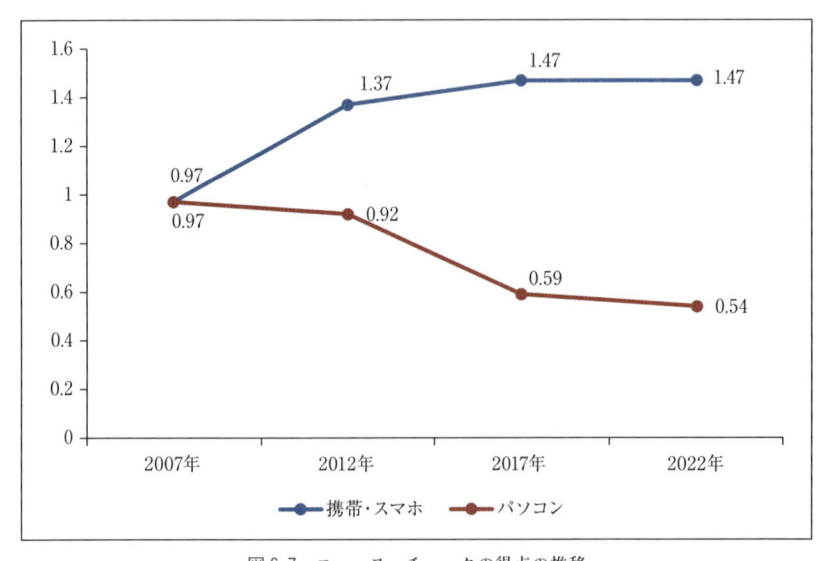

図6-7　ニュース・チェックの得点の推移

（得点は，「よくする」を2点，「たまにする」を1点，「ほとんどしない」を0点として計算している。）

2017年調査とほぼ同じような結果で，スマホが1.47，パソコンは0.54だった。この得点から見る限り，今やスマホがニュースのもっとも重要な情報源になっていることは間違いないが，スマホがあるからといって，社会関心が高まるとはとうてい言えない状況にある。

　ネットでのニュース・チェックは新聞やテレビほどには様々な情報が目に入りやすくはなく，さらに自分が関心を持つことに偏って情報が提示されるため，広い社会関心の向上とは結びつかないという問題があることを考え合わせるなら，学生たちの社会関心はさらに落ちていくことになりそうだ。

6-3　社会関心の中核としての政治関心

　「社会関心が高い人」と言った時に想定される人はどんな人だろうかと改めて考えてみると，「自分・家族・友だち」といった身近な世界の範疇には入らない「大きな社会」に関心を持っている人ということだろう。その大きな社会に対する関心をもっとも端的な形で示すのが，政治関心である。大きな社会をどういう方向に進めていくのかを決めるのが政治の機能であるので，大きな社会に対する関心を持つ人なら，当然，政治に関心を持たざるをえない。社会関心が高い人とは，政治関心が高い人とほとんど同義と言ってもよいかもしれない。そこで本節では，大学生たちの政治関心について見てみたい。なお，この節で捉えたいのは，あくまでも学生たちの政治に対する関心であり，どういう政治が望ましいと考えているかという政治的志向性ではない。その観点から，利用できる質問項目を探すと，新聞記事の「政治・外交面」に対する関心，投票意欲──特に国政選挙に対する投票意欲──，そして政党という政治組織に対する関心があげられる。

　社会関心の高い人は，新聞の「政治・外交面」をよく読み，国政選挙に対する投票意欲は高く，政党に関する知識もそれなりに有しているので，嫌いな政党なしという回答選択はあまりしないのではないかと考えられる。では，実際この35年，どのような推移をしてきたかを見てみよう。

　まず，新聞記事の政治・外交面をどの程度読んでいるかを見てみよう（図6-8参照）。新聞離れが進んでいるので，当然ながら全体として見ると，政

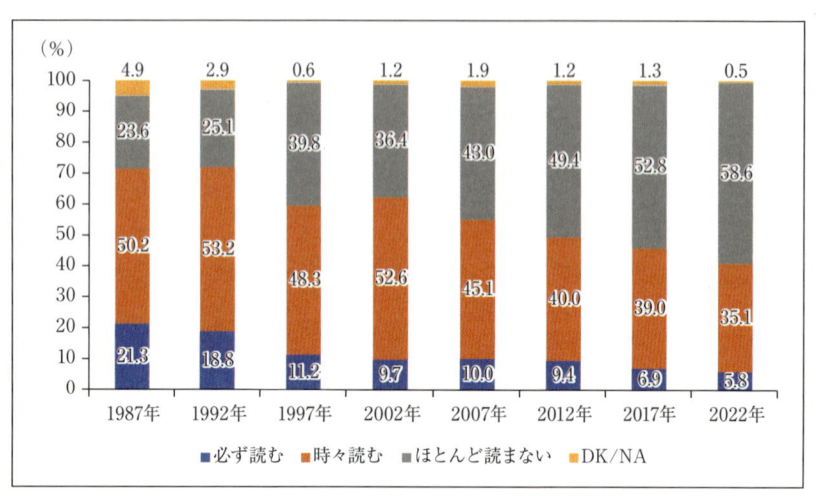

図6-8　政治・外交面の読み方の推移

治・外交面を読む人も減ってきている。今回の2022年調査では，人数で言うと，「必ず読む」人が37名，「時々読む」人が223名，「ほとんど読まない」人が373名であり，6割近い大学生は新聞の政治・外交面を読んでいない。では，どのような人たちが，この政治・外交面をよく読んでいるのであろうか。

　大学と性別でグループ分けして，政治・外交面を「必ず読む」人の割合が高い順に並べると，阪大男子（20.8％），関大男子（10.1％），桃大男子（8.1％），桃大女子（3.5％），阪大女子（2.9％），神戸女学院（2.9％），関大女子（1.5％）となる。阪大男子が，この項目で1位にならなかったのは，1997年調査の際に関大男子に後れを取った時だけで，後はすべて1位である。毎回のように2位争いをしていたのは，阪大女子と関大男子だったが，今回は阪大女子の調査対象者35人中たった1人しか「必ず読む」と答えておらず，新聞の政治・外交面に対する女子学生のさらなる関心離れを象徴的に表していると言えよう。

　投票意欲との関連を見ると，「ほとんど読まない」人がすべての選挙で投票意欲がもっとも低いのは当然の結果だが，地方選挙に関しては「時々読む」人の方が「必ず読む」人より投票意欲が高いものもある（図6-9参照）。

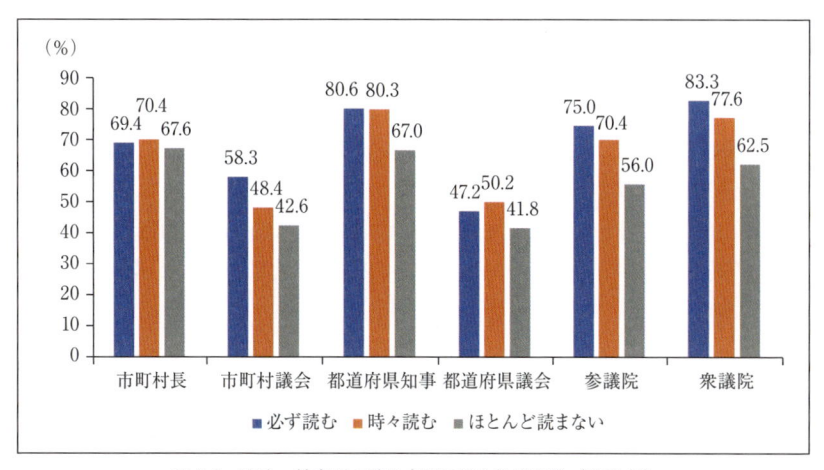

図6-9　政治・外交面の読み方別に見た投票意欲（2022年）

市町村長や都道府県知事選挙は，政治・外交面をほとんど読まない人の投票意欲もそれなりに高いことも考慮するならば，そこには政治に対する関心以外の要素――たとえば，人気投票的な要素――も少なからず働いていると言えそうだ。国政選挙，それも衆議院選挙への関心こそ，政治関心をよく示していると考えられるが，そこではやはり政治・外交面を「必ず読む」人がもっとも投票意欲が高いという結果が表れている。

　政治・外交面を「必ず読む」人は，「嫌いな政党なし」と答える人が少ない（「嫌いな政党なし」と答える比率：「必ず読む」27.8%，「時々読む」43.5%，「ほとんど読まない」58.9%）。嫌いな政党があるということは，どういう政党かをある程度把握しているということで，他のグループよりも政治関心が高いことの証左になろう。前回は，「支持政党なし」の人も，政治・外交面を必ず読む人には少ないという結果が出ていたが，今回は出なかった（単純に聞いて「支持政党なし」と答える人の比率：「必ず読む」58.8%，「時々読む」57.0%，「ほとんど読まない」68.0%）。これは，政治・外交面を必ず読む人の政党への関心が弱くなったからではなく，前回調査時の安倍晋三が率いる自民党のような学生を引き付ける政党がなくなってしまったことによるものと考えた方がいいだろう。

また，この人たちは様々な政治的問題に関して「どちらとも言えない」とか「一概に言えない」という判断保留回答を選ぶことが少なく（「首相公選制の賛否に「どちらとも言えない」と答える人の比率：「必ず読む」33.3%，「時々読む」44.4%，「ほとんど読まない」45.0%／「権力は少数が持つと思うかという質問に「一概に言えない」と答える人の比率：「必ず読む」13.9%，「時々読む」31.9%，「ほとんど読まない」32.4%）。判断保留やよくわからないままの肯定的回答が少なく，自らの意見をきちんと示そうとする人々である。

　しかし，こういう政治関心の高い学生は全体では5.8%しかいない極少数派である。圧倒的多数派は政治・外交面をほとんど読まない人たちである。彼らは，政党に関して詳しくないために，「支持政党なし」や「嫌悪政党なし」を選ぶ人が多い。また，政治的問題に関しても，知識が少ないために判断保留回答を選ぶことが多い。こうした政治や社会に対する関心を持たず，自分の意見を持たない人たちが多数派を形成しているというのが現在の大学

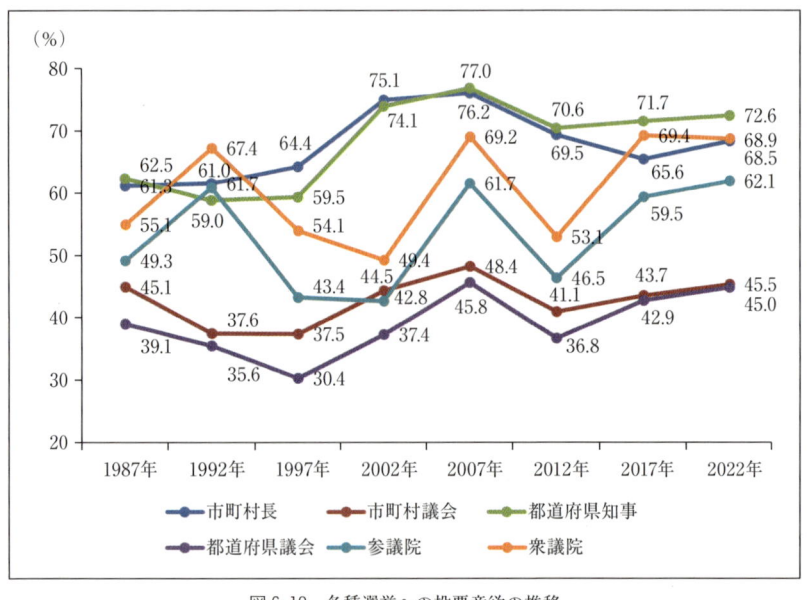

図6-10　各種選挙への投票意欲の推移

生の状況である。

　次に，国政選挙への投票意欲から政治関心を見てみよう（図 6-10 参照）。その投票意欲が，前回まで大きく上下してきたが，その変化は，まさに各時点での政治情勢を反映した大学生たちの政治関心の程度をよく表すものと言えた。

　1992 年と 2007 年に投票意欲が高まっていたのは，ともに政権交代への期待感が高まっていた時期だったからである。1992 年は，日本新党の誕生，「佐川急便事件」の余波によって長く政界を牛耳ってきた「田中―竹下派」に分裂含みの動きが起こり，政治が変わるかもしれないという雰囲気が生まれていた時期であり，実際に，翌年の 1993 年に行われた衆議院選挙後には細川護熙を総理大臣とした非自民連立政権ができ，38 年間続いた自民党政権がいったん終わった。

　2007 年は，夏の参議院選挙で自民党が大敗したにもかかわらず，やめるつもりはないと言っていた安倍首相が本調査直前の時期に突然辞任すると発表し，それが連日報道されていた時期であった。その後本格的な政権交代を期待する声は高まり，2009 年夏の衆議院選挙に民主党が圧勝し政権交代を行った。

　しかし，どちらの政権も国民の期待に応えることはできなかったため，政治に対する失望感を強め，再び国政選挙の投票意欲は大きく下がることとなった。

　前回 2017 年の投票意欲の上昇は政権交代への期待感によるものではなかった。この調査を行う直前の時期に衆議院選挙があり，その選挙をめぐって様々な政治家がからむ人間ドラマ[5]が生まれたのを，学生たちも新鮮な記憶として持っていたために，国政選挙への関心が高くなったと考えられる。いずれにしろ，前回までは政治のドラマが起きていたり，今後起きるかもしれないという時に投票意欲は高くなり，失望感とともに低下するというパターンだった。

　今回はほぼ前回と同じ程度の高い国政選挙に対する投票意欲が調査結果として得られたのだが，これまでのような政治ドラマが直近で起きたり，今後期待できたりという状況ではなかった。この高い投票意欲を生み出した原因としては，新型コロナでの制約がまだいろいろな形でかかっていた時期だっ

たので，国政選挙にも参加して物申したいという若者たちが増えたのではないかといった説明も考えられるが，社会関心全体の低下が起きているのを見ると，とてもこの説明では十分ではないだろう。他に考えられるのは，選挙は行かなければならいというルールを守ろうと考え，タテマエ的な回答をする人が増えているのではないかということだ。最近の学生たちは，実際行動するかどうかは別として，タテマエとしては，世間のこうすべきという考え方に合わせる人が増えている傾向があるので，この投票意欲でもそうした傾向が表れたのではないだろうか。

　今回投票意欲を上昇させたのは女子学生である（図6-11参照）。前回までの調査では，衆議院選挙も参議院選挙も男子学生の方が女子学生より投票意欲が高かったが，今回はすべての選挙で女子学生の方が男子学生より投票意欲が高くなった。市町村長選挙と都道府県知事選挙に関しては，統計的に見ても有意に男子学生より投票意欲が高いと言える。

　この女子学生の投票意欲の増加を支えているのは，これまで意欲の低かった大学の女子学生たちである。前回男女合わせて衆議院選挙も参議院選挙もトップだった阪大女子は，衆議院選挙は91.8％から80.0％へ，参議院選挙

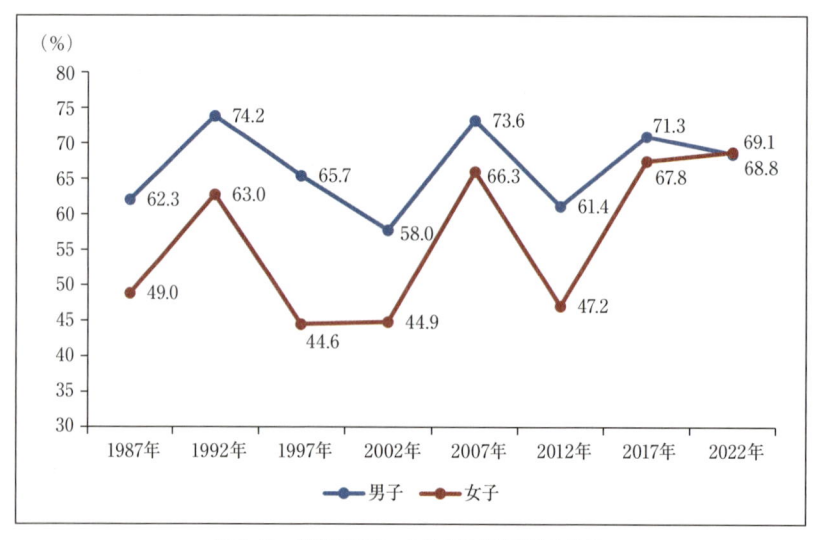

図6-11　衆議院選挙への男女別投票意欲の推移

も 87.8 ％から 74.3 ％に落ち，比較的高かった神戸女学院もそれぞれ 73.3 ％から 64.7 ％と，64.4 ％から 64.7 ％と上がっていない。他方，関大女子は 69.0 ％から 71.9 ％と，59.9 ％から 67.3 ％，桃大女子も 52.4 ％から 60.0 ％と，43.7 ％から 50.3 ％になり，調査対象者も多いこの 2 大学の女子学生の投票意欲が伸びたことで，女子学生全体の投票意欲も伸びることになった。しかし，他の様々な項目への回答を見る限り，この 2 大学の女子学生の政治関心が高まっているとは思えないので，やはりかなりタテマエ回答的要素が強いのではないかと思わざるをえない [6]。

　次に，政党に対する関心を示すデータを見てみよう（図 6-12 参照）。このグラフの読み方はなかなか難しい。1987 年から 2002 年までは政党が離合集散を繰り返していた時期で，大学生たちの中にも政党に対する不信感が増していたため，支持政党なしという人が増えているのだろうと考えていた。嫌いな政党の方は，1992 年調査ではなしと答える人が減り，政党のゴタゴタ

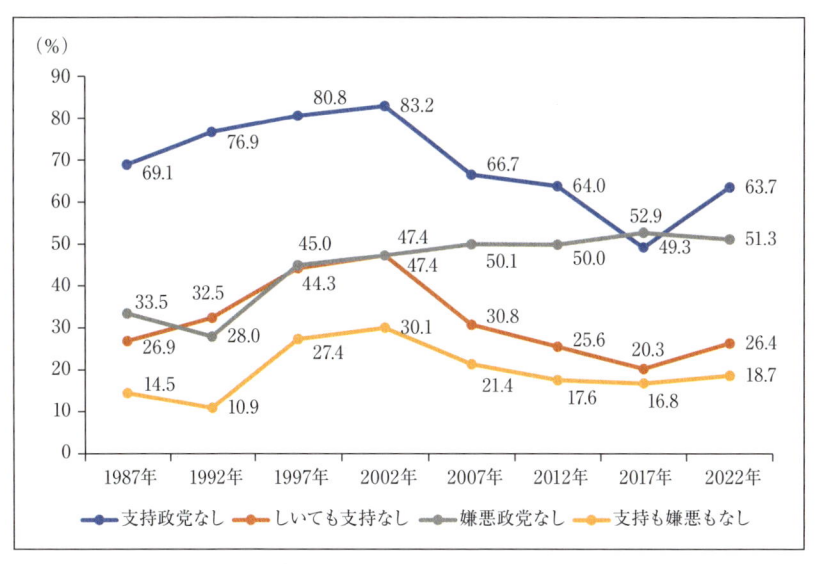

図 6-12　支持政党・嫌悪政党から見る政治的関心の推移
（「支持政党なし」は単純に支持政党を聞いた時に「ない」と答えた人。「しいても支持なし」は単純に聞いた時に「ない」と答えた人に，しいて支持できそうな政党を聞き，それでも「ない」と答えた人。「嫌悪政党なし」は嫌いな政党はひとつもないと答えた人。「支持も嫌悪もなし」は「しいても支持なし」の人のうち，嫌いな政党もひとつもないと答えた人。）

が学生たちの政治関心を高める役割を果たしたとみることができたが，その後は嫌いな政党なしと答える人が確実に増し，政党不信が政治関心の低下を招いていると見ていた。

しかし，2007年以降支持政党なしと答える人が減り始め，学生たちもいずれかの支持政党を答えるようになった。支持政党があるということは単純に考えると政党に関心を持ち，政治関心が高まったと解釈したくなるが，他方で嫌いな政党なしと答える人は着実に増え続けた。もしも政党の支持がその政党の政策などを理解してのものならば，それと相容れない主張をしている政党を嫌いな政党としてあげることも当たり前のようにしそうなものだが，支持政党は答えても嫌いな政党はないという人がかなりたくさんいる。他のデータから見ても，2007年頃から学生たちの政治関心が高くなったとはとうてい思えないので，支持政党があるということがそのまま政治関心があるということではないのだろうと見ざるをえない。

おそらく政治関心と強く関連するのは，嫌悪政党なしの比率の方だろう。嫌いだと回答するには，その政党に関する嫌なところを知っていないと難しいが，支持するというのは，深くその政党のことを知らなくてもなんとなく支持できそうであれば，とりあえずそれを支持するという回答をしやすい。2007年と2012年の時は，自民党と民主党が二大政党制に近い政党になっていたことで学生たちもどちらかを支持すると回答しやすく，2017年には5年近く安定的な政権運営を続けてきた安倍内閣への支持を自民党支持として回答しやすかった。

2007年から前回の2017年までの10年間の推移は，支持なしは減り，嫌いな政党なしは増えるという傾向だったが，今回は，嫌いな政党なしは微減で，支持なしはかなり増え，10年前の2012年の比率にほぼ戻った。この直接的原因は，学生に人気のあった安倍元総理がいない自民党[7]になっていたために，なんとなくでも支持できる政党がなくなったと思った学生が増えたためであろう。しかし，むしろ前回の安倍内閣時代の自民党支持が異様に高すぎたのであって，2012年とほぼ同じ比率の今回は本来の学生の政治関心に戻ったと捉えた方が妥当かもしれない。

支持政党なしと答える学生の中には，政治関心が低く，政党のことがよくわからないからなしという人（無関心層）と，政治に多少なりとも関心はあ

るが，どの政党も信頼できないので支持政党はなしという人（無党派層）に分かれる。支持政党なしが増えていても，無党派層が増えているのなら，政治関心が低下したとは言いにくい。図 6-12 のデータで見ると，嫌いな政党も支持政党もないという人が無関心層にあたると考えられるので，それは黄色のグラフで表されており，無党派層はその黄色のグラフとオレンジ色のグラフの差──［しいても支持なしの割合］－［支持も嫌悪もなしの割合］──で示されていると考えることができる。しいても支持政党なしと答える人が減ったため，無関心層も減っているが，それ以上に大きく減ってきたのが無党派層である。1992 年には 21.6 ％もいた無党派層は，2017 年調査ではわずか 3.5 ％になった。今回の調査では 7.7 ％と少し増えた。今回無党派層が少し増えたのは，安倍総理がいなくなった自民党から学生たちの支持がやや離れ，かと言って他に支持できる政党もないために「支持政党なし」が増えた結果である。

　この節の最後に，「今の世の中は権力をもった少数の人が動かしていると思うか」という質問への回答も見ておこう（図 6-13 参照）。2002 年から 2017 年までの 15 年間は「そう思う」という人が減ってきていた。2012 年までの減少は選挙で政権交代が起こせるという印象が強かったからではないかと推測していたので，2017 年調査時は安倍内閣が長期政権を続けていたの

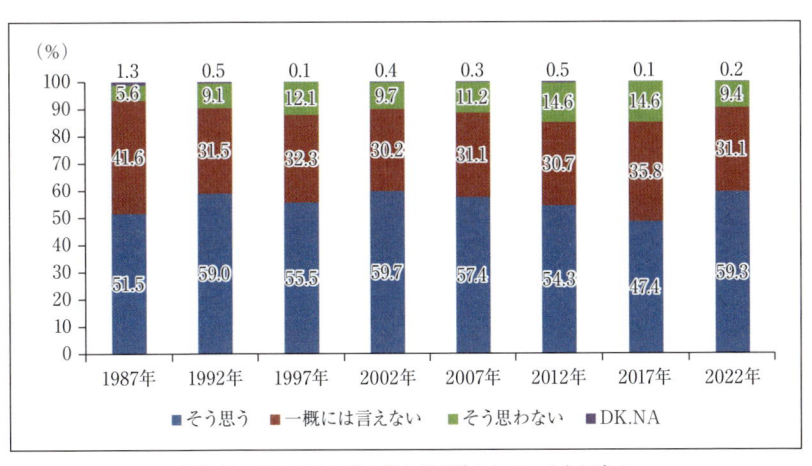

図 6-13　世の中は少数の権力者が動かしていると思うか

で,「そう思う」という人が増えるのではないかと予想していたが,実際にはそうはならなかった。逆に,今回の調査では「そう思う」人が6割近くに増え,2002年並みに戻った。2017年の安倍内閣の方が2022年の岸田内閣より,総理周辺に権力が集中していたというのが一般的な見方だと思うが,学生がこの質問に答える上では,そういう政治的現実は理解しておらず影響は与えていないようだ。前回の2017年を除けば,「そう思う」という回答を選ぶ人は常に50%以上,大体50%台後半あたりであり,基本的に大きな変化はない。前回だけやや「そう思う」人が少なかったのは,政治的トップだった安倍首相に対する学生たちの好意的評価の表れだっただけなのかもしれない。

6-4　現代的リスクへの関心

　政治関心以外の社会関心についても見てみよう。現代社会は様々なリスクを抱え込んでいるが,そうしたリスクについて学生たちはどのように認識しているだろうか。食品の安全性,原子力発電,戦争について学生たちはどの

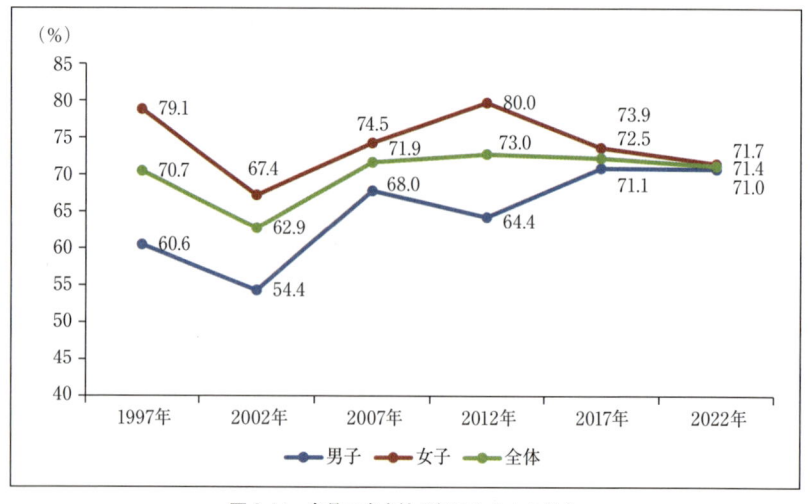

図6-14　食品の安全性が気になる人の割合

ように捉えているかを見てみよう。

　食品の安全性に関しては，1997 年調査から尋ねている（図 6-14 参照）。1997 年調査と 2002 年調査は「保存や発色のために使われている食品添加物が気になるか」という質問で，2007 年調査以降は範囲を広げて「食品の安全性が気になるか」という質問に変更した。この質問文の変更は多少は回答に影響したと思うが，根本的に変わったというわけではないので，そのまま比較に使うこととする。「気になる」（「非常に気になる」＋「やや気になる」）と答えた人は，1997 年 70.7％→ 2002 年 62.9％→ 2007 年 71.9％→ 2012 年 73.0％→ 2017 年 72.5％→ 2022 年 71.4％と，6~7 割で推移している。2012 年までは，毎回女子学生の方が男子学生より有意に「気になる」人が多いという結果が出ていたが，前回，今回とほとんど差がなくなった。将来子を産む性として，自らの身体へ害になる可能性のあるものを摂取することに女子学生の方が敏感になるのは当然だと 2012 年までは思っていたが，今やこうした問題に関しても，ジェンダーによる差がなくなったようだ。

　男女差があった時代から現在まで，気になる人が全体で 7 割台という高めで安定しているのは，食品の安全性という問題が，万一の場合は直接自らの健康を害する可能性がある身近な問題なので，大きな社会の問題に関心を持つことが苦手な現代の学生たちでも関心を持てる問題だからであろう。

　次に，原子力発電所に対する考え方を見てみよう。この問いの選択肢も，東日本大震災の際に起きた福島第一原発の事故を境に，2007 年調査以前と 2012 年調査以後で少し変えてあるが，基本的には踏襲できるものと考えている。2007 年調査段階では，約 7 割の学生が原発は増やすか現状維持が望ましいと肯定的に捉えていたが[8]，原発事故から約 1 年半後に行った 2012 年調査では当然ながら肯定的意見が減り，男女合わせて 5 割強まで減った。しかし，事故の記憶が鮮明だったこの時期でも，「いますぐ一切の利用をやめる」（4.3％）という強い脱原発や反原発の声は，大学生の間ではそれほど大きくはなかった。

　それゆえ，ある意味予想通りであるが，事故から 11 年以上経った今回の調査では，肯定的意見が約 7 割に戻った。被災地から離れている関西地区の学生たちが調査対象者であることも多少影響しているかもしれないが，それ以上に現代の大学生は現実主義的で，理想論だけでは物事が進まないと考え

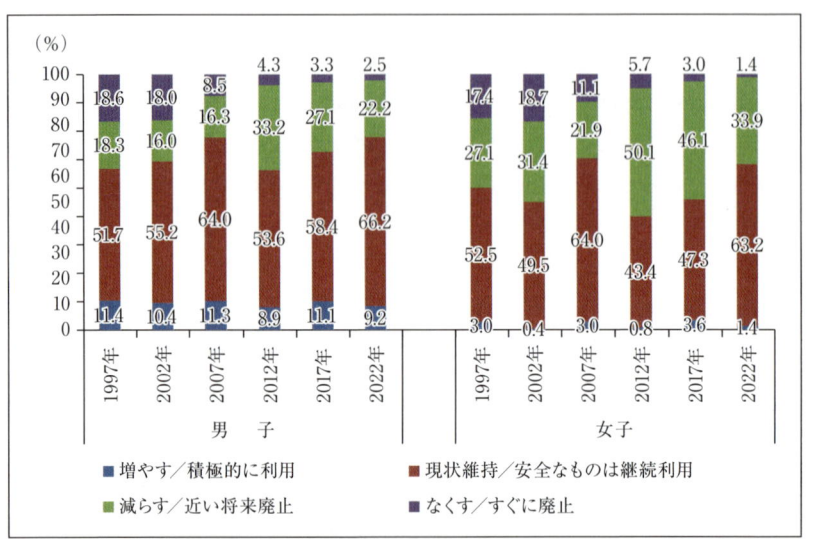

図 6-15 今後の原発についての考え方（男女別）
(2007 年調査までの選択肢は，「もっと増やすべき」／「現状維持」／「もっと減らすべき」／「早くなくすべき」。2012 年調査以降は，「新設も含めて積極的に利用する」／「安全が確認されたものは継続的に利用する」／「最小限度の利用にとどめ，近い将来廃止する」／「いますぐ一切の利用をやめる」に変更。）

ているからだろう。現代の生活を維持するのに必要なだけのエネルギーを効率的に生み出す方法が見出されてもいないのに，原発を廃止してしまうのは不安で賛成できないということなのだろう。また，原発の危険性より，温暖化物質の排出を制限すべきという「カーボン・ニュートラル」の声の方が大きくなっており，温暖化物質を排出しない原発の再利用への社会的容認が進みつつあることも学生たちの意識に影響を与えていると言えよう。

　この原発に対する考え方も男女間で毎回有意差が出る項目である（図 6-15 参照）。今回女子学生でも「安全が確認されたものは継続的に利用する」という選択肢を選ぶ人が 6 割を超えたが，「最小限度の利用にとどめ，近い将来廃止する」も 3 分の 1 おり，男子学生より原発利用に関しては慎重である。ジェンダーによる差が様々な項目でなくなりつつある時代なので，今後はこの問題に関しても男女差がなくなる日が来るのかもしれないが，今の時点では差が出ている。

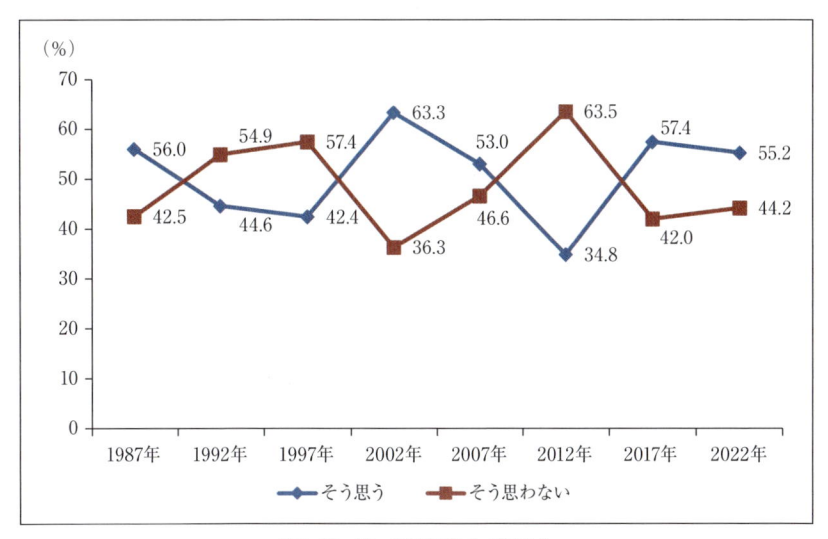

図 6-16　近い将来核戦争が起こる

　次に，戦争の危険性を学生たちがどう認識しているかを見てみよう。ま
ず，「核戦争が近い将来に起こると思うか」という質問に対する回答の推移
を見てもらいたい（図 6-16 参照）。学生たちの意見はその時々の国際情勢に
影響されて大きく変化していることがわかる。第 1 回の 1987 年調査の頃は
まだソビエト連邦が存在し，アメリカ大統領は保守派のレーガンであり，核
戦争の危機が真剣に叫ばれ，核廃絶をめざす国連軍縮会議も開かれていた
1980 年代前半からあまり年数も経っていなかったため，核戦争が起こるの
ではという危機感を持つ学生が過半数を占めていた。第 2 回の 1992 年調査
の際には，前年にソビエト連邦が崩壊し，東西冷戦の危機感は小さくなって
いた。他方で同じ年に湾岸戦争が起きていたが，あっという間にアメリカを
中心とした多国籍軍によってイラクは制圧され，むしろ今後はこういう形で
戦争は核を使わずに終結するのだろうという印象を学生たちに与えた。1997
年調査はその延長線上にあり，直前 5 年間には核戦争を心配しなければなら
ないような国際情勢の緊張は生まれていなかったため，「そう思わない」と
いう人が 6 割に近づいた。
　この意識が一転するのが，2001 年 9 月のアメリカ同時多発テロである。

攻撃を受けたアメリカはすぐに軍事力を行使して，テロの首謀者と判断した
タリバンの本拠地アフガニスタンを攻撃し制圧した。しかし，イスラム原理
主義をベースにしたアメリカ批判とその行動を支持する人は世界各地に無数
におり，テロの恐怖は消えず，テロが起きるたびに戦争が起きるという印象
が強まった。また，当時のブッシュ大統領は，イラン，イラク，北朝鮮を
「悪の枢軸」と呼び，このまま放置してはいけないという主張さえしていた。
こういう雰囲気の中で 2002 年調査は行われたため，核戦争が近い将来起こ
りそうだと思う学生たちは，一気に 6 割を超えることとなった。

　その後の 10 年間は，アメリカ同時多発テロ後のような緊張状態の高まり
は生じていなかったため，学生たちの核戦争に対する危機感は減り，2012
年調査では，「近い将来核戦争が起きる」と思う人は，初めて 4 割を切った。

　しかし，この意識は 2017 年調査でまた大きく逆転する。2017 年は北朝鮮
が何度も核実験とミサイル発射実験を行い，この年就任したトランプ大統領
との間で幾度も非難の応酬をし，今にも戦争が起きそうな状況だった。アメ
リカが軍事行動に動けば，北朝鮮は核兵器を搭載したミサイルを発射するの
ではないかという危機感は現実的なものとなっていた。それゆえ，核戦争が
起きると思う人が，2012 年より 20 ポイント以上増加し 57.4% と過去 2 番目
に高い比率になった。

　今回は，核大国のロシアとウクライナの戦争が継続中の調査だったので，
もしかしたら核戦争の危険を感じる人がさらに増えているのではないかとも
予想していたが，むしろ前回より少し減った。55.2% はそれなりに高い比率
だが，ロシアとウクライナの戦争は，北朝鮮とアメリカの対立ほどには，日
本の学生に危機感を与えていないようだ。

　次に，「現在の国際情勢から考えて，近い将来日本が戦争に巻き込まれる
危険がある」と思うかどうかという質問に対する回答を見てみよう（図 6-17
参照）。これも，上述した国際情勢の変化を受けて上下してはいるが，「核戦
争」に比べて一貫してかなり高い割合で「そう思う」人が多い。究極の殺戮
手段である核兵器が使われる戦争は，国際情勢がかなり緊迫していない限
り，まず使われることはないだろうと思えるのに対し，実際に武器を取って
戦うかどうかは別にして日本が戦争に巻き込まれる可能性は，一見平和な時
代でも十分可能性はあると学生たちは見ているようだ。

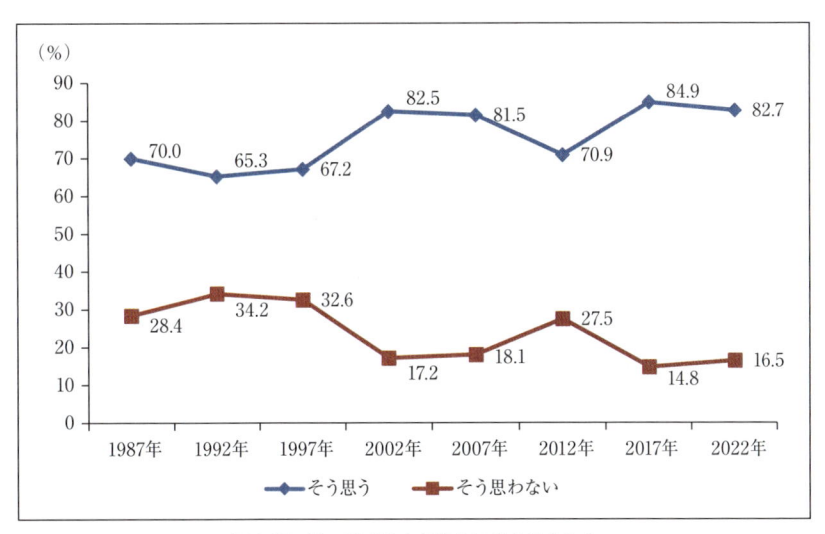

図 6-17　近い将来日本が戦争に巻き込まれる

　一番低かった 1992 年調査でも 65.3％が「そう思う」と答えているし，同時多発テロ後の危機感は去ったと思われて，核戦争の危険に関しては大きく「そう思う」人が減った 2007 年調査でも，この質問への回答は「そう思う」人がそれほど減らなかった。これは，日米安保条約と，1992 年に成立した PKO 協力法で，日本も他国での戦争に様々な形で協力をしなければならないし，実際にしてきたという事実があったためだと考えられる。

　オバマ大統領時代でアメリカが平和主義的だった 2012 年の調査では，日本が戦争に巻き込まれると思う人は，10 ポイント以上減り 70.9％になったが，2017 年には再び増えて過去最高の 84.9％になった。上で述べたような，この年のアメリカ vs. 北朝鮮の緊張状態を考えれば，それだけでも当然の数値であるが，さらに 2015 年に安倍内閣が集団的自衛権を行使できるように安保関連法を整備したことの影響も大きいだろう。学生たちも詳しくはわからないまでも，北朝鮮との戦争が始まれば，新しい安保関連法の下で，日本の自衛隊も今度は後方支援ではなく，前線にアメリカとともに出ていくことになるということを認識していただろう。それが，日本が戦争に巻き込まれると思う人が 14 ポイントも増えた理由である。今回は 2017 年より少しだけ

減ったものの，ほぼ前回と変わらない高い比率を保っている。日本だけ安全地帯に居られるという認識は，学生たちにもないようだ。

　こうした戦争に関する学生たちの意識を見る限り，政治関心のあまり高くない学生たちだが，彼らも国際情勢に関してそれなりに情報を得て，感覚的ではあってもある程度的確な状況判断をしていると言えそうである。

注

1）下宿生と自宅生を比べると，新聞全体としてはこの10年，下宿生の方が自宅生より統計的に見て有意に新聞を読んでいると言えるのだが，テレビ欄に関しては，基本的に——2017年以外は——自宅生の方が下宿生より見ている。テレビの所有状況や，住居におけるテレビの位置付けが自宅の方が高いということなのだろう。

2）本来なら，家庭婦人欄という項目を独立して尋ねること自体がもはやかなり無理があるのだが，過去からの推移を見るために，あえてそのまま尋ねている。

3）ラジオ欄が最終面のテレビ欄から切り離されて，目につきにくい中の面に移ったのは，朝日新聞朝刊は1986年3月1日から，同夕刊は1988年10月1日から，毎日新聞朝刊は1987年11月16日から，同夕刊は1986年5月6日から，読売新聞朝刊は1987年3月26日から，同夕刊は1990年9月3日からであった。

4）以前も，テレビやラジオからでもニュースは得られたが，情報を留めることがしにくかったので，社会関心のある人なら，新聞でのニュースのチェックは不可欠と考えることには妥当性があった。

5）当時人気のあった小池百合子東京都知事が「希望の党」という新政党を立ち上げ，野党第1党であった民進党が党としては公認候補を出すのをやめ，全員希望の党公認にしてもらうという思い切った戦略を打ち出したが，「全員を受け入れるつもりはない」という小池百合子の発言で，排除されたメンバーを中心に立憲民主党という新たな政党が作られ「判官びいき」のような人気を得たのに対し，「希望の党」は選挙前に失速するという事態が生じた。

6）ちなみに，衆議院選挙と参議院選挙の男子学生の前回からの変化を示しておくと，阪大男子が82.4％から80.0％と，68.6％から70.8％，関大男子が75.4％から74.6％と，62.3％から63.8％，桃大男子が64.0％から61.0％と，54.0％から54.5％とあまり大きな変化はしていない，

7）安倍元総理は，今回の調査を実施する3か月ほど前の2022年7月8日に奈良市で銃撃され死去した。

8）2007 年頃は，地球温暖化問題がマスメディアで頻繁に取り上げられ，政府の方針としても二酸化炭素などの温暖化物質を排出しない原発はむしろ積極的に推進していこうという流れにあった。

第 7 章　社会活動意欲と政治参加意欲

7-1　ボランティアの経験と意欲

　大学生たちがボランティア活動に積極的に関与するようになったと注目され始めたのは，1995 年の阪神・淡路大震災がきっかけだった。この年は後に「ボランティア元年」と呼ばれるようになり，1998 年の「特定非営利活動促進法」（通称 NPO 法）の制定へのはずみとなり，その後大学でもボランティア・サークルが多数できたり，ボランティアを学ぶ講座を生んだりするきっかけになった。

　阪神・淡路大震災の際には，確かに学生たちが誰かの手助けをしなければと言い，動き出したという印象は私にもある。関西の人口密集地域を襲ったこの地震は，多くの学生たちの家族，親族，友人たちに被害を与えた。おそらく，被災者が関係者に一人もいないという人は，阪神地区にはほとんどいなかったのではないだろうか。自分たちにとって身近に感じられない問題に関して行動するのは苦手な学生たちも，この阪神・淡路大震災の救援・復旧のために活動をすることには何の躊躇もなかった。ちょうどこの時期は学年末試験期間で，大学としては試験をどうするかの判断を迫られた。私の所属する関西大学社会学部では，当初被害にあった学生に関しては特別対応をするが，被害を受けていない学生に関しては通常通り試験を実施するという方針を出した。これに対し，少なからぬ学生たちから，「自分の家はそんなに被害を受けていないが，親戚や知人が被災しているので手伝いに行きたい。試験なんか受けている場合ではない。配慮してほしい」という強い異議申し立てがなされた。大学の打ち出す方針に学生たちが逆らうことなどほとんどなくなっていた時代だったが，この時の学生たちの切羽詰まったような真剣

な眼差しは忘れることができない。

　阪神・淡路大震災は，関西の多くの大学生にとって，直接的に被災者を知っているような身近な大災害だったが，その後生じた災害等は必ずしも自分たちにとって直接知っている人が被災者になったものではなかった。それでも学生たちは関心を持ち，時には遠距離であっても，救援・復旧の手伝いに出掛けた。1997 年調査では，2 年前に起きた阪神・淡路大震災のボランティアをしたかという質問とともに，調査年に起きた福井県三国町での原油流出事故でのボランティアをしたかどうかを尋ねた。前者のボランティア経験者は 63 人（8.0%）で，後者は 8 人（1.0%）だった。数自体はもちろん少ないが，行かなかった人でも「興味がなかった」と「無意味だと思った」といった否定的な理由をあげた人は，阪神・淡路大震災で 14.3% と 2.4%，三国の原油流出事故で 18.9% と 3.9% でほんのわずかしかいない。行かなかった理由で多かった回答はどちらも，「家が遠かった」，「時間がなかった」，「ツテがなかった」，「なんとなく行きそびれた」といった消極的なものであった。

　これ以降，ボランティア活動は大学生たちの重要な社会活動であるという認識の下，毎回ボランティアの経験と意欲を尋ねてきている。2002 年調査

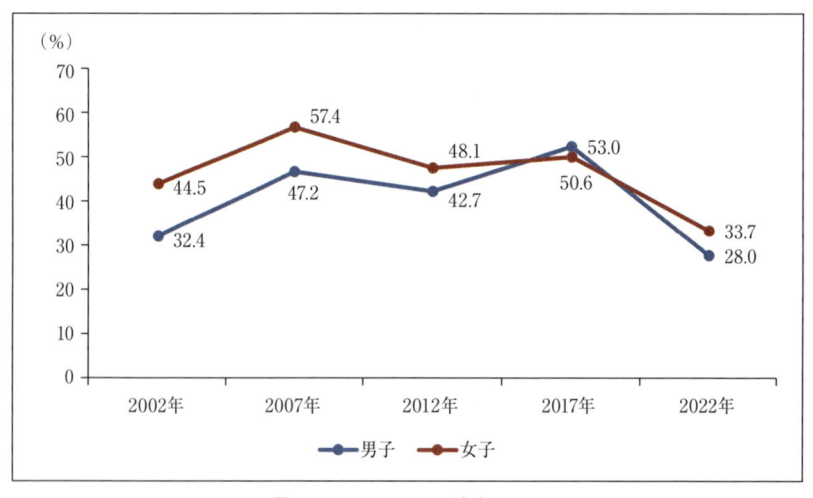

図 7-1　ボランティア活動の経験

では，具体的にどのようなボランティアをしたのかを尋ねて，集計した。その結果によれば，「社会福祉活動」（123 人），「自然環境保護活動」（51 人），「青少年健全育成活動」（27 人），「募金活動」（21 人），「体育・スポーツ活動」（18 人），「公共施設での活動」（13 人），「国際交流活動」（12 人），「災害援助・防災活動」（11 人）となっていた。

　図 7-1 は，ボランティアの経験率を男女別に見たものである。2002 年から 2007 年にかけて経験率が増していたところに，2011 年には東日本大震災が起きたので，2012 年調査ではさらに経験率が増しているかもしれないと思ったが，そういう結果は出ず，むしろ減っていた。被災地が関西から遠かったこと，福島第一原発事故のために，被曝することを恐れて二の足を踏んだ人が多かったのかもしれない。

　しかし，学生たちの話を聞くと，こうした要因はボランティア活動経験とはほとんど関係がないようにも思えてくる。というのは，2017 年調査まで男女とも約半数が活動経験ありと答えているが，その多くは中学生時に学校行事の一環としてやらされたボランティア活動だからだ。多くの公立中学では，中学 2 年の頃に生徒たちにボランティア活動をさせるようだ。それゆえ，実際はもっと経験者が多くてもおかしくないのだが，この強制されたボランティア経験をもってボランティア経験ありと答える人と，これは自発的に行ったものではないのでボランティア経験とは言えないと考え，経験なしと答える人がいるために，この程度の経験率として表れてきているのだろう[1]。

　今回の調査で，男女とも経験率が前回までと比べて大きく下がっているのは，実はこの学校行事としてのボランティア活動を排除したからである。これまで単純に「あなたはボランティア活動をしたことがありますか」としていた質問文を，「あなたは学校行事の一環としてではなく，自主的にボランティア活動をしたことがありますか」という質問文に変えたことによって，活動したことがあると答える学生が大きく減ることになったのである。それゆえ，この比率の減少でこれまでよりボランティア活動経験をもつ学生が少なくなったということはできない。むしろ，男女合わせて 3 割強が自主的にボランティア活動を経験しているというのは決して少ないとは言えない気がする。

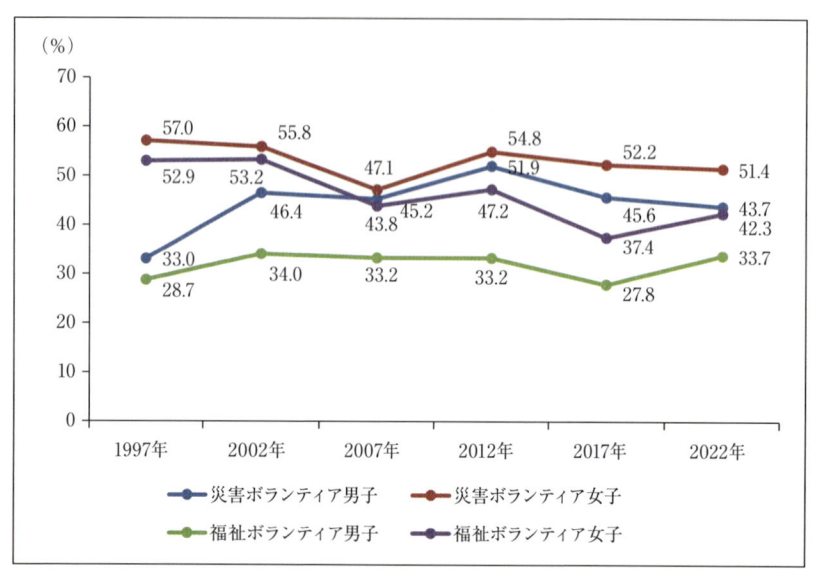

図 7-2　男女別に見たボランティア活動への参加意欲
(「災害ボランティア」,「福祉ボランティア」を「ぜひしたい」と答えた人と「ややしたい」と答えた人の比率を足したもの。)

　次に，ボランティア意欲を見てみよう（図 7-2 参照）。このボランティア意欲に関しては，男女でかなり違いがある。この質問を初めて導入した 1997 年調査の時点では，災害ボランティアの意欲も福祉ボランティアの意欲も女子は 5 割以上あったのに対し，男子は 3 割前後と低く，男女差は大きかった。しかし，2002 年調査において，男子の災害ボランティアへの意欲が大きく伸びて，2007 年と 2012 年は女子学生との間の有意差はなくなった。前回調査から男女とも災害ボランティアへの意欲が減り気味だが，減り方が男子の方で大きいために，また女子の方が意欲があるという結果になっている。災害ボランティアは力仕事も多く，男子学生の方が多くなってもおかしくないボランティアだが，やはり愛他精神のようなものは，女性の方が相対的に強いというような面がまだ多少あるのかもしれない。それでも，男子学生も 4 割以上の学生が活動意欲を持っており，決して少ないわけではない。
　福祉ボランティアの意欲に関しては，男子は 20％台後半から 30％台前半

程度に留まっている。福祉ボランティアは，身の回りのケアをするというイメージが強く，男性に向いたボランティアではないという意識を持つ人が多いのであろう。他方，女子学生は，1997 年，2002 年には 5 割以上の女子学生が，福祉ボランティアをしたいと答えていたが，2007 年に 10 ポイント近く落ち，2012 年には多少戻したが，2017 年に再び 10 ポイント近く落ち，初めて 4 割を切り，この女子学生の福祉ボランティア意欲の減少は今後も続いていくのではないかと思っていた。しかし，今回の調査では予想外に増加に転じた。福祉ボランティアは，1 日限りの参加でも感謝される災害救援ボランティアと違い，継続的に行わないといけないのではというイメージが強く，それだけの労力を使ってでもボランティアをしたいと思う学生は，楽にできることしかやりたくないという人が増える状況では増えることはないのではと思っていたが，今はイメージが変わってきているのかもしれない。

　もともと私は，それなりに多くの若者がボランティア活動をしたいという意欲を持つのは，FEV 基準に基づいて意欲の湧く活動だからという点と，自らの存在意義を確認できる活動だからという点をあげてきた[2]。FEV 基準とは，「すばやく」(Fast)，「効率的に」(Efficient)，「目に見える形で」(Visible) の頭文字を取って作った私の造語だが，要するに「結果がすばやく効率的に見えること」が，行動を起こす基準となることを示したものである。災害救援のボランティアでは，1 日だけでも感謝の言葉が得られるし，それでもよいのだろうと思えるのに対し，福祉ボランティアとなると，1 日だけではいけないのではという意識が学生たちにも働く。FEV 基準に照らせば，やはり災害ボランティアの方が福祉ボランティアより意欲が湧く活動ということになろう。しかし，今回災害ボランティアの活動意欲がわずかながら落ち，他方で福祉ボランティアの方は 5 ポイント前後上がったのを見ると，福祉ボランティアでもそれほど長期的に関わらなくてもできると思う学生が増えてきているのかもしれない。

　自らの存在意義の確認という点に関しては，ボランティア経験の充実感と関係が深い。毎回ボランティア活動をした者の 8 割前後が充実感を得たと答えている[3] のだが，その充実感とは，1997 年調査の際に得られた，阪神・淡路大震災のボランティアを経験した女子学生の次のような言葉に端的に表されている。

「最初は、"結果"というものが目に見えてこないのでとまどいましたが、何か
ボランティアをした後に、お年寄りの方が"また来てほしい"と言って笑顔を見
せられた時に、これが"結果"なんだと感じた。その笑顔にボランティアするこ
との意味を見出した気がした。」[4]

　肯定的感想を持った人の多くが、こうした言葉と笑顔に充実感を得てい
た。「また来てほしい」という言葉は、自分が誰かにとって必要とされてい
ることをわかりやすい形で確認させてくれる。自分が何をすれば価値のあ
る人間になりうるかが見えにくい不透明な社会の中で、こうした目に見え
る"結果"が得られるなら、ボランティアは若者たちにとって魅力的な活動
になる。そして実は、たくさん友人を持ち、その友人関係の中で必要とされ
るのも、ボランティアで必要とされるのも、人間関係の中で自分の存在意義
を見出すという点では本質は同じなのではないかとかつて分析した[5]。この
分析自体は今でもはずれていないのではないかと思っているが、それゆえに
こそSNSが普及する時代においては、ネットの世界で自分の存在意義を確
認ができたような気になりやすいため、しんどいボランティアをしてまで自
分の存在意義を確認したいという意欲は相対的に弱まっていってもおかしく
ない。
　それでも、災害ボランティアに関しては5割近くが、福祉ボランティアで
も4割近くの学生がしたいと答えている[6]。一体どのような学生たちがそう
考えているのだろうか。様々な項目との相関を見てみたところ、ボランティ
アに意欲的なのは、若い時の苦労は買ってでもした方がよいと思う人、仕事
と余暇をバランスよくやりたいと思う人、多少無理は言うが面倒見のよい上
司の方がビジネスライクな上司よりよいと思う人、現在そして将来の地域行
事への参加意欲が高い人、反核平和運動に参加したいと思ったことがある
人、などである。この相関関係はほぼ毎回確認される。要するに、まじめで
自分に厳しく、かつ社会貢献意欲が高く、濃い人間関係を嫌がらない人たち
が、よりボランティア意欲が高い人たちと言えるだろう。

7-2　ボランティア以外の NPSA（非営利型社会活動）

「ボランティア元年」と言われた 1995 年以降，ボランティア活動には注目が集まりやすくなったが，営利を求めない社会活動というのは，考えてみれば他にもたくさんある。地域の行事に参加することも，市民運動に参加することも営利を求めない社会活動と言えるし，身近なところでは，「小さな親切」[7] や「ちょボラ」（ちょっとしたボランティア）[8] といった言葉でも表されてきた見知らぬ他者を思いやる行動なども非営利的な社会活動に入れてよいだろう。私は，こうしたちょっとした思いやり行動からボランティア活動，さらには地域行事や社会運動への参加までも含められるより広い概念として，NPSA（Non-Profit Social Activity = 非営利型社会活動）という概念を作り使用している[9]。本調査でもこうした活動についても大学生たちに尋ねている。前節ではこのうちボランティア活動について詳しく扱ったので，本節ではそれ以外の NPSA について述べていこう。

　まず，学生たちの「小さな親切」的な行動についてだが，これについては，1997 年から尋ねている「電車やバスの中で，あなたの座っている前に，高齢者の方が来られたら，あなたは席を譲りますか」という質問で見てみよ

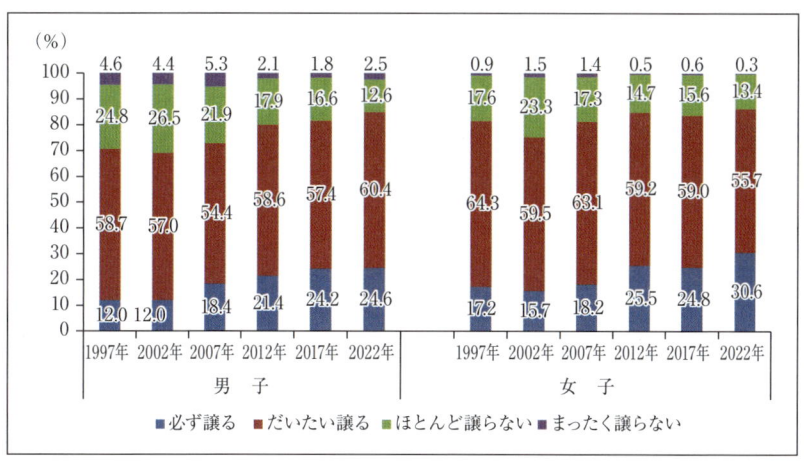

図 7-3　電車やバスで席を譲るか（男女別）

う。その結果を図7-3で示しているが，「譲る」（「必ず譲る」＋「だいたい譲る」）という人は，2002年にいったん減った後は，基本的に男女ともじわじわと増えてきていた。男女間の有意差は，2012年と2017年はなくなっていたが，今回は「必ず譲る」と答えた女子学生が多かったので，15年ぶりに男女間で有意差が出たが，「だいたい譲る」も含めるなら，男女とも85%前後の人が「譲る」と回答しており，男女区別なく非常に高い意識であると言えよう[10]。

　競争より協調を重視する教育方針の下で，他者へのいたわりや思いやりが大切だと教えられてきた最近の若者は，対面状況における他者への思いやり行動を素直にできる人が多い。私がよく見かけるのは，エレベーターに乗り合わせた時に，扉近くにいる若者が「開」ボタンを押して，他の人の乗降を優先させる姿である。当たり前そうに思うが，年配者だと意外にこの行動を取る人は少ない。

　乗り物で席を譲るかというこの質問項目と，災害や福祉のボランティアをしたいかどうかという質問項目との間には，当然ながら強い相関関係がある。行動やコストはそれぞれ異なるが，見知らぬ他者から感謝をされる行動としては，この3つは類似の社会活動である。愛他精神を持ち，他者への思

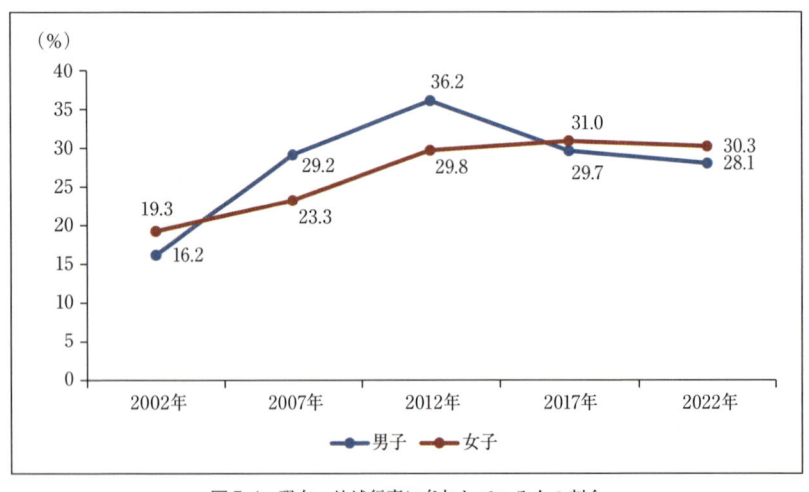

図 7-4　現在，地域行事に参加している人の割合

いやりを行動として示せる人にとっては，いずれもすべき行動としてきちん
と意識されているのであろう。

　次に，地域行事への参加について見てみよう。2002年調査から尋ねてい
る「最近，あなたは地域の行事（たとえば，お祭りや清掃活動など）に参加
していますか」という質問に対して「参加している」（「よく参加する」＋
「たまに参加する」）人の割合は，2012年調査まで男女とも大きく伸びてき
ていたが，2017年調査の際に男子はかなり減り，女子はわずかに増え，今
回は男女ともにほぼ前回と変わらないという結果が出ている（図7-4参照）。

　正直言ってこの変化の原因はよくわからない。そもそも2012年まで地域
活動への参加が大きく伸びていたこと自体が私にとっては不思議だった。私
自身がその典型だったが，かつて多くの大学生は，国の政治や社会問題と言
われるようなものには関心を持っても，地域行事などにはほとんど関心を持
たないものだったので，2002年から2012年の10年間で男子学生で20ポイ
ント，女子学生でも10ポイントも参加率が上がったことがなかなか理解し
にくい事態だった。2012年調査後に刊行した書籍では，最近の若者は地元
志向だと言われることが多いので，そういう志向性が，地元の祭りなどに参
加する人を増やして，こういう結果になっているのかもしれないと指摘し

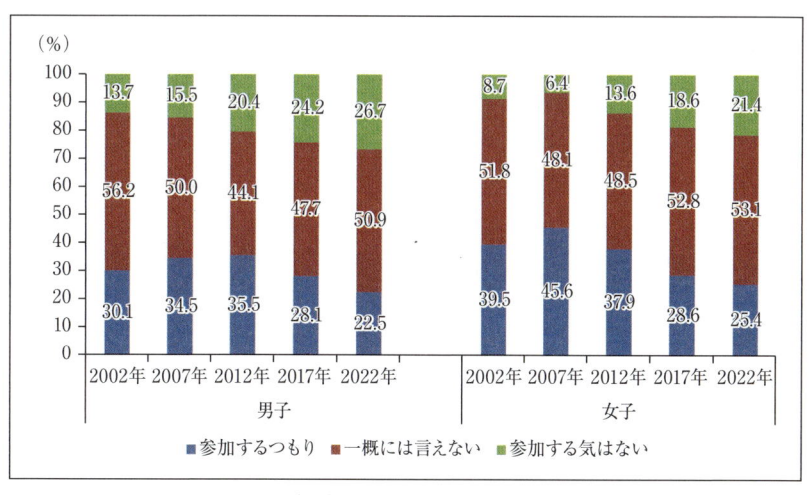

図7-5　将来（20年後くらい）の地域行事への参加意欲

た[11]。その志向性を示すものとして，「勤務地はできれば地元がよい」と思うかどうかの質問で5割以上が「そう思う」と答えていたことをあげておいた。その後の2回の調査では，地元勤務希望がやや減り（2012年53.1%→2017年46.2%→2022年49.8%），現在の地域行事への参加もやや減っているので，多少関係があるかもしれない。ただし，両者の直接的な相関関係を見ると，弱い関連しか見られないので，十分な説明要因にはなっていないと言わざるをえない。現在の居住場所が自宅か下宿かによって地域行事への関わり方も違うのではないかとも考えたが，これも関連が見られない。

このように増減の説明はうまくできないのだが，男女合わせて約3割の学生が，現在，地域の行事に参加しているというのはまだそれなりに高いと見ることもできよう。むしろ心配なのは，将来（20年後くらい）の地域行事への参加意欲の方である。こちらは，女子は15年前から，男子も10年前から大きく減っており，今回は男女合わせて24.1%しか「参加するつもり」という人がいなくなり，現在の参加率より低くなっている（図7-5参照）。

この将来の地域行事への参加意欲を問う質問は，「一概には言えない」が毎回5割程度選択されており（2002年53.3%→2007年48.8%→2012年46.6%→2017年50.3%→2022年52.0%），大きく増えていない。つまり，「参加するつもり」という人が減った分は，「参加する気はない」という人たちが増える（2002年10.4%→2007年10.0%→2012年16.5%→2017年21.3%→2022年23.7%）という結果になっている。

将来の地域行事への参加としてイメージされるのは，自分が育った地元の祭りへ参加するというよりも，結婚して子どもを持って移り住んだ地域で，自治会活動や子供会活動に参加するというものだろう。2002年調査や2007年調査の段階で，女子学生の参加意欲が男子学生よりかなり高かったのも，こういうイメージからすれば妥当であろう。それが女子学生では2012年から大きく下がり，参加意欲は男子学生との差がなくなった。

この減少に影響を与えたのは，2012年調査時から，女子学生の中で子どもができてもずっと働くという意識が再び高まってきたことだ（1987年49.2%→1992年49.0%→1997年63.3%→2002年59.5%→2007年51.8%→2012年54.2%→2017年59.8%→2022年73.1%）。女子学生も自分が働き続けているというイメージを持つなら，地域の行事などにはあまり参加でき

ないと思う人が増えるのは当然と言えよう。専業主婦志向が高まっていた
00 年代は，主婦としての仕事の一環として地域行事への参加意欲も増して
いたが，10 年代に入って風向きが変わってきたということである。

　現在育った地域の行事に学生として参加すること以上に，先々家庭を築い
て，社会人として参加する地域行事の方が非営利的社会活動としてはより重
要性が高いと思うのだが，そこに参加する意欲が大きく減ってきていること
は，この世代が親世代になった時には，地域のつながりがより薄くなってい
るであろうことを予測させる。現在の親世代も，地域の付き合いを急速にし
なくなってきているが，その傾向がさらに進むであろうことが容易に推測で
きる。

　男子学生の場合は，2012 年までは「参加するつもりはない」と答える人
が増える一方で，「参加するつもり」と答える人も少しずつ上昇しており，
その時点では「イクメン」をはじめとして，仕事だけではなく，家庭や地域
のことにもできる限り関わっていかなければいけないと考える若い男性が増
えている結果だろうと推測した [12]。そうした空気は強まることはあっても
弱まってはいないのに，前回，今回と，将来地域行事に参加するという人は
減った。家庭への関わりを重視する意識は高まっているが，地域への関わり
ということになるとまた違うようだ。男性の場合は，女性よりも 20 年後の
地域行事への関わりというイメージが像を結びにくい。しいて想像すれば，
新たに移り住んだ地域での行事より，出身地である地元の行事にまだ関わっ
ていたりするというイメージかもしれない。現在の地域行事に参加している
人が増えていた時には，将来の参加も増え，現在の参加が減るとともに，将
来の参加も減ったということかもしれない。

　NPSA としてもうひとつ取り上げておきたいのが，社会運動への参加で
ある。本調査では，第 1 回調査から「反核・平和運動に参加したいと思った
ことがあるか」という質問と，「徴兵制が実施されそうになったら，その反
対運動に参加するか」という質問で尋ねてきている。図 7-6 を見てもらえば
わかるように，1987 年から 2002 年の 15 年間は「反核・平和運動」への参
加意欲は 2 割程度，「徴兵制反対運動」は 3 分の 2 程度で，参加意欲に大き
な変化はなかったので，時代は変わっても，このくらいの運動参加意欲は
維持されるのかもしれないと考えていた。しかし，その後の 20 年間で男女

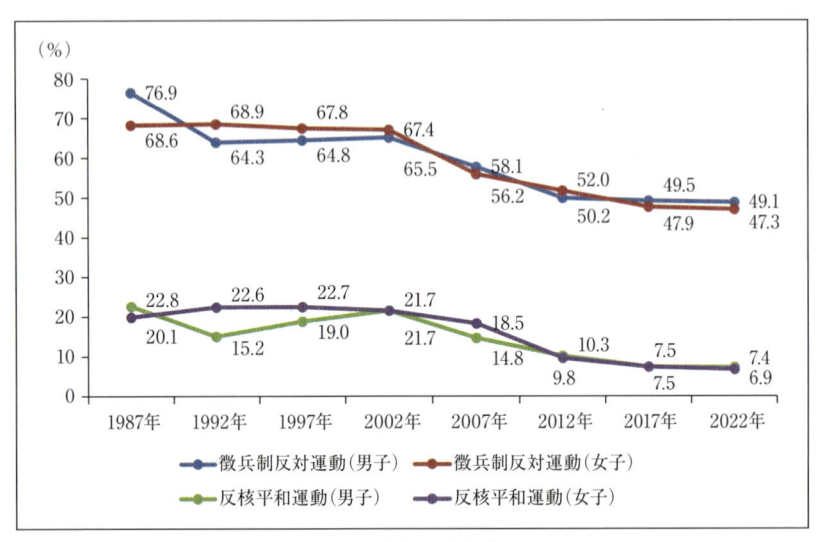

図 7-6　運動への参加意思

ともに参加意欲は明らかに低下してきた。男女合わせた全体の推移を見る
と，反核・平和運動へ参加したいと思ったことがある人は，1987 年 20.9％
→ 1992 年 19.5％→ 1997 年 21.0％→ 2002 年 21.6％→ 2007 年 17.0％→ 2012
年 10.0％→ 2017 年 7.5％→ 2022 年 7.1％であり，徴兵制反対運動への参加意
欲は 1987 年 70.9％→ 1992 年 66.7％→ 1997 年 65.6％→ 2002 年 66.5％→ 2007
年 56.7％→ 2012 年 50.9％→ 2017 年 48.6％→ 2022 年 48.0％である。今回は
低下の程度は小さいが，低下の趨勢に変化はない。

　最近の学生たちは，反核平和運動などをやっている人たちを，非常に冷め
た白けた目で見ている。2015 年に集団的自衛権を行使できるようにする安
保関連法案に反対する学生たちの団体 SEALDs がマスメディアで頻繁に取
り上げられていた時も，キャンパスにいる一般の学生たちはほとんど関心を
持っていなかった。学生たちが久しぶりに動き出したというニュース報道が
しばしばなされたが，テレビ画面をよく見ると，マイクを握る学生たちの周
りにはたくさんの年配者がおり，この時の運動も多くの学生たちの目には年
配者たちの運動に映っていた。他方で，近隣諸国との関係は悪く，軍事的に
巨大化していく隣国もある状況では，平和のための運動に参加するという気

持ちを持つ学生が減っていくのも当然かもしれない。ただ逆に考えれば，こういう時代だからこそ，平和のための運動が必要だともいえるはずだ。そういう動きが若い人たちの中でほとんど出てこないのは，国際関係に関する知識の不足や，実際に戦争が起きたらどうなるかということに関する想像力の欠如が原因なのではないだろうか。

　以上ここまで見てきた通り，非営利型社会活動（NPSA）に対する学生たちの意欲は全体に減退気味である。これには，それぞれの活動別に個別の理由もあるだろうが，共通の要因としては，ネットでたくさんの人とつながり，それで充足感を得て，現実生活でのつながりをあまり重視しない人が増えていることが影響している気がする。ネット上でのつながりはさらに普及していくであろうことを考えるなら，今後も非営利型社会活動への意欲は減ることはあっても増えることはないという予測ができる。

　しかし，他方で現在の若い世代は，競争に勝つことよりも，他人の痛みを分かち合える思いやりの心を持って生きることが大切と教えられてきており，そういう彼らにとっては，ボランティアをはじめとする他者に優しくする行動は，自分たちが大切と習ってきたことを生かせる，まさに自分たちがすべきことと思える活動でもある。社会や政治について考えるのは難しく，どの方向に進むべきかが簡単に決められないので行動もしにくいが，感謝の言葉がすぐに返ってくるボランティアはわかりやすい。天下国家のことはわからなくても感謝してくれる人がおり，感謝されることはすべきことと確信できる。そう考えると，ボランティアや高齢者に席を譲る行為はそれなりに行われるだろうという予測もできる。

　ただし，将来の地域行事への参加や，運動への参加は，FEV 基準に照らしても，参加意欲は減っていくと予想せざるをえない。ボランティアや席を譲る行為などと違い，将来の地域行事への参加や運動への参加となると，自分が参加したとしても，一体どういう結果が得られるのか想像がつきにくく，行動する意欲が湧かないということになってしまうからである。

　NPSA の中でも活動によって差が出てきそうだが，いずれにしろ，競争せず協調性を重視するゆとり教育の中で育ってきた若者世代が，他者との共生を求める方向に進むのか，それとも個人の幸せと楽しみを追い求めるだけ

の方向に進むのか，今という時代はその分かれ道にある気がしてならない。

7-3　投票意欲と直接選挙

投票という形での政治的意思表示活動も FEV 基準で説明できる重要な社会活動である。本節では，学生たちの様々な投票意欲や直接選挙の評価について見ていこう。まず，第6章で示した各種選挙への投票意欲のグラフを再度ここでも示させてもらう。第6章では，学生たちの政治関心を見るのに，国政選挙への投票意欲について触れた。ここでは，政治的意思表示行動としての投票意欲について，地方選挙も含めて同じデータから語ってみたい。

前回の 2017 年調査と今回調査では，衆議院選挙の投票意欲が高止まりし6つの選挙のうち2番目に意欲の高い選挙となっているが，それ以前の 1997年調査から 2012 年調査までの4回の調査においては，投票意欲が高い1，2位は，都道府県知事選挙か市町村長選挙だった（図 7-7 参照）。これは，政

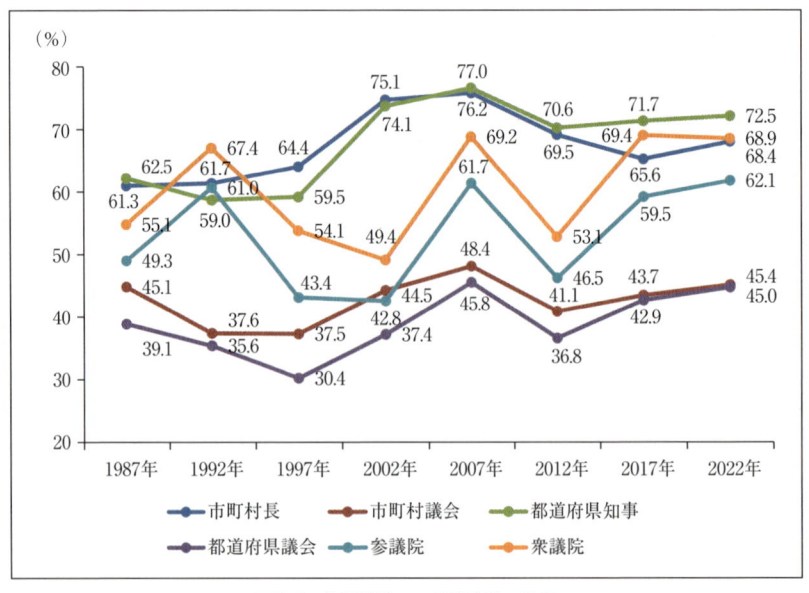

図 7-7　各種選挙への投票意欲の推移

治的有効性感覚の違いによって生じるものとして説明ができる。議員を選ぶ選挙は，政権交代につながる場合以外は，自分が投票した候補者が当選したとしても，その議員が議会でどういう行動を取り，現実の政治にどのような貢献をしたのかがわかりにくい。これに対し，たった一人の市町村長や知事を選ぶ選挙は，票を投じた候補者が選挙に勝てば，そのまま政策を作る自治体トップの立場になるわけで，投票の意義を実感しやすい。すなわち，市町村長や知事を選ぶ選挙は，FEV 基準に照らして意欲の湧く行動ということになる。

　それゆえ，この 2 つの首長を選ぶ選挙は，2012 年まではほぼ同じような変化をたどり，投票意欲の差もほとんどなかったが，2017 年調査からはやや比率に差ができた。これはメディアにおける知事と市長の取り上げられ方の違いが影響している。知事に関しては，2017 年調査直前の時期に，小池百合子東京都知事や翁長雄志沖縄県知事の発言や行動がしばしばニュースで取り上げられ，知事の存在感は目立っており，2022 年は新型コロナの対応で各都道府県知事の発言がメディアで頻繁に取り上げられていたのに対し，市町村長に関しては，どちらの時期も大きく取り上げられる人がほとんどいなかった [13]。

　多くの有権者にとって，たった 1 人選んだ首長であっても，彼らが何をしてくれているのかを知るのは，実質的にマスメディア──ネット・ニュースを含む──を通してである。なので，目立った活躍をしている市町村長が出てこない時には，自分たちの 1 票がどう生きたのかわからないという気持ちになりやすい。そうなると，FEV 基準に照らすと，投票意欲が減退するということになる。逆に言えば，メディアに注目されるような市町村長が出てくれば，また市町村長選挙の投票意欲も戻ることになろう。

　地方議会議員選挙に対する投票意欲が一貫して低い比率で留まっているのも，FEV 基準から言えば当然と言えよう。他方，同じように議員を選ぶ選挙である衆議院選挙と参議院選挙という 2 つの国政選挙に対する投票意欲は大きく上下している。これは第 6 章で述べたように，以前は政権交代の可能性が近づいている時に投票意欲が上がり，そうでない時は下がるという変化だったので，まさにこれも FEV 基準を適用してうまく説明できることだったが，前回と今回の高めの投票意欲は，これまでとは異なる説明が必要である。

前回の2017年調査は調査を行う直前に衆議院選挙があったがゆえに国政選挙の印象が強かったからではないかと推測したが，今回は直近の選挙は調査開始の約3か月前に行われた参議院選挙だけで，政権交代の可能性は微塵もなかったし，直前に国政選挙があったという印象も薄かった。にもかかわらず，国政選挙への投票意欲が高止まりしているのは，政治的意思表示として投票したいというより，18歳成人になり，投票はすべきなのだろうなというタテマエ的な回答を学生たちがしているように思える。実際に現実の国政選挙では若い人の投票率は非常に低く，この調査で出ているような比率の投票率になることはない[14]。政権交代の可能性が高まった時に投票意欲が上がり，可能性が小さくなった時には意欲が下がるという結果が出ていた時代の方が，学生が政治に関心を持ち，投票の意義もよく理解していた気がする。

　選挙以外の投票行動として，有権者が直接政治的意思表示のできる住民投票と首相公選制について尋ねているので，次にこれらの質問への回答結果を分析してみよう。

　まず住民投票については，地域の重要な問題を住民投票で決めることについての評価を尋ねている。今回も含めて過去6回，「非常に良い」と「どち

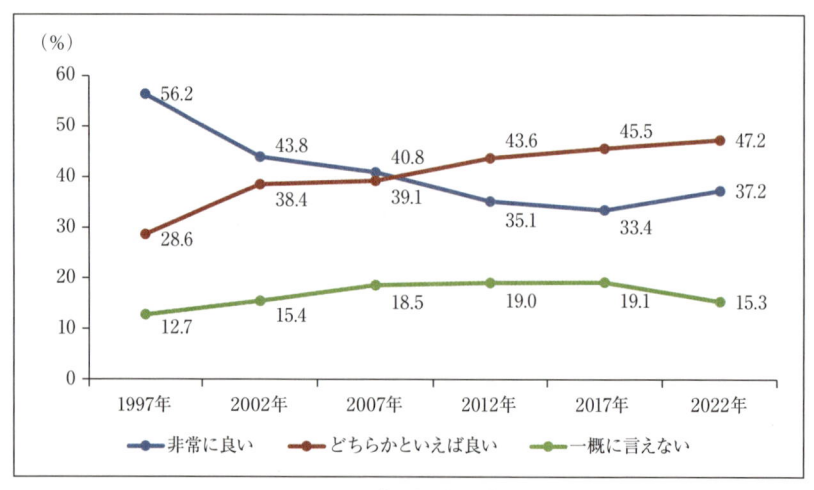

図7-8　住民投票の評価
(このグラフから省いている「どちらといえば良くないと思う」と「非常に良くないと思う」という否定的選択肢を選ぶ人は，合わせても毎回3%以下である。)

らかといえば良い」を合わせて8割前後という圧倒的多数派が肯定的に評価している（図7-8参照）。ただし，同じ肯定的評価でも，初めてこの質問をした1997年調査の頃とその後の調査では肯定する度合いがだいぶ異なっている。1997年調査では「非常に良い」と思う人が過半数を占めていたが，その後「非常に良い」と強く肯定する人は減り，2017年調査では約3分の1になった。今回は「非常に良い」が初めて比率を戻した。3.8ポイントでそれほど大きなものではないが，過去25年間で初めての逆転である。

　1997年調査で「非常に良い」を選ぶ人が圧倒的に多かったのは，前年の1996年に新潟県巻町で原発建設をめぐって住民投票が行われ，反対派住民が勝利し話題を呼んだことや，同じ頃，平成の大合併が進んでおり，合併すべきかどうかの判断をするためにしばしば住民投票が行われ，ニュースにもなっていたことなどが影響していたと考えられる。しかし，平成の大合併も落ち着いたここ20年ほどは住民投票が大きな話題になることもなくなってしまった。現在の学生からすれば，内容的には住民投票を否定する必要はなく肯定すべき制度だということは理解できるが，自分たちの記憶の範囲で，住民投票がインパクトのある結果を出したという事実を知らないため，その効果のほどがわからず，曖昧に「どちらかといえば良い」という選択肢を選

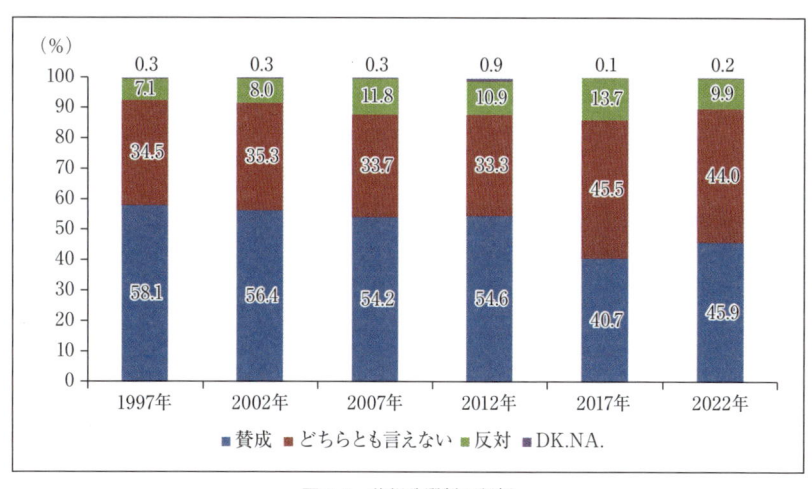

図7-9　首相公選制の評価

ぶ人が多くなっているのだろう。今回は、「非常に良い」と「どちらかといえば良い」がともに伸び、「一概に言えない」が減った。現実の国政がやや頼りなく見えていることの表れかもしれない。

　次に、首相公選制についてだが、こちらもこの質問を導入した1997年には「賛成」が6割近くいたが、前回2017年調査では「賛成」と答える人が約4割に減り、「どちらとも言えない」と答える人の方が多くなった（図7-9参照）。それまでわずかな減少がじわじわ進む感じだったのが、この時は13.9ポイントと大幅に減少した。この大きな減少は、5年近く安定的な安倍内閣が続いていたことによるものと考えられる。政治のことをよくわからない人間が、人気投票のように首相を決めるより、現行の議院内閣制度の下で安定した政治を作れる首相が生まれるなら、その方がよいと思う人が増えたためだろうと解釈した。そして、今回は安倍政権でなくなっていたために、再び首相公選制への「賛成」が増えた。ただし、ここでもその増加は5.2ポイントに止まり、10年前までのように過半数が賛成するという状態に戻ってはいない。

　本節で扱った各種の選挙への投票意欲や直接投票への評価は、行動そのものではなく、そういう行動をする意欲にすぎない。いずれも決して低くはないという調査結果が出ているが、投票意欲と実際の投票率の間に大きな差が出ているように、こういう投票意欲がそのまま行動につながるわけではない。さらに、直接投票行動に関しては、今回はやや戻したものの、大きな趨勢としては減少傾向にあるように思われる。

　前節で見た、電車やバスで席を譲ることはよくするが、地域活動や社会運動への参加意欲は減っていることを考え合わせるなら、学生たちの社会活動は、目の前の人に手を差し伸べるといった社会的想像力を必要としない活動に関してはなされうるが、自分の行動の結果を知るためには、社会的想像力を必要とすることに関しては動こうとする人は確実に減りつつあると言わざるをえない。より早く、より効率的に、より目に見える形で結果が出ないと動く気にならないというFEV基準に基づく行動原理がさらに広まりつつあると言えるだろう。

注

1）しかし，たとえほとんどの学生が学校行事で強制されたボランティア経験だっ
　　たとしても，充実感を得たという人は 8 割以上いるので（2002 年 76.8%→2007 年
　　82.1%→2012 年 81.8%→2017 年 81.6%），こうした経験を中学生時にさせることに
　　意味はあると言えるだろう。

2）片桐新自「現代学生気質——アンケート調査から見るこの十年」『関西大学社会学
　　部紀要』第 30 巻第 1 号，1998 年，33 頁，および，片桐新自『不安定社会の中の若
　　者たち——大学生調査から見るこの 20 年』世界思想社，2009 年，103-108 頁参照。

3）今回の調査では，ボランティア活動経験者のうち，87.3% が充実感を得たと答え
　　ている。これまでより大分高くなったのは，学校行事で行ったボランティアを外
　　し，自主的に行った人のみとしたからであろう。

4）片桐新自「現代学生気質——アンケート調査から見るこの十年」『関西大学社会
　　学部紀要』第 30 巻第 1 号，1998 年，31 頁。

5）同上，33 頁参照。

6）どちらのボランティア活動もしたいと答えた学生は 30.6% であった。

7）1963 年に東京大学の総長だった茅誠司が，社会で行う「小さな親切」の重要性を
　　卒業式に学生たちに語ったことが紹介され知られるようになった言葉。

8）公共広告機構が，ボランティア国際年だった 2001 年から広めようとしたキャッ
　　チフレーズ。身近なところで，困っている人にちょっと手を差し伸べてあげること
　　も，「ちょっとしたボランティア」になるという意味で作った言葉。

9）詳しくは，片桐新自「非営利型社会活動（NPSA）の理論的検討」（片桐新自・丹
　　辺宣彦編『現代社会学における歴史と批判　下巻　近代資本制と主体性』東信堂，
　　2003 年）を参照してほしい。

10）調査結果ほどには，乗り物で席を譲る行動をする若者を実際にはあまり見ないよ
　　うに思う。むしろ見かけるのは，中年の女性などが譲っている場面である。ただ，
　　若者の行動を見ていると，最初から座らない若者も少なくない。学生たちに話を聞
　　くと，声をかけて席を譲るのは，相手が素直に喜んでくれるかどうかわからない場
　　合もしばしばあり，なかなか難しいそうだ。電車やバスでは最初から座らないとい
　　う行動も，「席を譲る」行動と認識しているのだろう。

11）片桐新自『不透明社会の中の若者たち——大学生調査 25 年間から見る過去・現
　　在・未来』関西大学出版部，2014 年，133-134 頁参照。

12）片桐新自『不透明社会の中の若者たち——大学生調査 25 年間から見る過去・現
　　在・未来』関西大学出版部，2014 年，135 頁参照。

13）しいてあげると，河村たかし名古屋市長や泉房穂前明石市長などは，ニュースに
　　はなっていたが，問題行動に関する報道で，学生たちが市長選に意欲を高めるよう

なものではなかった。

14）直近の国政選挙だった参議院選挙（2022 年 7 月 10 日）の年代別投票率は，総務省調べで 10 代が 35.42％，20 代が 33.99％であった。より詳細に調べた東京都町田市の場合は，18 歳が 47.33％，19 歳が 42.68％，20 歳が 40.48％，21 〜 24 歳が 36.78％だった。いずれにしろ，本調査の結果として出てきている 62.1％という投票意欲とは大きな差があることが確認されよう。

第8章　政治意識と求める社会像

8-1　激変した学生たちの支持政党

　この大学生調査を行ってきた35年間は，政党の離合集散，誕生と消滅が繰り返される，日本の政党政治史上でもまれに見る大混乱の時代だった。

　1990年代に始まったこの大混乱の政治は，2009年の民主党政権の誕生で終止符が打たれ，これからは選挙によって，自民党と民主党の間で政権交代が起きるまっとうな二大政党制の時代になるものと思われた。ところが，実際に政権を取った後の民主党は，野党時代の理想と政権政党になってからの現実とのギャップに苦しみ，そこに東日本大震災と福島第一原発の事故が重なり，混乱を極めることになった。その混乱に党内部の権力闘争がからみ，不安定な政権運営という醜態を晒すこととなった。

　こうした姿を見せつけられた国民は，民主党政権を継続させることを選ばず，1期で自民党に政権を戻すことを強く望み，2012年末の衆議院選挙で自民党を大勝ちさせ，民主党は二大政党の一角をなすとはとうてい呼べないわずか57議席という壊滅的な大敗を喫した。そして，その後2022年までに行われたすべての国政選挙に自民党は圧勝し，二大政党制の一翼を担うと考えられた民主党という政党は消滅してしまった。

　2022年時点では55年体制時にもなかったほどの強力な自民党一強体制が出来上がり，1990年代からめざされてきた二大政党制は，日本には定着しないものとほぼ結論づけられつつある。

　本調査では，1987年の第1回調査から，学生たちの支持政党と嫌いな政党を尋ねてきている。この調査を行ってきた35年間の政党の誕生と消滅，離合集散の動きはあまりに激しく，データの解釈はなかなか難しいのだが，

表 8-1　支持政党と嫌いな政党　　　　　　　　　　　　　　　　　（%）

（調査年）	<政党支持＋政党支持色>								<嫌いな政党>							
	2022	2017	2012	2007	2002	1997	1992	1987	2022	2017	2012	2007	2002	1997	1992	1987
自民党	34.7	52.3	33.6	32.9	29.2	22.8	30.6	28.7	14.5	9.1	10.2	18.3	23.1	26.1	44.1	30.4
たちあがれ日本			0.5								3.5					
日本のこころ		0.3								7.6						
日本維新の会	13.1	8.8	12.3						5.0	6.6	12.3					
参政党	3.3								4.1							
みんなの党			1.8								5.4					
新党改革			0.3								2.0					
国民新党			0.3	1.1							2.8	7.3				
公明党	1.9	2.7	0.9	2.9	0.9		1.4	3.8	10.1	14.3	14.9	24.2	18.4		32.6	23.6
保守党					0.7								10.1			
新進党					6.0									23.5		
日本新党						8.6									6.0	
自由党			0.3		2.8						4.6		5.4			
太陽党					0.9									12.7		
NHK党	0.5								28.0							
希望の党		2.1								19.4						
国民民主党	7.1								1.9							
民社党							1.1	1.3							17.4	9.6
民主党			20.6	25.4	9.0	8.3					22.7	10.5	11.6	7.4		
民進党		0.6								13.3						
立憲民主党	6.1	9.1							7.5	8.5						
国民生活第一			1.2								15.8					
新党きずな			0.0								2.8					
新党大地			0.0								2.9					
さきがけ					1.3								10.9			
れいわ新選組	1.9								14.8							
社民連							3.8	1.4							7.9	5.1
社会党							12.0	23.7							22.2	8.5
社民党	1.1	0.4	0.2	1.8	4.6	4.1			4.2	7.9	7.0	11.5	15.4	16.3		
共産党	2.2	2.1	1.5	2.9	3.7	9.9	5.8	6.4	12.6	19.5	11.0	18.7	23.3	23.9	33.2	35.5
なし	26.4	20.3	25.6	30.8	47.4	44.3	32.5	26.9	51.3	52.9	50.0	50.1	47.5	45.0	28.0	33.5

（「政党支持＋政党支持色」は，単純に尋ねた時の政党支持と，しいて支持できそうな政党を尋ねた政党支持の合算値。それゆえ，「なし」もしいて尋ねても「なし」と答えた人の割合になる。また，その他の政党支持と DK.NA. は表から除いている。）

継続性のある貴重なデータなので，まずはこのデータを見ながら，学生たち
の政治意識の変化を語っていこう。

　まず表 8-1 を見てすぐ気づくことが，この 35 年間 8 回の調査期間に名称
変更もせずに存在し続けた政党が，自民党と共産党しかないということであ
る。いかに政党の存在が軽かったかをよく示していると言えよう。中には，
5 年の調査間隔の間に誕生し消滅していったため，存在はしていたけれど，
この調査では一度も支持率を聞かなかった政党——たとえば，新生党など
——もあり，それらはこの表に名前すら出てこない。

　1955 年に日本社会党の再統一と自由民主党の結党がなされて以降，自民
党が与党になり，社会党が第 1 野党になる「55 年体制」が，この調査が始
まった頃まで 30 年以上にわたって安定的な政治体制として続いてきていた。
学生たちは政権を執り続ける自民党に批判的で，社会党，共産党を中心とし
た「革新政党」に対する支持が相対的に高かった。それゆえ，上記の 3 党の
支持率を押さえておけば，学生たちのおおよその政治的傾向はつかめるとい
う状態が長らく続いた。それが，1990 年代以降の政党激変時代に入ってか
らは，政党支持の変化で学生たちの政治的傾向をつかむのは容易ではなく
なってきた。しかし，それでもどの政党を支持するのか，あるいはどの政党
も支持しないのか，また嫌いな政党はどこなのかといったデータを丁寧に見
ていくなら，やはり，この政党に関するデータは，それなりに学生たちの政
治意識を読み取ることのできるものである。

　第 1 回調査を行った 1987 年はまだぎりぎり「55 年体制」が残っていたと
言える時期で，学生たちの政党支持意識も従来の「学生たちはやや革新的」
という見解を裏づけるものになっていた。自民党がもっとも支持率が高いも
のの，社会党との差は 5 ポイントしかなく，嫌われている割合も考慮に入れ
るなら，大学生の浮動票は社会党の方がより多く獲得することは調査結果か
ら予想できた [1]。特に，この時期は，土井たか子が社会党初——日本の大政
党で初めて——の女性委員長に就任したばかりでフレッシュな印象を与えて
いたことも大きかった。共産党支持も一般の世論調査よりはかなり高く，こ
の時期はまだ学生たちは一般の大人たちよりはやや革新的と言えた時期だっ
た [2]。特に，大阪大学では社会党の支持率がもっとも高く（38.2％），自民党

支持（16.9％）を大きく引き離していた。自民党は支持率が低いだけでなく，半数以上の学生（50.6％）によって嫌いな政党としてあげられていた。大阪大学の学生に関しては，この時点では革新的という言葉が反自民という意味合いを持ちつつ生きていたと言えよう。

　他方，同志社女子大学の半数近い学生（43.5％）は自民党を支持政党にし，嫌悪する者は2割に満たなかった（18.3％）のに対し，共産党を嫌いな政党としてあげる率がもっとも高く（43.0％），大阪大学の対極に位置する保守的な学生層であった。こうした大学による違いもあったし，全体としては自民党の支持率が一番高かったこと，単純に聞くと7割近くが「支持政党はない」と答えていたことを考え合わせるなら，この時点でもすでに，大学生を全体として1960年代までのような革新的存在と位置づけることは困難であった。

　第2回調査を行った1992年は，激変の時代のスタートにあたっており，細川護熙が創ったばかりの日本新党が漠然とした期待感を抱かせていた。しかし，もっとも増加したのは支持なし層である。単純に支持を尋ねた場合には，76.9％が支持なしと答え，しいて支持できそうな政党をあげてもらっても，32.5％が支持なしと答えている。こうした中で，自民党は相対的にもっとも支持できる政党として支持率をわずかながらも上げた（30.6％）。1987年調査では，社会党がその差をかなり詰めていたが，社会党の支持率はこの時点では激減（12.0％）しており，自民党との差は大きくなっていた。

　この時の調査は，自民党中枢部を巻き込んだ汚職事件「佐川急便事件」のまっただ中で行われていたことを考慮に入れるならば，この結果の持つ意味は重い。漠然とした期待感を抱かせた日本新党という新しい政党ができてはいたが，この時点では自民党に取って代わり政権を担える政党はないという意識が，学生たちを消去法的な自民党支持へと向かわせていたのだろう。社会党への支持というのは，自民党批判票としての意味がかなり入っていたのだが，この頃はその分を日本新党に持っていかれていた。1987年調査で非常に少なかった社会党を嫌う人が大きく増えた（22.2％）ことは，支持率が落ちたこと以上に社会党にとっては致命的だった。1987年調査時点では，土井たか子が初の女性委員長となり新鮮なイメージを与え，社会党への期待

感が高まっていたのに対し，1992 年調査時点では田辺誠といういかにも従来の社会党政治家タイプの委員長に代わっており，土井社会党に持ち得た新鮮なイメージはすっかり失われていた。また，調査の数か月前に行われた PKO 協力法案の採決に際して社会党が取った「牛歩戦術」——本会議での投票行動を極端に時間をかけて行うこと——が，若者の目にはただひたすらばかばかしい光景に映ったことも，若者の社会党離れを進める一因になったと言えよう。

　自民党の方も，支持率はやや増したものの，それ以上に嫌悪率（44.1％）が大きく増えており，自民党に対する学生の評価もよくなったとは言いがたかった。日本新党は，この調査時点では，参議院選挙を経験しただけのもっとも新しい政党だったが，漠然とした期待感から，自民党，社会党に次いで 3 番目の支持を得ていた（8.6％）。日本新党に関しては，調査したすべての共学大学において女子より男子の支持率が高く，特に，関西学院大学と大阪大学の男子では 2 割を超える支持を得ていた。ちなみに，逆に女子の支持率が高い政党は社会党であった（男子 9.2％，女子 14.5％）。これは，1989 年の参議院選挙で多数当選した女性議員が，社会党に女性の進出に理解のある政党だというイメージを与えていたためだったと考えられる。

　第 3 回調査を行った 1997 年は政党激変の渦中の時代であり，5 年前と同じ名前で存在していた政党は自民党と共産党だけだった。この時点で新しくできていた——そしてその後すぐに消えた——政党も多い。あまりの政党の不安定さに，学生たちは政党に対する幻滅感を増していた。もっとも支持率が高いのは自民党であるが，その支持率はしいて選択した人も含めてわずか 22.8％である。これはその後の調査も含めて自民党支持率がもっとも低かった時期であった。1990 年代以降の政治の混乱を引き起こした根元は自民党の混乱にあるという印象を学生たちが持っていたのだろう。分裂，脱党，復党，理念なき連立といった形で，自民党も節操なき政治家たちの政党というイメージは，他の新党と同様に与えていた。

　共産党の支持率はこの時点で 9.9％もあり，これは 8 回の調査でもっとも支持率が高まった時であった。1990 年代以降の政党の離合集散の動きの中で，唯一ふらふらせずに，一貫した政策を掲げてきたということが，他党と

の比較の中で評価され，支持率を上げたのだろう。しかし，この時の調査で
も，共産党を支持すると答えた人の中で，「国が経済を統制するので，大金
持ちにはなれないが，最低限の生活は確実に保障されている社会」が理想だ
という共産主義的な考えを支持する人は，わずか16.7％しかいなかった。つ
まり，共産党の掲げる政策が支持されたというより，自民党も含めた他の政
党への不満から消去法で一時的に支持されたということにすぎなかったと言
えよう。

　その他の政党は，いずれも第2回調査後にできた政党である，民主党
（1996年9月結党）が8.3％，新進党（1994年12月結党）が6.0％，社民党
（1996年1月社会党から名称変更）が4.1％の支持率であった。このうち，
嫌悪率が支持率を下回っているのは，民主党（嫌悪率7.4％）だけで，新進
党（同23.5％）も社民党（同16.3％）も嫌悪率の方がはるかに高く，学生た
ちの期待はこの時点で小さかったことがわかる。新進党は，1994年の結党
時には衆議院だけで176名，参議院議員も含めた国会議員総数では200名を
超える政党だったが，1997年の第3回調査が行われるまでに内部抗争に明
け暮れ，1996年以降離党，分裂などを繰り返しており，政党としてはすで
に末期症状を呈していた。社民党は，かつて学生の支持の高かった日本社会
党が，自社連立政権時代に社会主義的政策を柔軟なものに変更したので，そ
れに合わせて党名を変更することで設立した政党である。しかし，民主党が
結党された際に右派の党員の多くが民主党に移籍してしまい，1996年の衆
議院選挙では議席を15に減らし，平和・人権などの原理原則を強く打ち出
す少数政党になってしまっていた。民主党はこの時点ではまだ支持率もそう
高くはなかったが，嫌悪率も高くなかったことから，1987年時点での社会
党，1992年時点の日本新党と同様に，うまく行けば自民党批判票の受け皿
として議席を伸ばすことが予測された。

　この第3回調査で一番比率が伸びたのは「支持なし層」である。しいてと
尋ねてもないと答える人は，1987年に26.9％，1992年に32.5％だったのが，
この1997年には44.3％にまで増えた。さらに嫌いな政党もないという人が，
1987年33.5％，1992年28.0％から大きく増えて，45.0％になったことも合
わせて考えるなら，政党への不信という段階に留まらず，政治自体への不信
から政治的無関心が，学生たちの間で急速に広まっていった時期だったとい

うことが読み取れる。

　性別，大学別で見ると，女子学生は「支持政党なし」が半数を超える（50.6%）のに対し，男子学生では36.5%に留まる。その分，男子学生は共産党（男子13.6%，女子6.9%）と民主党（男子11.0%，女子6.0%）の支持が多い。大学別では，大阪大学の男子学生では，自民党支持が14.9%なのに対し，共産党支持が21.3%もある。1987年調査の時に，社会党支持が自民党支持を上回っているケースはあったが，共産党が自民党支持を上回ったのはこれが初めてであり，その後も含めて出ていない。自民党批判の受け皿となる野党が育っていなかった中で生まれた珍しい事態と言えよう。大阪大学の女子学生の共産党支持も16.7%もあり，関西学院大学男子でも15.3%あった。

　学年別では，下位学年の方が「支持政党なし」の割合が高いというのは，それまでと同様に出ている。個別の政党支持では4年生の共産党支持が23.0%もあるのが目立つくらいで，他には学年差はあまりはっきりとしたことは言えない。

　2002年の第4回調査の際も，1997年ほどではないが，5年前と比べて3つの政党が消え，新たに3つの政党が生まれていた。前回との支持率の比較ができるのは，自民党，民主党，共産党，社民党の4政党だが，前回非常に高かった共産党を除き一応皆支持率を上げていた。ただし，民主党と社民党の支持率の上昇はほんのわずかであり，とりあえず5年間存続していたことで多少信頼感が増したという程度のことだっただろう。自民党は22.8%から29.2%に大きく支持率を伸ばした。その原因はと言えば，ひとつにはやはり小泉人気が考えられる。この調査の頃は，首相に就任した直後（2001年4月）ほどの勢いはなかったが，北朝鮮から拉致被害者が帰国したばかりで，外交でのポイントが高かったこともプラスに作用したのだろう。自民党支持が増えたもうひとつの理由として考えられるのは，現状にある程度の満足感を持っている人たちが，とりあえずずっと政権を担ってきた自民党にやらせておけばいいのではないかといった現状維持型の選択をしたということである。特に，この調査の直前の時期に第1野党である民主党が党首問題でごたついていたこともあり，やはり安心感で選べば自民党という選択をした可能性は高い。

性別では，自民党や民主党の支持は男子の方が多い（自民支持：男子 32.1%，女子 27.9% ／民主党支持：男子 13.3%，女子 6.8%）。ただし，大学別も合わせてみると，阪大生は，男女とも自民党，民主党に対する支持が平均よりかなり低く（自民支持：阪大男子 23.9%，阪大女子 17.7% ／民主党支持：阪大男子 6.5%，阪大女子 4.8%），選挙のたびに議席を減らしていた社民党支持率の方が，民主党支持率より高かった（阪大男子 10.9%，阪大女子 6.5%）。

　学年別では，学年が上がるほど支持なし層が減り（1 年から順に，53.3%，46.9%，41.0%，39.6%），自民党支持が増える傾向にあった（1 年から順に，24.4%，30.6%，32.3%，38.5%）。この時点では，選挙権はまだ 20 歳からだったので，投票経験のない下位学年の支持なしの比率が高いのは当然と言えるが，学年が上がるとともに自民党支持率が高くなるというのは興味深い結果である。支持政党のなかった未成年も，選挙権を得てその権利を行使しようと思えば，どこかの政党に所属した候補者を選ばざるをえなくなる。その時に，現実的な選択肢として浮かんでくるのが，この時点では自民党が圧倒的だったということである。

　2007 年の第 5 回調査では，久しぶりに政党が落ち着いた感じになった。5 年の間にまた 2 つの政党が消え，1 つの政党ができたが，いずれも小政党であり，1992 年以降ではもっとも落ち着いた 5 年間だった。この時は，調査の直前の時期に参議院選挙での自民党大敗と民主党大勝，そして安倍首相が突然辞任を発表するといったドラマチックな事態が生じ，政治が変わるかもしれないという期待感が集まっていた年だったせいもあり，ずっと増大し続けてきた支持なし層が大きく減り，自民党と民主党に支持が集中した。

　短期的にはミスが続いていたように見える自民党だったが，学生たちの記憶の中では颯爽としていた小泉首相のイメージもまだ強く残っており，支持率はそれ以前の調査よりも高くなっていた。さらに言えば，自民党の嫌悪率は初めて 2 割を切り，支持率の方が 14.6 ポイントも高くなった。自民党は 5 回の調査すべてで，学生たちからもっとも支持される政党ではあったが，1997 年の第 3 回調査までは，支持率より嫌悪率の方が高かった。2002 年の第 4 回調査で初めて逆転し，この 2007 年調査では支持率の方が大きく

上回ったわけである。他方，民主党も第 4 回調査より 16.4 ポイントも支持率を伸ばす一方で，嫌悪率の方は少し下がり，14.9 ポイントも支持率の方が高くなった。その他の政党はすべて支持率 3% 未満で，嫌悪率の方がずっと高いことを見るならば，この 2007 年時点で大学生たちの中でも日本に二大政党制に対する期待感が高まっていたと解釈できるだろう。

　性別，大学別で見ると，自民党支持は男女とも関西大学がもっとも多く 4 割を超える。男子学生に関しては大阪大学も桃山学院大学も自民党支持率が民主党支持率より高いが，女子学生では大阪大学と神戸女学院大学では民主党の方が高い。学年別では 1 〜 3 年生は自民党が，4 年生は民主党が多いが，統計的に見て有意な差とは言えない。2002 年調査の際には，自民党支持も民主党支持も男子学生の方が有意に多かったが，2007 年調査では女子学生の政党支持率が全体的に上昇し有意差がなくなった（自民支持：男子 34.2%，女子 33.1% ／民主党支持：男子 24.8%，女子 26.6%）。学年別でも，2002 年調査では，学年が上がるほど支持なし層が減り，自民党支持が増える傾向にあったが，2007 年調査では，そうした学年差による傾向は見えなくなった。二大政党制的な形が整ってくると，まだ選挙権を持たなかった学生たちも含めて，どちらかを勝たせることで，政権交代を起こせるということを実感で理解できるようになり，政党に対する関心が高まるのだろう。

　2012 年の第 6 回調査の時点では政党数が 14 もあるという，中選挙区時代にもなかった政党乱立状態になっていた。これは，2009 年に本格的な政権交代を行った民主党が国民の期待に応えるどころか，内部闘争に明け暮れ，ついには離党，分裂という状態を引き起こしたために，二大政党をめざすのではなく，キャスティングボートを握れる第三極をめざす政党が次々と誕生してきたことによる。

　しかし，2012 年調査時点ではまだ大学生の民主党支持率はそれなりにあり，2007 年時点と比べてもそれほど大きく下がっていたわけではなかった（2007 年 25.4% → 2012 年 20.6%）。この調査の直後の衆議院選挙で，自民党と公明党が政権を奪還し，首相になった安倍晋三が打ち出す政策（アベノミクス）が期待感を持って受け止められて経済状況が好転したために，選挙後は急速に自民党支持が増えたが，選挙前だった調査時点では，自民党に対

する期待感もそれほど高くはなく，一方で野田首相は地味だが誠実に政務をこなしているという印象もあったので民主党支持率は下げ止まっていた。ただし，嫌いな政党として選択される割合は大幅に増え（10.5％→22.7％），支持率より嫌悪率の方が高くなっており，浮動票をつかみにくい状態にあることは容易に予想された。調査時点で野党第1党だった自民党も，2007年調査に比べて大幅に支持率を伸ばしていたわけではなかった（32.9％→33.6％）が，嫌悪率が大きく下がり（18.3％→10.1％），支持率と嫌悪率の差は23.5ポイントと大きく支持率が上回る結果となっていた。この結果を見れば，そのすぐ後に行われた衆議院選挙で自民党が浮動票を集めて大勝ちをすることは十分予測のできることだった。

　民主党の政権獲得後の体たらくと，その結果でもある安易に作られた多数の小政党の存在が，1997年調査や2002年調査の時と同様に，政党に愛想をつかせる人を増やして，「支持政党なし」が増えるのではないかと思っていたが，意外にも政治関心が高まっていた2007年調査時よりも減った（30.8％→25.6％）。これは，小選挙区比例代表制という選挙制度しか知らない学生たちの時代になり，選挙とは政党を選ぶものということが当然のことになり，とりあえずどこかの政党を投票先として考えるようになっていたからだろう。

　それと，この時点で，歯切れのよい言動で注目を浴びる橋下徹大阪府知事が率いる日本維新の会という政党ができていたというのも大きかった。この時点では，本当に誕生したばかりで[3]，まだ何の実績も残してはいなかったが，橋下徹のイメージとともに漠然とした期待感を集め，12.3％というかなり大きな支持を集めた。この日本維新の会が調査時点で設立に至っておらず，選択肢の中に入っていなかったなら，「支持政党なし」の割合はもう少し増えていただろう。嫌悪率もちょうど支持率と同じ12.3％だった日本維新の会は，本調査のすぐ後に行われた衆議院選挙において54議席を獲得し，57議席まで激減した民主党に迫る勢いを示した。

　男女別に見ると，男子学生の政党支持は，自民党（37.5％），日本維新の会（15.9％），民主党（15.2％）の順番になるのに対し，女子学生は，自民党（31.3％），民主党（25.1％），日本維新の会（9.8％）となり，かなり異なる。女子学生の方は2007年調査の際の自民党と民主党の支持率がそれぞれ

33.1％と 26.6％だったので，ともに少しずつ減らした程度の変化であったが，男子の方は 2007 年の際に 34.2％と 24.8％だったので，自民党支持は増え，民主党支持が大きく減るという変化であった。日本維新の会に対する期待も男子学生の方がかなり高い。自民党はすでに安倍晋三が総裁になっており，日本維新の会の代表の橋下徹とともに，対中国や対韓国において強気の発言をしていたり，自衛隊の国防軍への名称変更などを打ち出していたりしていたことが，一部の男子学生には好感を持って受け入れられる要素になったと考えられ，逆に女子学生には不安を持たれる要素になっていたのだろう。大学別でこの男女の違いがくっきり表れるのは大阪大学で，男子では自民党支持 38.6％，民主党支持 7.0％に対し，女子学生では自民党支持 28.3％，民主党支持 32.1％と逆転する。メディアでの民主党政権の評価は酷評ばかりだったが，この時点ではまだそれなりに評価している人たちはいたのだった。

　2017 年調査では，自民党の支持率が 5 割を超えるという衝撃的な結果が出た。若者層の方が自民党支持率が高いというデータはいろいろなところで出ていた [4] ので，この大学生調査でも自民党支持率は高くなるだろうとは予想していたが，まさか 5 割を超えるとまでは予想していなかったので驚いた。嫌悪率も 9.1％と 1 割を切り，大学生の自民党支持は圧倒的なものとなっていた。この原因は，この時点で 5 年近く安定的に政権を運営してきた安倍内閣に対する信頼感によるものだった。自民党安倍内閣になる前の 3 年数か月，日本政治を不安定化させた民主党政権のマイナスイメージが残っていたところに，アベノミクスで大企業を中心に多少経済状態を改善し，特に大学生にとってもっとも関心の高い就職状況を大きく改善したことで，安倍内閣の評価は高まりやすかった。保守を標榜する安倍総理の政治姿勢も，近隣諸国の脅威が高まる中では，まっとうな方針という受け止め方をする学生が多かった。

　2007 年と 2012 年の調査では自民党と対抗しうる 20％台の支持率を得ていた民主党が，この 2017 年調査の時点ではなくなっており，その後継政党だった民進党は調査直前に行われた衆議院選挙では，小池百合子東京都知事が作った希望の党の公認候補となるために，民進党としては 1 人も擁立しないという戦略を取ったために，実質的には存在しないような政党のように

なってしまっていた[5]。しかし，小池百合子が，民進党の党籍を持った立候補者の選別・排除を露骨な形で行おうとしたことで，排除された枝野幸男を中心としたメンバーが立憲民主党を創設し，そちらが「判官びいき」的な人気を得たことで，希望の党に対する期待感はなくなってしまった。それは学生たちの目にも同じように映っていたようで，希望の党の支持率はわずか2.1％で，立憲民主党の9.1％にまったく及ばなかった。ただし，この2党と民進党の支持率を合わせても12％に届かず，前回までの民主党支持率に届かなかった。その分，自民党支持が増加したわけだが，この2017年調査時点の自民党は，日本維新の会の支持率も，そして支持政党はないと答える層からも比率を奪ったと言える伸びだった。

表 8-2　男女別支持政党（2017 年）　　　　　　（%）

	自民党	日本維新の会	希望の党	公明党	立憲民主党	共産党	支持政党なし
男子	57.0	10.3	2.1	2.4	6.4	0.9	17.9
女子	48.5	7.4	2.1	3.0	11.9	3.3	22.9

（選択者が合計で 10 名以上いた政党のみ）

　性別で分けて見てみると，自民党や日本維新の会の支持者は男子学生に多く，立憲民主党や共産党の支持者は女子学生に多い（表 8-2 参照）。これは，集団的自衛権行使を可能とする安保関連法の改定や憲法改正論議に表れている，各政党の戦争や軍備に対するスタンスの違いが生み出した差と考えられる。平和を求める志向性が相対的に強い女子学生が，安保関連法の改定や憲法改正に反対の姿勢を示す立憲民主党や共産党を，男子学生より支持していたのは納得のいくところである。

　今回の2022年調査では，前回2017年に比べて自民党支持が大きく減り，嫌悪率も増した（図 8-1 参照）。ただし，その比率は2007年や2012年頃の比率に近く，これが本来の大学生の自民党支持率なのかもしれないとも思わせる。すなわち，前回の2017年頃の安倍自民党内閣が若者に異様に支持されていたことによる突出した支持率で，安倍元総理のような特別な人気者がいない場合の自民党支持率は3分の1程度というのが，大学生の政治意識な

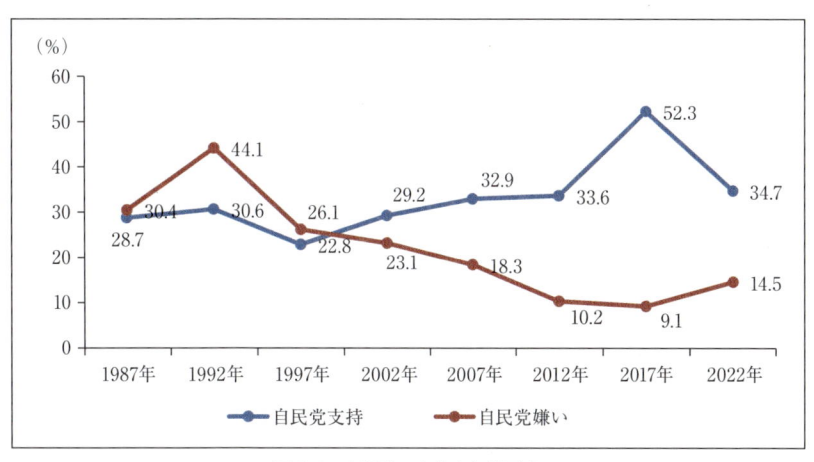

図 8-1　自民党の支持率と嫌悪率

のかもしれない。

　2002 年頃までは自民党の支持率が減れば，その分支持政党なしが増える
という傾向だったが，2007 年頃からは支持政党なしは 2 〜 3 割に止まり，
自民党を支持しないのであれば他の有力野党を支持政党として学生たちは
選択するようになっている。2007 年は民主党が 25.4％の支持を得て自民党
に拮抗する勢いを見せ，2012 年は民主党の支持率は 20.6％に落ちたものの，
新たに創られた日本維新の会が 12.3％の支持率取り，合わせれば自民との支
持率（33.6％）に近い比率になっていた。自民党支持率が 52.3％と大きく伸
びた 2017 年は，当然ながら有力野党の支持率は低下し，新たにできた立憲
民主党が 9.1％，日本維新の会も 8.8％と減らし，この 2 つの政党の比率を足
しても自民党の約 3 分の 1 程度に止まる状態だった。

　今回自民党の支持が減った分増えたのは，日本維新の会（13.1％），そし
て前回調査でまったく不人気だった希望の党の実質的な後継政党である国民
民主党（7.1％）である。日本維新の会は，新型コロナ禍の対応で，吉村洋
文大阪府知事の印象が非常に良かったために，大きく支持率を回復した。日
本維新の会の支持率増加は予想できたことであったが，国民民主党が，もと
もときょうだい政党のような存在で，国会で第 1 野党の地位にある立憲民主
党（6.1％）を超え，野党では 2 番目に支持されるとは予想していなかった。

国会内の議席数で言えば，第4野党でそれほど存在感を示せているわけでも
ないのに，これだけの支持率が出たのは，学生たちの中にも政党の特徴をそ
れなりにわかっている人がいるようだ。立憲民主党がかなり左寄りにシフト
して，政府・自民党に対決する姿勢を示す中で，国民民主党は，政府の方針
に対しても是々非々の立場を取り，やや保守寄りの立場を取っている。この
くらいのスタンスが本来自民党支持でもよいような学生層には，自民党の代
わりに支持しやすい野党なのであろう。自民党の支持率は減ったというもの
の，自民党よりも保守的ともいえる日本維新の会とやや保守的な国民民主党
の支持率を足したら5割を大きく超える[6]。そう考えれば，自民党支持率が
減ったからと言って，学生たちの保守化傾向に歯止めがかかったわけではな
いと言えるだろう。

表8-3　男女別支持政党（2022年）

(%)

	自民党	日本維新の会	参政党	国民民主党	公明党	立憲民主党	れいわ新選組	共産党	支持政党なし
男子	34.9	12.6	4.7	9.4	1.1	6.5	2.5	1.4	25.2
女子	35.5	13.8	2.3	5.4	2.6	6.0	1.4	2.6	28.1

（選択者が合計で10名以上いた政党のみ）

　男女別に見ると，今回はこれまで見られた男女差が見えなくなっているの
が一つの特徴である（表8-3参照）。これまでの調査においては，自民党や日
本維新の会のような保守系政党は男子学生の支持率が高く，女子学生の支持
率は低いという傾向があったが，今回の調査では，自民党の支持率も維新の
会の支持率も女子の方がほんのわずかに多いという結果が出ている。この両
政党の支持率で女子の方が男子より高くなったのは，今回が初めてである。
　大学生に限ったことではないが，政治に詳しくない人々にとって，政党へ
の支持は党の顔になる政治家に対する好悪の感情の表れであることが多い。
今回の調査時点で，自民党は男子学生に圧倒的に人気があった保守派の安倍
元総理から岸田総理に変わっており，男子の支持率が大きく落ちて女子を下
回ることになった。日本維新の会も，安倍元総理と政治的立場が近かった保
守派の橋下元代表がいなくなり，さらにはその盟友で当時代表を務めていた
保守的なイメージの強かった松井一郎大阪市長よりも，副代表で新型コロナ

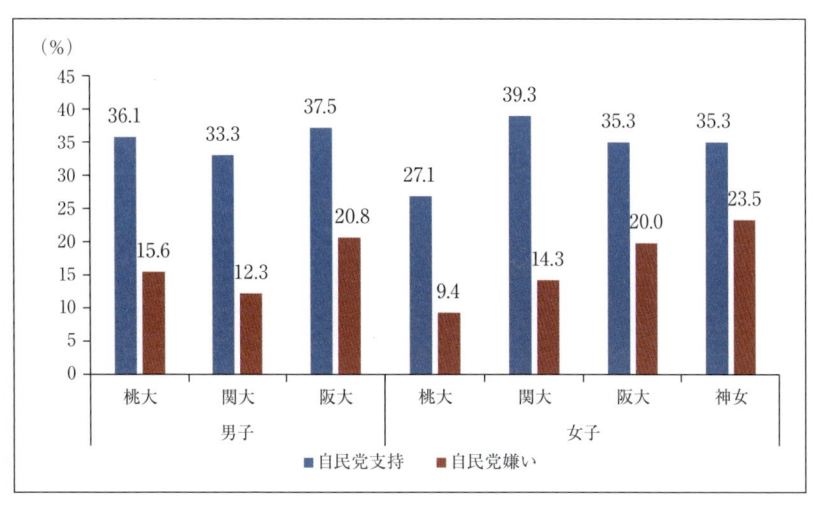

図 8-2　大学×性別で見た自民党の支持率と嫌悪率（2022 年）

禍で身を粉にして働いている青年知事のイメージの強かった吉村大阪府知事を前面に押し出していたために，女子学生の支持が大きく伸びることとなった（2017 年 7.4%→ 2022 年 13.8%）。結果として，男女間の政党支持率にほとんど差が見えなくなってしまった。

　大学別で自民党の支持率と嫌悪率を見ても，今回は大きな差がなくなってしまった（図 8-2 参照）。桃山学院大学の女子学生の支持率がやや低いが，これはこのグループにおいては支持政党なしを選ぶ人が半分近い 47.1%――そのうち 7 割に当たる人たちは嫌いな政党もない政治的無関心層――もいたことによるものである。

　注目すべきは，大阪大学の学生たちである。長らく日本では偏差値レベルの高いエリート大学に通う学生たちの方が，より革新的で，政府・与党には批判的になりやすかったため，自民党支持率が低く，野党支持率が高いという傾向があった。本調査でも 2002 年調査頃まではおおむね他の大学に比べると，自民党支持率が低いという結果が出ていた（表 8-4，図 8-3 参照）。しかし，男子は 2007 年頃から，女子も今回は全体と変わらない程度の比率になった。前回の 2017 年調査の際は，他大学の学生の自民党支持率が非常に

表 8-4　大阪大学生の主たる支持政党　　　　　　　　　　　　　（％）

		自民党	日本維新の会	日本新党	民主党／民進党／国民民主党	立憲民主党	社会党／社民党	共産党	ない
阪大男子	1987 年	18.3					38.3	10.0	16.7
	1992 年	22.2		22.2			8.3	16.7	22.2
	1997 年	15.2			8.7		4.3	21.7	39.1
	2002 年	23.9			6.5		10.9	2.2	52.2
	2007 年	32.7			21.8		3.6	1.8	34.5
	2012 年	38.6	15.8		7.0		1.8	3.5	33.3
	2017 年	43.1	9.8		0.0	15.7	0.0	0.0	27.5
	2022 年	37.5	16.7		12.5	4.2	0.0	4.2	20.8
阪大女子	1987 年	15.4					42.3	11.5	30.8
	1992 年	10.8		8.1			16.2	16.2	43.2
	1997 年	22.9			8.6		2.9	17.1	37.1
	2002 年	17.7			4.8		6.5	9.7	59.7
	2007 年	29.1			32.9		2.5	2.5	29.1
	2012 年	28.3	7.5		32.1		0.0	1.9	30.2
	2017 年	38.8	10.2		2.0	24.5	0.0	8.2	16.3
	2022 年	35.3	17.6		5.9	8.8	0.0	5.9	17.6

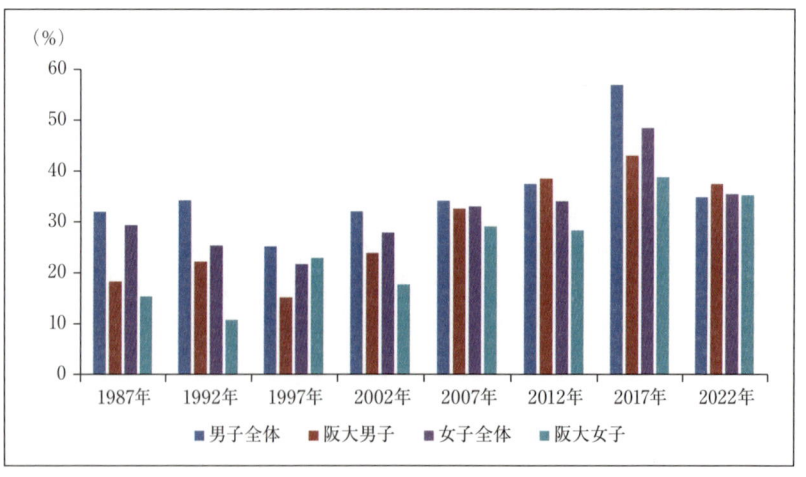

図 8-3　阪大生の自民党支持率の推移

大きく伸びたため，相対的には大阪大学の学生たちの支持率がやや低く見えるが，男女とも過去最高の自民党支持率となっており，全体に見られる保守傾向は大阪大学生においても同じように見られると言ってよいだろう。もはや，かつてのようにエリート大学生は革新的とは言えない時代になっている

　学年別に見てみると，男子においては 1 年生の方が 4 年生より自民党支持率が高く（1 年生 41.1%，4 年生 26.6%），支持政党なしと答える人は 1 年生より 4 年生が多い（1 年生 21.4%，4 年生 29.7%）。他方，女子においてはその逆になる（自民党支持：1 年生 32.9%，4 年生 39.8%，支持政党なし：1 年生 37.1%，4 年生 23.9%）。2 年生，3 年生の支持率も考え合わせると，学年が上がるほど，一定の傾向があるとはますます言えなくなる。以前なら，まだ選挙権を持たなかった 1 年生に支持政党なしを選ぶ割合が多く，それは納得いく結果だったが，今や大学生ならすべての人が選挙権を持っているため，学年差はほとんどないと考えた方がよいのだろう。

8-2　支持政党別に見た学生たちの政治意識

　学生たちの政治意識は，支持政党別で実際どの程度異なるのであろうか。この分析をするにあたっては，支持する人数がある程度いないと分析が困難になる。本来なら，自民党（221 人），日本維新の会（83 人），国民民主党（45 人），立憲民主党（39 人）以外の政党の支持者数では統計的分析に向かないのだが，それではあまりにも政党が少なすぎるので，二桁の支持者がいた公明党，参政党，共産党，公明党，れいわ新選組も含めて，無党派層，無関心層[7]と合わせて，10 グループに関して，様々な政治意識や行動意欲を見てみよう。

　表 8-5 から，自民党支持者より，日本維新の会，国民民主党，参政党の支持者の方がより政治的な保守意識が強いことが見て取れる。自衛隊を増強すべきと考える人は，自民党支持者では 22.6% に止まるのに対し，日本維新の会の支持者は 36.6%，国民民主党支持者は 46.7%，参政党支持者にいたっては 57.1% もいる。核武装をすべきだと思う人も，自民党が 19.6% に対し，日本維新の会は 31.3%，国民民主党は 35.6%，参政党は 57.1% である。前回の2017 年調査では，国民民主党，参政党は存在していなかったが，自民党支

表 8-5　支持政党別政治意識・行動意欲（2022 年）　　　　　　　　　（%）

（支持政党）	自民党	日本維新の会	参政党	国民民主党	公明党	立憲民主党	れいわ新選組	共産党	無党派層	無関心層
（支持者数）	(221人)	(83人)	(21人)	(45人)	(12人)	(39人)	(12人)	(14人)	(51人)	(117人)
（自衛隊の今後）										
1.　増強すべき	22.6	36.6	57.1	46.7	25.0	20.5	8.3	7.1	29.4	17.9
2.　現状維持	74.7	62.2	42.9	51.1	58.3	66.7	83.3	78.6	68.6	78.6
3.　縮小すべき	1.8	1.2	0.0	0.0	8.3	10.3	8.3	14.3	2.0	1.7
4.　なくすべき	0.9	0.0	0.0	2.2	8.3	2.6	0.0	0.0	0.0	1.7
（自衛隊の海外派遣）										
1.　賛成	21.3	34.1	47.6	35.6	33.3	23.1	16.7	14.3	15.7	17.9
2.　どちらとも言えない	47.1	35.4	38.1	37.8	8.3	30.8	33.3	50.0	52.9	53.0
3.　反対	31.7	30.5	14.3	26.7	58.3	46.2	50.0	35.7	31.4	29.1
（日本も核武装すべき）										
1.　そう思う	19.6	31.3	57.1	35.6	16.7	23.1	8.3	23.1	25.5	19.8
2.　そうは思わない	80.4	68.7	42.9	64.4	83.3	76.9	91.7	76.9	74.5	80.2
（戦争の是非）										
1.　いかなる場合もいけない	65.2	57.8	42.9	40.0	75.0	61.5	83.3	78.6	64.7	66.7
2. 防衛のためならやむをえない	33.5	37.3	47.6	55.0	25.0	38.5	16.7	21.4	35.3	32.5
3.　助力要請があれば介入可	0.9	4.8	4.8	0.0	0.0	0.0	0.0	0.0	0.0	0.9
4.　積極的に利用してよい	0.5	0.0	4.8	4.4	0.0	0.0	0.0	0.0	0.0	0.0
（日の丸への愛着）										
1.　非常にある	9.0	9.6	4.8	17.8	8.3	7.7	0.0	14.3	7.8	5.1
2.　ややある	54.3	45.8	57.1	40.0	16.7	35.9	54.5	28.6	45.1	35.9
3.　ほとんどない	26.2	33.7	33.3	40.0	50.0	33.3	27.3	42.9	29.4	42.7
4.　まったくない	10.4	10.8	4.9	2.2	25.0	23.1	18.2	14.3	17.6	16.2
（天皇制）										
1.　男性のみ	23.1	12.0	23.8	15.6	8.3	7.7	0.0	7.1	11.8	20.7
2.　男性優先	29.0	28.9	28.6	35.6	41.7	15.4	14.3	14.3	11.8	18.1
3.　男女平等	45.7	56.6	47.6	46.7	50.0	74.4	57.1	71.4	70.6	56.9
4.　廃止すべき	2.3	2.4	0.0	2.2	0.0	2.6	28.6	7.1	5.9	4.3
（理想の社会）										
1.　自由競争社会	21.3	16.9	52.4	11.1	0.0	18.4	16.7	14.3	25.5	26.5
2.　統制社会	39.8	32.5	14.3	31.1	50.0	28.9	25.0	50.0	37.3	37.6
3.　福祉社会	38.9	50.6	33.3	57.8	50.0	52.6	58.3	35.7	37.3	35.9
（経済発展）										
1.　もっと発展すべき	83.7	91.6	85.7	86.7	75.0	76.9	75.0	64.3	88.2	83.8
2.　そうは思わない	16.3	8.4	14.3	13.3	25.0	23.1	25.0	35.7	11.8	16.2
（原子力発電所）										
1.　積極的に利用	4.6	3.6	23.8	4.4	8.3	0.0	0.0	7.1	5.9	4.3
2.安全なものは継続的に利用	74.3	61.4	52.4	55.6	50.0	53.8	75.0	42.9	43.1	70.7
3. 近い将来廃止を前提に最低限の利用	20.6	33.7	23.8	40.0	41.7	35.9	16.7	50.0	49.0	23.3
4.　今すぐ廃止	0.5	1.2	0.0	0.0	0.0	10.3	8.3	0.0	2.0	1.7

（支持政党）	自民党	日本維新の会	参政党	国民民主党	公明党	立憲民主党	れいわ新選組	共産党	無党派層	無関心層
（支持者数）	(221人)	(83人)	(21人)	(45人)	(12人)	(39人)	(12人)	(14人)	(51人)	(117人)
（少数の人が世の中を動かす）										
1.　そう思う	52.5	65.1	76.2	71.1	50.0	64.1	66.7	50.0	68.6	53.8
2.　一概に言えない	33.5	28.9	19.0	17.8	41.7	33.3	25.0	41.7	27.5	36.8
3.　そう思わない	14.0	6.0	4.8	11.1	8.3	2.6	8.3	7.1	3.9	9.4
（住民投票）										
1.　非常によい	32.1	51.8	38.1	40.0	41.7	38.5	58.3	50.0	41.2	26.5
2.　どちらかといえばよい	53.8	39.8	47.6	40.0	50.0	48.7	41.7	35.7	43.1	47.9
3.　一概には言えない	13.6	8.4	14.3	20.0	8.3	10.3	0.0	14.3	15.7	25.6
4.　どちらかといえばよくない	0.5	0.0	0.0	0.0	0.0	2.6	0.0	0.0	0.0	0.0
5.　非常によくない	0.0	0.0	0.0	0.0	0.0	0.0	0.0	0.0	0.0	0.0
（首相公選）										
1.　賛成	39.4	55.4	71.4	42.2	41.7	59.0	75.0	64.3	54.9	36.8
2.　どちらとも言えない	48.9	37.3	14.3	48.9	25.0	30.8	16.7	35.7	29.4	57.3
3.　反対	11.8	7.2	14.3	8.9	33.3	10.3	8.3	0.0	15.7	6.0
（投票意欲・参議院）										
1.　行く	58.4	68.7	85.7	80.0	66.7	79.5	66.7	50.0	72.5	39.3
2.　行かない	41.6	31.3	14.3	20.0	33.3	20.5	33.3	50.0	27.5	60.7
（投票意欲・衆議院）										
1.　行く	66.5	79.5	90.5	80.0	75.0	84.6	75.0	50.0	74.5	47.0
2.　行かない	33.5	20.5	9.5	20.0	25.0	15.4	25.0	50.0	25.5	53.0
（徴兵制反対運動）										
1.　参加する	46.6	54.2	42.9	55.6	66.7	46.2	54.5	71.4	52.9	37.6
2.　参加しない	53.4	45.8	57.1	44.4	33.3	53.8	45.5	28.6	47.1	62.4

持者の方が日本維新の会の支持者より少しだけだが保守的傾向を強く示しており，自民党支持者がもっとも保守的と言えたが，今回はかなり変化したことになる。保守的意識の高い順に並べるなら，参政党，国民民主党，日本維新の会，自民党という順番になる。

　今回の調査で自民党の支持率は52.3％から34.7％に大幅に減ったわけだが，その減った分が他のより保守的と学生たちが思う政党に流れたと言えよう。保守派を高らかに宣言していた安倍元総理を評価するような学生たちは，岸田総理の率いる自民党では物足りないと思い，他の保守政党を支持するという選択をしたのだろう。前回の52.3％の支持率は，単純に尋ねて自民党支持と答えた「積極的自民党支持」33.2％と，単純に尋ねた時は支持政党なしと答えたがしいてと尋ねられて消去法的に自民党を選んだ「消極的自民

党支持」19.1％を足したもので，「積極的自民党支持」の方が非常に多かった。しかし，今回の34.7％の内訳は，「積極的自民党支持」14.9％と「消極的自民党支持」19.8％となっており，大きく減ったのは「積極的自民党支持」だということがわかる[8]。前回の「積極的自民党支持」の中には，自民党という政党自体を評価して支持した人以上に，安倍元総理個人に対する支持から，自民党を支持した人たちの方が多かったと言えよう。そういう保守的意識を持った学生層が安倍元総理のいなくなった自民党から，より保守的と考える政党に支持を移したため，支持者の政治意識に関して，上記のような結果が出てきたのだろう。

日本維新の会は，政党としてはかなり保守的な政策を打ち出しているが，今回の支持者たちには吉村大阪府知事のイメージだけで支持した人がかなりいたために，支持者の政治意識の保守度は3番目に位置することになった。国民民主党は元をたどれば民主党に行きつくので，本来はそこまで保守的な政党ではないはずだが，かなり保守的意識を持った学生たちから支持されるという結果になっている。こういう結果を見ると，国民民主党は今後保守的立場を強めていった方が支持は高まるのかもしれない[9]。もっとも保守度の高い学生たちが選んだのは参政党であり，これはその政策から言っても確かに保守系政党であり，この政党を選んだ学生たちはそれなりに政党のことをよく理解した上で選んだと言えるだろう。国民民主党と参政党を支持すると答えた学生たちは投票意欲も高く，政治そのものに対する関心も高い学生たちだと言えよう。

保守的思想の対極に位置する意識を持つ学生たちが支持する政党は，共産党とれいわ新選組である。それぞれ支持者は14人と12人しかおらず，全体から見たらわずかな数ではあるが，この学生たちは間違いなく反保守的立場を取る。自衛隊の増強に賛成する人は1割未満であり，海外派兵に賛成する人は2割以下，自衛のための戦争を認める人も2割強以下，天皇制度も男性のみか男性優先を選択する者はやはり2割強以下しかいない。反戦意識が強く，軍備増強などを危惧する学生がこの2つの政党を支持していると言えよう。

立憲民主党の支持者は，今回の調査では公明党と近い中間的な政治意識の持ち主で，強い保守意識を持つ学生がかなり減った自民党支持層との意識差は小さくなっているが，天皇制や日の丸への愛着など，いくつかの項目では

やはり反保守的な立場を示す。公明党は自民党と連立内閣を組む与党であるが，もともと平和を重視する政党だったこともあり，日本の核武装に反対する割合はれいわ新選組に次いで多く，支持する学生たちはとうてい保守派とは言えない。

　無関心層と無党派層は，ともにその政治意識は明確な形では見えてこない。無関心層は，「どちらとも言えない」とか「一概に言えない」という判断保留選択肢があるとそれを選びやすいことと，投票意欲や社会運動参加意欲も低いことが典型的な特徴である。他方，無党派層はそれなりに投票意欲もあるし，政治に関心がないわけではない。しかし，やはりどの政党も支持できないと判断するだけあって，その政治的立場は明確には出ない。保守でも反保守でもない中間的な立場に近いと位置づけるのが精いっぱいである。

　夫婦別姓や LGBT 理解増進法案をめぐって国会で議論がなされていた時期でもあったので，支持政党別にジェンダー関連意識も見てみた（表8-6 参

表8-6　支持政党別ジェンダー関連意識（2022 年）　　　（％）

（支持政党）	自民党	日本維新の会	参政党	国民民主党	公明党	立憲民主党	れいわ新選組	共産党	無党派層	無関心層
（支持者数）	(221人)	(83人)	(21人)	(45人)	(12人)	(39人)	(12人)	(14人)	(51人)	(117人)
（ジェンダーの必要性）										
1.　絶対必要	5.4	4.8	9.5	0.0	8.3	7.7	8.3	7.1	2.0	0.9
2.　どちらかと言えば必要	61.5	51.8	47.6	40.0	50.0	43.6	50.0	42.9	47.1	56.4
3.　どちらかと言えば不要	24.9	34.9	28.6	42.2	25.0	25.6	25.0	42.9	33.3	33.3
4.　まったく不要	8.1	8.4	14.3	17.8	16.7	23.1	16.7	7.1	17.6	9.4
（夫婦の名字）										
1.　妻が変えるべき	2.7	1.2	4.8	0.0	0.0	2.6	8.3	0.0	0.0	2.6
2.　妻が変えた方がよい	27.3	21.7	33.3	20.0	25.0	23.1	16.7	35.7	19.6	17.1
3.　どちらでもいい	49.5	56.6	38.1	40.0	33.3	30.8	33.3	28.6	43.1	53.0
4.　別姓でよい	20.5	20.5	23.8	40.0	41.7	43.6	41.7	35.7	37.3	27.4
（既婚女性の仕事）										
1.　結婚退職	4.1	3.6	4.8	6.7	8.3	0.0	0.0	0.0	3.9	3.4
2.　出産退職	37.7	33.7	14.3	28.9	16.7	12.8	50.0	28.6	21.6	27.4
3.　できるだけ続ける	58.2	62.7	81.0	64.4	75.0	87.2	50.0	71.4	74.5	69.2
（家事育児の分担）										
1.　妻がやった方がいい	1.8	0.0	4.8	0.0	0.0	0.0	8.3	0.0	0.0	0.0
2.　夫もできるだけ協力	32.3	27.7	28.6	17.8	25.0	23.1	25.0	21.4	13.7	17.9
3.　公平分担	65.9	72.3	66.7	82.2	75.0	76.9	66.7	78.6	86.3	82.1

照）。この表を見る限り，ジェンダー関連意識が相対的にもっとも保守的なのは自民党で，次いで日本維新の会と言えそうである。軍事的・政治的な意識ではより保守強硬派的意見の支持者が多かった参政党や国民民主党の支持者はジェンダー関連意識ではそこまで保守的ではないようだ。

　軍事や政治に関する意識，政治的行動への意欲，ジェンダー意識などを総合的に勘案すると，どうやら保守には，「愛国主義的保守」と「現状維持型保守」があることが見えてくる。この両者は実はかなり立場が異なる。「保守」という言葉をそのまま取れば，現状体制を守ることになるはずで，その意味では「現状維持型保守」こそが保守であろう。しかし，安倍元総理が「自分は保守だ」と言っていた時の保守は，単に現状体制を守りたいというよりは，日本を守るために変革も辞さない「愛国主義的保守」の意味に近くなっていた。それゆえ，前回 2017 年調査においては，自民党支持者の中に，両方の保守が入り，支持率も 52.3% にまで達していた。

　今回の調査時点の総理大臣だった岸田文雄はいかにも「現状維持型保守」的な政治家イメージが強く，「愛国主義的保守」を支持したい学生たちには物足りず自民党から離れたのだろう。それが，参政党や国民民主党を支持した学生たちで，日本を守るために軍備拡大にも賛成し，政治行動を示すことにも意欲がある「愛国主義的保守」である。彼らは，性別役割分業などに関しては，古い価値観を持ち続ける必要性を感じていない。他方，今回の自民党と日本維新の会を支持する学生たちには，軍備も社会制度もあまりガラッとは変わってほしくないと考える「現状維持型保守」が多いと言えよう。毎回男子の方がかなり多かった自民党支持者と日本維新の会支持者が，今回は現状維持的志向の強い女子の方がわずかながらも多くなったというのも，この 2 つの政党が，「現状維持型保守」政党として少なくない学生たちにイメージされていたことの表れだろう。

8-3　求める日本社会のあり方

　以上，政党支持率の推移と今回調査の支持層別に政治意識がどう異なるかを見てきたが，本節では過去 35 年間の大学生たちが全体としてどのような社会を望むように変化してきたのかを確認し，今後日本がどのような社会に

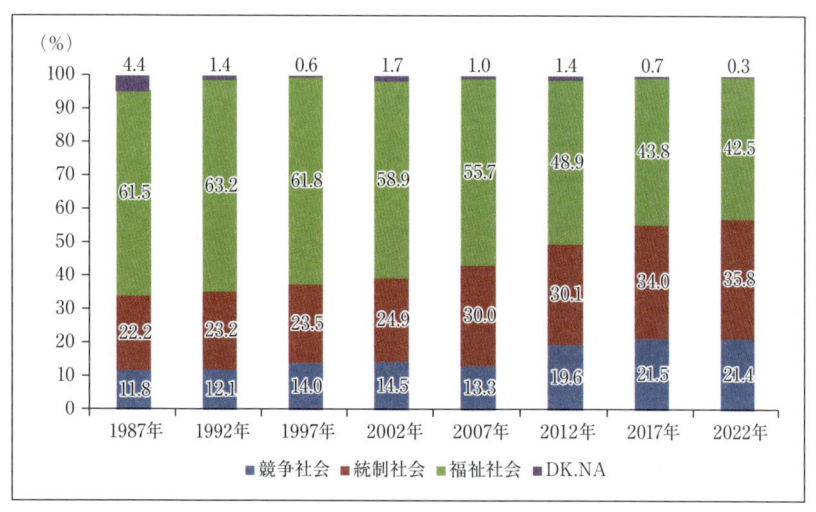

図 8-4　理想の社会

　なっていきそうなのかを考えてみたい。
　まず，あるべき理想の社会はどのようなものかという質問への回答を見て
みよう。この質問は，第 1 回調査からまったく同じ質問で尋ねており，35
年間の比較ができる。選択肢は，「自由に競争ができて，能力のある人はど
んどん金持ちになれるが，暮らしに困る人もでる社会」（競争社会），「国が
経済を統制するので，大金持ちにはなれないが最低限の生活は確実に保証さ
れている社会」（統制社会），「能力のある人は金持ちになれるが，国がその
人たちから高い税金をとって暮らしに困る人の面倒をみる社会」（福祉社会）
の 3 つである。この 35 年間毎回一番多く選ばれてきたのは，「福祉社会」で
あるが，図 8-4 を見てわかる通り，1997 年の第 3 回調査までは「福祉社会」
を選ぶ学生が 6 割以上いたが，21 世紀に入ってから，毎回選択する人が減っ
てきており，2012 年からは 5 割を切り，今回は 42.5％まで下がった。これ
は，21 世紀に入って年金制度に関する問題が次々に明るみになり，制度自
体が信頼できないという印象が広まったことが一因だろう。もちろん，今回
の調査の対象になった世代は，そうした経緯を詳しく知っているわけではな
いが，格差が広がり，ワーキングプアのような貧困層も存在し続ける現状を

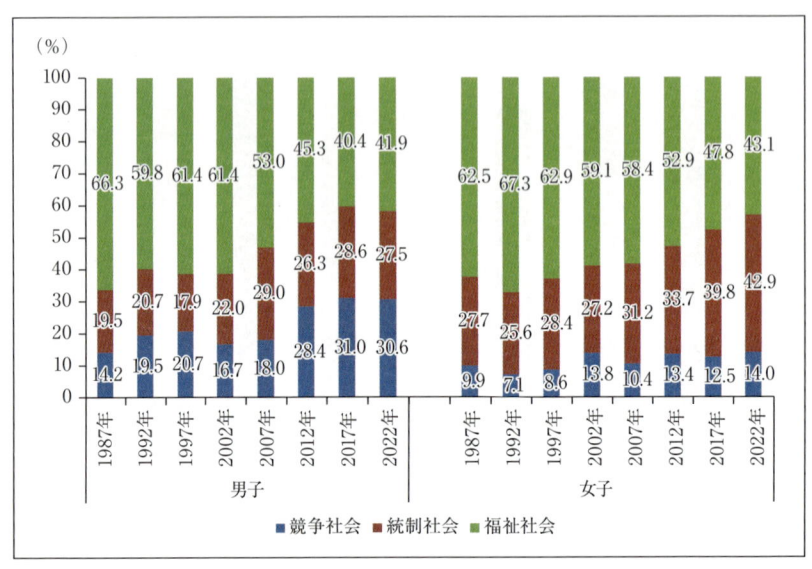

図 8-5　男女別にみた理想の社会の推移

見る限り，国が上手くバランスを取ってくれる社会なんて無理だろうと考え
る学生が増えているのだろう。代わって，じわじわと増えてきたのが，「競
争社会」と「統制社会」である。前回から，「競争社会」は２割を超え，「統
制社会」は３分の１を超えた。この２つはそれぞれ自由主義と社会主義のイ
メージであり，両極にあたる。その両極の社会を選択する人がともに増え，
両者を折衷したようなイメージである「福祉社会」を選択する人が減るとい
うのは，日本人の価値観が収斂から乖離へと向かいつつあると推測させる。
「9割中流」と言われ，非常に平等な社会というイメージだった日本はもは
や遠くなり，競争と「勝ち組・負け組」がはっきり出るのが当たり前になり
つつある時代に，学生たちはそれぞれの能力と価値観に基づいて異なる理想
の社会を支持するようになっている。
　男女別に見ても，ともに一番多いのは「福祉社会」だが，大きな趨勢と
してはどちらも徐々に減りつつある[10]。残り２つの「競争社会」と「統制
社会」に関しては，「競争社会」は男子学生が，「統制社会」は女子学生が
一貫して多い（図 8-5 参照）。その差は一時大分縮まっていた時もあったが，

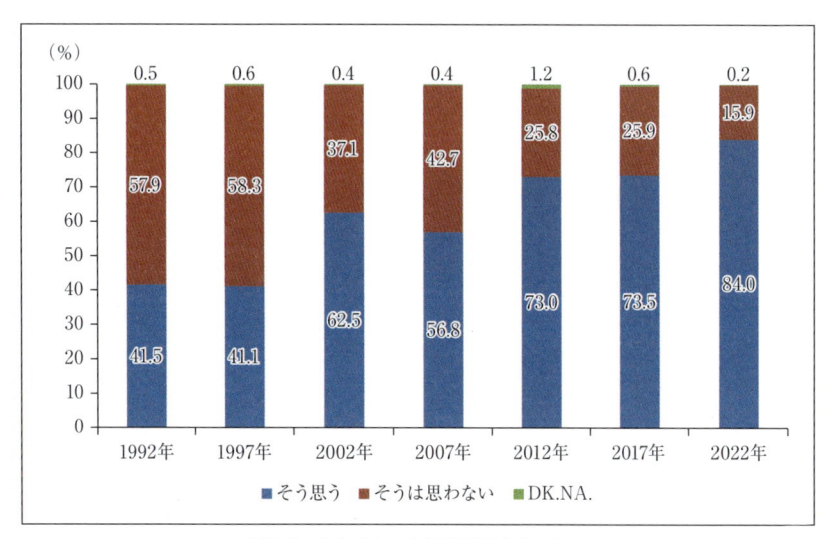

図 8-6　日本はもっと経済発展をすべきか

2012 年からは差が広がっている。男子学生で，「福祉社会」が 4 割強まで減り，「競争社会」が 3 割を超えた。他方，女子学生では，「福祉社会」が43.1％まで減った分，「統制社会」の支持者（42.9％）が増え，その差がわずかになった。男女の差が小さくなってきた項目が多いが，この「理想の社会」に関しては，最近の方が男女差が大きくなっている。

　より具体的にはどのような社会となることを学生たちは望んでいるのであろうか。個別の質問項目から分析してみたい。

　図 8-6 は，「日本はもっと経済発展をすべき」と思うかどうかについての回答結果の推移である。この質問項目を初めて導入した 1992 年の第 2 回調査の頃は，まだバブル経済の空気感がたっぷり残っていて，バブル経済の頃になされた「ジャパン・バッシング」の記憶が学生たちにも鮮明で，日本の経済発展は世界から憎まれるという意識も強かったため，経済発展を望む学生たちは約 4 割だった。1997 年調査の頃は，80 年代後半から 90 年代初めの好景気はバブルだったことに気づかされてはいたが，まだバブルの頃の記憶を持つ学生は多く，日本が出すぎるのには躊躇する気分がまだ強くあったのだろう。

しかし，バブル崩壊後の倒産，リストラ，就職難の記憶がほとんどの学生ばかりになる 2002 年調査以降は，経済発展を望む学生が過半数を大きく超えてくることになる。2012 年からは 7 割を超えるようになり，今回はなんと 84.0％もの学生たちが日本の経済発展を望んでいる。30 年ほど日本の経済がまったく成長しておらず，世界の中で相対的地位がどんどん低下しているとの報道も多くなされる時代になっていたので，この比率も予想されるものであった。むしろ，今の学生からすると，90 年代に，日本の経済発展を望む学生が 4 割程度しかいなかったことが信じられないだろう。国際経済の中での日本の相対的地位の低下が，学生意識に如実に反映されていると言えよう。

　次に軍備や愛国心について見てみよう。2000 年代に入った頃から，日本を取り巻く東アジア情勢は緊張状態にある。中国が経済的にだけでなく軍事的にも巨大化してきて，領土拡張行動を露骨に示すようになり，韓国とは日韓ワールドカップ後の雪解け時期が終わった後は，慰安婦問題や竹島問題で関係が再び悪化し，なかなか修復できず，北朝鮮はミサイル発射や核実験を頻繁に行うという状況にある。今回の調査を行った 2022 年には，ロシアがウクライナに攻め込む形で戦争が始まり，そのウクライナを助けるために欧米諸国が武器供与をし，日本も経済的に協力するという立場を取っていたために，戦争報道が毎日のようになされ，戦争が身近なものに感じられるような状況にあった。こうした空気の中で，日本を守らなければという意識が学生たちの中でも広く醸成されてくることは，ある意味当然のことと言えよう。

　まず，「今後自衛隊をどうすべきか」という質問に対する回答の推移を見てほしい（図 8-7 参照）。1990 年代後半以降，「現状維持」という形で自衛隊を肯定的に受け止める学生たちは着実に増え，「縮小すべき」や「なくすべき」という否定的捉え方がずっと減り続けてきた。これは，PKO 法に基づく自衛隊の貢献——第 1 陣は 1992 年 9 月に派遣——が当該国で高く評価されたこと，自衛隊違憲論を主張してきた日本社会党が自民党と連立政権を組んだ際に，自衛隊合憲論に立場を変えたこと（1994 年 7 月），1995 年の阪神淡路大震災や地下鉄サリン事件などで自衛隊が献身的な働きをしていたことなどが，広く国民に好意的に受け止められたことで生じた変化だった。2007 年調査頃までの自衛隊は戦争のための組織というより，災害や緊急事態のた

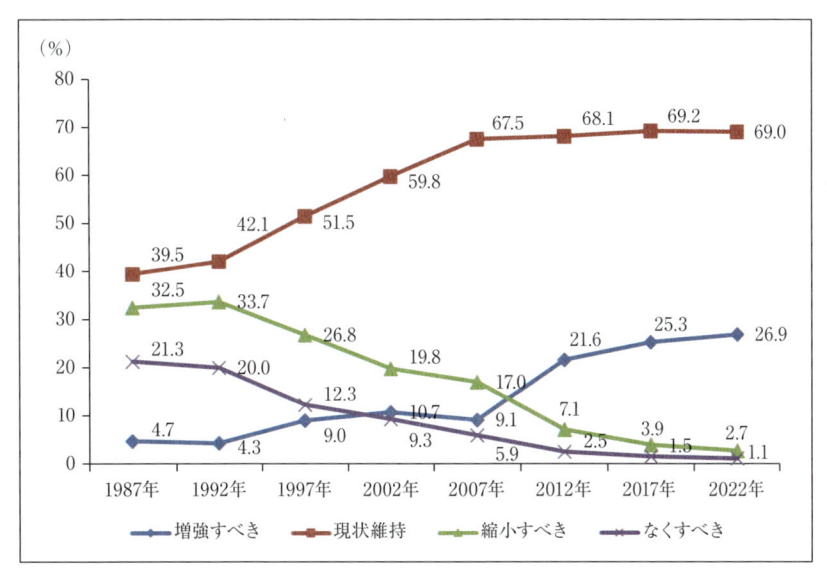

図 8-7　自衛隊の今後

めに他の組織ではできない活動をしてくれる組織というイメージで肯定的評価をあげてきていたと言えよう。

　しかし，2012 年調査からの変化はそれとは異なる変化が起きている。「縮小すべき」や「なくすべき」が減った分は，「現状維持」ではなく，「増強すべき」に回っている。明らかに，日本を守るために，軍事組織として自衛隊を増強する必要があるという考え方が学生の間に増えていると言えよう。1987 年や 1992 年調査の時点では 20 人に 1 人もいなかった「増強すべき」という考え方が 4 人に 1 人以上になり，逆に 3 人に 1 人いた「縮小すべき」が 2.7％，5 人に 1 人いた「なくすべき」は 1.1％になり，誤差の範囲に入るような極少数派の意見になってしまった。この 35 年間の社会の変化とそれを反映した学生意識の変化がもっともクリアに表れている結果のひとつである。

　男女別で見ると，男子学生に「増強すべき」という意見がより多く（37.7％），男女間で有意差があるが，比較的平和主義的な女子学生でも「増強すべき」という意見の人が 18.3％もいる。ただし，前回の 2017 年と比較

すると，男子は 33.2％から 4.5 ポイント伸びたのに対し，女子は 17.7％から 0.6 ポイントしか伸びていない。現在進行形で起きていたウクライナとロシアの戦争の報道を見ながら，こういうことも起きるから軍備は増強しないといけないという見方をする人と，戦争は悲惨な事態を生むことを現在進行形で知り，どんな理由があってもなるべく戦争はしないようにしないといけないと思う人に分かれたのであろう。前者に男子が多く，後者に女子が多かったことで，両性の間で伸び率に差ができた。

「いずれ日本も核武装したほうがよい」という意見を肯定する人も，2002 年頃までは 1 割前後だったのが，2007 年頃から上がり始め，前回，今回と 4 人に 1 人に近いところまで増えている（1987 年 10.0％→ 1992 年 7.0％→ 1997 年 10.3％→ 2002 年 10.9％→ 2007 年 12.7％→ 2012 年 19.2％→ 2017 年 23.5％→ 2022 年 23.7％）。核兵器に関しては，日本は唯一の被爆国として，その廃絶のためにもっとも積極的になるべき国というイメージもある中で，4 分の 1 近くが核保有を肯定するようになってきている。過去の辛い記憶より，今の危機への対応の方が，少なからぬ学生たちにとっては重要と見なされるようになっているのだろう。男女別で見ると，男子は前回の 31.5％から 37.5％に大きく伸び，女子は 16.0％から 12.9％に落ちている。この問いでも，前述の自衛隊の増強と類似の思考が，男女それぞれに起きていたのであろう。その結果として，2007 年から着実に伸びてきた核武装賛成派が今回はほとんど伸びなかったという結果が出たのだろう。

こうした過去 35 年の学生意識の趨勢は，戦争の是非について尋ねた質問からも確認される。「他国の戦争であっても，助力の要請があれば介入してよい」や「必要があれば，積極的に戦争という手段を利用してもよい」を選ぶ人は 1 回目の調査からほんのわずかしかいないが，「いかなる場合でも戦争はいけない」と，「自国を他国の侵略から守るためにはやむをえない」を選ぶ人の比率は，前回まで前者が減り後者が増える傾向にあった。特に 2002 年から前回までの 15 年間の推移を見ながら，前回調査をまとめた書籍では，今回調査では自衛戦争を肯定する人が半数を超えているのではないかという予測もしていた[11]。しかし，図 8-8 からわかるように，今回は久しぶりに「いかなる場合でも戦争はいけない」が増えた。これは，ウクライナの戦争を見ながら，やはり自衛のためとは言っても戦争になるとこんなに悲惨

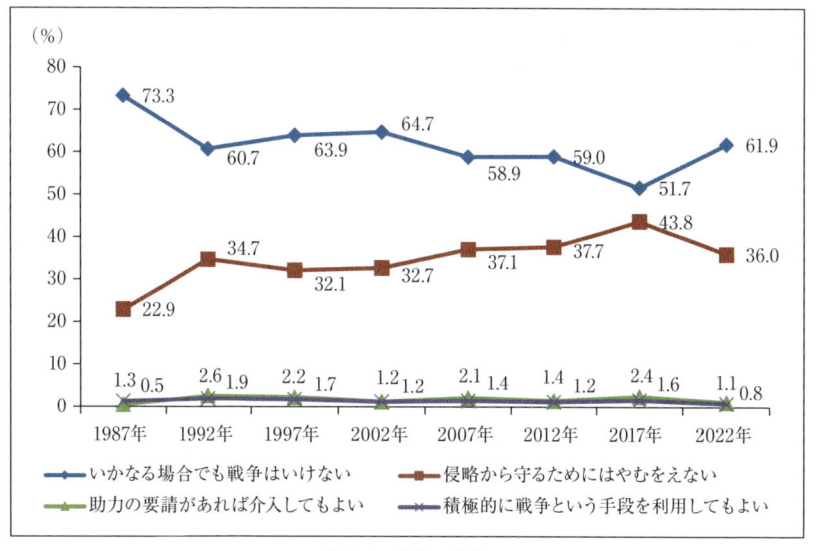

図 8-8　戦争の是非

なことになるのだということを現在進行形の報道を通して知り，やはり戦争は絶対にいけないと思った学生が増えた結果であろう。前回と比べると，男女ともに「絶対にいけない」を選択する人は増えているが，男子は 40.6％から 47.7％に 7.1 ポイントの上昇だが，女子は 63.0％から 73.7％へ 13.7 ポイントも上昇している。

　図 8-9 に見られる通り，国連からの要請があった場合に自衛隊を海外に派遣することに関しては，2012 年調査で初めて賛成が反対を上回った（賛成 35.4％，反対 24.4％）が，2017 年調査からは再び反対の方が多くなった（2017 年：賛成 28.8％，反対 29.5％，2022 年：賛成 23.7％，反対 31.8％）。これは，ウクライナ戦争の影響というより，2015 年 9 月に安保関連法が改訂され，集団的自衛権が行使できるようになり，万一の場合は，日本の自衛隊がアメリカ軍とともに戦闘行為を行えるようになったことが強く影響しているように思われる。2012 年頃までは，自衛隊の海外派遣のイメージは PKO という平和維持のための協力行動だったので，節度をもってしっかりやっている自衛隊が海外に行くことを肯定的に見る見方が広がっていた

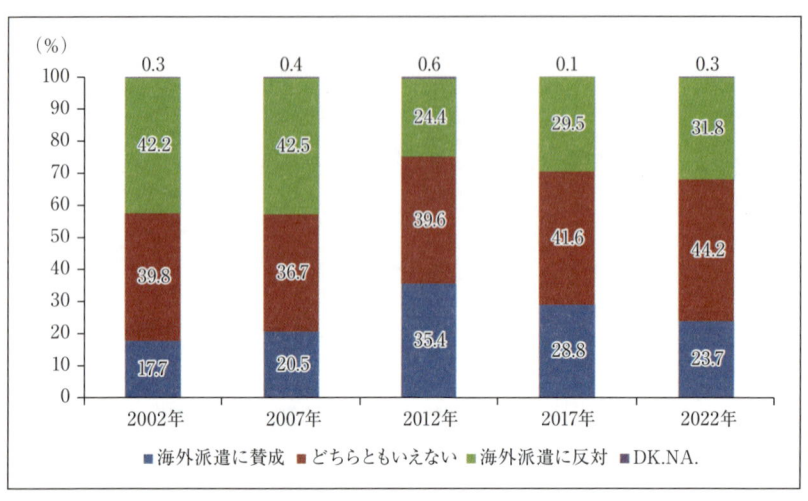

図 8-9　自衛隊の海外派遣

が，2017 年以降では海外派兵のイメージが変わり，賛成と単純には言えな
くなってきたのであろう。

　学生たちの愛国心を知るために，2002 年から君が代と日の丸について尋
ねてきた。1999 年に国旗・国歌法が制定され，2002 年には日韓ワールド
カップが開かれ，若者の間で「ぷちナショナリズム」が進行しているので
はないかという指摘もあった [12] ので，「日の丸にどの程度愛着があるか」と
「君が代を国歌だと思うか」という質問を加えた。

　君が代を国歌と思う人は，2002 年調査では 67.2％と 3 分の 2 程度程度だっ
たが，その後毎回比率を上げ，前回の 2017 年調査の際には 93.1％とほとん
どの人が国歌と思うようになった（2002 年 67.2％→ 2007 年 75.9％→ 2012
年 89.6％→ 2017 年 93.1％）ので，今回は国歌と思うかと尋ねるのをやめ，
歌えるかどうかと尋ねた。「歌える」人が 69.3％，「だいたい歌える」人が
26.3％で，合わせると 95％以上がほぼ歌えるということがわかった。小中学
校の義務教育時代にみんな覚えるようだ。1990 年代頃までは，君が代を歌
えない若者は非常に多かったことが，今の学生には信じられないだろう。

　他方，日の丸に関しては，「国旗と思うか」という聞き方ではなく，「愛着

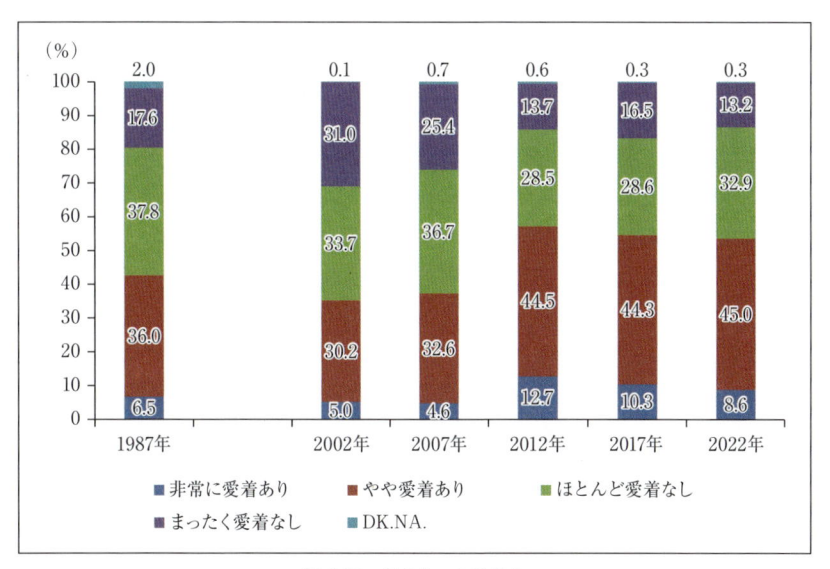

図 8-10　日の丸への愛着心

心を持っているか」という問いにしている。2002 年調査時も 2007 年調査時も，「ほとんどない」あるいは「まったくない」という人で 6 割以上を占めていた（図 8-10 参照）。この問いは，実は第 1 回の 1987 年調査でも聞いており，その時よりも愛着心が弱かったので，この時点では，やはりただの旗に今どきの若い人がそんなに思い入れを持つことはないのだろうと解釈していた。しかし，2012 年調査では，日の丸に愛着心を持つ人も大きく増えて，「非常にある」と「ややある」で過半数を占めた。その後の 2 回の調査では少し減る傾向にあるが，「愛着がある」人の方が「ない」人よりも多い状態は維持している。2012 年調査対象者世代あたりから，国旗国歌法制定後に学校生活が始まった学生ばかりになっており，公式行事ごとに国旗掲揚がされるのを当たり前に見てきたことが，日の丸に自然と愛着を持つ重要な一因になっていると考えられる。しかしそれ以外にも，近隣諸国との関係悪化や自国中心主義を叫ぶ大国のリーダーたちの発言を聞きながら，日本の学生たちの間でも 2000 年代前半頃までよりだいぶ愛国心が強くなってきていることも影響しているのではないかと考えられる。

パトリオティズムという愛郷心の延長線上に生まれる愛国心を若者が持つのは望ましいことだと以前から考えていたが，こうした隣国との関係悪化や自国中心主義的ムードから，愛国心が高まり，軍備増強意識も高まっているのだとしたら，それは単純に肯定できない気がする。もちろん，本調査のデータから言っても，現代の若者たちが日本が戦争に積極的に加担することなど望んでいないことは明らかだが，ひとつきっかけがあれば，「自衛のため」という名目で，日本が他国と戦争状態に入ることもやむをえないと肯定する空気が徐々に醸成されつつある気がしてならない。

　最後に，天皇制についての学生たちの考え方を見てみよう。天皇制については，1987 年から 1997 年までの 3 回の調査では，「強化した方がよいか」「今のままがよいか」「なくした方がよいか」という選択肢で尋ねていた。「強化した方がよい」（1987 年 0.2%→ 1992 年 0.5%→ 1997 年 0.6%）という意見はほとんどなく，「今のままがよい」（1987 年 67.8%→ 1992 年 74.4%→ 1997 年 68.4%）が 7 割前後で，残りは「なくした方がよい」（1987 年 28.5%→ 1992 年 24.8%→ 1997 年 30.3%）だった。この選択肢ではあまりにおおまかすぎた上に，ちょうど女性天皇の可能性が真剣に議論され始めてい

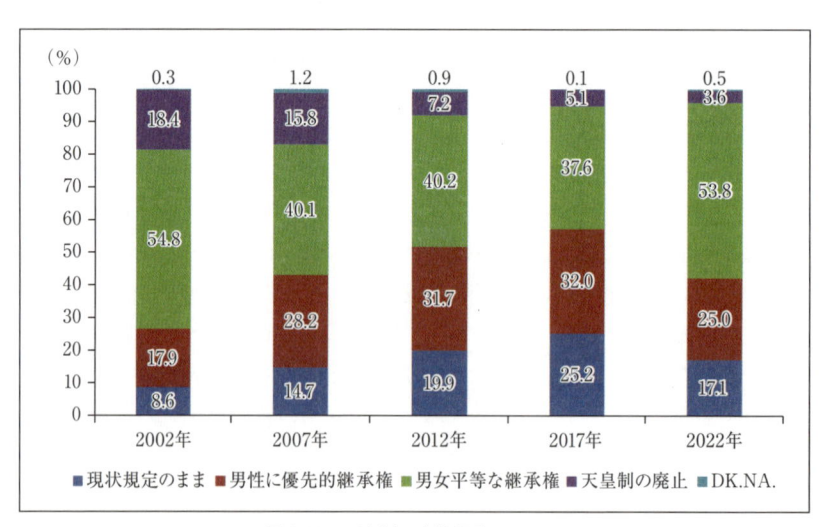

図 8-11　天皇制の皇位継承について

た時期だったので，2002年調査からは，皇位継承に関しての選択肢に変更した。「現状規定のまま男性のみに皇位継承権を与える」「男性を優先させつつ女性にも皇位継承権を与える」「男女平等に皇位継承権を与える」「そもそも天皇制を廃止する」という4つの選択肢に変えた。

　2002年から前回2017年までの15年間は，現状の男性のみが天皇になれる規定や，変えるとしても男性優先が支持率を上げるという保守的な考えが増加する趨勢だった（図8-11参照）。2002年にこの選択肢に変えた時は，男女平等な皇位継承が54.8％と過半数の学生によって支持されていた。それが，2007年になると4割に減ってしまった。この変化の原因はわかりやすい。2002年段階では，秋篠宮よりも若い男性皇位継承者がおらず，他方で皇太子家に女児が誕生していたため，天皇制を維持するためには，女性に皇位継承権を与えることが必要だと，当時の小泉首相をはじめ政治家たちも主張し始めており，この時点では，男女平等の皇位継承という選択肢は不可欠なものと思われつつあった。しかし，2006年9月に秋篠宮家に男児が誕生し，現行の規程でも天皇制が続けられる見通しが立ったことにより，無理に皇室典範を変えなくてもよいのではという空気が生まれたのである。それ以降確実に，現行規程の支持者と，変えるとしても男性に優先的な継承権を与えるという選択をする人が増えてきていた。

　しかし，今回の調査結果は，これまでの趨勢とは逆に男女平等の継承を求める人が20年ぶりに増加し5割を超えた。これは，女性天皇や女系天皇について深く考えた上での選択というより，今回の調査対象者となった学生たちはジェンダー平等の考えが強いため，単純に天皇の継承権についても男女平等であるべきだと考えたということであろう。ここだけ見ると，反保守的な考え方が出てきているようにも思われるが，天皇制自体の廃止を選ぶ人は3.6％しかおらず，天皇制という体制自体はなんの疑問もなく認める学生が圧倒的多数になっている。この選択肢に変えた2002年には18.4％おり，質問文は違うが，実質的に同じ意味を持つ「天皇制をなくした方がよい」と答えた人は，1987年には28.9％，1992年は24.8％，1997年は30.3％もいたことを考えると，やはり最近になるほど，学生たちは現状の体制が維持されることを望んでいる人が増えていると言わざるをえないだろう。

注

1）しいてと尋ねても支持政党はないと答えた 146 人のうち，嫌いな政党に自民党を
あげた人は 44 人いたのに対し，社会党は 18 人にすぎなかった。実際に，この調査
の 2 年後の 1989 年に行われた参議院選挙では社会党が獲得議席数で自民党を上回
るという大勝ちをした。

2）1987 年の本調査での社会党支持率は 23.7%，共産党支持率は 6.4% だったが，
1988 年の NHK 放送文化研究所の調査では，社会党の支持率は 15.9% で，共産党の
支持率は 3.2% であった。NHK 放送文化研究所編『現代日本人の意識構造　第八版』
NHK 出版，2015 年，付録 1，27-28 頁参照。

3）設立は，2012 年 9 月 28 日で，まさにこの調査の直前の時期だった。

4）2017 年 10 月 22 日の第 48 回衆議院選挙の際のテレビ朝日の出口調査でも，自民
党の世代別支持率は，18，19 歳 47%／20 代 49%／30 代 40%／40 代 35%／50 代
32%／60 代 30%／70 歳以上 37% で，10 代，20 代の自民党支持率が 5 割に近く，
全年齢層の中で 1，2 位を占める。

5）実際に，この調査の翌年 2018 年 5 月 7 日に，希望の党の多数派——元民進党だっ
た人がほとんど——と合流し，国民民主党という政党を作り，民進党は完全に消滅
した。

6）2022 年の参議院選挙の際に新たにできた参政党という政党も 3.2% の支持率を得
ていたが，この政党も保守的な政党である。

7）しいて尋ねても「支持政党はない」と答えた人のうち，嫌いな政党がひとつで
もある人は，政治的関心のある「無党派層」とし，嫌いな政党がひとつもない人
を，政治的関心のない「無関心層」とする。無党派層の実人数と割合の推移は以
下の通りである。1987 年 69 人（12.7%）→ 1992 年 127 人（21.7%）→ 1997 年 132
人（16.8%）→ 2002 年 124 人（17.2%）→ 2007 年 68 人（9.4%）→ 2012 年 52 人
（8.0%）→ 2017 年 23 人（3.4%）→ 2022 年 51 人（8.0%）。

8）積極的自民党支持は，前回の 2017 年調査では，男子 60.1%，女子 39.9% であっ
たのに対し，今回は男子 51.6%，女子 48.4% と男子の比率が下がり，消極的自民党
支持の方も，2017 年調査の男子 42.2%，女子 57.8% から男子 38.1%，女子 61.9% に
なり，全体としても前回の男子 53.6%，女子 46.4% から，男子 43.9%，女子 56.1%
になり，今回の自民党支持者は女子の方がかなり多いという結果になった。この性
別割合の変化が自民党支持者の政治意識の変化にも影響していると言えよう。

9）ただし，これまでの数々の政党の浮沈の歴史を見ると，保守度を増して自民党に
近づくなら，結局最終的には自民党に取り込まれ消えていくという運命になりがち
である。

10）今回，男子学生ではわずかに「福祉社会」を選ぶ人が増えたが，非常に小さな変

化であり，全体の趨勢が変わったと判断することはできない。

11) 片桐新自『時代を生きる若者たち——大学生調査 30 年から見る日本社会——』関西大学出版部，2019 年，190 頁参照。

12)「ぷちナショナリズム」とは，かつてのナショナリズムのような国家体制に対する強い支持ではなく，アジア諸国などから日本が批判されると，それを反批判するような意見がネット上に書き込まれたり，オリンピックやサッカーのワールドカップなどの国際的スポーツ大会で，一時的・感情的な日本応援が盛り上がったりする状態を言う。香山リカ『ぷちナショナリズム症候群——若者たちのニッポン主義』中公新書ラクレ，2002 年，参照。

第9章　学生たちの生き方選択

9-1　生活目標と人生観

　この調査の回答者になってもらった学生たちから感想として時々聞くのが，「なかなかおもしろかったですが，日頃考えないことを考えさせられてちょっと疲れました」といった声である。特に学生たちをそんな気分にさせるのは，前章で取り上げたような日本社会のこれからをどうしたらよいかという質問だろう。大学紛争が全国各地で行われていた頃の学生たちは，実際には行動しなかった者も含めて多くの学生たちが，「天下国家」のあり方を考えていた。しかし，現代の学生たちの大多数はそんなことを一顧だにしない。では，大きな社会の枠組みをほとんど視野に入れずに生きる現代の学生たちは，自分の生活に関してはどのような意識でどのような目標設定をしているのであろうか。まずは，1987 年の第 1 回調査からずっと尋ねている「生活目標」という質問への回答結果を見てみよう。

　この質問の選択肢は，「その日その日を自由に楽しく過ごす」，「しっかりと計画をたてて豊かな生活を築く」，「身近な人たちとなごやかな毎日を送る」，「みんなと力を合わせて世の中をよくする」の 4 つである。図 9-1 に表れているこの 35 年間の推移は非常に興味深いものである。

　1987 年の第 1 回調査の段階では「みんなと力を合わせて世の中をよくする」以外の生活目標はほぼ同じ数の学生たちから選択されていたが，その後 2007 年の第 5 回調査までは，「身近な人たちとなごやかな毎日を送る」が大きく増え，他の 2 つの選択肢を引き離した。「その日その日を自由に楽しく過ごす」と「しっかりと計画をたてて豊かな生活を築く」は，毎回順位を交代させながら全体としては減少気味だった。

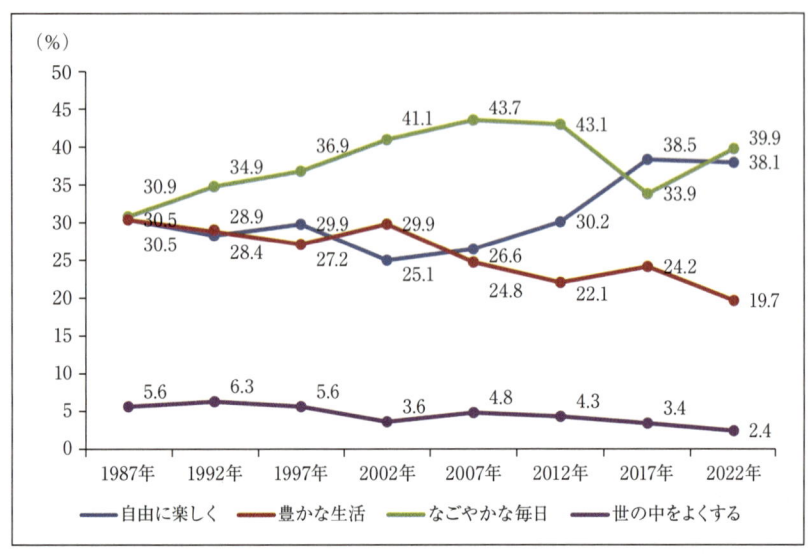

図9-1　生活目標

　しかし，2012年調査から「その日その日を自由に楽しく過ごす」を選択する人が大幅に増え始め，2017年調査では「身近な人たちとなごやかな毎日を送る」を抜いてもっとも多くの学生によって選ばれる生活目標となった。「その日その日を自由に楽しく過ごす」が増え，「身近な人たちとなごやかな毎日を送る」が減るというこの趨勢は，今回の調査でも継続されるのではないかと2017年調査の分析後には予測していたが，予測に反して，今回は「身近な人たちとなごやかな毎日を送る」が6.0ポイントも戻し，トップに返り咲いた。ただし，「その日その日を自由に楽しく過ごす」は0.4ポイント減っただけで，大きく減ったわけではない。大きく減ったのは，「しっかりと計画をたてて豊かな生活を築く」である。20年前の2002年調査では約3割の人がこの生活目標を選び，「その日その日を自由に楽しく過ごす」より選択する人が多かったが，その後じわじわ下がり続け，今回調査ではついに2割を切った。この目標は，「みんなと力を合わせて世の中をよくする」とともに未来志向的なものだが，どちらの目標も減り続けている。「世の中をよくする」といった社会貢献的な目標を選ばない学生が多いのは仕方がな

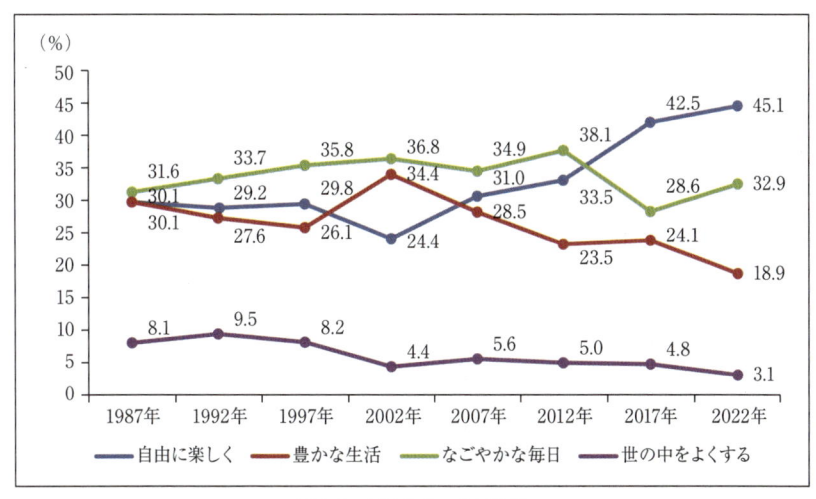

図 9-2　男子学生の生活目標

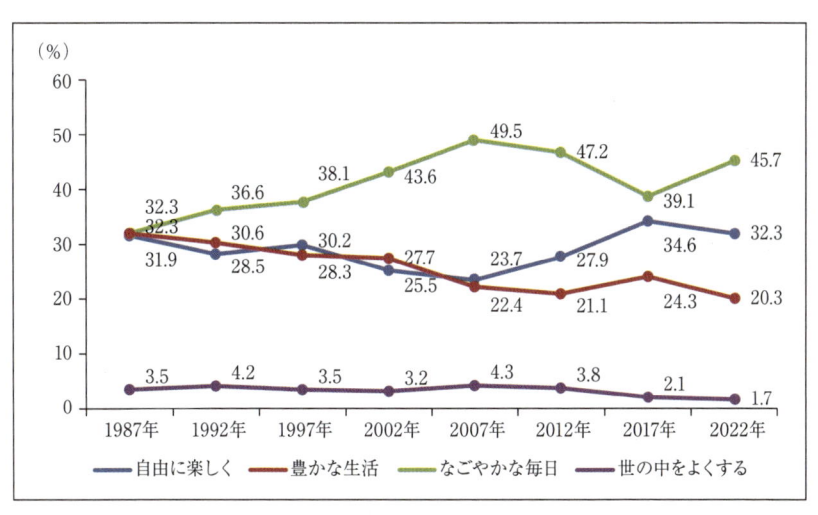

図 9-3　女子学生の生活目標

い¹⁾ が，豊かな生活を築くといった個人的な未来志向もどんどん減ってい
くのは気にかかる。未来に期待を持てず，個人として，あるいはせいぜい身
近な人と楽しくなごやかな毎日を送るという現在志向の学生たちがますます

増えざるをえない時代のようだ。

　男女別で見ても（図9-2，図9-3参照），「身近な人たちとなごやかな毎日を送る」は前回調査と比べて大きく増えている。新型コロナへの対応で当たり前に身近な人と会いたい時に会えたりするなごやかな日々を送れない経験をしたことが，男女問わずその大切さを改めて思い起こさせたのであろう。そして，大きく減らしたのは，男女ともに「しっかりと計画をたてて豊かな生活を築く」である。「その日その日を自由に楽しく過ごす」に関しては，女子はわずかに減ったが，男子は2.6ポイントも伸ばし，個人主義的に今を楽しめばいいのだという志向性は強まる趨勢を維持している。

　「みんなと力を合わせて世の中をよくする」が少ないのはこの35年間一貫した結果だが，それでも1990年代までは男子では約1割弱の8〜9％いたが，今やわずか3.1％になった。女子も今は1.7％まで減ってしまっているが，2012年までは3〜4％くらいはいた。社会関心がよりなくなり，「世の中」（＝社会）を良くするなんて考えもしない学生たちがどんどん増えてきたのが，この35年であったと言えるだろう。

　どのような生活目標を持っているかは，学生たちの人生設計と関連している。図9-4，図9-5に見られるように，「その日その日を自由に楽しく過ごす」と考える人は結婚願望が相対的に弱く，仕事より余暇を中心に生きたいという人が6割を超える。仕事と余暇に同じくらいに力を入れるという選択肢を選ぶ人が3分の1もいない。

　「身近な人たちとなごやかな毎日を送る」という生活目標を選ぶ人の結婚意欲は，これまで「しっかりと計画をたてて豊かな生活を築く」を選ぶ人たちとともに高く，毎回1番か2番であった[2]。しかし，今回は「みんなと力を合わせて世の中をよくする」を選んだ人より結婚意欲が低くなり，初めて3番に落ちた。「身近な人」として将来自分が結婚して作る家族を想像する人が減り，現在の家族や友人を思い浮かべて答える人が増えたのだろう。仕事観に関しては，「その日その日を自由に楽しく過ごす」を選択した人に次いで2番目に余暇派が多いのは毎回のことであるが，5割を超えたのは初めてである。

　「しっかりと計画をたてて豊かな生活を築く」を選んだ人たちは結婚意欲も高く，仕事も余暇に流れすぎないという堅実な傾向があるのは毎回出てい

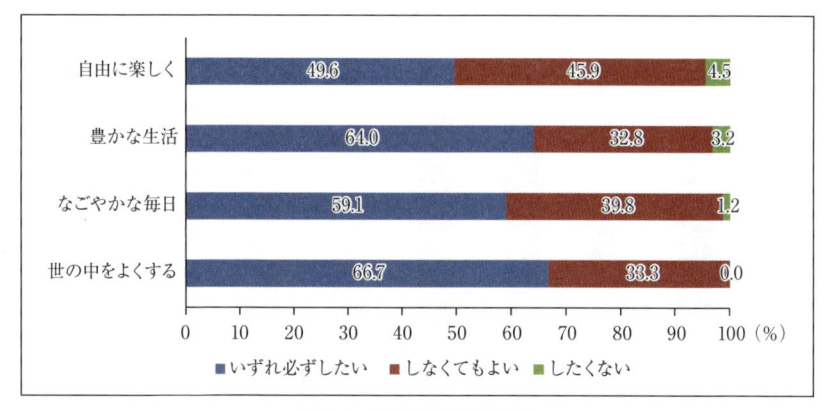

図 9-4　生活目標と結婚願望

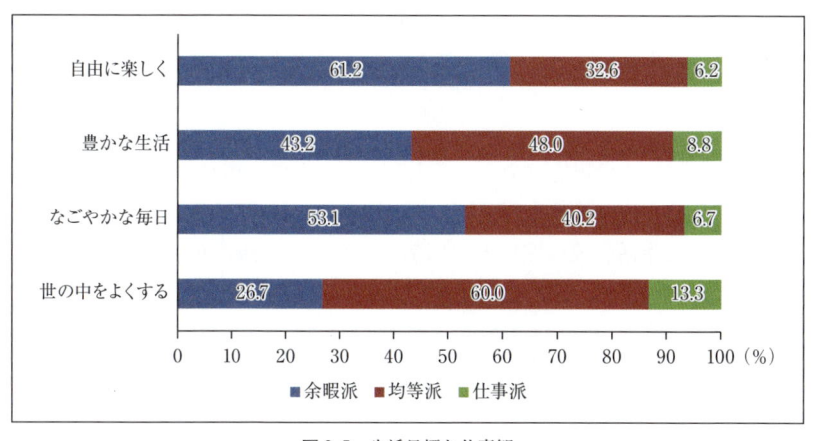

図 9-5　生活目標と仕事観

る結果だが，それゆえにこそこの生活目標を選ぶ人が全体として 2 割を切るようになっていることがやはり改めて気にかかるところである。

　「みんなと力を合わせて世の中をよくする」という生活目標を持つ人は，仕事観に関しては今回も含めて毎回もっとも余暇派が少ないのは当然の結果だが，結婚意欲が 4 グループでもっとも高くなったのは初めてことである。これまではほぼ毎回もっとも結婚意欲は弱く，個人的な幸せより社会貢献を考える人たちなのだろうと位置付けてきたが，他の生活目標を選ぶ人たちが

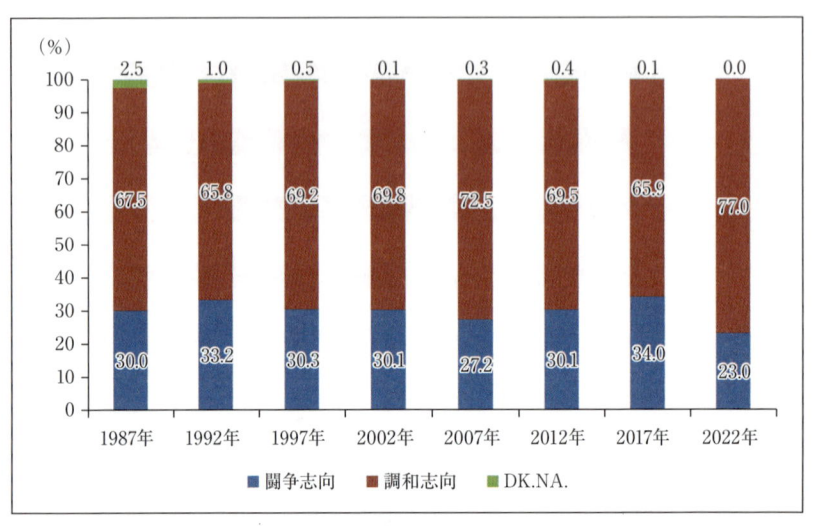

図 9-6　人生観

単独個人としての幸福追求を求める人が増える中で，相対的に結婚意欲のある人たちという位置付けになってしまったようだ。

　次に，この生活目標の問いと相関関係の強い人生観の回答を見てみよう。この問いは，「人生は要するに闘争だ。他人との競争に打ち勝っていかなければ何事もできない」（闘争志向）と「他人と争うのはよくない。何事も丸くおさめて自然のなりゆきに従っていくのが賢いやり方だ」（調和志向）という 2 つの人生観のどちらかをしいて選んでもらう質問である。調査対象になった学生たちからは「ケース・バイ・ケースだと思うので回答に困る」とよく指摘される問いなのだが，その回答分布は大きく見ればほぼ 3 対 7 でほとんど変化がなかった（図 9-6 参照）。しかし，今回の比率の分布はこれまでとはやや異なる結果を示している。前回，闘争志向が 34.0％と過去最高値となったが，今回はそこから 11 ポイントも落ち，23.0％という過去最低値になった。過去もっとも低かった 2007 年でも 27.2％なので，4 分の 1 以下になったのは初めてである。

　この質問への回答は毎回統計的に有意な男女差があるので，調査対象者に男女がどのくらい含まれるかによっても全体の回答傾向は左右される。そこ

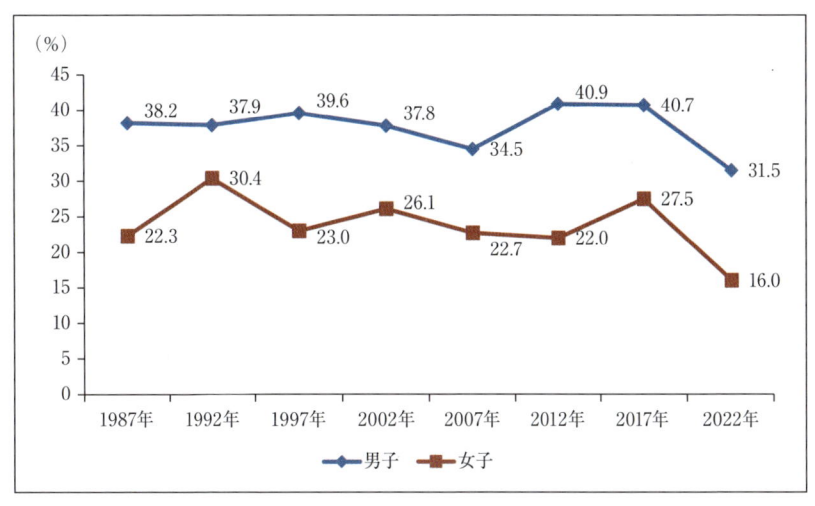

図9-7　男女別に見た「闘争志向」を選ぶ人の割合の推移

で，男女別の推移も見ておく必要がある。図9-7から，今回闘争志向が過去最低の選択率になったのは，男女どちらにおいても起きている現象だということが確認される。やはり，この闘争志向の低下は，調査対象者の男女比の影響ではなく，現代社会の空気を学生たちなりに受け止めての結果と考えるべきだろう。

　最近の学生たちは，以前の学生たち以上に「日本人は同調性が高い」という発言をよくすることが気になっている。新型コロナの蔓延によるマスク着用や自粛警察といった相互監視の空気，ネット上での炎上やそれを原因とした自殺，LGBTや環境関連のポリティカル・コレクトネスの広がりなどから，批判的言動は行わず，周りに合わせるのが一番無難な生き方だと思う学生たちが確実に増えている。こうした学生のリスク回避的感覚が，闘争志向の低下と調和志向の上昇という結果として表れてきているのだろう。

　生活目標との間ではもちろん強い相関関係が見られる（図9-8参照）。闘争志向の人は，「その日その日を自由に楽しく過ごす」をもっとも多く選び，次いで「しっかりと計画をたてて豊かな生活を築く」で，「身近な人たちとなごやかな毎日を送る」が3番目となる。他方，調和志向の人の場合は，

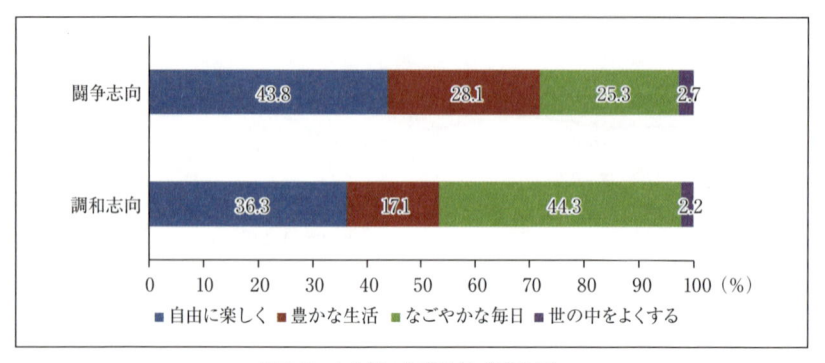

図9-8 人生観×生活目標（2022年）

「身近な人たちとなごやかな毎日を送る」がもっとも多く選ばれ，その考え方の違いがはっきり出る。特に，差が出るのは女子学生の場合で，調和志向の女子学生は「身近な人たちとなごやかな毎日を送る」を選ぶ人が50.3％もいるのに対し，闘争志向の女子学生では21.4％しかいない。男子学生では両者の間にここまで大きな差は出ていない（調和志向35.2％：闘争志向27.8％）。

闘争志向の価値観は伝統的ジェンダー観で言うと，男性が持ちやすい価値観で，調和志向の価値観は女性が持ちやすい価値観である。全体に調和志向を選ぶ人が増えた今回の調査で，闘争志向を選んだ女子学生は明らかに調和志向を選んだ女子学生より，伝統的ジェンダー観に基づいた生き方や考え方に否定的である。他方，男子学生の方は逆に闘争志向を選ぶ人の方が伝統的ジェンダー観に基づいた生き方や考え方にやや肯定的という結果が出ている。男女共通して闘争志向の学生の方が調和志向の学生より有意に多いのは，友人と何かする時は中心になること，自分らしさをつかんでいること，気楽な地位にいたいとは思っていないことなどである。こうした意欲的な学生が減り，無難に周りに合わせながら過ごそうという学生が増えているというのが現状である。

自分らしさがつかめているかどうかという質問と生活目標との関連も興味深い。2012年調査までは，つかめている人は「しっかりと計画をたてて豊かな生活を築く」を多く選び，つかめていない人は「身近な人たちとなごやかな毎日を送る」を多く選ぶという説明しやすい結果がほぼ毎回出ていた[3]。

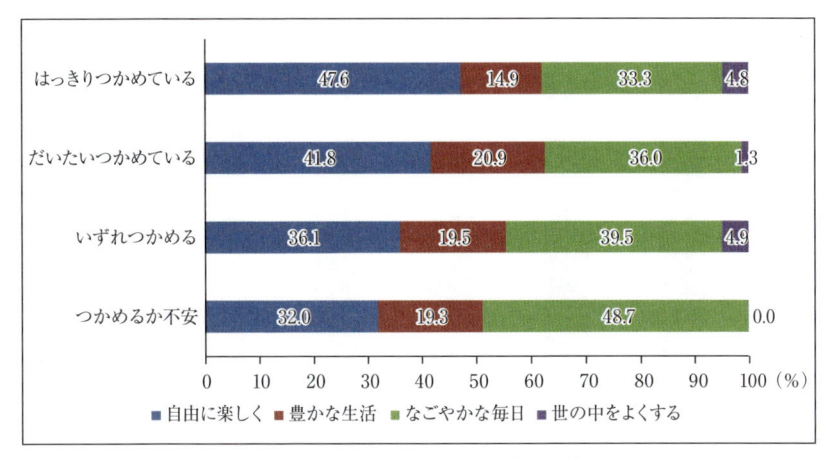

図 9-9　自分らしさと生活目標 (2022 年)

　しかし，2017 年調査では，「その日その日を自由に楽しく過ごす」を選択する人が全体に非常に増え，はっきりつかめている人でも，つかめるか不安に思っている人でも，ともにもっとも多く選ばれ，解釈が難しくなっていた。今回の調査結果はそれに比べるとわかりやすい。自分らしさをつかめている人ほど「その日その日を自由に楽しく過ごす」を選び，つかめない人ほど「身近な人たちとなごやかな毎日を送る」を選ぶという結果が出ている（図 9-9 参照）。

　2012 年までと異なるのは，自分をつかめている人たちも「しっかりと計画をたてて豊かな生活を築く」ではなく，「その日その日を自由に楽しく過ごす」を多く選ぶという点である。「しっかりと計画をたてて豊かな生活を築く」が，自分らしさをはっきりつかめている人で多く選ばれていた時は，自分をつかめているというのは，仕事や結婚も含めて今後どういう生き方をするかが学生なりに見えてきているということだろうと解釈していたが，「その日その日を自由に楽しく過ごす」を，自分らしさをはっきりつかめていると答える人のもっとも多くが選ぶようになってくると，一体自分らしさとして学生たちは何をつかんでいるのだろうかと疑問が湧いてくる。「その日その日を自由に楽しく過ごす」過ごし方がつかめていれば，自分らしさをつかんだことになるのだろうか。自分らしさをつかめずに「アイデンティ

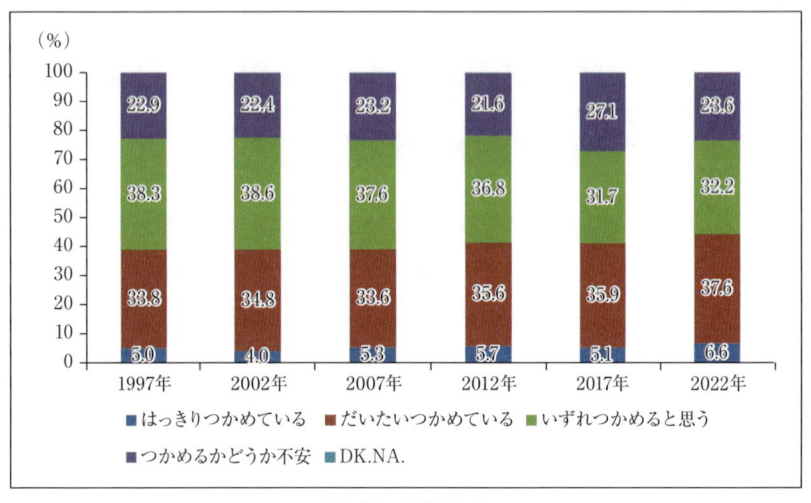

図 9-10　自分らしさ

ティの危機」にしばしば陥った昭和時代の学生や，自分探しの旅やボランティアや新宗教へと関心を引き付けられた者たちも少なからずいた平成時代の学生とはまったく違った学生たちの姿が，この令和の時代の学生として浮かび上がってくる感じがする。

　興味深いのは，自分らしさをつかめているかどうかについての学生たちの自己認識の分布は，過去 25 年あまり大きな変化はしていないことだ（図 9-10 参照）。「はっきりつかめている」が 5 ± 1% 程度，「だいたいつかめている」が 35 ± 2% 程度，「今はつかめていないが，いずれつかめると思う」が 35 ± 3% 程度，「将来もつかめるか不安だ」が 25 ± 3% 程度で，「つかめている」グループ（「はっきりつかめている」＋「だいたいつかめている」）と「つかめていない」グループ（「今はつかめていないが，いずれつかめると思う」＋「将来もつかめるか不安だ」）という比較で見るなら，おおよそ 4 対 6 の関係で推移してきた。今回は，44.2% 対 55.8% とこれまででもっとも差が縮まった。それほど大きな比率の変化ではないので，たまたまなのかもしれないが，あまり将来のことを考えず，今を楽しめばいいという考えが広まると，自分らしさがつかめるかどうかで悩む人は減っていくのかもしれ

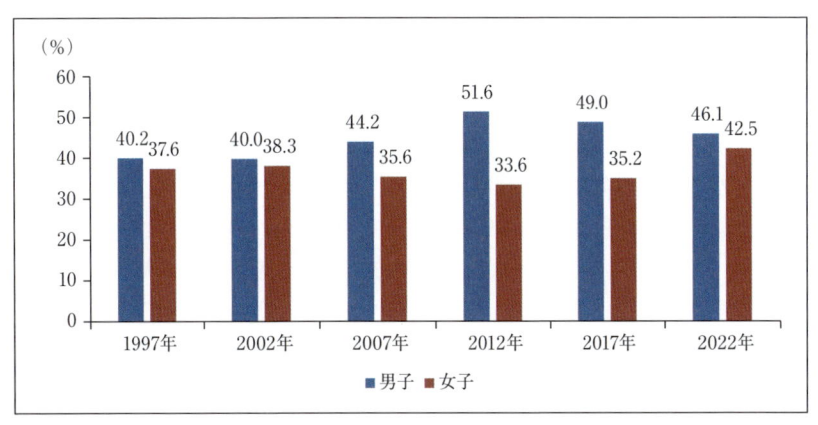

図 9-11　男女別に見た自分らしさをつかめている人の割合

ない。

　男女別に見ると，毎回男子の方が女子より「つかめている」と答える人が多い（図 9-11 参照）。統計的に見て有意な差が出たのは，2007 年，2012 年，2017 年の 3 回だけであるが，基本的に男子学生の方が自分らしさをつかめていると自己認識する傾向にはあるのだろう。この質問に関しては，学年が上がるに従って「つかめている」という答える人が多くなる[4] のだが，就職が近づくに連れて，働く人間としてシンプルに自分の適性や生き方を見つけたと思いやすい男子学生と，就職が決まったからと言って，その後の結婚や出産といったことを考えると，それだけで自分の生き方が見えたとは思いにくい女子学生との意識の差が出ているのだろう。

　ただ上述した通り，最近の 2 回ほどの結果は，自分らしさをつかめている人でも，あまり将来のことを考えてつかめたと答えていないのではないかとも考えられるので，こうした男女の生き方の違いからの説明では今は十分ではないだろう。実際に，男子はこの 10 年で 5.5 ポイント下がったのに対し，女子は 8.9 ポイントも上がり，両性の差が小さくなったのも，自分らしさのつかみ方が変わってきたことの表れとも解釈できる気がする。

　様々な項目と自分らしさとの関連を見ると，男女ともに有意差が見られるのは，自分らしさをつかんでいる人ほど，生活満足度が高く，友人たちと何

かする時には中心になるといった点である。これらの項目との関連は毎回出ている。やはり，自分自身がどういう人間かというアイデンティティをそれなりにつかんでいると思えれば，自信も持つことができ，友人関係でも積極的になり，現在の生活に対する満足感も強くなるのであろう。

　現在の学生たちの生活目標は，ともに現在志向である「身近な人たちとなごやかな毎日を送る」（39.9％）と「その日その日を自由に楽しく過ごす」（38.1％）で圧倒的な割合を示し，個人的な未来志向である「しっかりと計画をたてて豊かな生活を築く」（19.7％）と社会的な未来志向である「みんなと力を合わせて世の中をよくする」（2.4％）が少ない（図9-1参照）。このように生活目標において現在志向がより強まるのは，未来を明るいものとして見通せない時代ゆえという要因が大きいが，もうひとつ考えられる要因として，現在の生活への満足度も高いこともあげられるだろう。そこで，現在の生活への満足度を聞いた質問への回答結果を見てみよう。

　実を言うと調査結果が出るまでは，2年半以上の新型コロナによる制約で学生たちは自由な大学生活が送れていなかったので，今回の調査では，現在の生活への満足度は落ちているのではないかという予測もしていた。しか

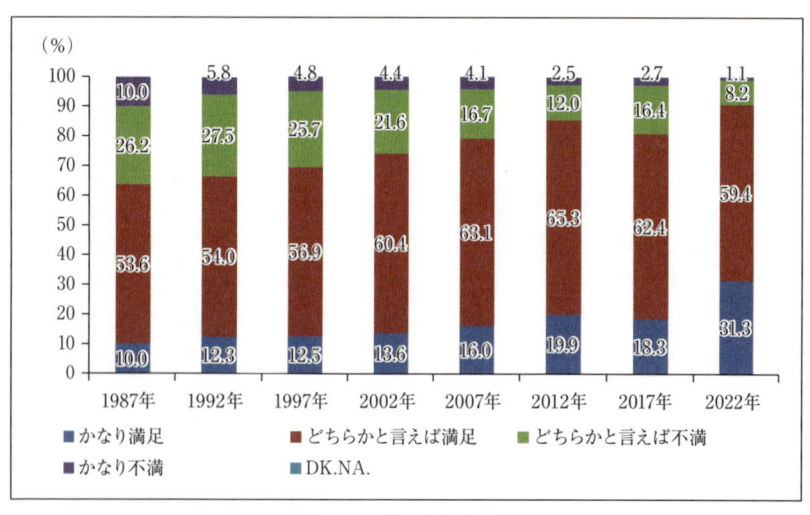

図9-12　生活満足度

し，予測とまったく逆に過去8回でもっとも満足度が高いという結果が出た。「かなり満足」と答える学生は，これまで2割に届かなかったが，今回は一気に3割を超え，「どちらかと言えば満足」を合わせると，初めて9割を超える学生たちが現在の生活への満足感を示した（図9-12参照）。

　学生たちに話を聞くと，オンデマンドという授業形式が一般化したことで，大学に行く回数を減らせたり，講義内容も好きな時間帯に聞くことができるため，自分のために使う時間を確保しやすいというのが，満足度の高さにつながっているとのことだった。大学に来て友人に会ったりすることができなくて不満なのではないかというのは，古い人間の考え方でしかなかったようだ。スマホという便利な通信手段があるので，離れていてもコミュニケーションは取れるし，会おうと思ったら大学以外の場所で容易に会えるのだから，新型コロナによる制約は大学生にとっては大きな痛手ではなかったようだ。これだけの現状への満足感があるのだから，生活目標も現在志向が増大するのも当然と言えるだろう。

　しかし，大学生がこんなにも現在の生活に満足してしまっているというのは健全なのだろうかとつい問いたくなる。古い考え方かもしれないが，発展途上にあり，新鮮な発想力も持つ大学生たちが，自分自身に関しても，社会のあり方に関しても，様々なことに不満を持つからこそ，その不満を解消するために努力するというのが，かつての大学生のあるべき姿であった。実際，1987年調査では「満足」と答える人は3分の2に満たず，3分の1を超える学生たちは不満を感じていたし，もしもこの調査をさらにその10年前，20年前に実施していたら，不満を感じる学生はさらに多かったに違いない。こんなに大学生の生活満足度が上がったのは，大学生たちが社会のあり方に関心を持たないのはもちろん，自分自身が何者かになろうという努力をすることもなく，今，大学生として毎日を楽しめているかどうかだけで考える人が増えてきているからだろうが，果たしてこの「飼いならされてしまった」とでも言うべき若者たちは一体どのような未来を創っていくのだろうか。

　グループ別に生活満足度を見ると，男女別では，毎回女子学生の方が満足度が高く，大学別では総じて男女とも大阪大学が高めで，桃山学院大学が低めという結果が出ている[5]。受験戦争の勝者として，一般に高く評価される学歴を持っている阪大生や，より現在志向的に生きられる女子学生の方が，

今，大学生として生活に満足かと問われれば，満足という回答が多くなるのだろう[6]。

21 世紀に入った頃，「若者は社会的弱者である」という主張がしばしばなされた[7]が，今の若者たちはまったくそうは思っていないようだ。むしろ，自分たちは便利で幸せな時代を生きていると感じている。明るい未来が見えなくなっている上に，現在の生活に満足できるなら，この現状の幸せをそのまま維持したいと学生たちが思うのは当然であろう。

しかし，卒業して働き始めれば，学生時代のように気楽には生きられなくなる。そういう時に，「みんなと力を合わせて世の中をよくする」とまでは考えなくても，「しっかりと計画をたてて豊かな生活を築く」を生活目標にしていれば，ちゃんと働き，家庭も作り，子どもも持とうという考えになるだろうが，「その日その日を自由に楽しく過ごす」という生活目標で生きていこうとするなら，どういう人生を選ぶのだろうか。「身近な人たちとなごやかな毎日を送る」という生活目標も，以前なら結婚して自分が創る未来の家族とのなごやかな日々もよくイメージされていたと思うが，今回の調査でこの選択肢を選んだ人は必ずしも未来を見て選んだわけではない人も多い。

学生時代の高い生活満足度と明るい未来の見えない不透明感から現在志向になるのはやむをえないとしても，家庭も作らずただ個人としてのみ楽しんでいければよいという生活目標の持ち主が増え続けるとしたら，やはり今後の社会に対する不安感は増していく気がする[8]。

9-2　広まる仕事のマイナスイメージ

働き方に関して第 1 回調査から尋ねているのが，仕事と余暇のバランスをどう取っていくかという質問である。毎回少し増減はあったが，前回までの大きな趨勢としては，「仕事と余暇に同じくらい力を入れる」（均等派）が減り，余暇派が増えるという傾向だった。しかし，今回は均等派より仕事派がかなり減り，その分余暇派が増え，ついに全体の半数を超えることとなった（図 9-13 参照）。

男女別で見ても，この傾向は確認される（図 9-14 参照）。第 1 回調査の時に「仕事派」の男子学生は 23.6％と 4 人に 1 人近くいたものだったが，今回

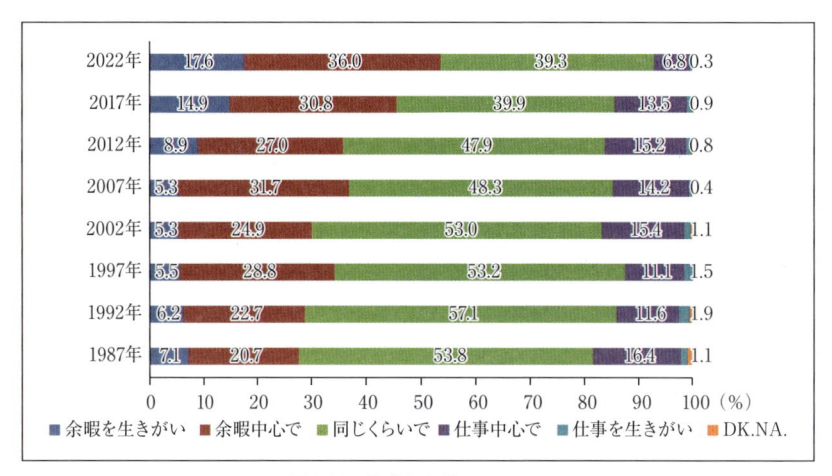

図 9-13　仕事と余暇のバランス

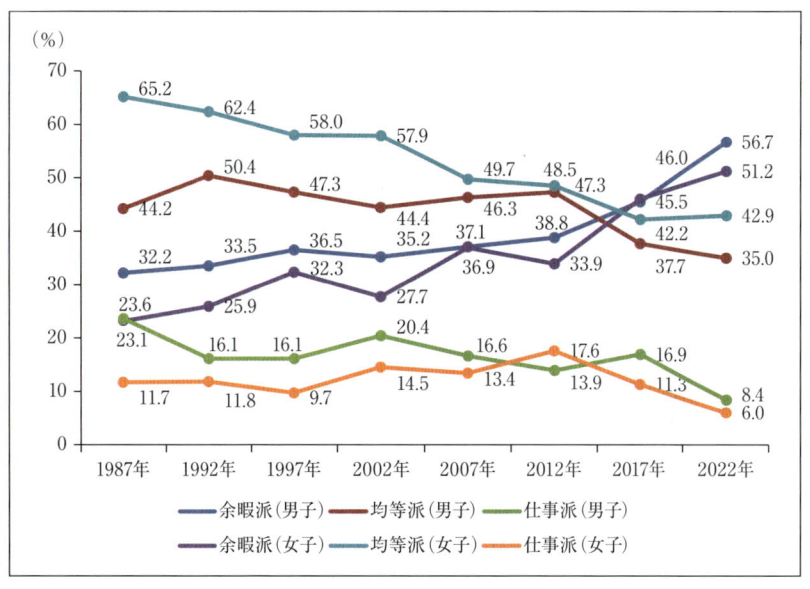

図 9-14　仕事と余暇バランス（男女別）

（「余暇派」は，「余暇を生きがい」と「余暇中心で」の比率を足したもの，「仕事派」は「仕事を生きがい」と「仕事中心で」の比率を足したものである。）

調査では8.4%と12人に1人ほどに減ってしまった。女子学生においては，仕事派は最初からそう多かったわけではないが，少しずつ増加する傾向にあり2012年には17.6%とかなり増えたが，その後の2回の調査では大きく減り，今回は6.0%しかいない。均等派も仕事にも力を入れるという立場だが，仕事派と均等派の両方の選択率がこの10年大きく低下してきているということは，学生たちにとって，仕事というものは，生活のために嫌々しなければならないものという印象がどんどん強まっているということを示しているように思われる。

　この質問に対する回答は，以前は男女間の差も大きかった——女子に均等派が非常に多く，余暇派も仕事派も男子が多いという違いだった——のだが，2007年調査以降，この質問に対する男女の差はほとんどなくなってしまった。これは，女子学生たちにとっても仕事をすることが当たり前となり，男子学生にとっての仕事の位置づけと変わらなくなってきている結果だろう。均等派が6割前後いた2002年調査頃までの女子学生にとって，仕事はするにしても男性と同じように出世競争に巻き込まれたりはせずに，自分で自由に使えるお金を得るためにするものくらいの位置づけで考えている人が多く，仕事と余暇のバランスを取っていくことができると考えていたので

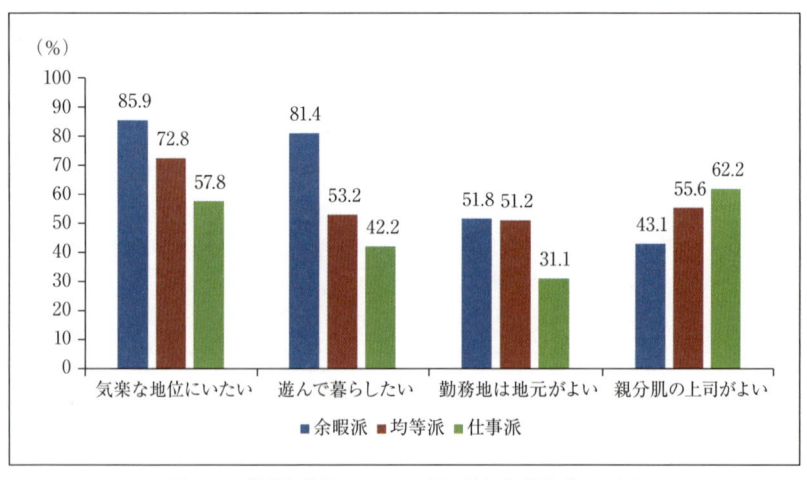

図9-15　仕事と余暇のバランス別に見た仕事観（2022年）

はないだろうか。しかし，女性たちにも男性たちと同じような仕事への期待がどんどんかかるようになってくるようになると，仕事で疲弊するというイメージも女子学生たちの中にも強く湧いてくるようになり，男子学生たちの仕事観と近い意識になってきたのだろう。

　この仕事と余暇のバランスをどう取るかという考え方は，様々な項目との間で相関関係を示す。まず当然ながら，働き方に関係する項目とはほぼすべて関連が出る。図 9-15 で示す項目とは前回も今回も統計的な有意差が見られる。ただし，前回の 2017 年調査の際には，この 4 項目ともに余暇派の考え方が突出して異なり，均等派と仕事派の考え方は類似しているという差だった[9]。しかし，今回の結果を見ると，均等派と仕事派の考え方が近いとは言えなくなっている。項目によっては，均等派と余暇派が近い項目もあるくらいで，全体としては，均等派の働き方に関する考え方は余暇派と仕事派のまさに中間的な位置になっているようだ。仕事に対するマイナスイメージを持つ人が増える中で，均等派の学生たちの中でも仕事への意欲は下がり気味なのだろう。

　次に，仕事と余暇のバランス以外の仕事観の変化を見ておこう。まずは転職に対する考え方を見てみよう。この質問は 1997 年調査から尋ねている

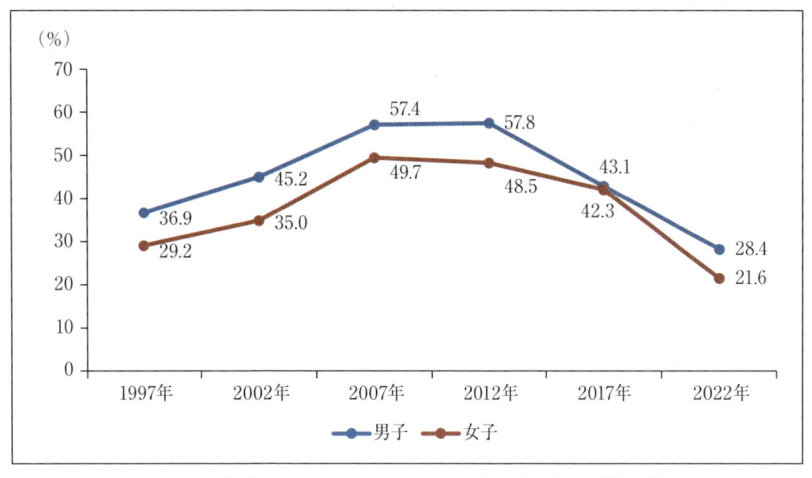

図 9-16　転職はなるべくすべきでないと思う人の割合（男女別）

が，図 9-16 に見られる通り，2007 年までの 10 年間に，転職はなるべくすべきではないと考える人が男女とも大幅に増加した。2012 年は横ばいとなり，2017 年以降は逆に大きく減少し，今回は男女合わせて 24.5% の学生しか転職を否定する人はおらず，25 年間でもっとも転職への抵抗感がなくなった。こうした学生たちの意識の変化は，まさに就職状況を反映している。就職氷河期と言われた時代—— 1990 年代前半から 2000 年代前半——をしっかり記憶に留めていた世代までと違い，10 年代以降の記憶がほとんどの最近の学生たちはそこまで就職が困難だった時代のことを知らない世代となっている。就職活動はそれなりに苦労しているが，本気でやっている学生で就職が決まらない学生はほとんどいない。慢性的人手不足は学生たちにとってありがたい売り手市場になっている。さらに，最近は様々なメディアで転職情報が流され，よりよい労働環境を求めて転職することに対する抵抗感も確実に減ってきている。

男女差に関しては，前回の 2017 年調査では見られなくなったが，今回はまた女子の方が転職への抵抗感は小さいという，2012 年までと同様の結果が出た。男子もだいぶ転職への抵抗感がなくなっているので，今後男女差がなくなることもありそうだが，結婚・出産を機に離職，再就職を現実的に考えざるをえない場面に出くわす可能性が高い女子学生と，そういうきっかけでの転職を考える必要のない男子学生の間では，やはり転職への意識差は出やすいのは当然と言えば当然なのだろう。

出世志向や勤労意欲について見てみよう。使う質問は，1992 年調査から尋ねている「ある程度の収入さえ得られるなら，出世するより気楽な地位にいたい」と思うかと，「働かないでも暮らしていけるだけのお金があれば遊んで暮らしたい」と思うかという質問である（図 9-17 参照）。

まず「気楽な地位にいたいか」についてであるが，この回答は前回の 2017 年調査まで比較的安定していた。就職状況が氷河期に入ったまま改善が見えなかった 2002 年に，一度だけ気楽な地位にいたいと思う人が大きく減ったことがあるが，その後，女子学生は 7 割強が，男子学生は 3 分の 2 程度が「そう思う」と答え，安定していた。それが，今回は久しぶりに男女ともに大幅に増加し，女子は 8 割を超え，男子も 74.1% と約 4 分の 3 になった。これまで以上に圧倒的多数派が気楽な地位にいることを望み，出世は望

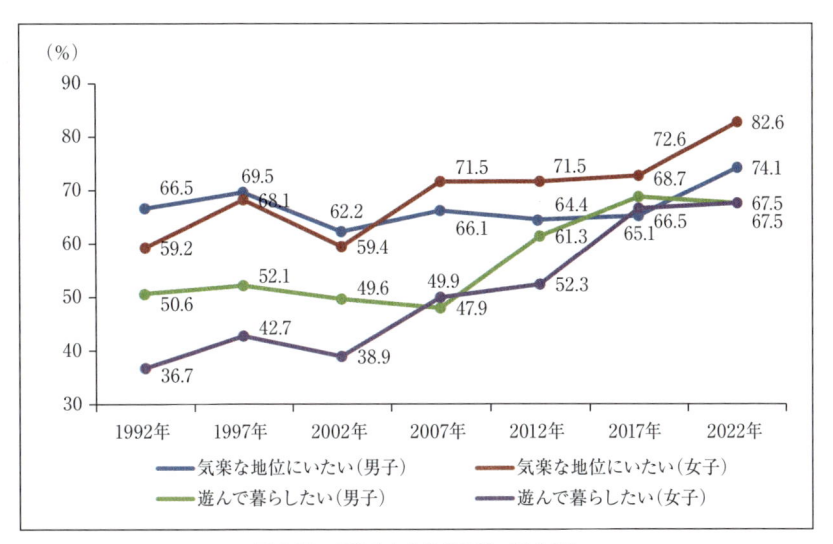

図 9-17　出世志向と勤労意欲（男女別）

まないようになっている。企業に勤めて，出世を全然しなければずっと使われるだけで仕事も楽しくならない可能性が高いはずだが，そんな将来まで視野に入れて考える人は極少数で，多くの学生は，出世すると仕事の責任が重くなりそうで嫌だなというくらいにしか考えていないのだろう。

　「働かずに遊んで暮らしたいか」という質問の方だが，「そう思う」と答える人は，男子は 2007 年まで 5 割前後，女子は 2002 年までは 4 割前後しかなかったが，その後男女とも大きく増加した。今回調査は前回調査とほとんど変化がなかったが，それでも男女とも約 3 分の 2 強という多数の人が，「暮らしていけるだけのお金があれば働かず遊んで暮らしたい」と答えている。これは，見方を変えれば，仕事することをお金のためとしか考えられない大学生が圧倒的多数派になっているということを意味すると言えよう。仕事と余暇のバランスでも，余暇派が伸びているのだから，この質問の回答分布がこうなるのも当然ではあるが，何かもう少し学生たちに仕事に対するプラスイメージを持たせなければならないのではないかと心配になる。

　次に，「早く社会に出て働きたい」と思うかという質問項目の回答の推移を見てみよう。前回の 2017 年調査までほとんど変わらず 4 分の 1 程度で

あったが，今回は5ポイント以上減り，約2割まで落ちた（1992年26.5%
→1997年25.6%→2002年24.0%→2007年26.4%→2012年27.0%→2017
年26.4%→20.8%）。やはり，最近になって働くということが学生の中で一
段とマイナスイメージになっているのだろう。男女別に見ると，女子学生が
より否定的で早く働きたいと思っていない（男子22.4%，女子19.4%）。統
計的有意差が出たのは，2007年，2012年，2017年の3回だけだが，基本的
には性差がある項目だろう。

　10数年前から，最近の若者は「地元志向」が強いとしばしば聞くように
なったので，それを確かめるために2012年調査から「勤務地はできれば地
元がよい」と思うかどうかを尋ねている。男女とも約半分が勤務地は地元が
よいと答えている（男子：2012年49.5%→2017年47.0%→2022年51.2%，
女子：2012年56.4%→2017年45.7%→2022年49.1%）。もっと以前から尋
ねていればまた違う結果が出ていたかもしれないが，この10年で見る限り，
あまり大きな変化はないようだ。2012年から2017年は地元志向が減ったが，
今回また戻しているので，地元離れが進んでいるということもできない。地
元勤務を希望するかどうかに関しては，多少影響がありそうな要因はいくつ
か見つかるが，どれも決定的な影響を与えていると言えるほどのものではな

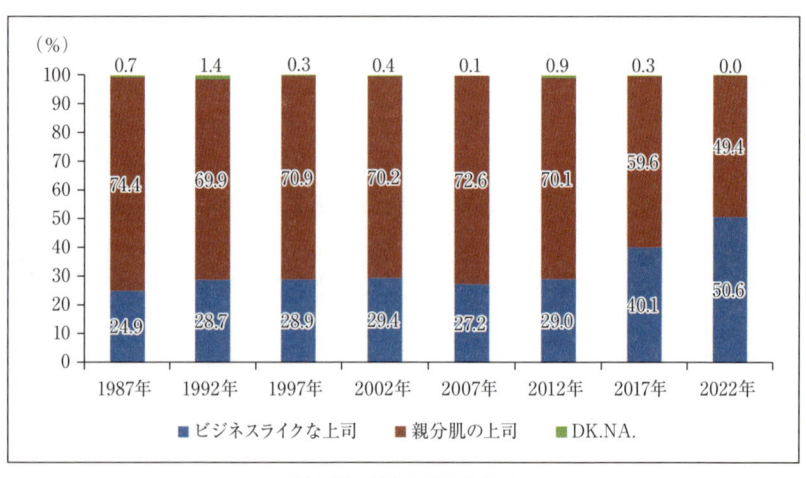

図9-18　好む上司のタイプ

く，地元に仕事があるか，家族関係や地元の友人関係は良好か，地元への愛着はあるかなどが，総合的に判断されているのだろうと指摘するにとどめざるをえない。

　好む上司のタイプからも，どういう働き方を学生たちが望んでいるかが見えてくる。この質問は，第1回調査から，「時には規則をまげて無理な仕事をさせることもあるが，仕事以外の面倒見もよい」（「親分肌」タイプの）上司がよいか，「規則をまげてまで無理な仕事をさせることはないが，仕事以外の面倒は見ない」（「ビジネスライク」な）上司がよいかで尋ねている。2012年まで，「親分肌の上司」が約7割，「ビジネスライクな上司」が3割弱で，25年間ほとんど変化がなかった。しかし，前回調査からはっきりと異なる傾向が見えてきた。前回調査で，「ビジネスライクな上司」を選ぶ人が初めて4割を超えて驚いたのだが，今回は一気に半数を超えてしまった（図9-18参照）。明らかに，この10年で新しい価値観を持った若者が登場してきたようだ。

　「ビジネスライクな上司」の方がよいという志向は男女ともに生じていることだが（図9-19参照），特に前回の2017年調査で女子学生の選択率が急

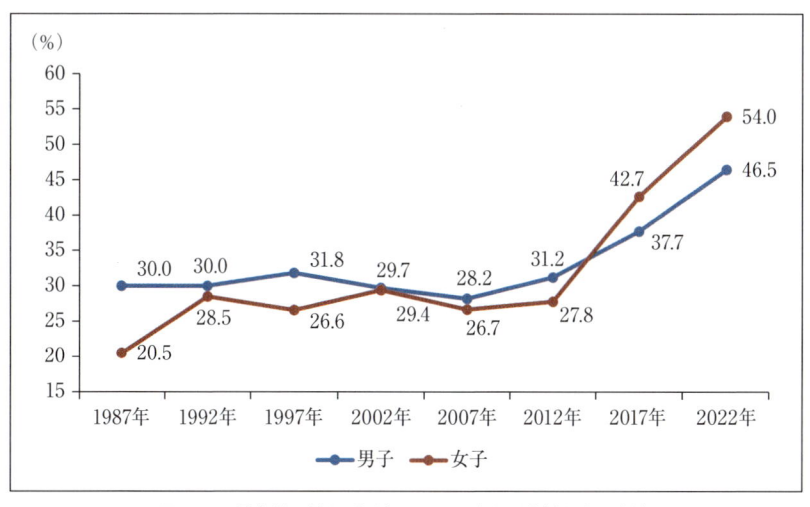

図9-19　男女別に見たビジネスライクな上司を好む人の割合

激に伸びたので，調査前年の 2016 年に大きく報道され，その後の「働き方改革」に関する国民的議論を生むきっかけとなった，電通女子社員の過労自殺事件がかなり影響しているのではないかと考えたのだが，今回さらに伸びたのを見るなら，そうした一時的影響ではなく，もっと本質的なところでの価値観の変化なのだろうと考え直さざるをえない。

　1980 年代の後半に「新人類」と呼ばれるようなった若き社会人たちも，それまでの世代と違って上司との付き合いをしないと言われたものだが，実際には私の調査結果に表れているように，つい 10 年ほどまでは若い世代も大多数は面倒見の良い上司の方を好み，それなりの付き合いもしてきたものだった。面倒見の良い「親分肌の上司」を好むのは日本人全体の傾向にも合致するものであり [10]，大きくは変化しないのかもしれないと思っていた。しかし，この 10 年の学生たちは明らかに違う価値観を持つようになっている。

　最近の学生たちからは，上司との飲み会があるような会社には勤めたくないという声さえ聞いたことがある。スマホが広く使われるようになって 10 年ちょっとだが，まさにその「便利な」機器のせいで，対面での人間関係を煩わしく思う若者は確実に増えている。特に，世代の異なる人との対面の付き合いなど，「百害あって一利なし」とでも思っているのではないかと思う人たちが増えてきている気がする。しかし，実際にはそんな価値観に基づいて人間関係を作っていたら，知識も視野も広がらず，成長も遅々として進まなくなってしまうとしか，私には思えないのだが。

　仕事観の最後に，直接的な仕事観ではないが，関連していそうな 2 つの質問について見ておこう。ひとつは，「将来のために若い頃の苦労は買ってでもした方がいい」と思うかどうかという質問で，もうひとつは「努力しても能力はそう向上するものではない」と思うかどうかという質問である。前者の質問を肯定する人は，90 年代は 3 分の 2 前後だったが，2002 年に約 4 分の 3 になってから 15 年間はほぼその比率で安定していた。今回は 3.9 ポイント下がったが，まだ 7 割は維持している（1992 年 64.4％→ 1997 年 66.3％→ 2002 年 74.8％→ 2007 年 75.5％→ 2012 年 76.5％→ 2017 年 74.7％→ 2022 年 70.8）。また，後者の質問を否定する人——すなわち，努力は能力向上につながると思う人——は 7 〜 8 割いる（1997 年 75.3％→ 2002 年 80.9％→ 2007 年 80.8％→ 2012 年 75.6％→ 2017 年 71.4％→ 2022 年 74.8％）。「気楽

な地位にいたい」人が 4 分の 3 以上，「遊んで暮らしたい」という人が 3 分の 2 以上いる一方で，こうしたまじめな意見を持つ人も多いのはどういうことだろうか。「若い頃の苦労」や「努力」を必ずしも仕事と結びつけて考えていないのか，あるいは，まじめさを表す言葉は，それを実践するかどうかは深く考えずにタテマエとして肯定しているということなのではないだろうか。特に，「将来のために若い頃の苦労は買ってでもした方がいい」と本気で思っている学生が 7 割もいるとはとうてい思えない。「そう思う」と答えた人のうち，35.3％は生活目標で「その日その日を，自由に楽しく過ごす」を選び，「しっかりと計画をたてて，豊かな生活を築く」を選ぶ人は 22.0％しかいないことを見るなら，やはり深く考えて答えたのではないのだろうなと思わざるをえない。

9-3　個同保楽主義から新・個同保楽主義へ

表 9-1　一番大切なもの　　　　　　　　　　　　　(%)

	2022年	2017年	2012年	2007年	2002年	1997年	1992年	1987年
家族，友人，恋人，人間関係	30.2	37.5	36.0	37.5	44.2	30.0	27.2	21.1
自分，生命，健康	23.1	18.5	18.3	16.3	14.4	21.9	22.9	17.8
時間，自由，ゆとり	11.2	7.6	3.8	5.4	4.0	3.1	5.0	3.1
平和，真実，正義，よい社会	9.1	10.6	8.3	8.3	5.1	6.9	4.1	2.5
愛情，優しさ，精神，心	9.0	10.3	8.0	10.1	9.1	7.6	13.5	26.7
金，財産，地位，名誉	5.7	5.7	2.8	1.9	1.4	1.7	2.4	1.3
生きがい，夢，目標	4.2	2.5	2.8	2.1	3.0	7.0	3.2	3.3
信念，能力，努力，信仰	2.0	3.6	6.1	3.7	6.8	6.4	8.2	8.2
自然，環境，地球	0.2	0.0	0.3	0.4	0.6	0.9	1.5	0.0
その他	1.1	1.2	2.6	2.2	2.2	3.7	3.8	1.6
DK.NA.	4.2	7.6	11.0	12.0	9.1	10.9	8.2	13.8

　この調査の最後に，「あなたにとって，いちばん大切と思うものをひとつだけあげてください」という質問を自由回答形式で尋ねている。表 9-1 は，その自由回答を分類して集計したものである。アフターコードなので，多少

のぶれは加味しなければならないが，それでもある種の傾向性は読み取れる。1987年の第1回調査では，「愛情，やさしさ，精神，心」という抽象的言葉をあげる学生がもっとも多かったが，1992年以降は，「家族，友人，恋人，人間関係」といった具体的な存在をあげる学生がもっとも多くなった。この2つの回答は近い関係にあるが，抽象化された言葉にまですることができている場合は，名前を知らない他者に対するものとしても適用されうるが，「家族，友人，恋人，人間関係」といった具体的な人をイメージしての回答になると，名前を知らない他者は対象外になってくる。それゆえ，この両者の違いは実は大きな違いと見ることができる。

　「家族，友人，恋人，人間関係」は2002年の44.2％をピークに前回までの3回は30％台後半で安定的に推移していたが，今回は約3割まで減った。その分増えたのは，「自分，生命，健康」（18.5％→23.1％）と「時間，自由，ゆとり」（7.6％→11.2％）である。ともに過去最高値であるが，「自分，生命，健康」の23.1％は1990年代にも同じくらいの比率が出ていたが，「時間，自由，ゆとり」の11.2％はこれまでの最高値だった前回の7.6％を大きく更新する値である。個人として楽しく生きるために自由な時間が一番大切だという価値観が広まりつつあることが，ここでも見て取れる。

　この5年間の変化だけでなく，35年間の変化に注目してみると，大きく減ったのは，「愛情，やさしさ，精神，心」（1987年26.7％→2022年9.0％）と「信念，能力，努力，信仰」（1987年8.2％→2022年2.0％）であり，増えたのは，「時間，自由，ゆとり」（1987年3.1％→2022年11.2％），「平和，真実，正義，よい社会」（1987年2.5％→2022年9.1％），「金，財産，地位，名誉」（1987年1.3％→2022年5.7％）である。

　「平和，真実，正義，よい社会」が増えたのは，中国の軍事的巨大化，北朝鮮の核実験やミサイル発射実験，ロシアとウクライナの戦争といった情報が頻繁に入ってくる中で，「平和」が一番大切だと思う学生が多少増えたからだが，それ以外の増減は，精神的な理念や努力といったものを大切だと考える人が減り，個人的な楽しみに必要なものが大切だと考える人が増えているとまとめることができる。特に，この10年の間にその傾向が強まっている。前回の調査結果から指摘した，自分1人の楽しみや楽さを求める個人主義的な考え方や生き方が若者の間でますます広がっているようだ。

　今回の調査結果は，前回 2017 年調査の結果見いだした「新・個同保楽主義」という価値観が学生たちの間でさらに広まっていることを確認させる。1987 年の第 1 回調査で見いだした「個同保楽主義」と似て非なる「新・個同保楽主義」について，前回調査で「個人としての生活や時間を何よりも大切にし，友人の SNS に『いいね！』をつける浅い表面的な同調行動はまめに行い，日本を愛する気持ちを持ち政治的保守を支持し，しんどいことにはチャレンジせず楽に入手できるもので楽に生きていこうとする」価値観と述べた[11]。

　今回の結果から「新・個同保楽主義」の特徴を改めてまとめてみよう。まず個人主義的ということに関しては，この 5 年間でジェンダー否定や個人の生き方の多様性を認める空気が一段と強くなり，また仕事をすることへのマイナスイメージも増したことで，働き結婚し子どもを持つといった，従来型の幸福を求めようとする人が確実に減りつつある。結婚や子を持つことをいずれ必ずしたいという人は，男女ともに初めてすべて 50 ％台に落ち，働かないで済むなら遊んで暮らしたいという人は 3 分の 2 以上いる。個人として好きなことができる生活と時間を大切にしたいと考える人が増えてきていると指摘できる。

　同調性に関しては，前回指摘した SNS に「いいね！」をつける浅い同調行動は，入ってくる情報量が多すぎるためにむしろ減っているが，より本質的なところで同調行動を選択する人が増えている。それは，たとえば人生観において「何事も丸くおさめてなりゆきに従う」という調和志向が初めて 4 分の 3 を超えたことなどに表れている。とにかく周りに合わせていくのが無難という意識が高まっていることが指摘できる。新型コロナへの対応としてのマスク着用，自粛警察，ポリティカル・コレクトネスの高まりなどから，多数派と異なる行動や発言は大きなマイナスを被るのではないかという心理が強く働くようになっている。多様性が強調される世の中だが，多くの学生たちは多様性を認めるというタテマエ的な多数派の意見に同調するだけで，自分自身の考えとしてしっかりと賛否を述べることはなく，とりあえず周りに意見を合わせることで安心感を得ているように見える。また，価値観の違いそうな上司との付き合いへのマイナスイメージなども，同調しにくそうな相手との付き合いは避けたいという気持ちがもたらしているものだろう。

保守性に関しては，前回調査で見られたような自民党への圧倒的支持は見られなくなったが，その分支持を伸ばしたのは他の保守系政党であり，政府・自民党に対決姿勢を打ち出している野党の支持率は減ることはあっても増えていない。また自衛隊増強や核兵器保持に対する肯定的意見は増え続けていることを考えるなら，学生たちの愛国主義的な保守性は，前回調査と比べても減退しているということはないだろう。他方で，ジェンダー観などは時代の要請に合わせて，かつての性別役割を否定的に見る人たちが圧倒的多数派になっていることも考えるなら，単純に保守的になっているというより，時代の進む方向に逆らわずに生きるといった価値観を選択していると見た方がいいかもしれない。それは，つまり学生たちの中に「愛国主義的保守」と「現状維持型保守」が混在しながら拡大している状態を生み出していると言えるだろう。

　そして，楽にできることでいろいろなことを済ませてしまいたいという価値観は，この5年の間に学生たちの間で一段と強まった。時間当たりの満足度を示す「タイパ」という言葉が若者たちの間で広まっており，学生たちの中にも，映画を倍速で観てそれで十分とする人がたくさんいるが，これなどまさに楽に済ませたいという気持ちが生み出す行動であろう。大学の授業でも，2022年は新型コロナ対応で対面型授業とオンデマンド型授業が混在していたが，学生たちは決まった時間帯に教室に行かなければならない対面型授業をなるべく避け，好きな時間帯に倍速で授業内容を聞けるオンデマンド授業ばかり選ぶ傾向にあった。

　レポートを作るのも，買い物をするのも，ゲームをするのも，友達とコミュニケーションを取るのも，恋人を探すのも，スマホひとつあればすべてできてしまう環境がさらに整う中で，面倒なことを避け，楽な方に流れてしまうのは仕方がないと言えば仕方がないことだろう。この楽にできることだけで生きていくという価値観で，どんな人生が得られるのかは私にはよくわからない。働くこと，家族を作ること，子育てをすること，そういうことはずっと楽にできることではないと思うが，楽にできそうもないとなったら，彼らはどういう決断を下すことになるのだろうか。

　前回調査のまとめに書いたが，この「新・個同保楽主義」という価値観は，働くこと，結婚すること，子を持つことを当たり前に受け止めてきた一

世代以上上の世代には共有されにくいものだろう。ただ，こうした価値観を持つ若い世代が登場したのも，彼らが経験してきた社会状況——スマホ利用前提の生活，生き方の自由の尊重，働くことのマイナスイメージの増加，競争させない教育，平和ボケ，ネット炎上後の悲惨な事件の多発，etc.——によるものであり，その状況が根本的に変わらない限り，この価値観を持つ若者は今後も確実に増えていくことは間違いない。

　ただし，35年前の若者の価値観として見出した「個同保楽主義」がそこから35年経った今，社会の中枢を担う多数派の価値観となったように，これから20〜30年後の社会において「新・個同保楽主義」という価値観の持ち主たちが，社会の多数派を占めることになるとは必ずしも思えない。というのは，「個同保楽主義」の価値観は見出した時から，若者だけではなく，中流意識を持った人たちにフィットする価値観なので，この価値観を保持したまま年齢を重ねていくことになるだろうと予測したが[12]，今回明確に現れた「新・個同保楽主義」の価値観は若者ゆえに持ちうる価値観ではないかという気がするからだ。働くこと，結婚すること，子を持つことを面倒なことと思うのは，今それを経験していない学生だからという要因がかなり大きい気がする。実際に，私が2020年に行った社会人調査では，30歳以上になった社会人たちは，学生時代よりはるかに多くの人が仕事にやりがいを感じているし，家族や子どもが大切と思う人は圧倒的な数になっている[13]。まだ仕事も結婚もしていない気ままな学生の立場からすると，大変そうだと思うのかもしれないが，実際に経験してみたら，彼らもそこにやりがいや生きがいを感じ，「新・個同保楽主義」のままではいられなくなる可能性が高い気がする。

　大学生においては，この「新・個同保楽主義」の価値観の持ち主は確実に増えるだろうが，社会全体では必ずしも主流の価値観にはなっていかないのではないだろうか。

注

1）それでも80年代，90年代には5%以上の学生が選択していたが，今回調査では2.4%になっており，半減以下になっている。

2）「身近な人たちとなごやかな毎日を送る」を生活目標にしている人で「いずれ必ず結婚したい」と答えた人の割合は，2007年と2012年調査は4グループでもっとも高く，1997年，2002年，2017年の3回は，「しっかりと計画をたてて豊かな生活を築く」を選択したグループに次いで僅差の2位であった。

3）自分らしさをはっきりつかめていると回答した人が，「しっかりと計画をたてて豊かな生活を築く」を選んだ比率と順位は，1997年調査35.9%（1位），2002年調査62.1%（1位），2007年調査29.7%（2位），2012年調査40.5%（1位），2017年調査26.5%（2位）だった。2007年と2017年の時の1位は，「その日その日を自由に楽しく過ごす」であった。

4）2022年調査の場合，自分らしさをつかめていると答えるのは，男子の場合は1年生41.4%，2年生44.9%，3年生47.8%，4年生49.3%であり，女子の場合は1年生37.1%，2年生36.5%，3年生44.4%，4年生50.6%である。

5）男子の場合，8回の調査のうち，阪大生の満足度が一番高かったのが7回に対し，桃大生の満足度が一番低かったのがやはり7回である。女子の場合も，阪大生の満足度が共学3大学の中で一番高かったのが7回で，桃大生の満足度が一番低かったのは5回だった。

6）1960年代から70年代初頭の大学紛争が激しかった頃は，偏差値レベルの高い大学の学生たちの方が，社会に対する不満を持ち行動をしたものだったが，大学が「就職予備校」化してからは，就職に有利な一流大学の学生たちの方が現状への満足度が高いという結果が出るようになっている。

7）代表的なものとしては，宮本みち子『若者が《社会的弱者》に転落する』（洋泉社新書，2002年）や，堀井憲一郎『若者殺しの時代』（講談社現代新書，2006年）があげられる。

8）ただし，2020年に行った関西大学社会学部を卒業した社会人の調査では，「その日その日を自由に楽しく過ごす」という選択肢を選んだ人は10.0%しかおらず，「身近な人たちとなごやかな毎日を送る」が51.4%，「しっかりと計画をたてて豊かな生活を築く」が33.3%もあったので，社会に出たら生活目標も学生時代とは変わる人も多いとも考えられるので，そこまで悲観的になる必要はないかもしれない。片桐新自「社会人の価値観——大学を卒業すると何が変わるのか？」『関西大学社会学部紀要』第53巻第1号，2021年，11頁参照。

9）2017年調査における余暇派，均等派，仕事派それぞれの各項目の選択率は，以下のようであった。「気楽な地位にいたい」83.7%，57.0%，54.2%，「遊んで暮らした

い」81.7％，57.5％，50.0％，「勤務地は地元がいい」56.2％，39.5％，34.4％，「「親
　分肌の上司がよい」49.7％，68.5％，67.7％。

10）この好む上司のタイプの質問は，もともと統計数理研究所の国民性調査から借
　りてきたものなので，一般の人々の意識をその調査結果で確認できる。国民性調
　査において，「ビジネスライクな上司」を選ぶ割合は，1988 年 10％→ 1993 年 12％
　→ 1998 年 16％→ 2003 年 18％→ 2008 年 15％→ 2013 年 17％→ 2018 年 22％である。
　徐々に「ビジネスライクな上司」を好む人が増えつつあるが，圧倒的多数派は，や
　はり面倒見の良い「親分肌の上司」を好んでいる。統計数理研究所「日本人の国民
　性調査」（https://www.ism.ac.jp/survey/KSResults/Tables/Section5.html）を参照。

11）片桐新自『時代を生きる若者たち——大学生調査 30 年から見る日本社会』関西
　大学出版部，2019 年，218 頁。

12）片桐新自「「新人類」たちの価値観——現代学生の社会意識」『桃山学院大学社会
　学論集』第 21 巻第 2 号，1988 年，143 頁参照。

13）大学卒業後 9 〜 27 年目の男性たちで，「仕事が生きがい」あるいは「仕事中心で」
　と答えた人は 35.6％なのに対し，「余暇を生きがい」や「余暇中心で」と答えた人
　は 21.9％しかいない。また，一番大切なものは，「家族，子ども，パートナー」と
　答える人は，卒業後 9 〜 27 年目の男女ともに 3 分の 2 に達する。片桐新自「社会
　人の価値観——大学を卒業すると何が変わるのか？」『関西大学社会学部紀要』第
　53 巻第 1 号，2021 年，9-14 頁参照。

おわりに
──総括と展望──

　1987 年から 35 年間 8 回にわたって続けてきた調査データを基に，この間の大学生たちの価値観と意識の変化を語ってきた。昭和，平成，そして令和へと移ってきたこの 35 年の間に，様々な面で社会は変化し，その結果として大学生たちの価値観や意識は変わってきた。

　1955 年生まれの私の場合，1960 年代後半から異議申し立てが活発化した公害問題や，1960 年代末の大学紛争，そして 1970 年代前半に頻発した新左翼セクトによる過激な暴力活動など，1960 年代後半以降に生じた様々な出来事が，若い頃の価値観形成に大きな影響を与えてきた。私の調査対象者になってくれた学生たちも，またそれぞれの時代の出来事に影響を受けながら，自らの価値観を形成してきたはずである。1987 年から 5 年おきに行ってきた本調査は，主として 1980 年代以降の時代が，その時々の若者たちの価値観形成にどう影響してきたかを読み取る試みであったとも言えよう。ここで，各調査の対象となった学生たちがどのような時代を生き，どのような影響を受けてきたのかを振り返ってみよう。

　第 1 回の 1987 年調査の対象となった学生たちは，1965（昭和 40）～ 1968（昭和 43）年度生まれが中心で，小学校入学が 1972 ～ 1975 年度，中学校入学が 1978 ～ 1981 年度，高校入学が 1981 ～ 1984 年度，大学入学は 1984（昭和 59）～ 1987（昭和 62）年度になる。1980 年代前半は，全国の中学，高校が校内暴力でおおいに荒れた時期だが，まさにその暴れた第一世代にあたる。大学入学は 1984 ～ 1987 年度ということになるが，1984 年が「イッキ飲み」がはやり始めた年で，「ノリ」を重視し始めた世代でもある。1970 年代末に流行した「ディスコ」や「竹の子族」などの影響も受けていると考え

られる。若い社会人をイメージして言われた「新人類」という言葉が流行語大賞に選ばれたのは1986年であり，大学生であった彼らもほぼ「新人類」世代の最後尾に位置する。就職活動は1987〜1990年度に行っているが，この時期はまさにバブルの真っ最中で景気が非常によく，超売り手市場の時期だった。また，1986年に男女雇用機会均等法が施行されてからの就職活動にもなっており，女子学生にも門戸が開かれた最初の世代である。もっとも記憶の鮮明な調査直近の時期は，まさにバブルの始まりで景気が非常によかった頃で，大学生活を気楽に送れた世代だったと言えるだろう。

　第2回の1992年調査の対象となった学生たちは，1970（昭和45）〜1973（昭和48）年度生まれが中心となっているが，この世代はほぼ「団塊ジュニア世代」にあたる。小学校入学が1977〜1980年度，中学校入学が1983〜1986年度，高校入学が1986〜1989年度，大学入学は1989（平成1）〜1992（平成4）年度になる。1970年代の記憶はわずかしかなく，1980年代前半の漫才ブーム・お笑いブームにもっとも影響を受けた世代だろう。「いじめ」が注目され始めた時期に，ちょうど中学生ぐらいで意識をさせられ始めた世代である。バブルの時代はほぼ高校生から大学生で，いざ就職という時（1992〜1995年度）にはバブルがはじけており，門戸が狭くなり苦労し始めた世代である。ただし，バブル期の記憶は明確にあった上に，調査の時点では，まだ日本社会全体がようやく「バブル」だったのかもしれないと疑い始めた程度の段階であり，その後長い不況が続くという認識は持ってはいなかっただろう。調査直近の時期に，銀行の合併なども始まってはいたが，他方でバブルの余波のような巨大ディスコなどもはやっており，「就職氷河期」という意識は，まだ学生たちに強くは持たれていなかった。1992年4月に育児休業法が施行され，男女雇用機会均等法とともに，女性の社会進出が積極的に推し進められていた時期だった。また，1991年10月にはリサイクル法が成立し，1992年6月にはブラジルで地球環境サミットが開かれ，「持続可能な開発」という言葉とともに，地球環境問題が注目されるようになっていた時期でもあった。

　第3回の1997年調査の対象となった学生たちは，1975（昭和50）〜1978（昭和53）年度生まれが中心である。小学校入学が1982〜1985年度，中学校入学が1988〜1991年度，高校入学が1991〜1994年度，大学入学は

1994（平成6）〜1997（平成9）年度になる。小学校時代に男女雇用機会均等法が施行されており，男女平等をめざす教育改革が積極的に導入された時期に価値観を形成しており，男女平等化の進行を素直に肯定的に受け止める世代だったと言えよう。バブル期は小学生から中学生時代にあたるが，おそらくバブル経済の影響より，1983年に発売され，1985年に大ヒットとなったファミコンや，1989年に起きた「宮崎勤事件」に強い影響を受けた世代だろう。高校，大学時代はバブル崩壊後にあたり，「就職氷河期」という言葉は一般に知られる言葉となっていた。高校生・大学生であった1995年に起きた阪神・淡路大震災とオウム事件は，人生には何が起こるかわからないという印象を彼らに与えたかもしれない。調査を行った1997年は，国内総生産が23年ぶりにマイナス成長を記録し，拓銀，山一証券といった金融系大企業が破綻した年で，バブル後遺症として金融機関の危機が語られ，そして学生たちを大学3年生から就職活動のために走らせることになる就職協定の廃止が決まった年であった。プリクラ，ベル友がブームになり，携帯電話も急速に普及し始め，友人とつながるための機器が次々に登場してきた時期でもあった。

　第4回の2002年調査の対象となった学生たちは，1980（昭和55）〜1983（昭和58）年度生まれが中心で，小学校入学が1987〜1990年度，中学校入学が1993〜1996年度，高校入学が1996〜1999年度，大学入学は1999（平成11）〜2002（平成14）年度である。バブル経済で日本が浮かれていた頃の記憶は薄く，「失われた10年」と言われる1990年代，そしてまだ就職状況が改善される前の2000年代初めの不況時代に価値観を形成してきており，未来を明るく考えられなくなった世代である。男女が対等なのは当たり前という教育で育ってきているが，「おたく」「セクハラ」「ストーカー」といった言葉も物心ついた頃から聞いて育っており，男子学生は女性に対する対応に臆病にならざるをえなくなり始めた世代である。また2000年には，「パラサイトシングル」といった言葉もはやり，働くのはいいけれど，結婚できなくなるのは幸せではなさそうだという意識も醸成されやすくなっていた。1999年のi-modeの登場以来，高校生以上は「ケータイ」（携帯電話）を持つのが当たり前となってきた最初の世代である。調査の直近時期には，小泉総理の北朝鮮訪問，拉致問題が話題になっており，また1年前になるが，アメ

リカ同時多発テロ，そしてその報復としてのアフガニスタン攻撃などが印象の強いニュースとしてあったために，留学を躊躇するようになり，日本が安全で一番よいというドメスティックな志向性を強め始めた世代でもあった。

　第5回の2007年調査の対象となった学生たちは，1985（昭和60）〜1988（昭和63）年度生まれが中心で，小学校入学が1992〜1995年度，中学校入学が1998〜2001年度，高校入学が2001〜2004年度，大学入学は2004（平成16）〜2007（平成19）年度である。バブル経済の時代に生まれたが，物心ついてからは「倒産」や「リストラ」の話ばかり耳にし，価値観を本格的に形成する時期である2000年代に入ると，「格差社会」「ニート」「ワーキングプア」「勝ち組・負け組」といった言葉ばかりが大きく聞こえてくる中で，失敗しないように生きなければという思いを強く持ちながら育った世代と言えよう。高度経済成長期のまっただ中で，学生時代に多少の反社会的行動をしても，雇ってくれる企業は見つかるし，そこで普通に働いていれば，着実に給料も地位も上がっていくということを信じられた1960年代の大学生とは，まったく異なる社会環境になっていた。全体としてパイが拡大し，放っておいても分け前が増えるような時代ではなく，場合によっては分け前にまったくありつけないかもしれない，そんな恐怖心が，学生たちをして手堅い人生を生きなければと思わせる時代であった。たとえ，それが第三者から見ると，チャレンジ精神のない指示待ちロボットのようであっても，リスクの増した現代社会においては，もっとも失敗可能性の低い生き方があれば，進んでその生き方を選択するような価値観を形成せざるをえなかった世代である。調査直近の時期には，安倍首相が内閣総理大臣を突然辞任するといったドラマチックな事態が生じ，政権交代への期待感から短期的に政治関心を高めた世代であった。

　第6回の2012年調査の対象となった学生たちは，1990（平成2）〜1993（平成5）年度生まれが中心で，小学校入学が1997〜2000年度，中学校入学が2003〜2006年度，高校入学が2006〜2009年度，大学入学は2009（平成21）〜2012（平成24）年度である。1999年の国旗・国家法の制定と，2002年度から本格的に始まったゆとり教育で教育内容がかなり変わった後に，小学校高学年，中学時代を過ごしており，その影響が出ている世代である。最初に覚えた総理大臣は小泉純一郎で，その小泉首相がやめた後は，1

年交代で次々に首相が変わったり，期待された民主党がぼろぼろの姿を露呈したりするのを見ながら，政治とは不安定で，選挙が行われるたびに何かドラマチックな結果が生み出されるものだと思いながら育っている。中学校から携帯電話を持っていた人も多く，携帯（スマホ）が早くから生活必需品となり，その存在を前提とした友人関係を形成している。男性たちに「草食系男子」「弁当男子」「イクメン」といったこれまでの男性像とは異なるネーミングが次々とつけられた時代に高校，大学生活を送っており，強い男性であることよりもやさしい男性であることを肯定的に受け止めて育った世代である。経済の面では，中学から高校の頃に，一時日本の景気が回復しつつあるような時代もあったが，リーマン・ショックが起こり，結局，大学時代は内定を取るのは簡単なことではないという意識を持ちながら過ごしている。また，期待した民主党政権の混乱，さらには東日本大震災も起こり，先の見えない不透明さの中で明るい兆しを見つけられないまま，この調査の時期を迎えることになった。国際的には近隣関係，特に経済面，政治面，軍事面で巨大化する中国の存在が日本にとって大きな圧力として実感される時代に育っている。東日本大震災からの復興と対中国を意識することで，愛国心を高め始めた世代であると言えよう。

　第7回の2017年調査の対象となった学生たちは，1995（平成7）〜1998（平成10）年度生まれが中心で，小学校入学が2002〜2005年度，中学校入学が2008〜2011年度，高校入学が2011〜2014年度，大学入学は2014（平成26）〜2017（平成29）年度である。大学4年生が小学校に入学した時に，ゆとり教育が始まり，大学1年生が中学2年になった時に，脱ゆとり教育が始まった世代である。つまり義務教育はほぼすべて「ゆとり教育」でその影響がもっとも色濃く出ている世代であると言えよう。スマホが普及した後，高校に入学しているので，早い人は中学時代から，遅くとも高校時代はほぼ全員がスマホを持っていたと考えられ，スマホを前提にした高校生活・大学生活を送っている。民主党による政権交代を中学生あるいは小学校高学年で経験し，その後よくはわからないのものの混乱する民主党政権の駄目さを強く印象づけられた。そして，中学・高校時代からずっと続く安倍内閣の安定感に絶大な信頼感を抱いていた。就職氷河期と言われた時代は小学生以下だったので，その記憶は明確なものとして持っていない。リーマン・ショッ

クは中学 1 年から小学 4 年の時期だったので，これもそこまで深刻さは理解できないまま，気づいたら就職活動は売り手市場と言われるようになっていた。その状況を作り出したのは，安倍総理だという認識を持ち，安倍内閣と自民党政権に対する高い支持を示した世代である。東日本大震災は中学 3 年から小学 6 年で経験しており，それなりに思うところはあっただろうが，その後の様々な個人的経験により，印象は薄くなっている。中国をはじめとする近隣諸国との関係は物心ついてからほぼ悪い関係にあり，愛国心が高まりやすい状況にあった。特に，調査直近の時期は，北朝鮮の挑発行為で危機感は増し，日本の軍備増強も必要ではないかと思いやすい状況にあった。

　最新の第 8 回の 2022 年調査の対象となった学生たちは，2000（平成 12）〜 2003（平成 15）年度生まれが中心で，小学校入学が 2007 〜 2010 年度，中学校入学が 2013 〜 2016 年度，高校入学が 2016 〜 2019 年度，大学入学は 2019（平成 31 ＝令和 1）〜 2022（令和 4）年度である。2002 年度から始まったいわゆる「ゆとり教育」が終わった後に義務教育期間の大部分を過ごしているので，自分たちは「脱ゆとり世代」だという意識を持っているが，1980 年代から始まる「競争させない教育」は維持されており，本質的には変わっていない。むしろ，スマホを小学校の頃から持ち始める人も多かった世代で，スマホですべてのことを済ませられるのが当たり前になっており，苦労して何かを成し遂げるという経験をしていない人が多い世代である。調査直近の時期は，2020 年初頭から始まった新型コロナの流行に伴う制限された生活が 2 年半続いていた時期であった。この世代は，高校 1 年の終わりないし大学 1 年の終わりから制約された生活を 2 年半経験していたことになる。いくつかの項目でその影響と思われる結果が出ているが，思ったほど出ていないのは，すでに彼らがそれなりに行動パターンや価値観を形成した年齢で新型コロナと出会ったせいかもしれない。政治的には，物心ついた時から安倍内閣で，そのパフォーマンスを当然のものとして見てきたので，岸田内閣はそれに比べると頼りなく見えるという感覚を持っている。大学生の就職も売り手市場になってからの時代しか記憶がないので，必死にやらないと就職できないかもしれないという危機感は薄く，それなりにやればどこかに就職できるだろうし，合わなければ転職の需要もそれなりにあるだろうと思っている世代である。

　以上，各回の調査対象となった学生たちがどのような時代を生き，どのような価値観を形成しやすかったのかを見てきたが，改めて35年という時間の長さを感じる。今回の調査対象者となった学生たちが生まれたのは，2002年の第4回調査の前後である。本調査はその15年も前から行っているので，今回の調査対象学生の親は，ほぼこの調査のどこかの対象者世代である。親世代と子世代の価値観の違いは，年齢や社会的役割の違いで説明されやすいが，本調査の場合は，同じ学生という立場での比較なので，まさに時代が大学生たちにどのような価値観の違いを生み出したのかを確認することができる。

　高度経済成長期に生まれ，高度経済成長の記憶はあまりなくとも低成長ながら右上がりの成長を続けていた時代に育ち，世界からバッシングを受けるほど豊かな日本経済を当たり前に受け止め，学生時代はバブル経済のまっただ中だった1回目の調査対象となった世代と，21世紀の記憶しかなく，物価も経済も生活も上昇しない現状維持，あるいはじり貧の日本社会しか知らず，スマホのない生活を想像できないという今回の調査対象となった大学生とでは，同じ日本の大学生とはいえ，別の社会を生きているくらいの違いがあるのは当然だろう。この35年にわたる調査を踏まえて，これからどのような社会が現出しそうなのか，そしてそれをどう受け止めるべきなのかについて触れて本書を閉じることとしたい。

　35年間の大学生調査なので，様々な価値観が徐々に変わってきており，上で見たように毎回の学生たちなりの世代的特徴があるが，大きく捉えると，1980年代から1990年代の学生たち，そして2000年代から2010年代初めの学生たち，最後に2010年代半ば頃から現在の学生たちという3世代に分けられるように思う。

　第1世代にあたる1987年，1992年，1997年の調査世代，特に最初の2回の調査世代だった学生たちは，まだ昭和の大学生に近い価値観の持ち主だった。政治意識はやや革新寄りで，性別役割に関する考え方は変わりつつはあったが，まだ伝統的な考え方を維持している人も多く，大学の授業への出席度は高くなく，私たち昭和の大学生と価値観を共有する部分が多かった。大学生は高校生とは違う存在だという意識もまだ強く持っていた世代であったと言えよう。

第 2 世代にあたるのは，2002 年，2007 年，2012 年の調査対象になった世代である。彼らの価値観を形成する上で大きな影響を与えたのは 1990 年代前半から 2000 年代の日本経済の停滞ないしは衰退である。企業の倒産，従業員のリストラ，大学生の就職難，格差社会，勝ち組／負け組，ワーキングプア，フリーター，ニート，そんな言葉ばかりが聞こえてくる中で育ち，人生の落後者にならないようにという意識を強く持たされることになった世代である。様々な場面においてチャレンジするより手堅く生きる生き方を選択する傾向が強い世代である。大学の授業もまじめに出てとりあえず単位を取り就職活動の妨げにならないようにし，新卒採用で潰れない企業に就職しなるべく転職はせず，結婚し，子どもを持ち，無難に生きることを目標とする。政治や社会問題には基本的に興味はなく，現状があまり変わらなければいいという生き方を選択するという平成の大学生たちである。この時代に，大学生の高校生化は一気に進んだ。

　第 3 世代が，2017 年，2022 年調査世代である。彼らの価値観形成に大きな影響を与えたのは，スマホの存在である。高校生以前にスマホを使い始めて，学びも遊びも人間関係もすべて手元のスマホで済ませられるのが当たり前という環境の中で育った彼らは，手間のかかることは避け，スマホで容易にできることだけで完結する生活で満足するようになっている。対面での人間関係は，親しい友人や家族以外との関係はすべて面倒なものと認識し，異なる世代との付き合いはもちろん，恋愛や結婚すら面倒なものと思う人が増えている。個人として自由な時間を確保することが何より大事だという価値観の持ち主が増えている。生き方の多様性を認めようという論調が，こうした学生たちの個人的生き方を後押ししている。かつて昭和の大学生に求められた健全な批判的精神を身につける人はおらず，「批判的思考」自体を否定的に見る学生も多い。下手に批判的な意見を述べることは，誰かを傷つけ，さらにそれは自分に跳ね返ってくるのではないかと不安に思い，難しい社会的テーマについては深く考えないままとりあえず同調するか，なるべく関わらないようにしている。これが今後ますます増えてくるであろう令和の大学生の姿である。

　私より 10 歳程度歳下だった新人類の価値観を調べることから始まったこの調査で，「個同保楽主義」の価値観の持ち主として確認された大学生たち

は，決して私にとっては変わった価値観を持った新人類ではなかったが，40歳以上歳の離れた「新・個同保楽主義」の価値観の持ち主である現在の大学生は私にとって，まさに「令和の新人類」と呼びたくなるくらい価値観が異なる気がする。もちろん生きてきた時代，経験してきた時代が異なるので，年齢が離れれば離れるほど理解が難しくなるのは当然だろう。ただ，その新しい異なる価値観の下で明るい未来が想定できるなら，上の世代は静かに消えていけばいいのだろうが，そう思えなければ，問題提起をするのも上の世代の役割ではないかと思う。前章の最後に述べたように，この「新・個同保楽主義」の価値観は大学生という，まだ社会に出る前の存在ゆえに持ちやすい価値観で，卒業後は変わる可能性が高いのではないかと思うが，もしも社会に出てからもこの価値観を保持し続ける人が増えるとどんな社会が現出しそうなのかを予想してみたい。

　まず，異性との恋や結婚を当たり前と考えず，それどころか個人の生活を犠牲にするものと思い続けるなら，少子化が一段と加速することになるだろう。次に，働くことにプラスイメージを持てず，コスパ，タイパのよい仕事を選ぶ人ばかりになれば，社会にとって必要な仕事に人手が不足する可能性が高い。対面の人間関係——特に価値観の異なる年代の人との人間関係——を面倒なものと思い避け続けるなら，知識や物の見方は広がらず，コミュニケーション能力も落ちていくだろう。スマホを通して自分向けにアレンジされた情報収集しかしなければ，世の中でどんなことが起きているのかも知らず，この社会にとって重要な変化が起きようともただ無知のまま追従するしかできないことになってしまうだろう。

　しかし，たぶんこんな悲惨な未来にはならないはずだ。何度も述べたように「新・個同保楽主義」の価値観は，今大学生ゆえに持ち得ている価値観で，これから大学を卒業して様々な経験を積む中で，価値観は変わっていく人が多いはずだ。1人で自由気ままに生きるということはある意味誰からも必要とされない人生で，そんな人生は寂しいものだと多くの人は気づくだろう。いろいろ面倒なことはあっても，仕事を持ち，家族を持ち，人と関わる，誰かから必要とされる方が充実感を持てるということにほとんどの人は気づくはずだ。自分にやらなければならない仕事があり，守らなければならない家族がある人と，そうでない人を比べたら，どちらに充実感があるかは

容易に想像ができるだろう。

　大学生を育てるのが好きで，実際に彼らが成長していく過程を見てきた私にとって，私が魅力的だと思えない価値観を保持したまま，大学生が卒業していくのは残念でならない。大学時代に，この「新・個同保楽主義」の価値観から抜け出させたいのだが，時代という環境の中で彼らが自然に身につけた価値観を大きく変えることはなかなか容易なことではない。知識を得るのを楽しいと思うこと，社会や政治に関心を持つこと，違う世代とのコミュニケーションを楽しむこと，多角的な視野を持ち健全な批判的思考ができるようになること，楽なことばかりに逃げないこと。たくさん気づかせたいことがあるが，簡単ではない。

　しかし，まったくできないわけでもないだろう。どんなに便利な道具が出てこようと，新しい価値観が出てこようとも，人が人を求める気持ちや，誰かに必要とされたい気持ちは普遍的なものだろうから，様々な機会を利用してそう思えるきっかけを与えればよい。また，知識を持つことや，社会や政治に関心を持つことも，それを面白いと思えるきっかけを与えれば，少しずつやろうと思うようになるはずだ。幸いなことに，社会学という学問は学生たちにそう思わせることのできる学問だ。特に，この調査のように長期間にわたって時代と大学生の価値観の関係を調べてきたデータから，人は時代によって作られることを知り，それゆえにこそ無意識に時代に流されるのではなく，時代を把握し，自分はどう生きるべきかを考えてもらえるなら，それぞれの若者たちの明るい未来も見えてくるはずだと私は信じている。

参 考 文 献

＜若者論関連文献＞

見田宗介『現代の生きがい——変わる日本人の人生観』日経新書，1970 年

間場寿一「青年の政治意識」『社会学評論』22 巻 2 号，15-30 頁，1971 年

井上俊「青年の文化と生活意識」『社会学評論』22 巻 2 号，31-47 頁，1971 年

『週刊エコノミスト　若者の心理と行動——挑戦される価値観』(1971 年 1 月 5，12 日号)

『月刊エコノミスト　特集・若者はなぜ感覚人間か』(1971 年 8 月号)

E.H. エリクソン編 (栗原彬監訳)『青年の挑戦』北望社，1971 年

北川隆吉「青年の問題」『社会学評論』22 巻 2 号，6-14 頁，1971 年

塩原勉「青年問題への視角」『社会学評論』22 巻 2 号，2-5 頁，1971 年

早坂泰次郎『現代の若者たち——戦無派世代の意識を探る』日経新書，1971 年

見田宗介『現代日本の心情と論理』筑摩書房，1971 年

日本経済新聞社編『高学歴社会の若者たち——何を考え，何を求めているのか』日本経
　　済新聞社，1972 年

松原治郎『日本青年の意識構造——「不安」と「不満」のメカニズム』弘文堂，1974 年

平野秀秋・中野収『コピー体験の文化——孤独な群衆の後裔』時事通信社，1975 年

『思想の科学』No.82 (主題：現代青年論＝1955 年生まれを中心に)，思想の科学社，
　　1977 年

小此木啓吾『モラトリアム人間の時代』中央公論新社，1978 年

池田信一『漂流する世代——若者たちはいま』教育研究社，1980 年

栗原彬『やさしさのゆくえ＝現代青年論』筑摩書房，1981 年

『青年心理 25　特集「若者文化」を問う』金子書房，1981 年

J.R. ギリス (北本正章訳)『＜若者＞の社会史——ヨーロッパにおける家族と年齢集団の
　　変貌』新曜社，1981 年＝1985 年

稲村博『思春期挫折症候群——現代の国民病』新曜社，1983 年

関峋一・返田健編『大学生の心理——自立とモラトリアムの間にゆれる』有斐閣，1983 年

山田和夫『成熟拒否——おとなになれない青年たち』新曜社，1983 年

『現代のエスプリ No.213　大学生——ダメ論をこえて』至文堂，1985 年

月刊『アクロス』編集室編『新人類がゆく。——感性差別化社会へ向けて　ニュータイプ
　　若者論』PARCO 出版，1985 年

桜井哲夫『ことばを失った若者たち』講談社現代新書，1985 年

千石保『現代若者論——ポスト・モラトリアムへの模索』弘文堂，1985 年

中野収『まるで異星人——現代若者考』有斐閣，1985 年

NHK 世論調査部編『日本の若者——その意識と行動』日本放送出版協会，1986 年

新人類研究会編『新人類読本——時代の旗手か落ちこぼれか』日本能率協会，1986 年

扇谷正造編『新人類がやってきた！——管理職のための若者大研究』PHP 研究所，1987 年

中野収『現代史のなかの若者』三省堂，1987 年

野田正彰『コンピュータ新人類の研究』文藝春秋，1987 年

藤竹暁『若者はなぜ行列がすきか——当世流行観察学』有斐閣，1987 年

片桐新自「「新人類」たちの価値観——現代学生の社会意識」（『桃山学院大学社会学論集』
　　第 21 巻第 2 号，121-150 頁，1988 年）

稲村博『若者・アパシーの時代——急増する無気力とその背景』日本放送出版協会，
　　1989 年

太田出版編『M の世代——ぼくらとミヤザキ君』太田出版，1989 年

高橋勇悦・川崎賢一編『メディア革命と青年——新しい情報文化の誕生』恒星社厚生閣，
　　1989 年

Seventeen 編集部編『女のコ白書——日本全国女子中高生 5000 人大アンケート（最新版）』
　　集英社，1990 年

高橋勇悦・藤村正之編『青年文化の聖・俗・遊——生きられる意味空間の変容』恒星社
　　厚生閣，1990 年

電通ヤング＆ルビカム・アバス㈱マーケティング局編『セツナ・さ・世代！—— 90 年
　　代マーケティングへの透視図』ダイヤモンド社，1990 年

千石保『「まじめ」の崩壊——平成日本の若者たち』サイマル出版会，1991 年

中野収『若者文化人類学——異人としての若者論』東京書籍，1991 年

藤竹暁『イメージを生きる若者たち——メディアが映す心象風景』有斐閣，1991 年

G. ジョーンズ・C. ウォーレス（宮本みち子監訳・徳本登訳）『若者はなぜ大人になれな

いのか——家族・国家・シティズンシップ』新評論，1992 年 = 1996 年

千石保・L. デビッツ『日本の若者・アメリカの若者——高校生の意識と行動』NHK ブックス，1992 年

町沢静夫『成熟できない若者たち』講談社，1992 年

岩見和彦『青春の変貌——青年社会学のまなざし』関西大学出版部，1993 年

片桐新自「若者のコミュニケーションと価値観」(『関西大学社会学部紀要』第 25 巻第 2 号，95-131 頁，1993 年)

小谷敏編『若者論を読む』世界思想社，1993 年

千石保『マサツ回避の世代——若者のホンネと主張』PHP 研究所，1994 年

岩間夏樹『戦後若者文化の光芒——団塊・新人類・団塊ジュニアの軌跡』日本経済新聞社，1995 年

高橋勇悦監修／川崎賢一・芳賀学・小川博司編『都市青年の意識と行動——若者たちの東京・神戸 90's〔分析篇〕』恒星社厚生閣，1995 年

片桐新自「「新人類」は今——「大人」になりきれない「若者」たち」(『関西大学社会学部紀要』第 28 巻第 1 号，111-142 頁，1996 年)

千石保『「モラル」の復権——情報消費社会の若者たち』サイマル出版会，1997 年

間庭充幸『若者犯罪の社会文化史——犯罪が映し出す時代の病像』有斐閣，1997 年

宮台真司『世紀末の作法——終ワリナキ日常ヲ生キル知恵』リクルート　ダ・ヴィンチ編集部，1997 年

片桐新自「現代学生気質——アンケート調査から見るこの十年」(『関西大学社会学部紀要』第 30 巻第 1 号，1-46 頁，1998 年)

小谷敏『若者たちの変貌——世代をめぐる社会学的物語』世界思想社，1998 年

富田英典・藤村正之編『みんなぼっちの世界——若者たちの東京・神戸 90's〔展開篇〕』恒星社厚生閣，1999 年

山田昌弘『パラサイト・シングルの時代』ちくま新書，1999 年

P. サックス（後藤将之訳）『恐るべきお子さま大学生たち——崩壊するアメリカの大学』草思社，1996 年 = 2000 年

千石保『「普通の子」が壊れてゆく』日本放送出版協会，2000 年

山田真茂留「若者文化の析出と融解」宮島喬編『講座社会学 7　文化』東京大学出版会，2000 年

千石保『新エゴイズムの若者たち——自己決定主義という価値観』，PHP 新書，2001 年

香山リカ『ぷちナショナリズム症候群——若者たちのニッポン主義』中公新書ラクレ，
　2002 年

香山リカ『若者の法則』岩波書店，2002 年

武田徹『若者はなぜ「繋がり」たがるのか——ケータイ世代の行方』PHP 研究所，2002 年

宮本みち子『若者が《社会的弱者》に転落する』洋泉社新書，2002 年

溝上慎一編『大学生論——戦後大学生論の系譜をふまえて』ナカニシヤ出版，2002 年

片桐新自『停滞社会の中の若者たち——収斂する意識と「まじめ」の復権』（『関西大学
　社会学部紀要』第 35 巻第 1 号，57-97 頁，2003 年）

小杉礼子『フリーターという生き方』勁草書房，2003 年

竹内洋『教養主義の没落——変わりゆくエリート学生文化』中公新書，2003 年

岩木秀夫『ゆとり教育から個性浪費社会へ』ちくま新書，2004 年

金原瑞人『大人になれないまま成熟するために——前略。「ぼく」としか言えないオジ
　さんたちへ』洋泉社，2004 年

河北新報社学芸部編『大人になった新人類——三十代の自画像』勁草書房，2004 年

玄田有史・曲沼美恵『ニート——フリーターでもなく失業者でもなく：not in
　education, employment, or training』幻冬舎，2004 年

溝上慎一『現代大学生論——ユニバーシティ・ブルーの風に揺れる』NHK ブックス，
　2004 年

山田昌弘『希望格差社会——「負け組」の絶望感が日本を引き裂く』筑摩書房，2004 年

河地和子『自信力が学生を変える——大学生意識調査からの提言』平凡社新書，2005 年

小杉礼子編『フリーターとニート』勁草書房，2005 年

千石保『日本の女子中高生』NHK ブックス，2005 年

日本経済新聞社編『ジェネレーション Y ——日本を変える新たな世代』日本経済新聞社，
　2005 年

野村一夫『未熟者の天下——大人はどこに消えた？』青春新書 INTELLIGENCE，2005 年

本田由紀『若者と仕事——「学校経由の就職」を超えて』東京大学出版会，2005 年

三浦展『下流社会——新たな階層集団の出現』光文社新書，2005 年

浅野智彦編『検証・若者の変貌——失われた 10 年の後に』勁草書房，2006 年

乾彰夫編『不安定を生きる若者たち——日英比較フリーター・ニート・失業』大月書店，
　2006 年

岩田考ほか編『若者たちのコミュニケーション・サバイバル——親密さのゆくえ』恒星社

厚生閣，2006 年

城繁幸『若者はなぜ 3 年で辞めるのか？——年功序列が奪う日本の未来』光文社新書，2006 年

太郎丸博編『フリーターとニートの社会学』世界思想社，2006 年

速水敏彦『他人を見下す若者たち』講談社現代新書，2006 年

堀井憲一郎『若者殺しの時代』講談社現代新書，2006 年

荻上チキ『ウェブ炎上——ネット群衆の暴走と可能性』ちくま新書，2007 年

難波功士『族の系譜学——ユース・サブカルチャーズの戦後史』青弓社，2007 年

堀有喜衣編『フリーターに滞留する若者たち』勁草書房，2007 年

岡田斗司夫『オタクはすでに死んでいる』新潮新書，2008 年

後藤和智『「若者論」を疑え！』宝島社新書，2008 年

鈴木謙介『サブカル・ニッポンの新自由主義——既得権批判が若者を追い込む』ちくま新書，2008 年

土井隆義『友だち地獄——「空気を読む」世代のサバイバル』ちくま新書，2008 年

文春新書編集部『論争若者論』文春新書，2008 年

前川孝雄『頭痛のタネは新入社員』新潮新書，2008 年

山田昌弘・白河桃子『「婚活」時代』ディスカヴァー 21，2008 年

浅野智彦編『リーディングス 日本の教育と社会 18　若者とアイデンティティ』日本図書センター，2009 年

内田樹『下流志向——学ばない子どもたち 働かない若者たち』講談社文庫，2009 年

片桐新自『不安定社会の中の若者たち——大学生調査から見るこの 20 年』世界思想社，2009 年

久保田裕之『他人と暮らす若者たち』集英社新書，2009 年

鈴木英生『新左翼とロスジェネ』集英社新書，2009 年

難波功士『ヤンキー進化論——不良文化はなぜ強い』光文社新書，2009 年

松田久一『「嫌消費」世代の研究——経済を揺るがす「欲しがらない」若者たち』東洋経済新報社，2009 年

傳田健三『若者の「うつ」——「新型うつ病」とは何か』ちくまプリマー新書，2009 年

三浦展・原田曜平『情報病——なぜ若者は欲望を喪失したのか？』角川書店，2009 年

山田昌弘『なぜ若者は保守化するのか——反転する現実と願望』東洋経済新報社，2009 年

牛窪恵『おゆとりさま消費——つながり・ツッコミ・インパクト』アスキー新書，2010 年

片田珠美『一億総ガキ社会——「成熟拒否」という病』光文社新書，2010 年

小谷敏・土井隆義・芳賀学・浅野智彦編『若者の現在 労働』日本図書センター，2010 年

豊泉周治『若者のための社会学——希望の足場をかける』はるか書房，2010 年

原田曜平『近頃の若者はなぜダメなのか——携帯世代と「新村社会」』光文社新書，
　　2010 年

古市憲寿『希望難民ご一行様——ピースボートと「承認の共同体」幻想』，光文社新書，
　　2010 年

和田秀樹『なぜ若者はトイレで「ひとりランチ」をするのか』祥伝社，2010 年

山田昌弘『「婚活」現象の社会学——日本の配偶者選択のいま』東洋経済新報社，2010 年

新井克也「若者」早川洋行編『よくわかる社会学史』130-141 頁，ミネルヴァ書房，
　　2011 年

海老原嗣生『就職，絶望期——「若者はかわいそう」論の失敗』扶桑社新書，2011 年

北村邦夫『セックス嫌いな若者たち』メディアファクトリー新書，2011 年

小谷敏・土井隆義・芳賀学・浅野智彦編『若者の現在 政治』日本図書センター，2011 年

古市憲寿『絶望の国の幸福な若者たち』講談社，2011 年

橋元良明『メディアと日本人——変わりゆく日常』岩波新書，2011 年

香山リカ『若者のホンネ——平成生まれは何を考えているのか』朝日新書，2012 年

小谷敏・土井隆義・芳賀学・浅野智彦編『若者の現在 文化』日本図書センター，2012 年

城繁幸『若者を殺すのは誰か？』扶桑社新書，2012 年

古市憲寿『僕たちの前途』講談社，2012 年

浅野智彦『「若者」とは誰か——アイデンティティの 30 年』河出書房新社，2013 年

阿部真大『地方にこもる若者たち——都会と田舎の間に出現した新しい社会』朝日新書，
　　2013 年

牛窪恵『大人が知らない「さとり世代」の消費とホンネ』PHP 研究所，2013 年

榎本博明・立花 薫『「ゆるく生きたい」若者たち——彼らはなぜ本気になれないのか？』
　　廣済堂新書，2013 年

齋藤孝『若者の取扱説明書——「ゆとり世代」は，実は伸びる』PHP 新書，2013 年

原田曜平『さとり世代——盗んだバイクで走り出さない若者たち』角川 one テーマ 21，
　　2013 年

和田秀樹『スクールカーストの闇——なぜ若者は便所飯をするのか』祥伝社黄金文庫，

2013 年

片桐新自『不透明社会の中の若者たち——大学生調査 25 年から見る過去・現在・未来』
　　関西大学出版部，2014 年

牛窪恵『恋愛しない若者たち コンビニ化する性とコスパ化する結婚』ディスカヴァー 21，
　　2015 年

片瀬一男『若者の戦後史——軍国少年からロスジェネまで』ミネルヴァ書房，2015 年

鈴木賢志『日本の若者はなぜ希望を持てないのか——日本と主要 6 カ国の国際比較』
　　草思社，2015 年

友枝敏雄編『リスク社会を生きる若者たち——高校生の意識調査から』大阪大学出版会，
　　2015 年

藤本耕平『つくし世代——「新しい若者」の価値観を読む』光文社新書，2015 年

渡辺真由子『リベンジポルノ——性を拡散される若者たち』弘文堂，2015 年

川崎賢一・浅野智彦編『〈若者〉の溶解』勁草書房，2016 年

原田曜平『「少子さとり化」ニッポンの新戦略』潮出版社，2016 年

原田曜平『ママっ子男子とバブルママ——新しい親子関係が経済の起爆剤となる』PHP
　　新書，2016 年

藤村正之・浅野智彦・羽渕一代編『現代若者の幸福——不安感社会を生きる』恒星社
　　厚生閣，2016 年

藤本耕平『「つくす」若者が「つくる」新しい社会——新しい若者の「希望と行動」を
　　読む』ベスト新書，2016 年

堀好伸『若者はなぜモノを買わないのか——「シミュレーション消費」という落とし穴』
　　青春新書インテリジェンス，2016 年

石井まこと・宮本みち子・阿部誠編『地方に生きる若者たち——インタビューからみえ
　　てくる仕事・結婚・暮らしの未来』旬報社，2017 年

乾彰夫・本田由紀・中村高康編『危機のなかの若者たち——教育とキャリアに関する 5
　　年間の追跡調査』東京大学出版会。2017 年

小谷敏編『二十一世紀の若者論——あいまいな不安を生きる』世界思想社，2017 年

吉川徹『日本の分断——切り離される非大卒若者（レッグス）たち』光文社新書，2018 年

熊代亨『「若者」をやめて，「大人」を始める——「成熟困難時代」をどう生きるか？』
　　イースト・プレス，2018 年

原田曜平『若者わからん！ ——「ミレニアル世代」はこう動かせ』ワニブックス，

2018 年

片桐新自『時代を生きる若者たち――大学生調査 30 年から見る日本社会』関西大学
　　出版部，2019 年

原田曜平『Z 世代――若者はなぜインスタ・TikTok にハマるのか?』光文社新書，
　　2020 年

牛窪恵『若者たちのニューノーマル―― Z 世代，コロナ禍を生きる』日経 BP 日本経済
　　新聞出版社，2020 年

山田昌弘『日本の少子化対策はなぜ失敗したのか?――結婚・出産が回避される本当の
　　原因』光文社新書，2020 年

片桐新自「社会人の価値観――大学を卒業すると何が変わるのか?――」(『関西大学社
　　会学部紀要』第 53 巻第 1 号，1-46 頁，2021 年)

金間大介『先生，どうか皆の前でほめないで下さい――いい子症候群の若者たち』東洋
　　経済新報社，2022 年

稲田豊史『映画を早送りで観る人たち　ファスト映画・ネタバレ――コンテンツ消費の
　　現在形』光文社新書，2022 年

レジー『ファスト教養―― 10 分で答えが欲しい人たち』集英社新書，2022 年

古屋星斗『ゆるい職場――若者の不安の知られざる理由』中公新書ラクレ，2022 年

牛窪恵『恋愛結婚の終焉』光文社新書，2023 年

＜調査関連文献＞

統計数理研究所国民性調査委員会編『第 3 日本人の国民性』至誠堂，1975 年

NHK 放送世論調査所編『日本人の意識』至誠堂，1975 年

NHK 放送世論調査所編『現代日本人の意識構造』日本放送出版協会，1979 年

NHK 放送世論調査所編『第 2 日本人の意識』至誠堂，1980 年

統計数理研究所国民性調査委員会編『第 4 日本人の国民性』出光書店，1982 年

NHK 放送世論調査所編『図説　戦後世論史〔第 2 版〕』日本放送出版協会，1982 年

NHK 世論調査部編『現代日本人の意識構造〔第 2 版〕』日本放送出版協会，1985 年

総務庁青少年対策本部編『現代の青少年』大蔵省印刷局，1986 年

NHK 世論調査部編『現代日本人の意識構造〔第 3 版〕』日本放送出版協会，1991 年

統計数理研究所国民性調査委員会編『第 5 日本人の国民性』出光書店，1992 年

NHK 放送文化研究所編『現代日本人の意識構造〔第 4 版〕』日本放送出版協会，1998 年

統計数理研究所編『研究リポート 83 国民性の研究 第 10 次全国調査』統計数理研究所，
　　1999 年

NHK 放送文化研究所編『現代日本人の意識構造〔第 5 版〕』日本放送出版協会，2000 年

内閣府政策統括官編『日本の青少年の生活と意識　第 2 回調査』財務省印刷局，2001 年

高橋徹『日本人の価値観・世界ランキング』中公新書ラクレ，2003 年

NHK 放送文化研究所編『現代日本人の意識構造〔第 6 版〕』日本放送出版協会，2004 年

統計数理研究所編『研究リポート 92 国民性の研究 第 11 次全国調査』統計数理研究所，
　　2004 年

内閣府編『青少年白書　平成 19 年版』時事画報社，2007 年

リクルートワークス研究所『第 24 回ワークス大卒求人倍率調査（2008 年卒）』リクルート，
　　2007 年

統計数理研究所編『研究リポート 99 国民性の研究 第 12 次全国調査』統計数理研究所，
　　2009 年

NHK 放送文化研究所編『現代日本人の意識構造〔第 7 版〕』日本放送出版協会，2010 年

内閣府編『子ども・若者白書　平成 25 年版』印刷通販，2013 年

日本性教育協会編『「若者の性」白書 第 7 回青少年の性行動全国調査報告』小学館，
　　2013 年

NHK 放送文化研究所編『現代日本人の意識構造〔第 8 版〕』日本放送出版協会，2015 年

NHK 放送文化研究所編『現代日本人の意識構造〔第 9 版〕』日本放送出版協会，2020 年

＜年表関連文献＞

上野昂志監修『昭和かわら版』実務教育出版，1986 年

世相風俗観察会編『現代風俗史年表　昭和 20 年（1945）→昭和 60 年（1985）』河出書房
　　新社，1986 年

世相風俗観察会編『現代風俗データベース 1986 → 1987』河出書房新社，1990 年

宝島編集部編『1970 年大百科』JICC 出版局，1990 年

宝島編集部編『1980 年大百科』JICC 出版局，1990 年

宝島編集部編『1960 年大百科』JICC 出版局，1991 年

毎日新聞社編『戦後 50 年』毎日新聞社，1995 年

下川耿史・家庭総合研究会編『昭和・平成家庭史年表〔増補版〕1926 → 2000』河出書房
　　新社，2001 年
伊藤正直・新田太郎監修『ビジュアル NIPPON　昭和の時代』小学館，2005 年
神田文人・小林英夫編『戦後史年表　1945 ～ 2005』小学館，2005 年
朝日新聞社編『自分史を書くための戦後史年表』朝日新聞社，2007 年

付　録

2022 年調査票（単純集計結果付）
現代学生の意識と価値観

    ＊   厳密には，全 8 回（社会人調査を含めると 10 回）の調査票をすべて示すべき
だが，煩雑になるので，参考として最新の 2022 年の調査票に単純集計結果を記
入したものを示しておく。

Ⅰ．調査の概要
1．調査実施時期　2022 年 9 月下旬～ 10 月末
2．有効回収票数　636
3．対象者

＜大学＞		＜学部＞		＜学年＞		＜年齢＞	
桃山学院大学	209(32.9)	社会学部	543(85.4)	1 回生	128(20.1)	18 歳	48(7.5)
関西大学	334(52.5)	人間科学部	59(9.3)	2 回生	154(24.2)	19 歳	126(19.8)
大阪大学	59(9.3)	文・外国語学部	34(5.3)	3 回生	200(31.4)	20 歳	163(25.6)
神戸女学院大学	34(5.3)			4 回生	154(24.2)	21 歳	191(30.0)
						22 歳	91(14.3)
						23 歳	13(2.0)
						24 歳	4(0.6)

＜性別＞男性　286(45.0)　　女性　350(55.0)

Ⅱ．質問事項
Q 1　現在あなたはどこから通学していますか。

    1．自 宅　488(76.7)　　　　2．下 宿　143(22.5)　　　　3．その他　　5(0.8)

Q 2　あなたは大学の授業によく出席しますか。

    1．よく出席する　　　　490(77.0)　　　2．まあまあ出席する　　126(19.8)
    3．あまり出席しない　　12(1.9)　　　　4．ほとんど出席しない　　8(1.3)

Q3　大学への入学目的は何ですか。あてはまるものすべてに〇をして下さい。

1. 学びたいことがあったから。　　　　　　　　　　　　　　263(41.4)
2. 就職を有利にするため。　　　　　　　　　　　　　　　　409(64.3)
3. 友人を作るため。　　　　　　　　　　　　　　　　　　　186(29.2)
4. 遊びたかったから。　　　　　　　　　　　　　　　　　　137(21.5)
5. 大卒の肩書きが欲しかったから。　　　　　　　　　　　　368(57.9)
6. 教員免許等の資格が欲しかったから。　　　　　　　　　　33(5.2)
7. 社会に出る前にもう少し時間が欲しかったから。　　　　　300(47.2)
8. 大学に行くのは当然だと思っていたから。　　　　　　　　336(52.8)
9. その他　　　　　　　　　　　　　　　　　　　　　　　　14(2.2)

Q4　まず，友人関係についてお伺いします。あなたには，現在親友と呼べる友達が何人ぐらいいますか。

0人	26(4.1)	1人	32(5.0)	2人	79(12.4)	3人	111(17.5)
4人	63(9.9)	5人	130(20.4)	6人	31(4.9)	7人	26(4.1)
8人	24(3.8)	9人	5(0.8)	10人	75(11.8)	11〜19人	15(2.4)
20人以上	12(1.9)	DK.NA.	7(1.1)				

最高値　40人　　　　　　平均値　5.20人

Q5　あなたは，どのような性質の友人を好みますか。以下にあげるものから，大事だと思うものをすべて〇をして下さい。

1. かわいい	98(15.4)	2. 礼儀正しい	320(50.3)
3. 頼りになる	290(45.6)	4. 知的な	113(17.8)
5. 正直な	244(38.4)	6. 明るい	345(54.2)
7. まじめな	148(23.3)	8. 男（女）らしい	21(3.3)
9. 寛大な	224(35.2)	10. 元気な	223(35.1)
11. 思いやりのある	460(72.3)	12. 責任感のある	125(19.7)
13. ユーモアがある	325(51.1)	14. 親切な	319(50.2)
15. 聞き上手な	174(27.4)	16. ノリのよい	365(57.4)

Q6　友人たちと何かをする時に，あなたは中心になって動く方ですか。

　　1.　どちらかといえば，中心になって動く方だ。　　　　　　　318(50.0)
　　2.　中心になって動くことはあまりない。　　　　　　　　　　315(49.5)
　　　　DK.NA.　　　　　　　　　　　　　　　　　　　　　　　　　3(0.5)

Q7　あなたは，以下にあげるようなことがどの程度ありますか。

	よくある	たまにある	ほとんどない	DK.NA.
a.　一人でいるのが寂しいと思うことがある。	97(15.3)	332(52.2)	207(32.5)	
b.　友人を探して，一緒に昼食を食べに行く。	144(22.6)	248(39.0)	244(38.4)	
c.　授業の時，友人と並んで座る。	305(48.0)	228(35.8)	103(16.2)	
d.　友人と一緒にトイレに行く。	91(14.3)	239(37.6)	303(47.6)	3(0.5)
e.　特別な目的もなく友人とぶらぶらする。	171(26.9)	277(43.6)	177(27.8)	11(1.7)
f.　こんなことを言ったら，友人が傷つくのではないかと思うことがある。	312(49.1)	265(41.7)	54(8.5)	5(0.8)

Q8　面識のない人と携帯やパソコンを通して友だちになることはできますか。

　　1.　できる　　304(47.8)　　2.　できない　　325(51.1)　　DK.NA.　　7(1.1)

Q9　あなたは，携帯やパソコンに関して以下にあげるようなことをよくしますか。

	よくする	たまにする	ほとんどしない	DK.NA.
a.　たいした用もないのに，LINE 等で友人と何度もやりとりをする。	205(32.2)	243(38.2)	188(29.6)	
b.　SNS 等で友人の近況を読む。	328(51.6)	204(32.1)	104(16.4)	
c.　SNS 等で「いいね！」をつける。	296(46.5)	193(30.3)	147(23.1)	
d.　SNS 等にコメントを書く。	65(10.2)	163(25.6)	408(64.2)	
e.　自分の SNS 等を更新する。	147(23.1)	289(45.4)	199(31.3)	1(0.2)
f.　ネットに匿名で書き込みをする。	36(5.7)	78(12.3)	521(81.9)	1(0.2)
g.　携帯（スマホ）でニュースを見る。	350(55.0)	236(37.1)	50(7.9)	
h.　パソコンでニュースをチェックする。	94(14.8)	147(23.1)	394(61.9)	1(0.2)

Q 10 次に，男女観や結婚観についてお答え下さい。まず，もう一度生まれ変わるとした
ら，男と女のどちらに生まれてきたいですか。

1. 男　　　　347(54.6)　　2. 女　　　　288(45.3)　　DK.NA.　　　　1(0.2)

Q 11 デートの際にかかった費用は，男女間でどのように負担すべきだと思いますか。男
女合わせて10割になるように分けてお答え下さい。【男性の負担割合】

5割　　366(57.5)　　6割　140(22.0)　　7割　74(11.6)　　8割　　30(4.7)
9割　　5(0.8)　　10割　19(3.0)　　DK.NA.　2(0.3)　　平均　　5.78割

Q 12 あなたは，「男らしいね」と言われたら，嬉しいですか。[男性の方へ]
あなたは，「女らしいね」と言われたら，嬉しいですか。[女性の方へ]

1. はい　263(41.4)　　2. いいえ　56(8.8)　　3. 一概には言えない　317(49.8)

Q 13 「男らしさ」や「女らしさ」は必要だと思いますか。

1. 絶対必要である。　　　　　　　　　　　　　　　　　　　　　27(4.2)
2. どちらかといえば必要である。　　　　　　　　　　　　　　341(53.6)
3. どちらかといえば必要ではない。　　　　　　　　　　　　　195(30.7)
4. まったく必要ではない。　　　　　　　　　　　　　　　　　73(11.5)

Q 14 一般に結婚した男女は，名字をどのようにしたらよいとお考えですか。あなたのお
考えにもっとも近いものを選んで下さい。

1. 当然，妻が名字を改めて，夫の方の名字を名のるべきだ。　　　　14(2.2)
2. 現状では，妻が名字を改めて，夫の方の名字を名のった方がよい。　146(23.0)
3. 夫婦は同じ名字を名のるべきだが，どちらが名字を改めてもよい。　299(47.0)
4. わざわざ一方に合わせる必要はなく，夫と妻は別々の名字のままでよい。　176(27.7)
　　DK.NA.　　　　　　　　　　　　　　　　　　　　　　　　　1(0.2)

Q 15　結婚した女性が職業を持ち続けることについて，どうお考えですか。あなたのお考えにもっとも近いものを選んで下さい。

1. 結婚したら，家庭を守ることに専念した方がよい。　　　　　　　　24(3.8)
2. 結婚しても子どもができるまでは，職業を持っていた方がよい。　 192(30.2)
3. 結婚して子どもが生まれても，できるだけ職業を持ち続けた方がよい。 419(65.9)
　　DK.NA.　　　　　　　　　　　　　　　　　　　　　　　　　　 1(0.2)

Q 16　家事や育児を夫婦はどのように分担すべきだと思いますか。あなたのお考えにもっとも近いものを選んで下さい。

1. 本来女性の方が向いているので，妻がやった方がよい。　　　　　　 7(1.1)
2. どちらかといえば女性の方が向いているとは思うが，
　　夫もできるだけ協力すべきだ。　　　　　　　　　　　　　　　 162(25.5)
3. どちらの方が向いているかなどとは言えないので，公平に分担すべきだ。 466(73.3)
　　DK.NA.　　　　　　　　　　　　　　　　　　　　　　　　　　 1(0.2)

Q 17　結婚についてどのようにお考えですか。あなたのお考えにもっとも近いものを選んで下さい。

1. いずれは必ず結婚したい。　　　　　　　　　　　　　　　　　 360(56.6)
2. 適当な相手がいなければ，結婚しなくてもよい。　　　　　　　　 258(40.6)
3. 結婚はしたくない。　　　　　　　　　　　　　　　　　　　　　 18(2.8)

Q 18　将来，自分の子どもを持ちたいですか。あなたのお考えにもっとも近いものを選んで下さい。

1. いずれは必ず持ちたい。　　　　　　　　　　　　　　　　　　 353(55.5)
2. できなければ，それでもよい。　　　　　　　　　　　　　　　 229(36.0)
3. 持ちたくない。　　　　　　　　　　　　　　　　　　　　　　　 54(8.5)

Q 19　あなたは，自分のおとうさんをどう思いますか。あてはまるところに○をつけて下
　　　さい。

	非常に 思う	まあ 思う	あまり 思わない	まったく 思わない	DK.NA.
a．仕事熱心	333(52.4)	236(37.1)	48(7.5)	8(1.3)	11(1.7)
b．家族思い（やさしい）	273(42.9)	250(39.3)	75(11.8)	27(4.2)	11(1.7)
c．頼りがいがある	291(45.8)	225(35.4)	78(12.3)	31(4.9)	11(1.7)
d．尊敬できる	256(40.3)	244(38.4)	90(14.2)	35(5.5)	11(1.7)
e．自分を理解してくれている	174(27.4)	247(38.8)	156(24.5)	47(7.4)	12(1.9)
f．こわい	34(5.3)	129(20.3)	242(38.1)	218(34.3)	13(2.0)
g．うるさい	50(7.9)	142(22.3)	197(31.0)	236(37.1)	11(1.7)
h．うっとうしい	39(6.1)	133(20.9)	224(35.2)	229(36.0)	11(1.7)

Q 20　では，おかあさんはどうですか。やはり，あてはまるところに○をつけて下さい。

	非常に 思う	まあ 思う	あまり 思わない	まったく 思わない	DK.NA.
a．仕事（家事）に熱心	322(50.6)	262(41.2)	45(7.1)	4(0.6)	3(0.5)
b．家族思い（やさしい）	451(70.9)	161(25.3)	18(2.8)	3(0.5)	3(0.5)
c．頼りがいがある	358(56.3)	187(29.4)	71(11.2)	16(2.5)	4(0.6)
d．尊敬できる	367(57.7)	215(33.8)	41(6.4)	10(1.6)	3(0.5)
e．自分を理解してくれている	319(50.2)	228(35.8)	60(9.4)	21(3.3)	8(1.3)
f．こわい	26(4.1)	83(13.1)	239(37.6)	285(44.8)	3(0.5)
g．うるさい	57(9.0)	169(26.6)	212(33.3)	195(30.7)	3(0.5)
h．うっとうしい	27(4.2)	102(16.0)	236(37.1)	268(42.1)	3(0.5)

Q 21　将来，あなたのおとうさんのような父親になりたいと思いますか。［男性の方へ］
　　　将来，あなたのおかあさんのような母親になりたいと思いますか。［女性の方へ］

1．思う　　　　　　234(36.8)　2．やや思う　　　　　215(33.8)

3．あまり思わない　136(21.4)　4．まったく思わない　50(7.9)　　DK.NA.　1(0.2)

Q 22　将来，自分の両親と一緒に住みたいと思いますか。

　　　1.　思う　　　101(15.9)　　2.　思わない　　533(83.8)　　DK.NA.　　　　　2(0.3)

Q 23　結婚していない若い人たちの男女関係について，どのようにお考えですか。あなた
　　　のお考えにもっとも近いものを選んで下さい。

　　　1.　結婚式がすむまでは，性的交渉（セックス）をすべきではない。　　　　10(1.6)
　　　2.　結婚の約束をした間柄なら，性的交渉があってもよい。　　　　　　　　26(4.1)
　　　3.　深く愛し合っている男女なら，性的交渉があってもよい。　　　　　　167(26.3)
　　　4.　つきあっていれば，性的交渉があってもよい。　　　　　　　　　　　292(45.9)
　　　5.　性的交渉をもつのに，結婚とか愛とかは関係ない。　　　　　　　　　141(22.2)

Q 24　あなたは現在の生活にどの程度満足していますか。

　　　1.　かなり満足している　　　199(31.3)　　2.　どちらかといえば満足している 378(59.4)
　　　3.　どちらかといえば不満だ　52(8.2)　　4.　かなり不満だ　　　　　　　　7(1.1)

Q 25　ここに二つの人生観があります。しいていえば，あなたのお考えはどちらに近いで
　　　すか。

　　　1.　人生は闘争。他人との競争に打ち勝っていかなければ何事もできない。　146(23.0)
　　　2.　他人と争うのはよくない。何事も丸くおさめて自然のなりゆきに従って
　　　　　いくのが賢いやり方だ。　　　　　　　　　　　　　　　　　　　　　490(77.0)

Q 26　人によって生活の目標もいろいろですが，以下のように分けると，あなたの生活目
　　　標にいちばん近いのはどれですか。

　　　1.　その日その日を，自由に楽しく過ごす。　　　　　　　　　　　　　242(38.1)
　　　2.　しっかりと計画をたてて，豊かな生活を築く。　　　　　　　　　　125(19.7)
　　　3.　身近な人たちと，なごやかな毎日を送る。　　　　　　　　　　　　254(39.9)
　　　4.　みんなと力を合わせて，世の中をよくする。　　　　　　　　　　　　15(2.4)

Q 27 あなたは，どのように生きたら，自分らしく生きられるか，つかめていますか。

1. はっきりつかめている。 42(6.6)
2. だいたいつかめている。 239(37.6)
3. 今はつかめていないが，いずれつかめると思う。 205(32.2)
4. 今もつかめていないし，将来もつかめるかどうか不安だ。 150(23.6)

Q 28 以下にあげるようなことについて，あなたはどう思いますか。

	そう 思う	そうは 思わない	DK.NA.
a．将来のために，若い頃の苦労は買ってでもした方がいい。	450(70.8)	184(28.9)	2(0.3)
b．早く社会に出て働きたい。	132(20.8)	504(79.2)	
c．おとなになるより，子どものままでいたい。	415(65.3)	220(34.6)	1(0.2)
d．努力しても，能力というものはそれほど向上するものではない。	160(25.2)	476(74.8)	
e．早く親から自立したい。	376(59.1)	260(40.9)	
f．もう自分はおとなだと思う。	167(26.3)	469(73.7)	
g．転職はなるべくすべきではない。	156(24.5)	477(75.0)	3(0.5)
h．ある程度の収入さえ得られるなら，出世するより気楽な地位にいる方がいい。	501(78.8)	135(21.2)	
i．働かないでも楽に暮していけるだけのお金があれば，遊んで暮したい。	428(67.3)	206(32.4)	2(0.3)
j．勤務地はできれば地元がよい。	317(49.8)	316(49.7)	3(0.5)

Q 29 あなたは就職したら，仕事と余暇のバランスをどのようにとっていきたいとお考えですか。あなたのお考えにもっとも近いものを選んで下さい。

1. 仕事よりも，余暇に生きがいを求める。 112(17.6)
2. 仕事はさっさとかたづけて，できるだけ余暇を楽しむようにする。 229(36.0)
3. 仕事にも余暇にも同じぐらい力をいれる。 250(39.3)
4. 余暇も時には楽しむが，仕事の方に力を注ぐ。 43(6.8)
5. 仕事に生きがいを求めて，全力を傾ける。 2(0.3)

Q 30　ある会社に次のような二人の課長がいるとします。もしあなたが使われるとしたら，
　　　どちらの課長がよいですか。

　　1.　規則をまげてまで，無理な仕事をさせることはありませんが，
　　　　仕事以外のことでは人のめんどうを見ません。　　　　　　　　　　322(50.6)
　　2.　時には規則をまげて，無理な仕事をさせることもありますが，
　　　　仕事のこと以外でも人のめんどうをよく見ます。　　　　　　　　314(49.4)

Q 31　次に，社会関心等についてお伺いします。あなたは新聞の各記事をどの程度読みま
　　　すか。下記の 1, 2, 3 のいずれかを（　）内に書き入れて下さい。
　　　［「1. 必ず読む」を 2 点，「2. 時々読む」を 1 点，「3. ほとんど読まない」を 0 点と
　　　して計算した得点］

　　a．政治・外交面　(0.47)　　　b．社会記事　　(0.61)　　c．社説　　　　(0.22)
　　d．家庭婦人欄　　(0.10)　　　e．小説　　　　(0.24)　　f．スポーツ記事 (0.47)
　　g．投書　　　　　(0.15)　　　h．地方版　　　(0.25)　　i．ラジオ欄　　(0.07)
　　j．テレビ欄　　　(0.51)　　　k．経済面　　　(0.33)　　l．マンガ　　　(0.47)

Q 32　あなたは，食品の安全性が気になる方ですか。

　　1.　非常に気になる　　147(23.1)　　　2.　やや気になる　　307(48.3)
　　3.　あまり気にならない　145(22.8)　　　4.　まったく気にならない　37(5.8)

Q 33　原子力発電所について，あなたのお考えは以下のどれに近いですか。

　　1.　新設も含めて積極的に利用していく。　　　　　　　　　　　　　31(4.9)
　　2.　安全基準を明確にして安全確認のされたものは継続的に利用していく。408(64.2)
　　3.　最小限度の利用にとどめ，近い将来には利用をやめる。　　　　181(28.5)
　　4.　いますぐ一切の利用をやめる。　　　　　　　　　　　　　　　12(1.9)
　　　　DK.NA.　　　　　　　　　　　　　　　　　　　　　　　　　4(0.6)

Q 34　あなたは学校行事の一環としてではなく，自主的にボランティア活動をしたことが
　　　ありますか。

　　　1.　はい　198(31.1)　→（SQ 34-1 へ）　　2.　いいえ　438(68.9)　→（SQ 34-2 へ）

SQ 34-1　ボランティア活動をして充実感を感じましたか。〔非該当　438(68.9)〕

　　　1.　感じた　172(27.0)(86.9)　2.　感じなかった　25(3.9)(12.6)　DK.NA.　1(0.2)(0.5)

SQ 34-2　ボランティアをしてこなかったのはなぜですか。あてはまる理由のすべてに○
　　　　をしてください。〔非該当　198(31.1)〕

　　　1.　興味のあるボランティア活動がなかったから。　　　　　　　　103(16.2) (23.5)
　　　2.　ボランティア活動の機会がなかったから。　　　　　　　　　　203(31.9) (46.3)
　　　3.　ボランティア活動をする時間がなかったから。　　　　　　　　99(15.6) (22.6)
　　　4.　無償で働く気はないから。　　　　　　　　　　　　　　　　　67(10.5) (15.3)
　　　5.　ボランティア活動は偽善的だと思うから。　　　　　　　　　　14(2.2) (3.2)
　　　6.　なんとなく行きそびれていた。　　　　　　　　　　　　　　　168(26.4) (38.4)
　　　7.　その他　　　　　　　　　　　　　　　　　　　　　　　　　　6(0.9) (1.4)
　　　　DK.NA.　　　　　　　　　　　　　　　　　　　　　　　　　　2(0.3) (0.4)

Q 35　災害等が生じた場合の救援ボランティア活動をしたいと思いますか。

　　　1.　ぜひしたい　　　　　104(16.4)　　　2.　ややしたい　　　　　　200(31.4)
　　　3.　一概には言えない　　255(40.1)　　　4.　あまりしたくない　　　59(9.3)
　　　5.　まったくしたくない　 16(2.5)　　　　DK.NA.　　　　　　　　　2(0.3)

Q 36　障害者や高齢者の手助けをする福祉ボランティア活動をしたいと思いますか。

　　　1.　ぜひしたい　　　　　67(10.5)　　　2.　ややしたい　　　　　　177(27.8)
　　　3.　一概には言えない　　233(36.6)　　　4.　あまりしたくない　　　118(18.6)
　　　5.　まったくしたくない　 40(6.3)　　　　DK.NA.　　　　　　　　　1(0.2)

Q 37　電車やバスの中で，あなたの座っている前に，高齢者の方が来られたら，あなたは席を譲りますか。

　　　1．必ず譲る　　　　　　177(27.8)　　2．だいたい譲る　　　367(57.7)
　　　3．ほとんど譲らない　　 83(13.1)　　4．まったく譲らない　　 8(1.3)
　　　DK.NA.　　　　　　　　 1(0.2)

Q 38　最近，あなたは地域の行事（たとえば，お祭りや清掃活動など）に参加していますか。

　　　1．よく参加する　　　　 35(5.5)　　2．たまには参加する　151(23.7)
　　　3．あまり参加しない　 203(31.9)　　4．まったく参加しない 246(38.7)
　　　DK.NA.　　　　　　　　 1(0.2)

Q 39　では，将来はどうでしょうか。（20 年後くらいを考えてみてください。）

　　　1．参加するつもり　　 153(24.1)　　2．参加する気はない　151(23.7)
　　　3．一概には言えない　 331(52.0)　　DK.NA.　　　　　　　 1(0.2)

Q 40　あなたは，次にあげるどの選挙なら投票に行こうと思いますか。行こうと思うものにすべて○をして下さい。

　　　1．市町村長　　　 435(68.4)　2．市町村議会　289(45.4)　3．都道府県知事 461(72.5)
　　　4．都道府県議会 286(45.0)　5．参議院　　　395(62.1)　6．衆議院　　　 438(68.9)

Q 41　地域の重要な問題を住民投票（住民の直接投票）で決めることについて，あなたはどう思いますか。

　　　1．非常に良いことだと思う。　　　　　　　　　　　　　236(37.1)
　　　2．どちらかといえば，良いことだと思う。　　　　　　 300(47.2)
　　　3．一概には言えない。　　　　　　　　　　　　　　　 97(15.3)
　　　4．どちらかといえば，良くないことだと思う。　　　　 2(0.3)
　　　5．非常に良くないことだと思う。　　　　　　　　　　 0(0.0)
　　　DK.NA.　　　　　　　　　　　　　　　　　　　　　 1(0.2)

Q 42　首相公選制（国民投票で総理大臣を選ぶ制度）を導入したらどうかという意見がありますが，あなたはこれについてどう思いますか。

1. 賛成　　292(45.9)　2. 反対　63(9.9)　3. どちらとも言えない　280(44.0)

DK.NA.　　　　　1(0.2)

Q 43　あなたは，どの政党を支持していますか。ひとつ選んでください。

1. 自民党　　　95(14.9)　2. 立憲民主党 24(3.8)　3. 日本維新の会　44(6.9)
4. 公明党　　　 9(1.4)　5. 共産党　　　7(1.1)　6. 国民民主党　　25(3.9)
7. れいわ新選組　6(0.9)　8. 社民党　　　4(0.6)　9. NHK 党　　　　1(0.2)
10. 参政党　　　12(1.9)　11. その他　　　2(0.3)　12. ない　　　　401(63.1)

DK.NA.　　　　　6(0.9)

（Q 43 で，「12.　ない」と答えた方に）
S Q 43-1　しいていえば，どの政党が支持できそうですか。ひとつだけ選んでください。

1. 自民党　　126(19.8)　2. 立憲民主党 15(2.4)　3. 日本維新の会　39(6.1)
4. 公明党　　　 3(0.5)　5. 共産党　　　7(1.1)　6. 国民民主党　　20(3.1)
7. れいわ新選組　6(0.9)　8. 社民党　　　3(0.5)　9. NHK 党　　　　2(0.3)
10. 参政党　　　 9(1.4)　11. その他　　　0(0.0)　12. ない　　　　168(26.4)

DK.NA.　　　9(1.4)　　　［非該当　　229(36.0)］

（以下の質問は全員お答えください。）

Q 44　では逆に嫌いな政党はありますか。あればいくつでも○をつけて下さい。

1. 自民党　　　92(14.5)　2. 立憲民主党 48(7.5)　3. 日本維新の会　32(5.0)
4. 公明党　　　64(10.1)　5. 共産党　　80(12.6)　6. 国民民主党　　12(1.9)
7. れいわ新選組　94(14.8)　8. 社民党　　27(4.2)　9. NHK 党　　　178(28.0)
10. 参政党　　　26(4.1)　11. その他　　　9(1.4)　12. ない　　　　326(51.3)

DK.NA.　　　　　2(0.3)

Q 45　今の世の中は権力をもった少数の人によって動かされているという意見があります
　　　が，あなたはどう思いますか。

　　1．そう思う　377(59.3)　2．そう思わない　60(9.4)　3．一概には言えない 198(31.1)
　　　　　　　　　　　　　　　　　　　　　　　　　　　　DK.NA.　　　　　　1(0.2)

Q 46　次にあげる社会のうちで，あなたの理想とする社会に近いのはどれですか。

　　1．自由に競争ができて，能力のある人はどんどん金持ちになれるが，
　　　　暮らしに困る人もでる社会　　　　　　　　　　　　　　　　　　　136(21.4)
　　2．国が経済を統制するので，大金持ちにはなれないが最低限の生活は
　　　　確実に保証されている社会　　　　　　　　　　　　　　　　　　228(35.8)
　　3．能力のある人は金持ちになれるが，国がその人たちから高い税金を
　　　　とって暮らしに困る人の面倒をみる社会　　　　　　　　　　　270(42.5)
　　　　DK.NA.　　　　　　　　　　　　　　　　　　　　　　　　　　2(0.3)

Q 47　以下にあげるようなことについて，あなたはどう思いますか。

	そう思う	そうは思わない	DK.NA.
a．日本はもっと経済的に発展すべきだ。	534(84.0)	101(15.9)	1(0.2)
b．近い将来，核兵器を使った戦争が起こる。	351(55.2)	281(44.2)	4(0.6)
c．現在の世界情勢から考えて，近い将来日本が戦争に巻き込まれる危険がある。	526(82.7)	105(16.5)	5(0.8)
d．いずれ日本も核武装したほうがいい。	151(23.7)	480(75.5)	5(0.8)

Q 48　戦争は絶対にいけないと思いますか。あなたのお考えにもっとも近いものを以下の
　　　中からひとつだけ選んで下さい。

　　1．いかなる場合でも戦争はいけない。　　　　　　　　　　　　　394(61.9)
　　2．自国を他国からの侵略から守るためにはやむをえない。　　　　229(36.0)
　　3．他国の戦争であっても，助力の要請があれば介入してもよい。　　7(1.1)
　　4．必要があれば，積極的に戦争という手段を利用してもよい。　　　5(0.8)
　　　　DK.NA.　　　　　　　　　　　　　　　　　　　　　　　　　　1(0.2)

Q 49 国連からの要請があった場合に日本の自衛隊を海外に派遣することについて，あなたは賛成ですか，それとも反対ですか。

1. 賛成　　151(23.7)　2. 反対　　　202(31.8)　3. どちらとも言えない　281(44.2)
DK.NA.　　　　　　　2(0.3)

Q 50 日本の自衛隊をどうすべきだと思いますか。

1. 増強すべき　171(26.9)　　2. 現状維持　　439(69.0)
3. 縮小すべき　17(2.7)　　4. なくすべき　　7(1.1)　　DK.NA.　　　　　　　2(0.3)

Q 51 あなたは「日の丸」に対して愛着を持っていますか。

1. 非常に愛着を持っている　　55(8.6)　2. やや愛着を持っている　　286(45.0)
3. ほとんど愛着を持っていない 209(32.9)　4. まったく愛着を持っていない　84(13.2)
DK.NA.　　　　　　　2(0.3)

Q 52 あなたは「君が代」を歌えますか。

1. 歌える　　441(69.3)　2. だいたい歌える　167(26.3)　　3. 歌えない　　26(4.1)
DK.NA.　　　　　　　2(0.3)

Q 53 現在様々な反核・平和運動がありますが，あなたはこうした運動に参加したいと思ったことがありますか。

1. ある　　　　45(7.1)　　2. ない　　　587(92.3)　　DK.NA.　　　　4(0.6)

Q 54 では徴兵制（国民全員あるいは男性全員が一定期間兵役を務める制度）が実施されそうになった場合，あなたはその反対運動に参加しますか。

1. 参加する　305(48.0)　　2. 参加しない　329(51.7)　　DK.NA.　　　　2(0.3)

Q 55　現在の日本の天皇制度では女性は天皇になれない規定になっていますが，あなたは
　　　これについてどう思いますか。以下にあげるものの中でもっともあなたのお考えに
　　　近いものを選んで下さい。

　　1.　現状の規定のままでよい　　　　　　　　　　　　　　　　　　109(17.1)
　　2.　男性継承者を優先しつつ女性にも継承権を与えるように
　　　　規定を変えるべき　　　　　　　　　　　　　　　　　　　　159(25.0)
　　3.　女性にも男性とまったく同等の継承権を与えるように
　　　　規定を変えるべき　　　　　　　　　　　　　　　　　　　　342(53.8)
　　4.　そもそも天皇制自体を廃止すべき　　　　　　　　　　　　　23(3.6)
　　　　DK.NA.　　　　　　　　　　　　　　　　　　　　　　　　3(0.5)

Q 56　最後に，あなたにとって，いちばん大切と思うものをひとつだけあげて下さい。

〔アフターコード〕

　　1.　自分自身，生命，健康　　147(23.1)　　　2.　家族，友人，恋人，人間関係 192(30.2)
　　3.　愛情，優しさ，精神，心　　57(9.0)　　　4.　信念，能力，努力，信仰　　　13(2.0)
　　5.　生きがい，夢，目標　　　　27(4.2)　　　6.　平和，真実，よい社会，正義　58(9.1)
　　7.　自然，環境，地球　　　　　1(0.2)　　　8.　時間，自由，ゆとり　　　　　71(11.2)
　　9.　金，財産，地位，名誉　　　36(5.7)　 10.　その他　　　　　　　　　　　　7(1.1)
　　　　　　　　　　　　　　　　　　　　　　　　DK.NA.　　　　　　　　　　　27(4.2)

1945–2022 年の出来事と流行

   *   この資料は，毎日新聞社編『戦後 50 年』（毎日新聞社，1995 年），神田文人・小林英夫編『戦後史年表　1945 ～ 2005』（小学館 2005 年），『朝日新聞クロスサーチ (旧・聞蔵 II ビジュアル)』，『Wikipedia』を参考にして作成した。

1945 年

【出来事】2.4 ヤルタ会談 ／2.19 米軍硫黄島に上陸 ／3.9~10 東京大空襲 ／4.1 米軍沖縄本島に上陸 ／5.7 ドイツ無条件降伏 ／7.26 ポツダム宣言発表 ／8.6 広島に原爆投下 ／8.8 ソ連対日参戦 ／8.9 長崎に原爆投下 ／8.15 戦争終結の詔書を放送 ／8.15 鈴木内閣総辞職 ／8.17 東久邇宮内閣成立 ／8.18 内務省，特殊慰安施設設置を指示 ／8.30 マッカーサー厚木到着 ／9.2 ミズーリ号で降伏文書に調印 ／9.8 米軍東京に進駐 ／9.11 東条英機自殺未遂 ／9.19 ラジオで実用英語会話始まる ／9.27 天皇，マッカーサーを訪問 ／9 月 ソ連，日本軍兵士をシベリアに移送開始 ／10.3 文部省，柔剣道・教練全面禁止 ／10.4 GHQ 日本政府に人権指令（天皇に関する自由討議，政治犯釈放，思想警察全廃，治安維持法の撤廃など） ／10.9 幣原内閣成立 ／10.10 政治犯釈放令で徳田球一らが出獄，共産党合法化 ／10.11 マッカーサー，幣原内閣に民主化に関する 5 大改革（婦人解放，労働組合の結成奨励，学校教育民主化，秘密審問司法制度の撤廃，経済機構の民主化）を要求 ／10.15 治安維持法廃止 ／10.22 GHQ 軍国主義的・超国家主義的教育の禁止を通達 ／10.23 第 1 次読売争議 ／10.24 国際連合設立 ／10.30 GHQ 軍国主義教育者追放指令 ／11.2 日本社会党結成 ／11.6 財閥解体を指令 ／11.9 日本自由党結成 ／11.16 戦後初の大相撲 ／11.19 松岡洋右ら戦犯逮捕 ／11.20 ニュルンベルク国際軍事裁判開廷 ／12.1 日本共産党再建大会 ／12.6 木戸幸一ら逮捕 ／12.8 戦争犯罪人追及人民大会 ／12.9 GHQ 農地改革に関する覚書を発表（第 1 次農地改革） ／12.12 GHQ 芝居の仇討もの，心中ものの上演禁止 ／12.15 GHQ 神道教育禁止，神道と国家との分離を命令 ／12.16 近衛文麿自殺 ／12.17 衆議院議員選挙法改正公布（女性参政権，20 歳以上） ／12.17 B,C 級戦犯裁判始まる ／12.22 労働組合法公布 ／12.31 ラジオで紅白音楽試合放送

【流行語・ブーム】一億総懺悔 ／復員 ／進駐軍 ／浮浪児 ／ギブミー・チョコレート ／戦犯 ／DDT ／パンパン ／「りんごの唄」

1946 年

【出来事】1.1 天皇の人間宣言 ／1.1 戸田城聖，創価学会再建 ／1.4 第 1 次公職追放 ／2.7 出口王仁三郎，大本教を愛善苑として復活 ／2.19 天皇，神奈川県を巡幸，以後各地へ ／2.22 政府，GHQ の憲法草案を受入れる ／3.5 チャーチル，鉄のカーテン演説 ／3.11 天理本道再建 ／3.15 国労結成 ／4.10 第 22 回総選挙（婦人参政初選挙）実施（自由 141，進歩 94，社会 93） ／4.27 戦後初のプロ野球公式戦開幕 ／5.3 極東国際軍事裁判開始 ／5.4 鳩山一郎公職追放 ／5.19 食糧メーデー ／5.22 第 1 次吉田内閣成立 ／5.31 早稲田大学，学生自治会の自治権を承認 ／6.2 イタリア国民投票で王制廃止，共和国へ ／6 月 東宝第 1 期ニューフェイス募集，三船敏郎らが合格 ／6 月 ラビット（スクーター）発売 ／7.2 人工甘味料ズルチン発売 ／7.12 第 2 次読売争議 ／7 月 中国で内線本格化する ／8.1 日本労働組合総同盟結成 ／8.3 GHQ が教職員追放令 ／8.9 第 1 回国体開催 ／8.16 経団連創設 ／8 月 小平事件 ／8 月 メチルアルコールが飲用に使われ，死者・失明者が多数出ていることが明らかとなる ／9.2 赤線地帯の成立 ／9.29 PL 教団開教 ／10.1 ニュルンベルク裁判最終判決，12 人に絞首刑 ／10.9 男女共学実施を指示 ／10.15 ヴァイニング夫人（皇太子の家庭教師）来日 ／10.21 農地調整法改正公布（第 2 次農地改革） ／11.3 日本国憲法公布 ／11.8 第 2 次公職追放 ／11.25 新聞及出版用紙割当委員会発足 ／11 月 東大学生自治会発足 ／12.8 シベリア引揚第 1 船，舞鶴へ ／12.19 フランス軍，ベトナム軍を攻撃 ／12.21 南海地震

【流行語・ブーム】あっそう ／カストリ文化 ／バクダン ／赤線・青線 ／カム・カム・エブリバディ ／こんな女に誰がした ／ナンジ人民飢えて死ね ／出版ブーム ／ベストセラー ／ニューフェイス

1947 年

【出来事】1.15 初のストリップ「額縁ショー」 ／1.31 マッカーサー，2.1 ゼネスト中止を命令 ／3.31 教育基本法・学校教育法公布（6・3・3・4 制，男女共学） ／3.31 貴族院停会 ／4.1 新学制による小中学校スタート ／4.1 町内会・隣組・部落会廃止 ／4.2 国連安保理，日本の米国単独信託統治協定案を可決 ／4.7 労働基準法公布 ／4.10 大リーグで初の黒人大リーガーが誕生 ／4.20 第 1 回参議院選挙 ／4.25 第 23 回総選挙で社会党が第 1 党となる（社会 143，自由 131，民主 124） ／5.3 日本国憲法施行 ／6.1 社会党首班の片山内閣成立 ／6.8 日教組結成 ／7.1 公正取引委員会発足 ／7.5 外食券食堂，旅館，喫茶店を除く全国の料飲店営業停止 ／7.25 全国農民組合（全農）結成 ／8.9 古橋広之進 400 m 自由形で世界新記録 ／9.1 パンの切符配給制実施 ／10.1 帝国大学の名称廃止 ／10.5 コミンフォルム設置 ／10.10 キーナン検事，天皇には戦争責任なしと言明 ／10.11 山口判事ヤミ拒否で餓死 ／10.14 11 宮家 51 人皇族籍を離れる ／10.26 刑法改正（不敬罪・姦通罪廃止） ／10 月 トヨペット SA 型乗用車の生産開始 ／12.22

民法改正（家制度廃止）／12.31 内務省廃止

【流行語・ブーム】カストリ雑誌 ／不逞の輩 ／隠匿物資 ／栄養失調 ／タケノコ生活 ／ベビーブーム／ストリップショー／ブギウギ／アプレゲール

1948 年

【出来事】1.2 皇居の一般参賀 23 年ぶりに再開 ／1.6 米陸軍長官，日本を反共の防壁にすると発言（非軍事化・民主化政策の修正）／1.26 帝銀事件 ／1.30 ガンジー暗殺 ／2.1 エリザベス・サンダース・ホーム開設 ／2.10 片山内閣総辞職 ／3.10 芦田内閣成立 ／3.15 民主自由党結成（吉田総裁）／4.1 新制高校発足 ／4.4 GHQ 祝祭日の国旗掲揚を許可 ／4.28 サマータイム実施［1952.4.11 廃止］／5.2 戦後初の全日本柔道選手権大会開催 ／5.14 イスラエル建国宣言 ／6.13 太宰治入水自殺 ／6.23 昭和電工の日野原社長逮捕（昭電疑獄）／6.28 福井大地震 ／6.28 全国 PTA 協議会結成 ／7.10 建設省設置 ／7.29 ロンドン・オリンピック開幕（日本の参加は認められず）／7.31 公務員のスト権・団体交渉権を否認する政令 201 号公布・施行 ／7 月 政治資金規制法，医師法，優生保護法，教育委員会法，警職法，国民の祝日など公布 ／8.15 大韓民国設立［9.9 朝鮮民主主義人民共和国成立］／8 月 エロア資金による対日物資供給開始 ／9.15 主婦連結成 ／9.18 全学連結成 ／10.7 昭電疑獄で芦田内閣総辞職［10.19 第 2 次吉田内閣成立］／10.8 電球，歯みがき，万年筆など 110 品目が自由販売に ／11.3 トルーマン大統領選に勝利 ／11.12 文部省，小学校は 5 段階評価をすると通達 ／11.12 極東軍事裁判で，戦犯 25 被告に有罪［12.23 東条ら 7 人の死刑執行］／12.24 岸信介ら A 級戦犯 19 名を釈放

【流行語・ブーム】冷たい戦争 ／斜陽族 ／アルバイト ／ノルマ ／老いらくの恋 ／アロハシャツ ／「異国の丘」／「憧れのハワイ航路」

1949 年

【出来事】1.1 マッカーサー，国旗の自由使用を許可 ／1.1 大都市への転入抑制解除 ／1.23 第 24 回総選挙で民自党過半数獲得，共産党躍進（民自党 264，民主 69，社会 48，共産 35）／1.31 中国人民解放軍，北京入城 ／2.9 文部省，教科書用図書検定基準定める［4 月 検定教科書使用開始］／2.12 東京証券取引所設立［5.14 開業］／3.22 ドッジ・ライン内示，デフレ政策を進める ／4.1 野菜の統制廃止 ／4.4 北大西洋条約機構（NATO）成立 ／4.25 1 ドル＝ 360 円の単一為替レート実施 ／5.23 西独成立［10.7 東独成立］／6.1 優生保護法改正，経済的理由での妊娠中絶が可能となる ／6.1 国立新制大学 68 校発足 ／6.1 国鉄，専売公社発足 ／6.1 大都市に

ビヤホール復活 ／6.18 徳田共産党書記長，「9月までに民自党打倒」と宣言 ／6.27 シベリア引揚げ再開 ／7.5 下山事件 ／7.15 三鷹事件 ／8.16 全米水上選手権大会で古橋広之進が世界新記録で優勝 ／8.17 松川事件 ／8.26 シャウプ勧告（日本の税制に関する報告書） ／9.23 トルーマン大統領，ソ連の原爆実験を公表 ／9~10月 レッドパージで大学教職を追われる教員相次ぐ ／10.1 中華人民共和国成立 ／10.19 戦犯軍事裁判終了 ／11.3 湯川秀樹ノーベル物理学賞に決まる ／11.24 光クラブの山崎晃嗣自殺 ／12.1 お年玉付き年賀はがき初発売 ／12.5 官公労結成

【流行語・ブーム】アジャパー ／白亜の恋 ／ワンマン ／駅弁大学 ／自転車操業 ／フジヤマのトビウオ ／つるしあげ ／暁に祈る ／編み物ブーム ／ヒロポン ／「青い山脈」 ／竹馬経済 ／『きけわだつみのこえ』

1950 年

【出来事】1.1 マッカーサー，「日本国憲法は自衛権を否定せず」と声明 ／1.6 コミンフォルム，日本共産党の平和革命論を批判，所感派と国際派の対立激化 ／1.15 平和問題懇話会，全面講和・中立不可侵・国連加盟・軍事基地反対・経済的自立の声明を『世界』に発表 ／1.19 社会党左右両派に分裂 [4.3 統一] ／1月 ビール自由競争時代へ ／2.9 アメリカでマッカーシー旋風（赤狩り）始まる ／2.13 都教育庁，「赤い」教員に辞職勧告 ／2.14 中ソ友好同盟条約調印 ／3.1 自由党（吉田総裁）発足 ／3.1 池田蔵相，「一部中小企業の倒産もやむをえない」と発言 ／3.2 日本女子野球連盟発足 ／3.19 原爆禁止を求めるストックホルム・アピール ／3.22 牛乳の自由販売開始 ／3.24 旧制高校最後の卒業式 ／4.1 短期大学 149 校発足 ／4.22 山本富士子第1回ミス日本に ／4月 洋酒統制撤廃 ／5.3 吉田首相，全面講和を主張する南原東大総長を「曲学阿世の徒」と非難 ／5月 東京で外食券なしでコメ以外の主食が食べられるようになる ／5.30 文化財保護法公布 ／6.1 特殊法人日本放送協会発足 ／6.2 日共中央と全学連がコミンフォルム批判をめぐり対立 ／6.6 マッカーサー，共産党中央委員全員の公職追放を指令 ／6.25 朝鮮戦争始まる ／6.26『アカハタ』を 30 日間発行停止 [7.18 無期限停止] ／7.2 金閣寺放火 ／7.8『チャタレイ夫人の恋人』わいせつ書として発禁 ／7.11 日本労働組合総評議会（総評）結成 ／7.24 マスコミ各社でレッドパージ ／8.10 警察予備隊令公布・施行 ／8.30 全学連が反レッドパージ闘争宣言 ／8月 特需景気始まる ／8月 大阪千日前にアルサロ開業 ／9.1 ガリオア資金で 8 大都市でパンの完全給食始まる ／9.1 閣議で公務員の赤色分子排除を決定 ／10.13 政府，約 1 万人の公職追放を解除 [11.10 旧軍人 3250 人の追放解除] ／10.25 中国，朝鮮戦争に参戦 ／11.22 プロ野球，初の日本選手権 ／11.30 トルーマン大統領，朝鮮に原爆使用を考慮すると言明 ／12.7 池田蔵相「貧乏人は麦を食え」と発言

【流行語・ブーム】レッドパージ ／特需景気 ／とんでもハップン ／曲学阿世 ／金ヘン，糸ヘン ／エチケット ／38 度線 ／オー・ミステーク ／貧乏人は麦を食え ／アルサロ ／自

己批判　／ BG　／イカレポンチ

1951 年

【出来事】1.3 NHK ラジオで第 1 回紅白歌合戦放送　／ 1.21 社会党大会で再軍備反対を加えた平和 4 原則決議　／ 1.24 日教組,「教え子を再び戦場に送るな」運動を決定　／ 3.10 総評, 全面講和・中立堅持など左派路線へ　／ 3 月 ハリウッドで赤狩り始まる　／ 4.1 コメ屋民営に　／ 4.11 マッカーサー解任　／ 4.17 衣料配給制廃止　／ 4 月 日本初の LP レコード発売　／ 5.1 九電力会社発足　／ 5.1 新聞用紙の価格・配給統制撤廃　／ 6.11 ナイロン生産始まる　／ 6.20 第 1 次追放解除, 旧財閥総帥など　／ 7.6 アナタハン島から日本兵ら 20 人帰国　／ 7.10 朝鮮休戦会議　／ 7.31 日本航空設立 [10.25 一番機もく星号就航]　／ 7 月 糸へん景気暴落　／ 8.1 国土総合開発法第 1 次指定　／ 8.6 第 2 次追放解除, 鳩山一郎を含む 13,904 名　／ 8.16 旧軍将校 11,185 名の追放解除　／ 9.1 民間ラジオ初放送　／ 9.8 サンフランシスコ講和会議で対日平和条約調印　／ 9.10 黒沢監督の「羅生門」がヴェネチア国際映画祭でグランプリを受賞　／ 10.1 朝日, 毎日, 読売, 夕刊発行を再開　／ 10.16 日本共産党五全協, 武装闘争方針を打ち出す　／ 10.24 社会党, 講和条約をめぐって左右に再分裂　／ 10.28 力道山, 日本初のプロレス試合を実施　／ 11.1 ネバダ州で核実験

【流行語・ブーム】逆コース　／老兵は死なず　／アナタハン　／社用族　／ノーコメント　／三等重役　／日本人は 12 歳　／パチンコ大流行

1952 年

【出来事】1.4 イギリス, スエズ運河封鎖　／ 1.18 李承晩ライン設定　／ 2.8 改進党（三木武夫ら）結成　／ 2.15 第 1 次日韓会談開始 [4.26 中止]　／ 2.20 東大ポポロ事件　／ 2.26 イギリス, 原爆保有を公表　／ 2.28 日米行政協定調印, 国会の手続きなしに米軍基地を提供　／ 3.6 吉田首相, 自衛のための戦力は合憲と答弁　／ 3.8 GHQ, 兵器製造を許可　／ 3 月 ホンダ・カブ発売　／ 4.1 琉球中央政府発足　／ 4.9 もく星号三原山に墜落　／ 4.10 ラジオで「君の名は」始まる　／ 4.28 対日平和条約・日米安全保障条約発効, GHQ 廃止, 公職追放解除　／ 4 月 砂糖が 13 年ぶりに自由販売に　／ 5.1 血のメーデー事件　／ 5.19 白井義男, 日本人初のボクシング世界王者に　／ 6.1 麦の統制廃止　／ 6.6 中央教育審議会設置　／ 6.24 吹田事件　／ 6 月 全学連, 日共国際派を排除　／ 7.1 羽田飛行場が米軍から返還される　／ 7.4 破壊活動防止法案可決 [7.21 公布・施行]　／ 7.19 ヘルシンキ・オリンピックに戦後初参加　／ 7.21 公安調査庁発足　／ 8.6 広島原爆犠牲者慰霊碑除幕式　／ 8.8 ラジオ受信契約数 1000 万件突破　／ 8.13 日本, IMF, 世界銀行に加盟　／

10.1 第 25 回総選挙, 共産党議席 0（自由 240, 改進 85, 右社 57, 左社 54） ／10.14 PTA 結成大会 ／10.15 保安隊発足 ／10.16 天皇・皇后両陛下戦後初の靖国神社参拝 ／11.1 アメリカ水爆実験 ／11.4 アイゼンハワー大統領当選 ／11.27 池田蔵相「中小企業の倒産・自殺もやむをえない」と発言［11.29 蔵相を辞任］

【流行語・ブーム】ヤンキー・ゴー・ホーム ／火炎ビン ／赤線・青線 ／アメション ／エッチ ／プー太郎 ／PR ／恐妻 ／復古調 ／「君の名は」 ／スクーター

1953 年

【出来事】1.29 空前の株式ブームで立会停止 ／2.1 NHK テレビ放送開始 ／2.4 李ラインで日本船員射殺される ／2.28 日教組, 全国各地で教育防衛大会を開催 ／3.5 スターリン死去, 後任はマレンコフ ／3.14 バカヤロー解散 ／3.18 分党派自由党結成 ／3 月 シームレスストッキングの製造開始 ／4.15 第 2 次日韓会談［10.3 第 3 次会談, 10.21 決裂］ ／4.19 第 26 回総選挙（自由 199, 改進 76, 左社 72, 右社 66, 分党派自由 35） ／6.1 梅田第一生命屋上に日本初の屋上ビアガーデン ／6.2 エリザベス女王戴冠式 ／6.13 内灘試射場反対闘争始まる ／7.16 伊東絹子, ミスユニバース世界大会で 3 位入賞 ／7.27 朝鮮戦争休戦協定調印 ／8.5 教科書検定権者は文相とする ／8.12 ソ連水爆実験成功 ／8.28 日本テレビ開局 ／8 月 三洋電機, 国産初の洗濯機発売 ／9.1 町村合併促進法公布 ／9.12 ソ連共産党第 1 書記にフルシチョフ ／10.14 徳田球一, 北京で客死 ／11.29 鳩山一郎ら自由党復帰 ／11.29 中央合唱団, 日比谷で「日本のうたごえ」開催, 以後「うたごえ運動」盛ん ／12.15 水俣市で原因不明の脳症患者発生（のち水俣病第 1 号患者） ／12.25 奄美群島, 本土復帰 ／12.31 紅白歌合戦が大晦日放送となる

【流行語・ブーム】コネ ／サイザンス ／クルクルパー ／バカヤロー解散 ／戦力なき軍隊 ／八頭身 ／プラスアルファ ／街頭テレビ ／温泉マーク ／戦後強くなったのは女と靴下 ／真知子巻き

1954 年

【出来事】1.1 五十銭以下の小銭廃止 ／2.1 マリリン・モンロー来日 ／2.19 シャープ兄弟対力道山・木村組の初タッグマッチ, プロレス人気に ／2.22 政府, 教育 2 法を提出し教員の政治活動を禁止, 小学校校長会・日教組など反対［5.29 修正成立, 6.3 公布］ ／2.26 西独, 再軍備を許す憲法可決 ／2 月 造船疑獄発覚［4.21 犬養法相指揮権発動］ ／3.1 ビキニ水域で水爆実験, 第 5 福竜丸被爆 ／4.18 エジプトにナセル政権 ／4.28 文部省, 中学に道徳倫理, 小学校高学年に

地理歴史導入を通達 ／4.28 明治製菓，初の缶ジュース発売 ／5.9 原水爆禁止署名運動杉並協議会発足 ／6.9 防衛庁設置法，自衛隊法公布［7.1 自衛隊発足］ ／6.12 近江絹糸 100 日間大争議始まる ／7.21 インドシナ休戦協定でフランスはベトナムから撤退 ／9.26 洞爺丸遭難事故 ／11.24 日本民主党（鳩山総裁，岸幹事長）結成 ／11 月 ヒロポン取締り強化 ／12.22 プロレス日本選手権で力道山が木村政彦を破る ／12.7 吉田内閣総辞職［12.10 第 1 次鳩山内閣成立］

【流行語・ブーム】街頭テレビ ／ゴジラ ／死の灰 ／水爆マグロ ／ロマンスグレー ／空手チョップ ／スポンサー ／「ローマの休日」 ／ヘップバーン・スタイル ／パートタイマー ／シャネルの 5 番 ／三種の神器 ／「七人の侍」 ／「二十四の瞳」

1955 年

【出来事】1.1 日本共産党，「アカハタ」で極左冒険主義を自己批判 ／1.7 トヨペットクラウン発表 ／1.17 都内にスモッグ発生 ／1.28 民間 6 単産が春闘方式を始める ／2.27 第 27 回総選挙（民主党 185，自由 112，左社 89，右社 67） ／4.1 ラジオ東京テレビ（現 TBS）開局 ／4.18 アジア・アフリカ会議 ／4.23 第 3 回統一地方選挙で創価学会進出 ／4.28 外国人指紋登録実施 ／5.8 砂川町（立川基地拡張反対闘争）で総決起大会 ／5.11 紫雲丸沈没 ／5 月 北富士演習場反対闘争 ／6.7 日本母親大会 ／7.8 日本住宅公団法公布 ／7.20 経済企画庁発足 ／7.25 日本住宅公団発足 ／7.29 共産党六全協大会（「愛される共産党」へ） ／8.6 第 1 回原水爆禁止世界大会 ／8 月 森永ヒ素ミルク事件 ／8 月 東京通信工業（現ソニー），初のトランジスターラジオ発売 ／9.10 日本，GATT 加盟 ／9.13 砂川基地拡張反対で地元民・学生と警官隊が衝突 ／9.19 原水協結成 ／10.1 日本水道協会調べで，水道普及率 37％，都市は 60％，農村 9％ ／10.13 社会党統一大会 ／11.15 自由民主党結成 ／12.16 木戸幸一ら終身刑の A 級戦犯が仮出所 ／12.27 平均寿命は女 68 歳，男 64 歳 ／12 月 東芝電気釜を発売

【流行語・ブーム】家庭電化時代 ／ノイローゼ ／春闘 ／ボディビル ／マンボ ／ドーナッツ現象 ／ビキニ ／神武景気 ／うたごえ運動 ／悪書追放運動 ／『太陽の季節』 ／「エデンの東」 ／電気釜

1956 年

【出来事】1 月 日本初の分譲マンション ／2.19『週刊新潮』創刊 ／2.24 フルシチョフ，共産党大会でスターリン批判演説 ／3.5 ソ連でトロッキーの名誉回復 ／3.19 住宅公団が入居者募集 ／4.16 日本道路公団設立 ／5.1 水俣のチッソ工場付属病院の医師が原因不明の中枢神経症

患が多数出ていると報告　／5.14 日ソ漁業条約調印　／5.20 アメリカ，ビキニで初の水爆投下実験　／5.24 売春防止法公布　／7.17 経済企画庁，経済白書を発表「もはや戦後ではない」　／7.26 エジプトのナセル大統領，スエズ運河の国有化を宣言（スエズ動乱の始まり）　／9月 大宅壮一が「一億総白痴化」とテレビ批判　／10.12 砂川闘争　／10.19 日ソ国交回復に関する共同宣言　／10.23 ハンガリー動乱　／10.29 スエズ戦争始まる　／10.30 フィリピン・ミンドロ島の日本兵4人降伏　／11.8 南極観測船宗谷出港　／11.19 九州場所も本場所になり年間5場所　／11.22 メルボルン・オリンピック開幕　／12.18 日本国連加盟　／12.23 石橋内閣成立

【流行語・ブーム】貸本マンガ　／もはや戦後ではない　／一億総白痴化　／戦中派　／太陽族　／ロックンロール　／デラックス　／デート　／シスターボーイ　／三種の神器

1957 年

【出来事】1.7「赤胴鈴之助」ラジオ放送開始　／1.29 南極昭和基地設営　／2.25 岸内閣成立　／3.6 スエズ動乱終息　／3.25 EEC 条約調印　／3.30 内灘試射場返還　／3月 光が丘団地誕生　／4.29 映画「明治天皇と日露大戦争」が封切られ大ヒット　／5.25 有楽町そごう開店　／5月 鴨居羊子，大阪で下着ショー　／6.14 第1次防衛力整備3か年計画　／6.19 岸・アイゼンハワー会談　／8.1 ソ連からの最後の帰国船　／8.27 原研で原子の火ともる　／9.10 文部省，教員勤務評定の趣旨徹底を通達　／9月 中学体育に剣道復活　／10.1 五千円札発行　／10.4 ソ連，スプートニク1号の打ち上げに成功　／10月 大丸がパートタイム募集　／12.11 百円硬貨発行　／12.16 夢の島でゴミ埋め立て始まる　／12.22 日教組，勤務評定反対闘争で非常事態宣言

【流行語・ブーム】グラマー　／団地　／永すぎた春　／よろめき　／才女時代　／ストレス　／夜の蝶　／パートタイム　／下着ブーム　／ホッピング　／貸本マンガ

1958 年

【出来事】2.8 第1回日劇ウェスタン・カーニバル　／2月 渡辺製菓，粉末ジュースを発売　／2月 神風タクシー追放の世論起きる　／3.3 スバル 360 発表　／3.9 世界初の海底トンネル・関門トンネル開通　／3.27 フルシチョフ第1書記が首相兼任　／4.1 売春防止法施行　／4.1 教員勤務評定実施　／4.5 長嶋茂雄デビュー　／4.11 京都府知事に蜷川虎三当選　／5.16 テレビ受信契約 100 万突破　／5.22 第 28 回総選挙（自民 287，社会 166）　／5.30 B・C 級戦犯巣鴨拘置所を仮出所，拘置所も閉鎖　／6.1 ドゴール内閣成立　／6.1 日共，全学連幹部を除名　／7.6 初の名古屋場所が開かれ年間6場所となる　／7.13 中国からの最後の引揚船　／7.30 NASA 設置　／

8.11 官公労解散し総評に加盟　／8.25 チキンラーメン発売　／8.27 力道山，ルーテーズを破り世界王者に　／8~9 月 勤評闘争　／9.1 小中学校で道徳教育実施義務化　／9 月 朝日麦酒（現アサヒビール），初の缶ビール発売　／10.8 警職法改正案を国会に提出，警職法改悪反対闘争広がる[11.22 審議未了で休会]　／11.27 皇太子と正田美智子との婚約発表　／11.30 ラジオ受信契約数 1481 万の最高記録，普及率 82.5%　／12.1 一万円札発行　／12.10 日共除名の全学連幹部が共産主義者同盟（ブント）結成　／12.23 東京タワー完工式　／12 月 三宮に「主婦の店・ダイエー」開店

【流行語・ブーム】粉末ジュース・ブーム　／フラフープ　／切手ブーム　／ミッチーブーム　／ナベ底不況　／神風タクシー　／ながら族　／ハイティーン　／私は貝になりたい　／いかす　／シビれる　／団地族　／ベッドタウン　／圧力団体　／神様, 仏様, 稲尾様　／月光仮面

1959 年

【出来事】1.1 メートル法実施　／1.1 キューバ革命　／1.10 NHK 教育テレビ開局　／1.14 タロジロの生存確認　／1.27 ソ連共産党大会で，フルシチョフ第 1 書記，資本主義と経済競争，平和共存を強調　／2.1 日本教育テレビ（後のテレビ朝日）開局　／2.18 藤山外相，安保改定私案を発表　／3.1 フジテレビ開局　／3.10 チベットで反政府内乱[3.12 ダライ＝ラマ 14 世が独立を宣言, 3.28 中国政府，チベット地方政府を解散, 3.31 ダライ＝ラマ，インドへ亡命]　／3.28 社会党・総評などが日米安保条約改定阻止国民会議結成　／3 月 資生堂，男性用化粧品を発売　／3 月『少年サンデー』，『少年マガジン』創刊　／3~4 月『朝日ジャーナル』『週刊現代』『週刊文春』創刊　／4.10 皇太子ご成婚　／4.13 安保に関する日米交渉再開　／4.15 安保改定阻止第 1 次統一行動　／4.16 国民年金法公布[11.1 施行]　／4.27 中国国家主席に劉少奇，毛沢東は党主席に専念　／5.26 1964 年東京オリンピックが決定　／6.25 プロ野球初の天覧試合　／8.1 日産，ダットサン＝ブルーバードを発売　／8.7 中印国境紛争　／8 月 水俣病補償で漁船チッソ工場にデモ　／9.1 24 都県で勤務評定提出　／9.26 伊勢湾台風　／9.30 中ソ対立表面化　／10.25 西尾末広ら社会党を離党　／10.26 自民党両議員総会で安保新条約案を決定　／11.25 河上丈太郎派分裂し 12 人社会党を離党　／11.27 安保改定阻止第 8 次統一行動で，デモ隊 2 万人が国会へ突入　／12.11 三井三池炭鉱で指名解雇通知，三池闘争始まる

【流行語・ブーム】スキーブーム　／タフガイ　／岩戸景気　／アフターサービス　／がめつい　／消費革命　／マダムキラー　／ファニーフェイス　／トランジスター・グラマー　／カミナリ族　／消費は美徳　／週刊誌ブーム

1960 年

【出来事】1.16 新安保条約調印のため岸首相渡米，全学連羽田闘争 [1.19 日米新安保条約に調印] ／1.24 民社党結成 ／1.25 三井三池炭鉱無期限ストに突入 ／2.1 ノースカロライナ州のレストランで黒人学生が差別に抗議してシットイン ／2.7 東京都内の電話局番 3 ケタに ／2.20 東証ダウ 1000 円の大台突破 ／2.23 浩宮誕生 ／3.16 全学連分裂，反主流派（日共系）を閉め出す ／4.15 安保反対の国会請願始まる ／4.16 中国，ソ連の平和共存路線を批判 ／4.18 ソウルで李承晩大統領退陣要求デモ [4.27 李大統領辞表提出] ／4.28 沖縄県祖国復帰協議会結成 ／4 月 ダッコちゃん発売，大ヒット ／4 月 ソニー，世界初のトランジスタ・テレビを発売 ／5.16 尾関雅樹ちゃん誘拐事件 [5.19 遺体発見，7.17 犯人逮捕] ／5.20 自民党，新安保条約を単独強行可決 ／5.20 全学連，首相官邸突入 ／5.28 グアム島から皆川文蔵一等兵，伊藤正軍曹帰還 ／6.3 全学連首相官邸突入 ／6.4 安保改定阻止行動 560 万人 ／6.10 羽田ハガチー闘争 ／6.15 安保阻止行動 580 万人，全学連国会突入で樺美智子死亡 ／6.17 在京新聞社が「暴力を排し議会主義を守れ」と共同宣言 ／6.19 新安保条約自然成立 ／7.15 岸内閣総辞職 ／7.19 池田内閣成立 ／7 月 全学連は日共系，ブント，革共同の 3 派に分裂 ／8.10 森永インスタントコーヒーを発売 ／8.25 ローマ・オリンピック開幕 ／9.2 キューバ，アメリカとの軍事同盟を破棄 ／9.10 カラーテレビの本放送開始 ／10.12 浅沼社会党委員長，右翼少年に刺殺される ／11.1 三池争議解決 ／11.8 ケネディ大統領戦に勝利 ／11.20 第 29 回総選挙（自民 296，社会 145，新政党・民社は 17 で大敗）／12.14 OECD（経済協力開発機構）成立 ／12.27 国民所得倍増計画決定

【流行語・ブーム】家付きカー付きババア抜き ／声なき声 ／私は嘘は申しません ／インスタント ／ダッコちゃん ／寛容と忍耐 ／所得倍増 ／全学連 ／異議なし ／ナンセンス ／金の卵

1961 年

【出来事】1.3 アメリカ，キューバと国交断絶 ／1.20 ケネディ大統領に就任 ／1 月 日本初のクレジットカード JCB 登場 ／2.5 社会党，構造改革路線を新方針に決定 ／2.19 医師会，医療費値上げを求めて全国 1 日一斉休診 ／4.12 ソ連初の有人衛星を飛ばす ／5.16 韓国で軍事クーデター ／6 月 小児麻痺大流行 ／8.1 釜ヶ崎大暴動 ／8.7 水俣病初の公式確認 ／8.13 ベルリンの壁構築 ／9.26 大鵬と柏戸そろって横綱に昇進 ／10.30 スターリンの遺体をレーニン廟から撤去を決議 ／11.27 創価学会，公明政治連盟結成 ／11 月 アンネナプキン発売

【流行語・ブーム】地球は青かった ／レジャー ／わかっちゃいるけどやめられない ／不快指数 ／六本木族 ／高度成長 ／何でも見てやろう ／現代っ子 ／アンネの日 ／銀行よさようなら，証券よこんにちは

1962 年

【出来事】1.13 社会党訪中団，中国との間で，「米帝国主義は日中人民共同の敵」と共同声明発表 ／2.5 日本共産党，文化人多数を除名 ／3.31 義務教育の教科書無償に ／3月 テレビ受信者数が 1000 万人を突破 ／4.18 日経連，採用試験日を 10 月 1 日以降とする申合せの中止を決定（「青田買い」の傾向強まる） ／5.10 新産業都市建設促進法公布 [8.1 施行（15 か所を新産業都市に指定），10.5 全国総合開発計画決定] ／7.3 アルジェリア独立 ／7.27 江田ビジョン発表 [11.27 社会党，江田ビジョン批判決議を採択，江田書記長辞任] ／8.12 堀江謙一がヨットで太平洋単独横断に成功 ／8月 原水協分裂 ／9.30 ミシシッピ州で黒人大学生入学 ／9月 千里ニュータウン（日本初の大規模ニュータウン）の第 1 期入居開始 ／10.5 ビートルズ，デビュー ／10.17 インド軍，中印国境で攻撃開始 [10.20 中国軍，全面反撃開始，11.22 中国，一方的停戦を実施] ／10 月 キューバ危機 ／12.11 戦後初の国産旅客機 YS11 完成

【流行語・ブーム】ツイスト ／プラモデル ／無責任時代 ／ハイそれまでよ ／女子学生亡国論 ／総会屋 ／当たり屋 ／青田買い ／スモッグ ／交通戦争 ／産業スパイ ／流通革命 ／マイカー時代 ／回転レシーブ

1963 年

【出来事】1.1 テレビアニメ「鉄腕アトム」放送開始 ／1月 北陸で豪雪，死者 156 人（38 豪雪） ／2月 革共同が革マル派と中核派に分裂 ／3.31 吉展ちゃん誘拐 [65.7.3 容疑者小原保犯行を自供，7.5 吉展ちゃんは遺体で発見] ／4月 大阪駅前に初の横断歩道橋 ／5月 狭山事件 ／6.5 黒四ダム完工式 ／6月 小さな親切運動本部発足 ／6.16 ソ連初の女性宇宙飛行士テレシコワ打ち上げ ／7.5 中ソ共産党会談始まる [7.20 非難の応酬で会談決裂] ／8.15 政府主催の第 1 回全国戦没者追悼式 ／8.28 ワシントン大行進 ／9.9 アラバマ州知事，公立学校への黒人登校阻止のために州兵を動員 ／9月 草加次郎爆弾事件 ／10 月 悪書追放運動 ／10 月 新潟水俣病発生 ／11.21 第 30 回総選挙（自民 283，社会 144） ／11.22 ケネディ大統領暗殺 ／11.29 梅田地下街完成 ／12.8 力道山刺される [12.15 力道山死亡] ／12.17 朴正熙大統領就任

【流行語・ブーム】バカンス ／押し屋 ／三ちゃん農業 ／SF ／およびでない ／ガチョーン ／巨人・大鵬・卵焼き ／スーパー ／カギッ子 ／シェー ／番長 ／ハッスル

1964 年

【出来事】2.4 人民日報，ソ連共産党を分裂主義者と批判 ／3.18 早川電機（後のシャープ），初の電卓を開発，1 台 50 万円 ／4.1 観光目的の海外渡航自由化 ／4.1 日本 IMF8 条国に移行 ／4.12 東京 12 チャンネル開局 ／4.25 第 1 回戦没者叙勲を発令［4.28 第 1 回生存者叙勲を発表］／4.28 日本 OECD に加盟 ／4月 ミロのビーナス日本公開 ／4月『平凡パンチ』創刊 ／5.28 パレスチナ解放機構設立 ／6.1 ビール，酒類 25 年ぶりに自由価格に ／8.2 トンキン湾事件［8.4 米軍，北ベトナムを報復爆撃］／8.10 社会・共産・総評など 137 団体がベトナム反戦集会開催 ／9.13 沼津で石油化学コンビナート進出反対の総決起大会 ／10.1 東海道新幹線開業 ／10.10 東京オリンピック開幕 ／10.15 フルシチョフ首相解任 ／10.16 中国初の原爆実験成功（政府・社会・民社・公明は批判するが，共産は「やむをえない自衛手段」との見解を発表）／11.3 ジョンソン大統領に当選 ／11.9 佐藤内閣成立 ／11.10 全日本労働総同盟発足 ／11.12 米原潜シードラゴン号，佐世保に入港 ／11.17 公明党結成 ／12.8 社会党大会，「日本における社会主義への道」を採択

【流行語・ブーム】根性 ／俺についてこい ／ウルトラ C ／コンパニオン ／トップレス ／アイビー族 ／OL ／みゆき族 ／東京砂漠 ／金の卵 ／マンション ／モータリゼーション

1965 年

【出来事】1.8 韓国がベトナム派兵を決定［以後，オーストラリア，フィリピン，ニュージーランドも派兵］／1.11 中教審，「期待される人間像」中間草案発表 ／1.20 ジャルパック発売 ／1.28 慶応大学学費値上げ反対で全学スト ／1月 東京に初のスモッグ警報 ／2.1 原水禁国民会議結成 ／2.7 米軍北爆開始 ／2.21 マルコム X 暗殺 ／3.18 ソ連人類初の宇宙遊泳に成功 ／3.31 新宿淀橋浄水場閉鎖 ／4.24 べ平連初のデモ ／4月 松下電器が完全週休 2 日制を実施 ／5.7 佐藤首相北爆支持 ／6.2 新東京国際空港公団法公布 ／6.4 ソ連・北ベトナム援助協定調印 ／6.12 新潟大教授，新潟水俣病の発生を発表 ／6.12 家永裁判始まる ／6.22 日韓基本条約調印 ／6月 夢の島にハエ大量発生 ／7.1 名神高速道路全線開通 ／7.5 吉展ちゃん白骨死体で発見 ／8.9 シンガポール独立 ／8.21 ツタンカーメン展始まる ／9.1 インド・パキスタン紛争始まる ／9.24 みどりの窓口開設 ／10.12 社共両党，日韓条約批准阻止で統一行動 ／10.21 朝永振一郎，ノーベル物理学賞受賞決定 ／11.9 マルコス，フィリピン大統領に ／11.19 戦後初の赤字国債発行を決定 ／11月 文化大革命始まる ／12.18 日韓基本条約発効

【流行語・ブーム】期待される人間 ／べ平連 ／夢の島 ／団地サイズ ／モーレツ社員 ／マイホーム ／ジャルパック ／エレキ族 ／ブルーフィルム ／ティーチイン ／公害 ／シェー

1966 年

【出来事】1.2「ウルトラ Q」放映開始 ／1.13 古都保存法公布 ／1.18 早稲田学費闘争 155 日スト始まる ／3.11 インドネシアでスカルノ大統領失脚 ／3.31 総人口 1 億人を突破 ／5 月 ブラックパワー提唱 ／6.25 敬老の日・体育の日公布 ／6.29 ビートルズ来日 ／7.4 閣議で三里塚新空港が決定 ／7.13 東京都教委，都立高校入試制度改善の基本方針を決定 ／8.18 中国，文化大革命勝利祝賀で天安門広場に 100 万人集う ／9.1 第 2 次ブント再建 ／10.21 国際反戦デーで総評スト ／12.1 多摩ニュータウン計画決定 ／12.9 建国記念の日を 2 月 11 日とする政令公布 ／12.17 三派系全学連再建

【流行語・ブーム】黒い霧 ／びっくりしたなーもう ／核の傘 ／交通戦争 ／ミニスカート ／3C 時代 ／過疎 ／ひのえうま

1967 年

【出来事】1.12 日本血液銀行協会，買血全廃決定 ／1.24 日本共産党，『赤旗』で中国を批判（文化大革命をめぐって日中共産党の対立深まる） ／1.29 第 31 回総選挙（自民 277，社会 140，自民党得票率 50％を初めて割る） ／2.6 米軍，ベトナムで枯れ葉作戦開始 ／2.11 初の建国記念日，各所で抗議行動 ／3 月 都の学校群制度による高校入試がスタート ／4.5 岡山大学教授，「イタイイタイ病」の原因を発表 ／4.15 東京都知事に美濃部亮吉当選 ／4.28 カシアス・クレイ徴兵拒否し，タイトルを剥奪される ／4 月 立ち食いそば屋が各地に出現 ／6.2 釜ヶ崎暴動 ／6.5 第 3 次中東戦争始まる ／6.12 新潟水俣病患者，昭和電工を相手取り訴訟を起こす ／6.17 中国，初の水爆実験 ／6.10 東京教育大学，筑波移転強行決定 ／7.1 EC 成立 ／7 月 リカちゃん人形発売 ／7 月 国民生活白書で 9 割が中流意識 ／8.3 公害対策基本法公布 ／8.8 ASEAN 結成 ／8.17 山谷暴動 ／9.1 四日市ぜんそく訴訟開始 ／10.8 第 1 次羽田闘争 ／10.18 ミニの女王・ツイッギー来日 ／10.21 ワシントンで 10 万人のベトナム反戦集会開催 ／11.11 佐藤首相の北爆支持に抗議して，官邸前で焼身自殺 ／11.12 第 2 次羽田闘争 ／12.11 佐藤首相，非核 3 原則を言明

【流行語・ブーム】ボウリング ／戦無派 ／蒸発 ／核家族 ／ヒッピー ／アングラ ／フーテン ／ボイン ／ハプニング ／大和魂 ／グループサウンズ

1968 年

【出来事】1.9 円谷幸吉自殺 ／1.17 原子力空母エンタープライズ寄港阻止闘争［1.19 エンタープライズ佐世保入港］ ／1.29 東大医学部無期限スト突入 ／2.20 金嬉老事件 ／2.26 成田空港阻止三里塚集会 ／2 月 ボンカレー発売 ／3.16 ソンミ事件 ／4.4 キング牧師暗殺 ／4.5 プラハの春［8.20 ソ連軍チェコに侵攻］ ／4.15 日大で 20 億円の使途不明金発覚，日大闘争始まる［5.27 日大全共闘結成］ ／4.18 霞が関ビル完成 ／4.25 東名高速道路開通 ／4 月『ビッグコミック』創刊 ／5.4 パリ 5 月革命［5.19 ゼネスト全仏に拡大，6.6 スト解除］ ／6.5 ロバート・ケネディ暗殺 ／6.10 大気汚染防止法・騒音規制法公布 ／6.26 小笠原諸島，日本復帰 ／7.1 郵便番号制度実施 ／7.1 ポケットベル営業開始 ／7.2 東大安田講堂バリケード封鎖［7.5 東大全共闘結成］ ／7.7 参議院選挙で石原慎太郎や青島幸男が当選 ／8.8 札幌医大の和田教授，日本初の心臓移植手術 ／8 月『少年ジャンプ』創刊 ／9.30 日大全共闘，古田会頭と徹夜大衆団交 ／10.12 東大全学無期限ストへ ／10.12 メキシコシティ・オリンピック開幕 ／10.17 川端康成ノーベル文学賞受賞 ／10.21 国際反戦デー・新宿騒乱事件 ／12.10 三億円事件発生 ／12.29 東大，東京教育大学，69 年度入試中止を決定

【流行語・ブーム】昭和元禄 ／ハレンチ ／失神 ／サイケデリック ／ゲバルト ／ゲバ棒 ／ノンセクト ／ノンポリ ／大衆団交 ／とめてくれるな，おっかさん ／タレント候補

1969 年

【出来事】1.2 奥崎謙三，天皇をパチンコで打つ ／1.19 東大安田講堂の封鎖解除 ／1.24 美濃部都知事，都営ギャンブル廃止方針表明 ／2.4 沖縄で B52 撤去要求の総決起大会開催 ／2.18 日大バリケード封鎖全面解除 ／2.25『夕刊フジ』創刊 ／4.1 ゼロ歳児保育開始 ／4.7 連続射殺犯永山則夫逮捕 ／5.10 国鉄グリーン車新設 ／5.17 プッシュホン発売 ／5.23 政府，初の公害白書を発表 ／5.26 東名高速道路全通 ／5.30 新全国総合開発計画決定 ／6.12 原子力船むつ進水 ／6.29 新宿西口地下広場で反戦フォークソング集会 ／7.1 東京地裁，女子の 30 歳定年制は男女差別で無効と判決 ／7.10 同和対策事業特別措置法公布 ／7.20 アポロ 11 号月面着陸 ／8.3 大学運営に関する臨時措置法を自民強行採決 ／8.15-17 ウッドストック野外ロックフェスティバル ／8.18 甲子園の決勝で松山商と三沢高が 18 回延長引き分け ／8.18 広島大学封鎖解除 ／8 月 クレジットカード利用者 140 万人 ／9.5 全国全共闘連合を結成 ／9.22 京大時計台封鎖解除 ／10.15 全米でベトナム反戦デモ ／10.21 国際反戦デーで 1505 人逮捕 ／10.31 文部省，高校生の政治活動禁止を通達 ／10 月 甘味料チクロの使用禁止 ／11.5 赤軍派大菩薩峠で検挙 ／11.20 インディアンがアラカトラス島を占拠 ／11.21 日米共同声明で 1972 年沖縄返還確認 ／11.23 池袋にパルコ開店 ／11.26 全国スモンの会結成 ／12.1 東京都老人医療費無料化実施 ／12.27 第 32 回総選挙（自民 288，社会 90，公明 47）

【流行語・ブーム】オー，モーレツ ／はっぱふみふみ ／あっと驚くタメゴロー ／ニャロメ ／やったぜ，ベイビー ／エコノミックアニマル ／フォークゲリラ ／断絶 ／チクロ ／情報化社会 ／造反有理

1970 年

【出来事】1.1 日本医師会，医療費値上げ問題で 4 日まで休診 ／2.11 国産初の人工衛星おおすみ打ち上げ ／2.12 シャープ液晶電卓発売，10 万円を切る ／3.5 スクランブル交差点登場 ／3.15 日本万国博覧会開幕（〜9.13）／3.18 カンボジアでクーデター，シアヌーク元首解任 ／3.31 赤軍派，よど号乗っ取り北朝鮮へ ／3.31 新日鉄発足 ／3 月『anan』創刊 ／6.22 政府，安保の自動延長を声明［6.23 自動延長，反安保統一行動に 77 万人参加］／6.25 公明党，政教分離を決定 ／7.27 東京で初の光化学スモッグ注意報 ／7 月 ダンキンドーナツ銀座に 1 号店 ／8.2 歩行者天国始まる ／8.4 革マル・中核派の内ゲバ殺人 ／8.11 田子の浦ヘドロ公害で市民団体，製紙会社と知事を告発 ／10.1 国鉄区間禁煙始まる ／10.20 初の『防衛白書』発表 ／10 月 東芝 60 歳定年制導入 ／10 月 国鉄「ディスカバージャパン」キャンペーンを開始 ／11.14 ウーマンリブ第 1 回大会 ／11.25 三島由紀夫，市ヶ谷自衛隊総監室で割腹自殺 ／12.20 沖縄コザ暴動

【流行語・ブーム】パンスト ／パンタロン ／使い捨てライター ／ハイジャック ／ウーマンリブ ／鼻血ブー ／ヘドロ ／シラケ ／内ゲバ ／モーレツからビューティフルへ ／歩行者天国 ／悪ノリ ／進歩と調和

1971 年

【出来事】2.6 雄琴に「トルコ風呂」第 1 号店ができる ／2.17 京浜安保共闘が真岡市で銃強奪 ／2.22 三里塚第 1 次強制代執行 ／3.26 福島原発運転開始 ／4.11 大阪で革新系の黒田知事誕生 ／4.17 バングラデシュ独立 ／5.10 西独変動為替相場へ移行 ／5.14 空前の交通スト（〜18,20,21）／5.14 大久保清連続婦女暴行殺人事件で逮捕 ／5.14 大鵬引退 ／6.5 京王プラザホテル開業 ／6.17 沖縄返還協定調印式 ／6.30 富山地裁，イタイイタイ病訴訟で住民全面勝訴の判決を下す ／7.1 環境庁発足 ／7.20 マグドナルド銀座に第 1 号店 ／8.16 ニクソン大統領，ドル防衛策を発表（ドルショック）／9.13 林彪死亡 ／9.16 三里塚第 2 次強制執行 ／9.28 美濃部東京都知事がゴミ戦争宣言 ／9 月 カップヌードル発売 ／10.1 第一銀行と日本勧業銀行が合併 ／10.25 国連総会，中国招請，台湾追放を可決 ／11.17 沖縄返還協定強行採決 ／

11.19 沖縄闘争で日比谷松本楼放火　／12.3 インド・パキスタン全面戦争突入　／12.18 土田警務部長宅で小包爆弾爆発し，夫人が死亡　／12.20 1 ドル＝ 308 円となる（各国，固定相場制に戻る）

【流行語・ブーム】ニアミス　／ドルショック　／ゴミ戦争　／ディスカバージャパン　／アンノン族　／ピース　／フィーリング　／ボウリング人気　／脱サラ

1972 年

【出来事】1.3 日米繊維協定調印　／1.24 旧日本兵横井庄一氏グアム島で救出される [2.2 帰国]　／1.30 北アイルランドでデモ隊と警察が衝突，以後テロなど続発　／1 月 学費値上げ問題で全国 86 大学で闘争中　／2.3 札幌オリンピック開幕　／2.21 ニクソン訪中 [2.27 米中共同声明]　／2.26 東証ダウ 3000 円突破　／2.19 連合赤軍浅間山荘に籠城開始 [2.28 警官隊と銃撃戦，3.7 リンチ殺人事件発覚]　／3.15 山陽新幹線，岡山まで開業　／3.22 アメリカで男女差別を禁じる憲法修正可決　／3.27 社会党横道孝弘，衆院で沖縄返還協定の秘密文書を暴露 [4.4 公電漏洩容疑で，外務省事務官と毎日新聞記者を逮捕]　／4.1 コメが自由価格に　／4.6 米軍，北爆再開　／5.15 沖縄県発足　／5.30 日本赤軍イスラエルのテルアビブの空港で銃乱射　／6.5 第 1 回国連人間環境会議 [6.16 ストックホルム宣言を採択]　／6.11 田中角栄「日本列島改造論」発表　／6.14 中ピ連結成　／6.17 佐藤首相引退声明　／6.21 英ポンド急落 [6.23 変動相場制に移行]　／6.23 北海道に二風谷アイヌ文化資料館オープン　／6.27 最高裁，日照権，通風権を認める　／7.7 田中内閣成立　／7.20 日本人男性の平均寿命が 70 歳を突破したと発表　／7.24 津地裁，四日市ぜんそく訴訟で，企業側の責任を認める　／7 月『ぴあ』創刊　／8.11 米地上軍ベトナム撤退　／8 月 播磨灘で赤潮発生　／8 月 カシオミニ（電卓）発売　／9.5 ミュンヘン・オリンピックでパレスチナ過激派がテロ　／9.25 田中訪中 [9.29 日中共同声明調印]　／10.28 上野動物園にパンダ到着　／10 月 車に初心者マーク　／11.24 渡航外貨持ち出し制限撤廃　／11 月 内ゲバで殺人　／12.10 第 33 回総選挙（自民 271，社会 118，共産 38）

【流行語・ブーム】三角大福　／日本列島改造論　／総括　／ナウい　／未婚の母　／同棲時代　／恍惚の人　／若葉マーク　／あっしにはかかわりのねえことでござんす

1973 年

【出来事】1.1 70 歳以上老人の医療費無料化　／1.1 連合赤軍の森恒夫拘置所で自殺　／1.27 ベトナム和平協定に調印　／2.5 渋谷駅のコインロッカーで嬰児の遺体見つかる　／2.14 円変動相場制に移行し急騰，1 ドル＝ 264 円　／3.13 国鉄の順法闘争に業を煮やした乗客が上尾駅で暴動

[以後 4 月まで他駅でも起こる] ／3.20 熊本水俣病裁判, 患者側が全面勝訴 ／4 月 地価前年比 30%増 ／4 月 ウォーターゲート事件発覚 ／4 月 振替休日制定 ／5.22 江東区, 杉並区からのゴミ搬入を実力で阻止する ／6.5 初の環境週間スタート ／6.14 パルコ渋谷店オープン ／7.17 自民党に青嵐会発足 ／7.25 日本シェーキーズ, 赤坂にピザ 1 号店を出店 ／8.1 鉄道弘済会売店を KIOSK と改称 ／8.8 金大中事件 ／8.24 鄧小平復活 ／9.15 国鉄中央線にシルバーシート誕生 ／9.25 筑波大学設置法案可決 ／9 月 東京の物価前年比 14.5%増 ／10.6 第 4 次中東戦争勃発 ／10.23 江崎玲於奈, ノーベル物理学賞受賞 ／10.28 神戸市に革新市長誕生し, 6 大都市すべてが革新市長になる ／10 月 石油ショック ／10 月 紙不足深刻化 ／11.14 関門橋開通 ／11 月 節電のためネオン消し, ガソリンスタンドは日曜・祝日休業 ／11 月 トイレットペーパー買いだめパニック ／12.14 在京民放 5 社深夜放送自粛を決定 ／12.22 公定歩合 2%上り史上最高の 9% に

【流行語・ブーム】石油ショック ／省エネ ／日本沈没 ／ちょっとだけよ ／モノ不足 ／狂乱物価 ／花の中 3 トリオ

1974 年

【出来事】1 月 スプーン曲げ少年現れる ／2 月 都区部の物価前年比 20%を超える ／3.12 小野田少尉ルバング島から帰還 ／3.30 名古屋新幹線訴訟始まる ／3 月 都内にストリーキング出現 ／4.11 交通ゼネスト（～ 12） ／4.20 モナリザ展開幕 ／4.25 筑波大学開学 ／4 月 サーティンワン・アイスクリーム第 1 号店目黒で開店 ／5.1 前年の地価上昇は 32.4% ／5.9 伊豆半島沖地震 ／5.15 セブンイレブン第 1 号店江東区で開店 ／5 月 ユーゴスラビアのチトー大統領, 終身大統領となる ／7.11 都内の 5 駅で禁煙タイム開始 ／8.8 ニクソン大統領, ウォーターゲート事件で辞任 ／8.26 東証ダウ 4000 円を割る ／8.28 ピアノ騒音母子殺人事件 ／8.29 宝塚で「ベルサイユのばら」初演 ／8.30 三菱重工ビル爆破事件 ／9.1 原子力船むつ放射能漏れ事故 ／10.8 佐藤栄作ノーベル平和賞受賞 ／10.10 立花隆「田中角栄研究──その金脈と人脈」を連載開始 ／10.14 長嶋茂雄引退 ／10.20 愛国駅から幸福駅行きの切符が発売され, 大人気となる ／10 月 都区部の消費者物価, 前年比 25.8%上昇 ／12.9 田中内閣総辞職し, 三木武夫内閣成立

【流行語・ブーム】便乗値上げ ／狂乱物価 ／ベルばら ／ストリーキング ／超能力 ／スプーン曲げ ／暴走族 ／ゼロ成長 ／金脈

1975 年

【出来事】2.11 サッチャー，イギリス初の女性党首に　／3.10 山陽新幹線博多まで開通　／3.23 貴ノ花初優勝　／3月 和文ワープロ完成，値段は 1000 万円　／3月 革マル派と中核派の内ゲバが激化　／4.13 美濃部亮吉，石原慎太郎を破り，三度東京都知事に　／4.30 南ベトナム政権，無条件降伏　／4月 中ピ連の恥かかせ戦法始まる　／5.10 ソニー，ベータマックス発売　／6.19 国際婦人年世界会議　／7.17 皇太子夫妻，ひめゆりの塔で火炎ビンを投げつけられる　／7.19 沖縄海洋博開幕　／8.4 日本赤軍クアラルンプール事件 [8.5 超法規的措置で 5 人を出獄させる]　／8.15 三木首相，現職首相として初の終戦記念日に靖国神社参拝　／9月 エポック社，家庭用テレビゲーム第 1 号発売　／10.15 広島カープ初優勝，巨人史上初の最下位　／10.29 全米でウーマンリブの女性ゼネスト　／10.31 天皇，初の公式記者会見で，「原爆投下は仕方がなかったと思う」と発言　／11.15 第 1 回先進国首脳会議　／11.26 公労協がスト権ストを決行，8 日間国鉄運休となる　／12.24 SL 全廃　／12.27 石油備蓄法公布

【流行語・ブーム】赤ヘル　／ワタシ作る人，ボク食べる人　／中ピ連　／複合汚染　／クリーン　／ライフサイクル　／落ちこぼれ　／ツッパリ　／進学塾の入塾試験が過熱　／紅茶キノコ

1976 年

【出来事】1.8 周恩来死去　／1.23 ヤマト運輸，宅急便を開始　／1.31 国内初の五つ子誕生　／2.4 ロッキード事件発覚　／3.10 金大中逮捕される　／3.2 北海道庁爆破事件　／4.5 天安門事件 [4.7 華国鋒首相就任，鄧小平副首相解任]　／4.13 ポルポト，カンボジアの首相となる　／6.6「ほっかほっか亭」1 号店を埼玉県草加市に開店　／6.25 新自由クラブ結成　／6.25 国際捕鯨委員会，捕鯨枠大幅削減を決定　／7.2 南北ベトナム統一　／7.17 モントリオール・オリンピック開幕　／7.23 妻籠などを初の重要伝統的建築物群保存地区に選定　／7.27 ロッキード事件で田中角栄逮捕　／8.19 三木おろしの挙党協結成　／9.9 毛沢東死去 [10.12 江青ら四人組逮捕]　／9月 VHS ビデオ発売　／10月 国家公務員，週休 2 日に　／10.16 長嶋巨人軍，初優勝　／11.5 政府，防衛費を GNP の 1% 以内とすることを決定　／12.5 第 34 回総選挙で自民敗北（自民 249，社会 123，公明 55）　／12.21 1 千万円宝くじに群衆殺到し死者が出る　／12.24 福田内閣成立

【流行語・ブーム】灰色高官　／記憶にございません　／ピーナッツ　／偏差値　／ニューファミリー　／ルームランナー　／ブーツ　／アグネス・ラム

1977 年

【出来事】1.4 青酸入りコーラを飲み死者 ／1.10 東証ダウ 5000 円台を回復 ／2 月 レトルト食品などに保存期間の内容表示義務づけ ／3.15 厚生省，保父を認める ／5.15 大阪大学の米人講師，ジーパンを履いた女子学生の受講を拒否 ／7.16 鄧小平，党副主席に復活，四人組を除名 [8.12 文革終結宣言，4 つの近代化を決定] ／9.3 王貞治，756 号のホームランを打ち，世界記録を塗り替える [9.5 国民栄誉賞第 1 号受賞] ／9.20 ベイシティローラーズの武道館公演で少女 40 人失神 ／9.28 日本赤軍，日航機ハイジャック [10.1 超法規的措置で拘留中の赤軍派 6 人を釈放] ／10 月 紙おむつパンパース発売 ／10.24 大阪で全国初のサラ金被害者の会結成 ／10.30 家庭内暴力に耐えかね，父親が開成高校生を殺害 ／12.14 円急騰し，1 ドル 230 円台に

【流行語・ブーム】翔んでる ／ルーツ ／カラオケ ／モラトリアム人間 ／話がピーマン ／テレビゲーム ／ピンクレディー ／円高

1978 年

【出来事】1 月 総理府初の『婦人白書』発表 ／2.18 嫌煙権確立をめざす人びとの会結成 ／3.26 社会民主連合結成 ／3.26 成田空港管制塔が占拠され開港延期 [5.20 開港] ／4.4 キャンディーズ解散コンサート ／4.6 池袋にサンシャイン 60 開館 ／4.9 京都革新府政 28 年で幕 ／4.27 アフガニスタンで軍事クーデター ／6.6 騒音被害者の会，騒音 110 番を開設 ／7.25 イギリスで初の試験管ベビー誕生 ／7.29 両国花火大会，17 年ぶりに復活 ／8.12 日中平和友好条約調印 ／8.15 福田首相，首相の肩書で靖国神社に参拝 ／8.26 日本テレビ，「愛は地球を救う」を放送 ／9.26 東芝初のワープロを発表 ／10.17 靖国神社，A 級戦犯 14 人を合祀 [79.4.19 その事実が発覚] ／10.31 円高，1 ドル＝ 175 円 50 銭 ／11.21 江川卓が巨人と抜け駆け契約を結ぶ ／11.26 自民党総裁予備選で大平正芳が福田赳夫を破る [12.7 大平内閣発足]

【流行語・ブーム】サラ金地獄 ／ナンチャッテ ／不確実性の時代 ／家庭内暴力 ／田中軍団 ／フィーバー [サタデー・ナイト・フィーバー人気] ／窓際族 ／地方の時代 ／口裂け女 ／タンクトップ ／嫌煙権

1979 年

【出来事】1.1 米中国交回復 ／1.7 カンボジア，ポルポト政権崩壊 ／1.13 初の国公立大学共通

1 次試験実施 ／1.16 イラン, パーレビ王制崩壊 [2.11 ホメイニ師によるイラン革命成立] ／
1.17 国際石油資本, 対日原油供給の削減通告（第 2 次石油ショック）／1.26 三菱銀行猟銃強盗
籠城事件 ／1.31 江川卓阪神入団, 即日巨人にトレード ／2.17 中越戦争 ／3.28 スリーマイル
島原発放射能漏れ事故 ／3.31 EC 委員会の文書に「日本人はウサギ小屋に住むワーカーホリッ
ク」とあることが判明 ／4.8 東京・大阪の革新都政・府政に幕 ／5 月 閣僚, 半袖の背広（省
エネルック）を披露 ／5.4 サッチャー政権発足 ／5.8 NEC, パソコン PC-8001 を発表 ／6.6
元号法制化 ／6.28 東京サミット開催 ／6.28 OPEC 総会, 1 バレル 18 ドル（23.75%引き上げ）
を決定 [11 月 1 バレル 40 ドル台を突破] ／7.1 SONY, ウォークマン発売 ／7 月 インベー
ダーゲームが 1 日 26 億円を稼ぎ出す ／9.26 大阪八尾で全国初のカラオケ騒音規制条例公布
／9.27 日経平均株価 6500 円台に ／10.7 第 35 回総選挙で自民党過半数割れし, 40 日抗争へ〔自民
248, 社会 107, 公明 57, 共産 39〕／11.18 第 1 回東京国際女子マラソン開催 ／12.21 衆参両院
で, 一般消費税反対を採択 ／12.27 ソ連, アフガニスタンへ侵攻

【流行語・ブーム】ウサギ小屋 ／夕暮れ族 ／エガワる ／天中殺 ／インベーダー ／ナウい
／ダサイ ／ギャル ／省エネ ／ジャパン・アズ・ナンバーワン ／竹の子族 ／地方の時代

1980 年

【出来事】1.10 社会, 公明, 連合政権構想で合意 ／1.20 アメリカ, モスクワ・オリンピックの
ボイコットを提唱 ／3 月 都市銀行 6 行, 現金自動支払い機のオンライン提携開始 ／4.1 学習
内容を削減した新学習指導要領での初等教育スタート ／4.25 大貫久男, 1 億円拾得 ／4.28 任
天堂, ゲーム＆ウォッチ発売 ／5.16 大平内閣不信任案可決 [5.19 衆院解散, 6.12 大平首相急死,
6.22 衆参同日選挙（第 36 回総選挙）で自民党圧勝（自民 284, 社会 107, 公明 33）, 7.17 鈴木内閣
発足] ／5.18 韓国で非常戒厳令 [5.21 光州事件] ／7.1 琵琶湖条例施行 ／7.3「イエスの方舟」
教祖千石イエス逮捕 ／7.14 国連「婦人の 10 年」世界会議 ／7.19 モスクワ・オリンピック開
幕, 日本は不参加 ／8.15 鈴木内閣の閣僚 18 名, 靖国神社に参拝 ／8.19 新宿西口バス放火事
件 ／9.9 イラン・イラク戦争 ／9.10 華国鋒首相辞任, 後任は趙紫陽 ／9.22 ポーランドで
自主管理労組「連帯」結成 ／10.5 山口百恵最後のワンマンショー ／10.21 長嶋監督辞任 ／
11.29 二浪中の予備校生, 両親を金属バットで撲殺 ／12.8 ジョン＝レノン射殺される ／12.14
胡耀邦総書記, 文革を全面否定

【流行語・ブーム】それなりに（富士フイルム CM より）／低成長 ／ビニ本 ／買春観光 ／
トラバーユ（『とらばーゆ』創刊）／赤信号みんなで渡れば怖くない（漫才ブーム）／たのきん
トリオ ／ルービック・キューブ ／クレイマー家庭（父子家庭）／校内暴力・家庭内暴力急増

1981 年

【出来事】1.6 政府，2 月 7 日を北方領土の日と決定　／3.2 中国残留孤児，初の正式来日　／3.11 国鉄，赤字ローカル線 77 を廃止　／3.16 第 2 次臨時行政調査会（土光臨調）初会合　／3.20 ポートピア '81 開幕　／3 月 エアロビクス日本に初紹介　／4 月 ノーパン喫茶流行　／6.15 パリ人肉食事件　／6.17 深川通り魔殺人事件　／6.29 華国鋒主席辞任，文革全面否定の決議採択　／7.29 英国皇太子，ダイアナ嬢と結婚　／8.8 レーガン大統領，中性子爆弾の製造再開を許可　／8.15 鈴木内閣の全閣僚靖国神社参拝　／9.8 銀行オンラインシステムを利用して 1 億 3000 万円搾取した伊藤素子逮捕　／9.18 ソ連，ポーランド政府に「連帯」に対する断固たる措置を要求［12.13 ポーランド戒厳令布告，連帯弾圧，ワレサ議長軟禁］　／10.10 ボンで 30 万人の反核集会　／10.16 北炭夕張新鉱でガス突出事故　／10 月 京都市で全国初の空き缶回収条例　／10.19 福井謙一，ノーベル化学賞　／10.29 社会党，「日本における社会主義への道」の見直しを始める　／11 月 建設業者の談合明るみに

【流行語・ブーム】フルムーン　／ぶりッ子（ウッソー，ホント，カッワイー）　／なめんなよ　／バイチャ　／人寄せパンダ　／ハチの一刺し（ロッキード事件裁判）　／粗大ゴミ　／熟年　／クリスタル族（ブランド志向）　／軽薄短小（産業構造の転換）　／ノーパン喫茶

1982 年

【出来事】2.8 ホテル・ニュージャパン火災　／2.9 羽田空港で飛行機事故　／3 月 中高卒業式で校内暴力に備え警察官が立ち入り警戒　／4.12 私鉄大手 8 社賃上げ交渉妥結し，交通スト回避　／4 月 500 円硬貨登場　／5 月 富士通 100 万円を切るワープロ「オアシス」発売　／5.23 反核軍縮の東京行動に 40 万人参加［6.7 第 2 回国連軍縮総会］　／6.20 フォークランド紛争終結　／6.23 東北新幹線開業［11.15 上越新幹線開業］　／6.28 日教組大会，右翼の妨害のため，分散開催となる　／7.6 中国政府，日本の教科書の「中国への進出」表記を非難　／7.30 第 3 次臨調，3 公社の分割・民営化を答申　／9 月 大阪に日本初の信号待ち時間表示装置を設置　／11.10 ブレジネフ書記長死去　／11.27 中曽根内閣発足　／12 月 テレホンカード使用開始

【流行語・ブーム】逆噴射　／心身症　／ネクラ　／症候群　／ロリコン　／カ・イ・カ・ン　／森林浴　／おしりだって洗ってほしい（ウォッシュレット普及開始）　／裏本　／エアロビクス

1983 年

【出来事】1.9 中川一郎自殺　／1.17 中曽根首相訪米［1.18 日米は運命共同体と表明，1.19 日本列島は不沈空母と発言］　／1 月 杉並清掃工場落成　／2.15 町田市の中学校教諭，校内暴力防衛で生徒を刺す　／2 月 老人保健法施行，70 歳以上の医療費無料制廃止　／3.24 中国自動車道全線開通　／3 月 日産，ロボット導入で解雇は行わないとの覚え書きに調印　／4.10 横路孝弘，北海道知事に当選　／4 月 東京ディズニーランド開業　／6.13 戸塚ヨットスクール校長戸塚宏逮捕　／7 月 無印良品の店，青山に登場　／7 月 任天堂，ファミコン発売　／9.1 大韓航空機，ソ連軍機に撃墜される　／10.5 ポーランドのワレサ連帯議長にノーベル平和賞　／10.12 田中角栄に実刑判決　／10.14 東北大学で日本初の試験管ベビー誕生　／11 月 小樽運河埋立工事着工　／12.8 愛人バンク「夕ぐれ族」摘発　／12.18 第 37 回総選挙（自民 250，社会 112，公明 58）

【流行語・ブーム】おしん　／気配り　／ニャンニャン　／いいとも（友達の輪！）　／フォーカス現象　／ハイテク　／別にィ（若者言葉）　／タコが言うのよ（缶チューハイ登場）　／積木くずし　／義理チョコ　／ミネラルウォーター　／パソコン普及台数 100 万台を突破　／勝手連

1984 年

【出来事】1.26「ロス疑惑」騒動始まる　／1 月 日経平均，1 万円に乗る　／3.18 江崎グリコ社長誘拐される［5.10 グリコ製品に毒物注入との脅迫，9.12「かい人 21 面相」，森永も脅迫］　／4.1 全国初の第 3 セクター・三陸鉄道開業　／4.7 日米牛肉・オレンジ交渉合意　／5.25 国籍法・戸籍法改正（父母両系主義を採用）　／7.28 ロサンゼルス・オリンピック開幕　／8.21 臨時教育審議会設置　／8.24 中江滋樹の「投資ジャーナル」を摘発　／8.25 釜本引退　／8 月 総理府調査で 9 割が中流意識　／10.9 ロサンゼルス・オリンピック金メダルの山下泰裕に国民栄誉賞授与　／11.16 世田谷で地下通信ケーブル火災　／11 月 15 年ぶりに新札発行　／12.19「トルコ風呂」の呼称を廃止し「ソープランド」に　／12 月『少年ジャンプ』400 万部突破

【流行語・ブーム】マル金・マルビ　／ニューアカ・ブーム　／イッキ飲み流行　／ピーターパン症候群　／コアラ型新人　／くれない族　／財テク　／エリマキトカゲ　／マイケル・ジャクソン　／かい人 21 面相

1985 年

【出来事】2.6 法務省，在日外国人の指紋押捺制度を見直し　／2.7 竹下登，創政会を旗揚げ［2.27 田中角栄倒れる］　／2.11 中曽根首相，「建国記念を祝う会」の式典に戦後首相として初の出席　／2.13 新風営法施行　／3.11 ゴルバチョフ書記長に就任　／3.14 東北・上越新幹線，上野まで乗り入れ開始　／3.16 つくば科学博開幕　／3.22 厚生省が日本人エイズ患者第 1 号を認定　／4.1, NTT，JT 発足　／4 月 初の「いじめ白書」　／5 月 男女雇用機会均等法可決　／6.6 自民党，国家秘密法案を衆議院に提出［12.21 廃案］　／6.18 ペーパー商法の豊田商事会長，自宅で刺殺される　／6.19 投資ジャーナルの中江滋樹逮捕　／6.26 臨教審，教育改革に関する第 1 次答申を中曽根首相に提出　／7.5 労働者派遣法成立　／7.10 古都税実施，拝観停止寺院相次ぐ　／7.15 国連，ナイロビで「婦人の 10 年」世界会議を開催　／7.27 中曽根首相，防衛費 1% 枠の撤廃と靖国神社公式参拝を表明　／8.12 日航機墜落，520 人死亡　／8.15 中曽根首相，靖国神社公式参拝　／8 月 中国政府，総理大臣の公式参拝は認められないという見解を初めて出す　／9.1 シートベルト着用義務づけ　／9.11 ロス疑惑の三浦和義逮捕　／9.22 プラザ合意，円急騰　／10.11 国鉄分割民営化の方針が決まる　／10 月 阪神 21 年ぶりの優勝　／12 月 宮城県でスパイクタイヤ使用禁止条例

【流行語・ブーム】FF される（フォーカス，フライデーという写真雑誌に撮られること）　／分衆・少衆・超大衆・階衆（多品種少量生産時代）　／キャバクラ　／おニャン子（女子高生ブーム）　／金妻　／ヤラセ　／レトロ　／マニュアル人間　／家庭内離婚　／スーパー・マリオブラザーズ（ファミコン大ヒット）　／エイズ，世界的に流行　／ダッチロール

1986 年

【出来事】1.22 社会党，新宣言発表，社会民主主義路線に転換　／1.28 スペースシャトル・チャレンジャー爆発事故　／1 月 プロ野球選手労働組合発足　／2.1 中野富士見中 2 年の鹿川君，いじめを苦に自殺　／2.11「建国記念を祝う会」の式典に首相はじめ 17 閣僚が出席，国家行事色強まる　／2 月 フィリピン・アキノ政権誕生　／3.20 フランスで，保守派のシラク首相誕生　／3.31 気象庁，「エルニーニョ現象」発生を発表　／4.1 男女雇用機会均等法施行　／4.8 岡田有希子自殺　／4.23 臨教審，教育改革に関する第 2 次答申を中曽根首相に提出　／4.26 チェルノブイリ原発事故　／5.12，1 ドル 150 円台に　／6 月 ハイレグ水着が流行　／7.1 労働者派遣法施行（13 業種）　／7.6 衆参同日選挙（第 38 回総選挙）で自民党圧勝（自民 300，社会 85，公明 56）　／7.23「新人類横綱」双羽黒誕生　／7 月 使い捨てカメラ「写ルンです」発売　／8.15 新自由クラブ解党　／8.15 中曽根首相，靖国神社参拝を見送る　／9.8 土井たか子社会党委員長になる　／9.29 日教組組織率 5 割を割る　／11.15 マニラで若王子支店長誘拐　／11.15 三原山 209 年ぶりに大噴火　／12.9 ビートたけし『FRIDAY』編集部に殴り込み　／12.30 予算案決定，防衛費 1% を

突破 ／12 月 落合，日本人初の年俸 1 億円突破

【流行語・ブーム】新人類 ／亭主元気で留守がいい ／お嬢様 ／グルメ ／エスニック ／激辛 ／オジンシンドローム ／塾漬け ／地上げ・底地買い ／エイズ騒動 ／宅配ピザ登場

1987 年

【出来事】1 月 天安門広場で民主化を求めるデモ ／1 月 対米，対 EC 黒字史上最高 ／2.9 NTT 株上場 ／3.9 日本気象協会「スギ花粉情報」を初めて発表 ／3.17 アサヒ，スーパードライ発売 ／3.30 安田海上火災，ゴッホの「ひまわり」を 53 億円で落札 ／3 月 ファミコン 1000 万台突破 ／4.1 国鉄分割民営化され，JR6 社発足 ／4.1 臨教審，教育改革に関する第 3 次答申を中曽根首相に提出 ／4.16 東証株式時価総額で NY 抜き 1 位 ／4.24 円高進み 1 ドル 130 円台に ／5.3 朝日新聞神戸支局襲撃される ／6.1 日経平均 25,000 円台 ／6.9 リゾート法公布［12.5 施行］ ／7.1 東京都の 1 年間の地価上昇は 85.7％ ／7.4 竹下派結成 ／8.7 臨教審，教育改革に関する第 4 次答申（最終答申）を中曽根首相に提出 ／10.17 京都市議会，翌年 3 月で古都税の廃止を決定 ／10.19 ブラックマンデー（ニューヨーク株式市場 22.6％の大暴落） ／10.26 沖縄国体開幕，日の丸掲揚や君が代斉唱で混乱 ／11.6 竹下内閣発足 ／11.10 日経平均 21,000 円台に暴落 ／11.20「連合」発足 ／11.27 教育課程審議会，1994 年度からの高校世界史必修を発表 ／11.29 金賢姫ら大韓航空機を爆破 ／12.31 新人類横綱と呼ばれた双羽黒の廃業が決定 ／12 月 1 ドル 121 円台

【流行語・ブーム】ジャパン・バッシング ／フリーター ／朝シャン ／サラダ記念日 ／ウォーターフロント（東京臨海部開発） ／インテリジェントビル ／シングル ／ノリ

1988 年

【出来事】年初，日経平均 21,000 円台，1 ドル 120 円台に ／2.10 ドラクエ III 発売日に 100 万本完売 ／3.13 青函トンネル開業，青函連絡船廃止 ／4.1「マル優」制度廃止 ／4.10 瀬戸大橋開通 ／4.11 美空ひばり，東京ドーム公演 ／4 月 アグネス論争 ／5.8 フランス大統領選で，現職ミッテラン大統領が保守派のシラク首相に勝利 ／6.18 リクルート事件発覚［7.5 中曽根，宮沢，安倍など有力政治家の秘書が未公開株を取得していたことが明らかになる，7.6 江副リクルート会長引責辞任］ ／6.19 牛肉・オレンジ自由化日米交渉決着 ／7.1 合成添加物の全面表示スタート ／7.23 自衛隊の潜水艦なだしおが衝突事故 ／8.20 イラン・イラク戦争，8 年ぶりに停戦 ／9.17 ソウル・オリンピック開幕 ／9.19 天皇重体，秋の学園祭，運動会など自粛相次ぐ

／11.10 自民党，衆議院で消費税導入を含む税制改革 6 法案を強行採決 [12.24 成立，12.30 公布]
／11.27 千代の富士，54 連勝ならず　／11.29 竹下首相，「ふるさと創生」のために全市町村に 1
億円の交付を決定　／12.7 日経平均 3 万円台に乗る

【流行語・ブーム】DINKS　／言語明瞭・意味不明（竹下首相）　／ドーピング　／キャピタル
ゲイン　／しょうゆ顔・ソース顔　／マスオさん現象　／オバタリアン　／ペレストロイカ　／
ウォーターフロント娘（水商売一歩手前の派手な娘）　／いちご世代　／クロワッサン症候群　／
ドライ戦争（アサヒスーパードライ大ヒット）　／5 時から男　／花モク　／濡れ落ち葉　／とか
（断定しない言い方の流行）　／シーマ現象　／下血　／自粛

1989 年

【出来事】1.7 昭和天皇崩御，平成に改元　／1.14 国の行政機関，完全土休実施　／2.9 手塚治虫
死去　／2.10 文部省，学習指導要領で入学式・卒業式での「国旗掲揚」と「国歌斉唱」を指導す
るものと規定　／2.22 吉野ヶ里遺跡発見　／2 月 金融機関の完全週休 2 日制開始　／3.30 女子
高生コンクリート詰め殺人事件発覚　／4.1 消費税スタート　／4.25 竹下首相退陣表明　／5.18
中国で民主化を要求して天安門広場に民衆が集まる [5.20 北京に戒厳令，6.3-4 武力制圧，6.23 趙
紫陽総書記解任，江沢民が後継となる]　／5.25 アメリカ，スーパー 301 条に基づく不公正貿易
国に日本を特定　／6.2 宇野内閣発足 [6.6 宇野首相の女性問題が発覚]　／6.3 イランの最高指導
者ホメイニ師死去　／6.4 ポーランド上下院選挙で「連帯」が圧勝　／6.24 美空ひばり死去　／
7.23 参議院選挙で社会党大勝し，与野党逆転　／7.24 宇野首相辞任表明　／8.2 日経平均 35,000
円台に乗る　／8.9 海部内閣発足　／8.10 宮崎勤幼女殺害を自供　／10.5 ダライ＝ラマにノーベ
ル平和賞　／10.23 ハンガリー，人民共和国を共和国に改称　／11.9 東独，ベルリンの壁を実質
撤去 [11.11 ベルリン市民，壁の破壊を開始]　／11.16 ボジョレーヌーボーの解禁熱　／11.21 総
評解散，連合に合流　／12.22 ルーマニアのチャウシェスク政権崩壊 [12.25 大統領夫妻処刑]　／
12.29 日経平均 38,915 円，1 ドル 160 円

【流行語・ブーム】セクハラ　／トレンディー　／マドンナ旋風　／山が動いた　／おたく　／オ
ヤジギャル　／24 時間たたかえますか　／お局様　／3K（きつい，きたない，きけん）　／外国
人労働者急増　／コードレス電話急増

1990 年

【出来事】1.13 第 1 回大学入試センター試験実施　／1.18 本島等長崎市長銃撃される　／1.31 マ

グドナルドがソ連に進出 ／2.11 南アでネルソン・マンデラ釈放される ／2.12 ソビエト大統領制を導入［3.15 ゴルバチョフ初代大統領に選出，11.15 ノーベル平和賞受賞］ ／2.15 ラトビア共和国，ソ連から独立［3.11 リトアニア，3.30 エストニアも独立］ ／2.18 第 39 回総選挙（自民 275，社会党 136，公明 45） ／2.23 カンボジアのシアヌーク殿下，20 年ぶりに亡命生活から帰国 ／3.20 公定歩合 1%上げ 5.25%になり，低金利時代に幕 ／3.22 日経平均 3 万円割れ ／3.28，1 ドル 158 円台の円安 ／3 月 日の丸・君が代義務化後初の卒業式 ／4.1 大阪で花博開幕 ／4.1 太陽神戸三井銀行誕生 ／6.9 合計特殊出生率 1966 年の丙午の年を下回る 1.57 と発表 ／6.18 スパイクタイヤ粉じん発生防止法可決 ／6.29 秋篠宮・紀子様結婚 ／7.6 兵庫県立高塚高校校門圧死事件 ／8.2 イラク，クウェート侵攻 ／9.24 金丸訪朝団平壌入り ／10.1 日経平均一時 2 万円台割れ［年末 23,849 円］ ／10.3 ドイツ統一 ／10.23 日本は 2000 年の CO2 排出量を 1990 年レベルにする地球温暖化防止行動計画決定 ／11.21 スーパーファミコン発売 ／11.22 サッチャー首相辞任 ／12.1NTT の番号案内有料に ／12.2 秋山豊 TBS 記者，ソ連の人工衛星で日本人初の宇宙飛行 ／12.9 ポーランド大統領選挙でワレサ連帯議長が当選

【流行語・ブーム】ボーダレス ／バブル崩壊 ／ファジー ／アッシー君・ミツグ君 ／一点豪華主義 ／イタめし ／3 高 ／結婚難民 ／バブル経済 ／ちびまる子ちゃん ／野茂英雄プロデビュー ／海外渡航者が 1000 万人を突破 ／ティラミス

1991 年

【出来事】1.1 東京の電話番号 4 桁番号に ／年初，日経平均 24,000 円台 ／1~2 月 湾岸戦争［1.17 多国籍軍，イラク空爆開始，1.24 日本 90 億ドル拠出，2.27 ブッシュ大統領勝利宣言］ ／4.1 牛肉・オレンジ輸入自由化 ／4.17 NY ダウ初の 3000 ドル台へ ／4.24 ペルシア湾に海上自衛隊の掃海艇派遣決定［4.26，6 隻出港］ ／5.8 育児休業法成立［92.4.1 施行］ ／5.14 信楽高原鉄道事故 ／5 月 千代の富士引退 ／6.3 雲仙普賢岳大火砕流発生［6.8 再発生，9.15 最大規模の火砕流］ ／6.20 東北・上越新幹線が東京駅に乗り入れ開始 ／6.30 文部省，日の丸，君が代を国旗，国歌と明記した小学校教科書検定結果を発表 ／6 月 土井たか子，社会党委員長を辞任 ／6 月 4 大証券の損失補填判明 ／7.1 ワルシャワ条約機構解体 ／8.19 ソ連でクーデター［8.21 クーデター失敗，8.24 ゴルバチョフ書記長辞任，12.25 大統領辞任，12.26 ソビエト連邦解体］ ／10.25 リサイクル法施行 ／11.5 宮沢内閣発足 ／12.6 韓国の元従軍慰安婦や軍属，補償を求めて提訴 ／年末，日経平均 23,000 円台

【流行語・ブーム】若貴ブーム ／地球にやさしい ／宮沢りえヌード写真集を発売 ／トレンディドラマ流行「東京ラブストーリー」「101 回目のプロポーズ」 ／きんさん，ぎんさん ／『少年ジャンプ』600 万部発行 ／火砕流 ／損失補填

1992 年

【出来事】1.17 宮沢首相，従軍慰安婦問題で公式謝罪 ／3.14 新幹線のぞみ号登場，東京－新大阪約 2 時間半になる ／3.16 日経平均 2 万円割れ ／4.1 個性重視の新学習指導要領に基づく初等教育がスタート（小学校 1,2 年次に「生活科」が新設される） ／4.1 育児休業法施行 ／4.1 太陽神戸三井銀行が「さくら銀行」に改称 ／4.7 ボスニア・ヘルツェゴビナで内戦状態に突入 ／4.20 三内丸山遺跡で発掘開始 ／4.25 尾崎豊死去 ／5.20 永住在日外国人の指紋押捺制度廃止［93.1 月実施］ ／5.22 日本新党結成 ／5 月 国家公務員の週休 2 日制がスタート ／6.3 ブラジルで地球環境サミット，持続可能な開発を謳う ／6.15 PKO 協力法成立［8.1 施行］ ／7.1 山形新幹線開業 ／7.1 妊娠判定薬解禁 ／7.25 バルセロナ・オリンピック開幕 ／7 月 漢検，文部省の認定制度に昇格 ／8.11 6 年 4 ヶ月ぶりに日経平均 15,000 円割れ ／8.25 桜田淳子ソウルで統一協会の合同結婚式に参加 ／8.27 金丸信，東京佐川急便からの 5 億円献金認め自民党副総裁を辞任［10.14 議員辞職］ ／8 月 山手線全駅が終日禁煙に ／9.12 国公立小中高第 2 土曜日休校に ／9.12 毛利衛の乗るスペースシャトル打ち上げ（日本人初） ／9.17 カンボジアに PKO 第 1 陣派遣 ／9.21 協和埼玉銀行が「あさひ銀行」に改称 ／11.3 クリントン大統領に当選 ／11.27 宮沢りえと貴乃花婚約［93.1.27 婚約解消会見］ ／12.10 小沢一郎ら「改革フォーラム 21」を結成［12.18 羽田派結成］

【流行語・ブーム】ほめ殺し（佐川急便事件） ／冬彦さん（ネクラ，マザコン，オタク） ／バツイチ ／ら抜き言葉 ／ドリカム ／もつ鍋 ／複合不況 ／国際貢献 ／ジュリアナ東京 ／PKO ／プー太郎

1993 年

【出来事】1.1 EC12 か国統合市場がスタート ／1.1 チェコとスロバキアが連邦を解消し，分離独立 ／1.13 山形で中 1 生いじめ，マットで窒息死 ／1 月『少年ジャンプ』608 万部発行 ／2.4 公定歩合 0.75％引き下げて 2.5％に ／3.28 江戸東京博物館開館 ／4.8 国連ボランティアの中田厚仁さんカンボジアで射殺される［5.4PKO 派遣の文民警察官・高田晴行さん襲撃され死亡］ ／5.15 J リーグ開幕 ／6.9 皇太子・雅子妃結婚 ／6.18 宮沢内閣不信任案可決，衆院解散［6.21 新党さきがけ結成，6.23 新生党結成，7.18 第 40 回総選挙（自民 223，社会 70，新生 55，公明 51，日本新党 35），7.22 宮沢首相退陣，7.30 河野洋平自民党総裁に］ ／7.12 北海道南西沖地震 ／7 月 アコム，業界初の自動契約機を設置 ／8.9 細川連立内閣発足 ／8.17 1 ドル 100 円 40 銭 ／8.26 地ビール容認へ ／9.21 公定歩合 0.75％引き下げて 1.75％に（初の 1％台） ／9.21 FA 制度導入決定［9.24 一部逆指名権を含む新ドラフト制度導入決定］ ／10.28 ドーハの悲劇（サッカー日本代表，初の W 杯出場を逃す） ／11.18 政治改革修正政府法案衆院で可決 ／11.19 環境基本法公布 ／12.9 白神山地，屋久島，法隆寺，姫路城が日本初の世界遺産に登録 ／12.14 コメ不

作でコメの部分開放を受け入れ ／12.16 田中角栄死去

【流行語・ブーム】ブルセラ ／規制緩和 ／サポーター ／清貧 ／ジュリアナ ／ヘアヌード ／コギャル ／リストラ ／ゼネコン ／ナタデココ ／ゴーマニズム宣言

1994 年

【出来事】1.18 ゼネコン汚職で大林組副社長逮捕［3.11 中村喜四郎前建設相逮捕］ ／1.24 自動車生産台数前年比 10.2％減，スーパー売上高初の前年比割れ ／1.29 小選挙区比例代表制決まる［3.4 政治改革 4 法案可決，3.11 公布，11.21 区割り法成立，12.25 施行］ ／1.31 日経平均 2 万円台回復 ／2.3 細川首相，3 年後の消費税廃止，7％国民福祉税導入発言［2.4 白紙撤回］ ／2.12 リレハンメル冬季オリンピック開幕（この大会から夏季オリンピックと開催年をずらす） ／4.8 細川内閣総辞職［4.25 衆議院院内会派・改新結成，4.26 社会党，反発し連立離脱，4.28 羽田内閣少数与党で発足］ ／4.10 NATO，ボスニア紛争でセルビア人勢力を空爆［9.23 国連安保理，セルビア制裁強化を決議］ ／5.6 英仏間のユーロトンネル開通 ／5.9 南アフリカ共和国，ネルソン・マンデラを大統領に選出 ／6.21 1ドル 100 円を突破［7.12 96 円 60 銭］ ／6.25 羽田内閣総辞職 ／6.28 松本サリン事件 ／6.30 村山内閣誕生 ／7.8 金日成死去 ／7.20 村山首相，自衛隊合憲の所信表明［7.21 日の丸・君が代の学校での指導容認，9.3 社会党，自衛隊合憲，日米安保堅持，PKO 積極参加，日の丸・君が代容認の大方針転換，10.12 原発新設も容認］ ／8.28 初の気象予報士国家試験 ／9.4 関西国際空港開港 ／9.20 イチロー，史上初の 200 本安打達成 ／10.8 長嶋巨人優勝 ／10.13 大江健三郎，ノーベル文学賞受賞［10.14 文化勲章辞退］ ／10.20 JT 株公開するも 6 割売れ残る ／12.10 新進党結成 ／12.15「古都・京都」世界遺産に登録

【流行語・ブーム】価格破壊 ／フェミオくん ／お受験 ／就職氷河期 ／ヤンママ ／「同情するならカネをくれ」 ／イチロー

1995 年

【出来事】1 月『少年ジャンプ』3-4 号で 653 万部の最高記録を達成 ／1.17 阪神・淡路大震災 ／1.30 スミソニアン博物館，原爆展を中止 ／2.13 野茂英雄ドジャースに入団 ／3.20 地下鉄サリン事件発生［3.22 警視庁，オウム真理教施設を強制捜査，5.16 麻原彰晃逮捕］ ／4.9 青島幸男東京都知事，横山ノック大阪府知事誕生 ／4.19 1ドル 80 円を突破 ／4 月公立学校で第 4 土曜日も祝日となる ／5.31 青島東京都知事，都市博中止を決断 ／6.9 衆議院「戦後 50 年国会決議」［8.15 戦後 50 年の首相談話で，「植民地支配と侵略」について，アジア諸国に「お詫び」を表

明] ／9.3 日教組，学習指導要領容認，日の丸・君が代棚上げなど大幅な路線転換 ／9.4 沖縄で米兵，小学生少女を暴行 [9.21 県民総決起大会] ／9.5 フランス，南太平洋で核実験 [1996.1.29 実験終了を宣言] ／9.14 大蔵省，住専の不良債権 8 兆 4000 億円と発表 ／9 月 自由主義史観研究会，「自虐史観」を批判する季刊誌発行 ／11.23 「Windows'95」発売 ／12.7 白川郷・五箇山，世界遺産に登録 ／12.14 ボスニア和平協定調印

【流行語・ブーム】ボランティア元年 ／マインドコントロール ／サリン ／ポア ／NOMO ／従軍慰安婦問題

1996 年

【出来事】1.5 村山首相退陣を表明 ／1.11 橋本内閣発足 ／1.19 社会党，社会民主党と改称 ／1 月 消費者物価，71 年以来初のマイナス ／1 月 東京都，西新宿の路上生活者を強制排除 ／2.10 北海道のトンネル落盤事故で 20 人死亡 ／2.16 菅厚生大臣，薬害エイズ問題で血友病患者に直接謝罪 [8 〜 10 月 医師，製薬会社，厚生省などから逮捕者] ／2.18 ボスニア，クロアチア，セルビア 3 国の平和会議終了 ／3.27 『思想の科学』休刊 ／3.31 らい予防法廃止法公布 [4.1 施行] ／4.1 東京三菱銀行発足 ／4.12 普天間基地の整理・統合・縮小について合意 ／5.31 2002 年の日韓 W 杯共同開催決定 ／6.21 住専処理法公布 ／6.25 閣議で 97 年 4 月からの消費税引き上げを決定 [12.13 衆院で確定] ／7.12 チャールズとダイアナ，離婚に合意 ／7.20 アトランタ・オリンピック開幕 ／7 月 O157 大量感染 ／8.4 巻町で原発建設の是非を問う初の住民投票で建設反対派が勝利 ／9.17 野茂英雄，大リーグでノーヒットノーラン ／9.29 民主党結成 ／10.21 第 41 回総選挙（初の小選挙区比例代表並立制で，自民 239，新進 156，民主 52）／11.7 自民党単独政権（社さは閣外協力）／11.19 前厚生事務次官，収賄容疑で辞任 [12.4 逮捕] ／12.1 改正労働者派遣法施行（26 業種加わる）／12.5 原爆ドーム，厳島神社，世界遺産に登録 ／12.17 ペルーのゲリラ，日本大使館公邸襲撃 ／12.26 羽田元首相ら新進党を離党し，太陽党を結成

【流行語・ブーム】携帯電話急増 ／アムラー ／援助交際 ／ストーカー ／チョベリバ ／プリクラ ／EQ ／NINTENDO64 発売 ／メイクドラマ ／インターネット

1997 年

【出来事】1.2 ナホトカ号重油流出事故 [1 月 多くのボランティアが北陸沿岸に駆けつける] ／1.11 韓国の元従軍慰安婦 7 人に償い金が支給される ／1.14 御嵩町で産廃処分場をめぐり住民投

票条例を可決［6.22 投票実施，7 割が反対］　／1.29 オレンジ共済組合の巨額詐欺事件で友部達夫参議院議員を逮捕　／1 月 就職協定廃止　／2.20 鄧小平死去　／3.11 東海村の核燃料再処理工場内で爆発事故　／3.22 秋田新幹線開業　／3.27 北海道二風谷ダム訴訟でアイヌ民族の先住性を認める　／4.1 消費税 5% 施行　／4.22 ペルー日本大使公邸に武力突入　／5.1 イギリスで労働党が大勝［5.2 ブレア政権誕生］　／5.6 西村真吾や石原慎太郎が尖閣諸島上陸　／6.13 大学教員等任期法公布　／6.17 夫婦別姓導入を柱とした民法改正案が廃案に　／6.17 臓器移植法が成立　／6.28 神戸の小 6 男児殺害で 14 歳少年逮捕　／7.1 香港，中国に返還される　／7 月「たまごっち」の出荷総数 1000 万個に　／8.31 ダイアナ元皇太子妃，交通事故死　／8 月 不登校児童急増　／9.18 ヤオハンジャパンが倒産　／9.18 オスロで対人地雷全面禁止条約を採択［12.4 までに日本を含む 121 か国が署名］　／10.1 長野新幹線開業　／10.9 東京都，全国初の「買春」処罰規定を盛り込んだ条例改正案を可決　／11.16 サッカー W 杯の初出場が決まる　／11.17 拓銀破綻　／11.17 エジプト・ルクソールでイスラム過激派が外国人観光客に無差別発砲　／11.22 山一証券破綻　／12.1 温暖化防止京都会議が開幕［12.11 削減目標を盛り込んだ議定書採択］　／12.3 過労自殺が初めて労災に認定　／12.3 行政改革会議，12 省庁に再編する最終報告を決定　／12.7 介護保険法公布　／12.16 テレビアニメ『ポケモン』視聴中の子ども 500 人以上がけいれんを起こす　／12.19 金大中大統領に当選　／12.21 名護市住民投票で，普天間飛行場の代替基地建設に反対が多数を占める　／12.27 新進党解党を決定　／国内総生産，23 年ぶりのマイナス成長

【流行語・ブーム】失楽園　／ベル友　／たまごっち　／貸し渋り　／マイブーム　／「むじんくん」　／「もののけ姫」

1998 年

【出来事】沖縄基地移転問題［1.14 大田知事反対表明，2.8 名護市長選で推進派知事が当選，11.15 大田知事破り稲嶺知事当選］　／1.28 栃木県黒磯市で女性教諭，中 1 生に刺され死亡　／2.7 長野冬季オリンピック開催（2.22 まで），日本「金」5 個　／2.19 新井将敬衆議院議員自殺　／3 月 NPO 法成立［12.1 施行］　／4.5 明石海峡大橋開通　／4.27 民主党，民政党などと合併し拡大　／4 月 完全失業率初の 4％台に　／5.30 社民党，閣外協力の解消を決定　／5 月『タイタニック』国内興行収入で歴代 1 位に　／6.5 改正学校教育法成立，公立校でも中高一貫教育が可能となる　／6.8 7 年ぶりに 1 ドル 140 円台まで下落　／6.12 中央省庁改革基本法（22 省庁から 1 府 12 省庁へ）公布　／6.22 金融監督庁が発足　／6 月 サッカーW 杯に日本初出場　／7.12 参議院選挙，自民党惨敗［7.13 橋本首相退陣表明］　／7.21 PKO で派遣中の日本人政務官 4 人が射殺される　／7.22 中田英寿，セリエ A のペルージャに移籍決定　／7.25 カレーにヒ素混入，4 人死亡［12.9 容疑者逮捕］　／7.30 小渕内閣発足　／8.31 北朝鮮テポドン発射　／10.9 地球温暖化対策推進法公布　／11.25 江沢民国家主席，初の日本公式訪問（小渕首相「反省とお詫び」を口頭で表明）　／12.2「古都奈良」が世界遺産に登録

【流行語・ブーム】キレる ／だっちゅーの ／環境ホルモン ／老人力 ／モラル・ハザード ／学級崩壊

1999 年

【出来事】1.1 ユーロ導入 ／1.14 自民党・自由党の連立内閣が発足 ／1.25 名古屋市，藤前干潟の埋立を断念 ／1.25 バイアグラ承認 ／1月 携帯電話 11 桁番号に ／2.1 ニュースステーション，所沢の野菜からダイオキシンを検出と報道 ／2.28 広島県立高校長，日の丸・君が代問題で自殺 ／2.28 臓器移植法施行後初の脳死移植実施 ／3.1 対人地雷全面禁止条約が発効 ／3.9 在日外国人の指紋押捺全廃を閣議決定 ／4.11 東京都知事に石原慎太郎当選 ／5.1 しまなみ海道開通 ／5.12 脳死心臓移植初の実施 ／5.14 情報公開法公布 ／5.24 日米防衛のための指針（ガイドライン）関連法成立 ／5.25 大手銀行 15 行の不良債権の総額は 19 兆 9137 億円に上ることが発表される ／5月 宇多田ヒカルのアルバム『First Love』600 万枚売り上げる ／6.16 低容量ピル承認 ／6月 アイボ発売 ／7.22 東京都，2000 年からの学区制緩和を決定 ／8.9 日の丸・君が代を国旗・国歌とする法律可決 [8.13 公布施行] ／9.20 文部省，国立大学を行政法人化することを表明 ／9.30 東海村で国内初の臨界事故 ／10.4 自自公連立内閣発足 ／10.12 世界人口 60 億人を突破 ／11.22 普天間基地の移設候補地を名護市に決定 [11.27 名護市長受け入れを表明] ／11.25 文京区で近所の主婦が幼女殺害 ／12.1 労働者派遣法改正施行（5 業種以外は可となる） ／12.1 日光，世界遺産に登録 ／12.21 横山ノック知事，セクハラ問題で辞表提出 ／12.31 パナマ運河，アメリカからパナマに返還

【流行語・ブーム】i-mode 登場 ／ブッチホン ／「だんご 3 兄弟」 ／カリスマ美容師 ／ミレニアム

2000 年

【出来事】1.18 オウム，アレフに名称変更 ／1.23 吉野川可動堰建設をめぐって徳島市住民投票，9 割反対 ／1月 新潟不明少女 9 年ぶりに保護 ／2.2 衆議院比例区定数 20 削減する改正公職選挙法成立 ／2.23 国会で初の党首討論会 ／3.14 三和銀行・東海銀行・あさひ銀行が経営統合を決定 [6.15 あさひ銀行離脱] ／3.26 プーチン，ロシア第 2 代大統領に就任 ／3.31 有珠山噴火 ／4.1 介護保険制度スタート，40 歳以上の国民から保険料徴収 ／4.1 自由党，自公との連立を解消（連立維持派は離党して保守党を結成） ／4.2 小渕首相，脳梗塞で入院 [4.4 内閣総辞職] ／4.5 森内閣発足 ／5月 17 歳の凶悪犯罪が続発 ／5.15 森首相，「神の国」発言 ／5.24 ストーカー規制法公布 ／6.25 第 42 回総選挙（自民 233，民主 127，公明 31，自公保で絶対安定多数

を確保）　／6.27 雪印製品で集団食中毒　／7.21 沖縄サミット　／7 月 そごう事実上の倒産　／7 月 二千円札発行　／8 月 i モード加入者 1000 万人突破　／9.1 三宅島噴火で全島民が避難　／9.15 シドニー・オリンピック開幕，女性大活躍　／9 月 東海地方に記録的豪雨　／10.10 白川英樹にノーベル化学賞　／10.15 田中康夫，長野県知事に当選　／10 月 ON 監督対決で巨人が日本一　／11.2 フジモリ・ペルー大統領辞任　／11.7 アメリカ大統領選，歴史的接戦の末，ブッシュ大統領が当選　／11.8 日本赤軍指導者，重信房子逮捕　／11.20「加藤の乱」　／12 月 琉球王国のグスクおよび関連遺跡群，世界遺産に　／12.8 改正少年法公布（刑罰対象年齢を 16 歳から 14 歳へ）　／12.31 インターネット博覧会開幕 [〜 2001.12.31]

【流行語・ブーム】17 歳　／パラサイトシングル　／IT 革命　／ひきこもり

2001 年

【出来事】1.6 1 府 12 省庁スタート　／1.16 KSD 問題明るみに　／1.26 新大久保駅でホームから転落男性を助けようとして，韓国人留学生を含め 3 人死亡　／2.10「えひめ丸」が米軍原子力潜水艦に衝突され沈没　／2.19 シーガイア経営破綻　／2.20 田中康夫長野県知事，脱ダム宣言　／3.10 森首相事実上の退陣表明 [4.6 正式表明]　／3.12 バーミヤンの大仏破壊される　／3.15 日経平均 11,000 円台　／3.28 アメリカ，京都議定書離脱　／3.31 USJ 開園　／4.1 さくら銀行と住友銀行が合併し三井住友銀行誕生　／4.1 家電リサイクル法施行　／4.1 情報公開法施行　／4.3 イチロー，メジャーデビュー　／4.3「新しい歴史教科書をつくる会」の教科書，検定合格　／4.13 DV 防止法成立 [10.13 施行，2004.6.2 改正]　／4.24 小泉純一郎，自民党総裁選圧勝 [4.26 小泉内閣発足]　／5.11 ハンセン病患者隔離は違憲判決 [6.15 ハンセン病補償法成立]　／6.8 大阪教育大学附属池田小学校で大量殺人事件　／6 月 改正電波法成立 (2011 年のアナログ放送全廃が決定)　／7.21 明石の花火大会で死傷者　／7.29 参議院選挙自民党大勝　／8.13 小泉首相，靖国神社を公式参拝　／9.4 東京ディズニーシー，オープン　／9.10 国内初の BSE 感染牛が発見 [10.18 全頭検査スタート]　／9.11 アメリカ同時多発テロ [10.7 米軍，アフガニスタンを空爆，12.22 アフガニスタンに暫定政権誕生]　／9.19 テロ報復攻撃への支援に自衛隊派遣を決定 [10.29 テロ関連 3 法が成立，11.9 海上自衛隊，インド洋に向け出航]　／10.10 野依良治ノーベル化学賞　／11.10 WHO 中国の加盟を承認　／12.1 雅子妃，女児出産　／12.7 改正 PKO 法成立　／12.18 道路公団など 45 法人を民営化

【流行語・ブーム】聖域なき改革　／抵抗勢力　／狂牛病　／ショー・ザ・フラッグ　／伏魔殿　／感動した！　／ブロードバンド　／二足歩行ロボット　／写メール　／無洗米

2002 年

【出来事】1.1 ユーロ流通開始　／1.15 UFJ 銀行（三和＋東海）誕生　／1.20 田中真紀子外相と野上事務次官を更迭　／1.23 雪印食品の偽装牛肉が発覚　／1.29 ブッシュ大統領，北朝鮮・イラン・イラクを「悪の枢軸」と呼ぶ　／2.8 ソルトレークシティ冬季オリンピック開幕　／3.19 ダイエー，産業再生法申請　／3.20 辻本清美，議員辞職　／4.1 学校完全 5 日制スタート（ゆとり教育スタート）　／4.1 みずほ銀行（第一勧銀＋富士＋日本興業）誕生　／4.21 小泉首相靖国神社参拝　／5.21 京都議定書批准承認　／5.31 サッカーW杯開幕，初の日韓共催で日本ベスト 16　／6.17 鈴木宗男逮捕　／6.24 千代田区で全国初の歩きタバコ禁止条例　／7.5 田中康夫長野県知事の不信任案可決 [9.1 再選]　／8.5 住民基本台帳ネットワーク稼働　／9.17 小泉首相，北朝鮮訪問し，史上初の日朝首脳会談，金総書記「拉致」認める [10.15 被害者 5 人帰国]　／9 月 東京駅前の丸ビル，リニューアルオープン　／10.1 イラク，査察受け入れ　／10.8 ノーベル物理学賞に小柴昌俊，化学賞に田中耕一　／11.8 江沢民引退，胡錦濤体制発足　／11 月中国で SARS 発生　／12.2 島根県知事，宍道湖・中海の淡水化事業中止　／12 月 松井秀喜，ヤンキース入団を発表　／12 月 東北新幹線，盛岡－八戸開通　／12 月末 日経平均 8,578.95 円で終わる

【流行語・ブーム】食肉偽装　／内部告発　／ベッカム様　／ムネオハウス　／タマちゃん　／貸しはがし　／拉致　／プチ整形　／イケメン　／『声に出して読みたい日本語』

2003 年

【出来事】1 月 貴乃花引退　／1.14 小泉首相靖国神社参拝　／2.1 スペースシャトル「コロンビア号」空中分解　／3.19 米英軍，イラク攻撃開始 [4.14 米英軍，イラク全土を掌握，5.11 フセイン政権崩壊確認，12.13 フセイン元大統領拘束される]　／4.1 日本郵政公社がスタート　／4.1 サラリーマンの医療費 3 割負担に　／4.28 白装束の団体（パナウェーブ研究所）が林道を占拠　／4.30 日経平均 7603.76 円のバブル後最安値　／4 月 さいたま市，13 番目の政令指定都市になる　／4 月 六本木ヒルズオープン　／5.23 個人情報保護法成立 [05.4.1 施行]　／6.2 信書配達の民間参入開始　／6.6 有事法制関連法成立　／6.10 りそなグループに公的資金注入を決定　／6 月 パーティサークル（スーパーフリー）の大学生 5 人逮捕　／7.5 WHO，SARS 終息宣言　／7.9 国立大学法人法成立　／7.23 少子化対策法成立　／7.26 イラク復興支援特別措置法成立　／9.24 民主党と自由党が合併　／10.7 シュワルツネッガー，カリフォルニア州知事に当選　／10 月 阪神，18 年ぶりリーグ優勝　／11.9 第 43 回総選挙（自民 237，民主 177，公明 34）で民主 40 議席増なるも，与党が絶対安定多数を獲得，2 大政党化が進む　／11.13 土井たか子社民党党首を辞任，後任は福島瑞穂　／11.29 イラクで日本大使館員 2 人殺害　／12.23 アメリカで BSE の牛発見 [12.24 米国産牛肉の輸入を停止]

【流行語・ブーム】『バカの壁』『世界の中心で，愛をさけぶ』『負け犬の遠吠え』発売 ／「世界にひとつだけの花」 ／冬ソナ・ブーム ／マニフェスト ／へぇ～ ／スローライフ ／セレブ ／オレオレ詐欺 ／毒まんじゅう ／なんでだろう～ ／DVD レコーダー，薄型テレビがヒット ／フリーペーパー ／着うた

2004 年

【出来事】1.1 小泉首相靖国神社参拝 ／1.9 自衛隊にイラク派遣命令 [1.19 陸自，サマワ到着] ／1 月国内で鳥インフルエンザ確認 [3.8 浅田農産会長夫妻自殺] ／2 月 吉野屋牛丼販売休止 ／2 月 mixi スタート [12 月 25 万 ID] ／3.1 労働者派遣法が改正され，製造業も可となる ／ 3.11 マドリードで列車爆破テロ ／3 月 九州新幹線一部開業 ／3 月 長嶋監督倒れる ／4.2 NATO 旧共産主義国 7 カ国が加わり，26 カ国体制に ／4.8 イラクで邦人ボランティア 3 人人質になる ／4.14 堤義明，西武鉄道会長を辞任 ／4.16 牛肉偽装問題で浅田大阪府肉連副会長を逮捕 ／4.23 閣僚らに年金保険料未払い期間発覚 ／5.10 皇太子，「雅子のキャリアや人格を否定する動きがあった」と発言 ／5.10 ファイル交換ソフト「ウィニー」の開発者逮捕 ／5.21 裁判員制度法成立 ／6.1 佐世保小 6 女児，同級生を刺殺 ／6.8 小泉首相，多国籍軍への自衛隊参加を表明 [6.28 自衛隊参加] ／7.1 紀伊山地の霊場と参詣道，世界遺産に ／7.14 東京三菱，UFJ との統合発表，三井住友も UFJ に統合を申し入れ ／7.28 那覇家裁，性同一性障害者の性別変更を認める ／8.13 米軍ヘリ，那覇国際大学に墜落 ／8.13 アテネ・オリンピック開幕，メダルラッシュ ／8.26 諫早湾干拓差し止めの地裁決定 ／10.1 イチロー，大リーグ年間最多安打記録を更新 ／10.23 新潟中越地震 ／10 月 プロ野球界大揺れ，50 年ぶりに新球団 ／11.1 20 年ぶりに新札発行 ／11.30 秋篠宮，皇太子に苦言 ／11 月 1 ドル 102 円 ／11 月 運転中の携帯使用に罰則 ／12.26 スマトラ沖地震で大津波

【流行語・ブーム】チョー気持いい ／気合いだー！ ／ニート ／負け犬 ／冬ソナ

2005 年

【出来事】2.8 ライブドア，ニッポン放送株 35％取得を発表 [4.18 ライブドアとフジテレビ和解，資本・業務提携，堀江貴文マスコミの寵児に] ／2.16 京都議定書発効 ／2.18 三菱東京と UFJ が統合契約 ／2 月 中部国際空港開港 ／3.25 愛知万博開催 ／4.1 個人情報保護法施行 ／4.1 ペイオフ全面凍結解除 ／4.9 北京で反日デモ ／4.9 チャールズ皇太子再婚 ／4.25 JR 福知山線で脱線事故，107 人死亡 ／5.1 北朝鮮，日本海に向けミサイル発射 ／5.16 福岡高裁，諫早湾干拓差し止め仮処分を取り消し ／7.7 ロンドンの地下鉄で同時多発テロ ／7.14 知床，世

界遺産に ／7.15 アスベスト関連死，明るみに ／7.21 中国人民元切り上げ ／8.8 郵政民営化法案否決を受け，小泉首相衆議院を解散 ／9.11 第 44 回総選挙（郵政選挙）で自民党圧勝（自民 296，民主 113，公明 31）／10.1 道路公団民営化 ／10.14 郵政民営化関連法が成立 ／10.17 小泉首相靖国神社参拝 ／11.15 紀宮結婚 ／11.16 中国，鳥インフルエンザで死者が出たことを公表 ／11.17 耐震強度偽装問題 ／12.10 宇治で塾講師，小 6 女児を刺殺 ／12.12 アメリカとカナダからの牛肉の輸入再開決定 ／12.22 初の人口自然減 ／12.1 日経平均株価，5 年ぶりに 15,000 円台に［12.26 には 16,000 円台］

【流行語・ブーム】想定外 ／刺客 ／mixi 普及し始める，200 万 ID を突破 ／「フォー」／萌え ／クールビズ

2006 年

【出来事】1.1 三菱東京 UFJ 銀行が発足 ／1.20 米国産牛肉，再び禁輸 ／1.23 堀江貴文逮捕［6.5 村上世彰も逮捕］／2.16 民主党メール問題追及［2.28「本物ではない」と謝罪，3.31 前原代表辞任，4.7 小沢代表就任］／2.23 トリノ冬季オリンピックで荒川静香が金 ／3.17 ソフトバンク，ボーダフォン日本を買収 ／3.20 王ジャパン，WBC で優勝 ／4.7 普天間飛行場の移設案基本合意 ／4.14 アイフルに業務停止命令 ／4.26 耐震偽装問題で姉歯元建築士逮捕［5.17 ヒューザー社長も逮捕］／5.18 秋田児童殺害事件［6.4 近所の主婦・畠山鈴香逮捕］／5.27 ジャワ島沖地震 ／5 月 1 ドル 109 円［11 月 116 円］／6.3 シンドラー社製エレベータで死亡事故 ／6.3 阪急・阪神の統合が決定 ／6.20 小泉首相，陸上自衛隊のイラク撤退を表明［7 月中に帰国完了］／6.20 奈良で医師の長男が母親と妹弟を殺害し放火 ／7.27 米国産牛肉輸入再開を決定 ／7 月 北朝鮮，核実験およびミサイル発射［10 月にも］／8.2 亀田興毅，世界チャンピオンに ／8.6 田中康夫，長野県知事選に敗れる ／8.15 小泉首相，靖国神社参拝 ／8.21 夏の甲子園大会で早実優勝 ／8.25 飲酒運転で 3 児死亡 ／9.6 秋篠宮家に男児誕生 ／9.19 三大都市圏の地価，16 年ぶりに上昇 ／9.26 安倍内閣発足 ／10.15 50 代の母親が娘の代わりに代理出産していたことを発表 ／10.24 携帯電話の番号持ち運び制がスタート ／10.26 日本ハム，44 年ぶりの日本一 ／10 月 富山県の高校で必修科目（世界史）の履修漏れ発覚［以後次々と発覚］／11.15 レッドソックス，松坂に 60 億円を提示 ／12.4 郵政反対組が自民党に復党 ／12.15 教育基本法改正可決 ／12.15 防衛庁，省に昇格 ／12.27 佐田行革担当大臣辞任 ／12.30 サダム・フセイン死刑

【流行語・ブーム】ワーキングプア ／格差社会 ／mixi 大流行，800 万 ID を突破 ／品格 ／エロカッコイイ ／メタボリック・シンドローム ／鳥インフルエンザ ／ハンカチ王子

2007 年

【出来事】1.10 不二家，消費期限切れの牛乳を用いたシュークリームを製造・出荷していたことが判明，以後食品偽装の発覚が相次ぐ［6月 ミートホープ，8月「白い恋人」，10月 赤福，船場吉兆］ ／1.21 宮崎県知事に東国原英夫当選 ／1.23「発掘！あるある大事典2」データ捏造発覚で打ち切り ／1.27 柳沢厚生労働相，「産む機械」発言 ／2月 宙に浮いた年金記録問題発覚 ／3.6 夕張市が財政再建団体に ／3.9 西武がスカウトに裏金を使っていたことが発覚 ／3.14 大丸と松坂屋が経営統合発表 ／3.25 能登半島沖でM 6.9 の地震 ／4.5「赤ちゃんポスト」の設置を許可 ／4.18 長崎市長が選挙中に撃たれ死亡 ／5.5 エキスポランドのジェットコースター事故で22人死傷 ／5.14 国民投票法が成立 ／5.15 福島県で母親を殺害し首を切った高3生が自首 ／5.20 ハニカミ王子（石川遼）優勝 ／5.28 松岡農水相自殺 ／6月 1ドル 123 円 ／6.28 石見銀山が世界遺産に ／7.3 久間防衛相辞任 ／7.16 新潟中越沖地震 ／7.29 参議院選挙で自民大敗 ／8.1 朝青龍仮病疑惑で2場所出場停止 ／8.16 最高気温を更新 ／8.23 三越と伊勢丹が経営統合を発表 ／9.12 安倍退陣［9.26 福田内閣発足］ ／9月 mixi1400 万 ID ／9.27 ミャンマーでカメラマンが死亡 ／9.29 沖縄で教科書記述に抗議する集会［12.26 教科書訂正され承認］ ／10.1 郵政民営化スタート ／10.5 力士急死で時津風親方を解雇 ／10.26 英会話「ＮＯＶＡ」経営破たん ／10月 松坂，岡島両投手がRソックスの Wシリーズ制覇に貢献 ／11.1 中日 53 年ぶり日本一 ／11.2 福田首相と小沢民主党代表が連立構想で会談［党で承認されず，小沢氏党代表辞意を表明するが，のち撤回］ ／11月 テロ特措法が失効，海自撤収へ ／11.21 日経平均株価，1年4ヶ月ぶりに 15,000 円割れ

【流行語・ブーム】そんなの関係ねぇ ／ネットカフェ難民 ／どんだけぇ～ ／偽装 ／KY ／「千の風になって」 ／鈍感力 ／ふるさと納税 ／モンスターペアレント ／大人かわいい ／炎上

2008 年

【出来事】1.15 シー・シェパードの船舶が日本の捕鯨船に意図的に衝突 ／1.27 橋下徹，大阪府知事に当選 ／1.30 中国産冷凍餃子中毒事件 ／2.11 沖縄で海兵隊兵士による 14 歳少女暴行事件発生 ／3.3 シー・シェパード再び日本の捕鯨船を攻撃 ／3.13 12 年ぶりに1ドル 100 円を割り込む ／3.14 中国チベット自治区で大暴動 ／4.1 ガソリン税などの暫定税率が失効（4.30 復活） ／4.1 後期高齢者医療制度スタート ／4.23 Twitter 日本語版公開開始 ／4.30 ふるさと納税ができる地方税法改正が行われる ／5.7 メドヴェージェフがロシア大統領になり，前大統領プーチンは首相となる ／5.12 中国四川省で大地震 ／5.19 facebook の日本語版公開 ／6.1 改正道路交通法施行（後部座席でもシートベルト着用が義務付けられる） ／6.8 秋葉原通り魔事件発生 ／6.14 岩手・宮城内陸地震 ／7.7 洞爺湖サミット開幕 ／7.11 iPhone，ソフトバンクから発売

される　／7.23 1 ユーロ 169.9 円の歴代最安値を記録　／8 月 北京オリンピック　／8.26 アフガニスタンでボランティアをしていた伊藤和也さん拉致（後に殺害）される　／9.1 福田首相辞意を表明　／9.15 リーマン・ブラザーズ経営破綻　／9.24 麻生内閣誕生　／9 月 mixi2000 万 ID を突破　／10.24 円高が急速に進み，13 年ぶりに 1 ドル 90 円台になる　／10 月 株暴落（日経平均は 1 日の 11,368 円から始まり 27 日には 7,163 円まで下落）　／10 月 南部陽一郎・益川敏英・小林誠・下村脩の日本人 4 人がノーベル賞に決まる　／11.4 バラク・オバマ，アメリカ大統領選挙に勝利　／12.27 イスラエルがガザ地区へ空爆開始（2009.1.17 停戦）　／12.30 日経平均 8,860 円

【流行語・ブーム】アラフォー　／グ〜！　／埋蔵金　／蟹工船　／後期高齢者　／ゲリラ豪雨／ゆるキャラ　／オネエマン　／婚活　／ゆとり世代　／何も言えねー

2009 年

【出来事】1.3 民主党メール事件の永田寿康元衆議院議員自殺　／1.13 渡辺喜美，自民党を離党／1.14 中央大学で教授刺殺される　／1.20 オバマ大統領に就任　／2.17 中川昭一財務大臣を辞任／3.3 小沢一郎の公設秘書，西松建設献金問題で逮捕　／3.10 日経平均 7,054 円，バブル崩壊後の最安値を記録　／3.13 海賊対策のために，海上自衛隊をソマリア沖に派遣することを決定　／3.28 高速道路が土日祝日は 1000 円で乗り放題となる　／3.29 森田健作，千葉県知事に当選／4.5 北朝鮮ミサイル発射実験　／4.22 2008 年度貿易収支が 7253 億円の赤字，1980 年以来の赤字／4.24 WHO，アメリカとメキシコで新型インフルエンザが確認されたと発表　／4.26 河村たかし，名古屋市長に当選　／5.11 小沢一郎，民主党代表を辞職する意思を表明　／5 月 神戸で新型インフルエンザ感染を確認，関西で休講措置広がる　／5.21 裁判員制度施行　／5.25 北朝鮮核実験　／6.4 足利事件で犯人とされていた菅家利和さん釈放（6.23 足利事件再審決定）　／7 月 中国・九州地方で記録的な豪雨　／8.8 酒井法子，覚せい剤取締法違反の容疑で逮捕　／8.15 新型インフルエンザで初の死者　／8.30 衆議院選挙で民主党圧勝（民主 308，自民 119，公明 21）　／9.16 鳩山内閣誕生　／10.9 オバマ大統領ノーベル平和賞受賞が決定　／10.15 Twitter 携帯電話向けサイト開設　／11.10 イギリス人女性殺害事件容疑者が逮捕される　／11.11 事業仕分け開始／11.12 天皇陛下即位 20 周年祝賀記念式典　／11.26 円相場急騰，14 年 4 か月ぶりに 86 円 29 銭まで上昇　／12.30 日経平均 10,546 円

【流行語・ブーム】政権交代　／派遣切り　／事業仕分け　／1000 円高速　／新型インフルエンザ　／草食系男子　／エコカー減税・エコポイント　／女子力　／弁当男子　／1Q84　／チェンジ　／こども店長　／家電芸人

2010 年

【出来事】1.1 平城遷都 1300 年祭開幕 ／1.1 日本年金機構が発足 ／1.15 海上自衛隊のインド洋給油活動終了 ／1.19 日本航空会社更生法の適用申請 ／2.1 埼玉不審死で木嶋佳苗容疑者を逮捕 ／2.4 横綱朝青龍暴行事件で引退 ／2.12 バンクーバー冬季オリンピック開幕 ／4.19 大阪維新の会発足 ／4.20 宮崎で牛 3 頭に口蹄疫感染の疑い［5.18 東国原宮崎県知事，口蹄疫問題で非常事態宣言］ ／4.27 時効を廃止する改正刑事訴訟法が成立・即日施行 ／5.1 上海国際博覧会開幕［10.31 閉幕］ ／5.2 ギリシアの財政危機で EU と IMF は 1100 億ユーロの財政支援で合意 ／5.7 鳩山首相，普天間基地移設先として徳之島に要請［5.28 辺野古移設を閣議決定，5.30 社民党連立政権を離脱］ ／5.28 iPad 発売 ／6.2 鳩山首相の退陣と小沢幹事長の辞任を表明 ／6.8 菅内閣誕生 ／6 月 サッカー W 杯南アフリカ大会で日本ベスト 16 ／6.13 小惑星探査機「はやぶさ」が帰還 ／6.14 大関琴光喜，野球賭博を認める［以後，次々に明らかになる］ ／6.28 高速道路無料化社会実験が開始 ／7.11 参議院選挙で自民党が勝利し与党過半数割れ ／7.17 15 歳未満の子どもの臓器移植を可能とする改正臓器移植法施行 ／7.29 東京都足立区で 111 歳の男性のミイラ化した遺体発見［以後，所在不明高齢者の存在が次々に明らかになる］ ／7.30 二児放置死で 23 歳の母親逮捕 ／8.18 米軍戦闘部隊，イラクから全て撤去 ／9.7 尖閣沖で中国漁船衝突事件発生 ／9.21 証拠改ざん事件で大阪地検特捜部主任検事逮捕 ／10.4 検察審査会，陸山会事件で小沢一郎を起訴相当と判断 ／10.6 ノーベル化学賞に鈴木章と根岸英一が決まる ／10 月 チリ鉱山落盤事故で閉じ込められた 33 人救出 ／10.14 15 年半ぶりに 1 ドル 80 円台に突入 ／11.1 メドベージェフ大統領，北方領土を訪問 ／11.22 柳田法相，国会軽視発言で引責辞任 ／12.4 東北新幹線，新青森まで開業 ／12 月 facebook 登録者 300 万人強 ／12.30 日経平均 10,229 円

【流行語・ブーム】AKB48 ／K-POP 人気 ／「もしドラ」人気 ／ツイッター ／3D テレビ ／無縁社会 ／〜なう ／イクメン ／ガラケー ／ゲゲゲの〜 ／どや顔 ／リア充 ／酷暑 ／終活 ／女子会 ／食べるラー油 ／「2 位じゃダメなんですか」

2011 年

【出来事】1.14 チュニジアで政権崩壊［以後，アラブ諸国での政変が相次ぎ，「アラブの春」とよばれる］ ／1.20 中国が GDP で日本を抜き世界第 2 位となったことが発表される ／1.22 宮崎県宮崎市で高病原性鳥インフルエンザが確認される［1.26 鹿児島出水市で，1.27 愛知県豊橋市でも確認］ ／1.31 小沢一郎，強制起訴される ／1 月「タイガーマスク運動」が広がる ／2.6 大相撲，八百長問題で 3 月場所中止を発表 ／2 月 京都大学の入試問題が試験中にネットに投稿される ／3.11 東日本大震災発生 ／3.12 九州新幹線鹿児島ルート全線開通 ／3 月以降 福島第 1 原発炉心溶融，放射性物質大量流出 ／3 月東電管内，計画停電 ／3.17 1 ドル 76 円 25 銭，変

動相場制導入以来の最高値　／3.18 東京スカイツリー 634m に到達　／4 月 新学習指導要領で小学 5,6 年生の英語必修化　／4.27 プレーステーションネットワークから 7700 万人の個人情報流出　／4.27 焼肉屋のユッケで食中毒発生，死者 5 人　／4.29 イギリスのウィリアム王子結婚　／5.2 オサマ・ビンラディン殺害　／6.2 菅総理，一定のメドがついた段階で退陣すると表明　／6.3 大阪府で全国初の君が代の起立斉唱を義務づける条例が可決　／6.19 高速道路の土日 1000 円と無料化実験が終了　／6.23 LINE 初版公開　／7.5 松本龍内閣府特命担当大臣，暴言の責任を取って辞任　／7.18 女子サッカーなでしこジャパン，W 杯優勝　／7.24 地上波テレビ放送，東北 3 県を除きデジタル放送に移行　／8.23 リビア，カダフィ政権崩壊　／8.30 野田内閣誕生　／9 月 大型台風次々に上陸　／9 月 facebook 登録者 1000 万人を突破　／10.5 スティーヴ・ジョブズ死去　／10.15 世界中で反格差デモが行われる　／10 月 タイで大洪水　／10.31 1 ドル 75 円 32 銭の戦後最高値をつける　／11.8 オリンパスの粉飾決算が発覚　／11.27 大阪ダブル選挙で，大阪市長に橋下徹，府知事に松井一郎が当選　／11 月 野田首相 TPP 参加表明　／11 月 ギリシア経済破綻寸前で欧州危機　／12.1 これまでより 2 ヶ月遅く就職活動スタート　／12.17 金正日総書記死去　／12 月 日経平均株価 8,455 円　／12.31 オウム真理教の指名手配犯・平田信，丸の内警察署に出頭

【流行語・ブーム】がんばろう日本　／帰宅難民　／絆　／メルトダウン　／節電　／風評被害　／推しメン　／スマホ　／どじょう内閣　／マルモリ　／おねえキャラ　／ラブ注入

2012 年

【出来事】1.9 1 ユーロ＝ 97 円 30 銭，11 年ぶりの円高・ユーロ安（円の独歩高は 11 月半ばころまで続く）　／2.20 光市母子殺害事件の元少年の死刑確定　／3.1 日本初の格安航空会社が就航　／3.4 プーチン首相，大統領に返り咲き，メドベージェフ大統領は首相に　／3.31 東北 3 県でのアナログ放送が終了し，完全デジタル化に移行　／4.12 京都市祇園でワゴン車暴走し歩行者 7 人死亡　／4.13 さいたま地裁，連続不審死の木嶋被告に死刑判決　／4.23 京都府亀岡市で無免許の少年が集団登校の列に突っ込み，3 人死亡　／4.26 小沢一郎に無罪判決　／4.29 関越道でツアーバスが防音壁に衝突し乗客 7 人が死亡　／5.5 北海道電力の泊原発が発電を停止し，原発ゼロに　／5 月 ソニー，パナソニック，シャープが大幅赤字決算を発表　／5.21 金環日食，全国広範囲で観測される　／5.22 東京スカイツリー開業　／6.3 特別手配中だったオウム真理教の菊池直子容疑者を逮捕 [6.15 高橋克也容疑者も逮捕]　／6.7 東電 OL 殺害事件のマイナリ被告釈放 [11.7 再審無罪確定]　／6.14 日本初の幼児からの臓器提供　／7.2 小沢一郎，民主党を離党し，「国民の生活が第一」を結成　／7.5 大飯原発再稼働　／7.23 オスプレイ，岩国基地に搬入 [10.1 普天間基地に配備]　／7.27 ロンドン・オリンピック開幕　／7 月 滋賀県大津市立の中学校でいじめを苦にした自殺が起きる　／8.10 李明博大統領，竹島に上陸　／8.10 社会保障と税の一体改革関連法成立（消費税を 2014 年 4 月から 8%，2015 年 10 月から 10% に引き上げ）　／9.11 野田内閣，尖閣諸島の国有化を決定，これに反発して中国で反日デモが活発化　／9.19 原子力規制委員会が発足　／

9.26 自民党新総裁に安倍晋三を選出 ／9.28 日本維新の会発足 ／10.1 郵便局会社と郵便事業会社が統合し，日本郵便株式会社が誕生 ／10.8 山中伸弥，ノーベル生理学・医学賞受賞 ／10.25 石原東京都知事辞職［11.13 太陽の党を旗揚げ，11.17 日本維新の会に合流］ ／10月 尼崎で連続遺体遺棄事件が発覚 ／11.27 日本未来の党結成，「国民の生活が第一」が合流［12.27 分裂］ ／12.2 中央自動車道笹子トンネルで天井板が崩落し 9 人が死亡 ／12.12 北朝鮮，弾道ミサイルの発射実験を行う ／12.16 第 46 回衆議院選挙で自民党圧勝，民主党は歴史的惨敗（自民 294，民主 57，維新 54，公明 31） ／12.16 猪瀬直樹，東京都知事に当選 ／12.19 韓国で朴新大統領誕生 ／12.26 安倍内閣誕生 ／12月 日経平均 10,395 円まで持ち直す

【流行語・ブーム】オスプレイ ／ワイルドだろぉ？ ／ネトウヨ ／タニタ食堂 ／美魔女 ／街コン ／ステマ ／キラキラネーム ／維新の会 ／第三極 ／iPS 細胞 ／いいね！ ／フェイスブック ／LINE

2013 年

【出来事】1.4 日本未来の党，嘉田由紀子が党首を辞任 ／1.9 桜宮高校で体罰により自殺した生徒がいることが発覚［9.26 元バスケットボール部顧問に有罪判決］ ／1.16 アルジェリアでイスラム系武装勢力が襲撃し，日本人技術者を含む多数が死傷 ／1.19 元横綱大鵬死去［2.15 国民栄養賞授与が決定］ ／2.25 韓国，朴槿恵大統領に就任 ／4月 中国で鳥インフルエンザが流行し，死亡者も出る ／4.16 長嶋茂雄と松井秀喜の国民栄誉賞受賞が決定［5.5 授与式］ ／4.19 公職選挙法が改正され，インターネット利用が解禁される ／4.20 中国四川省でマグニチュード 7.0 の大地震 ／4.26 グランフロント大阪が開業 ／6.22 富士山が世界遺産に登録される ／6.23 東京都議会選挙で自民党が圧勝 ／7.3 エジプトで軍部によるクーデター勃発 ／7.11 妖怪ウォッチ発売 ／7.21 参議院選挙で自民党圧勝し，衆参両院で与党が過半数を取り，ねじれ現象解消 ／7.23 TPP 交渉会合に日本が初参加 ／7.25 社民党福島瑞穂，10 年務めた党首を辞任する意向を発表［10.14 吉田忠智を新党首に選出］ ／8.1 ロシア，元アメリカ CIA 職員スノーデンの亡命を認める ／8.15 福知山花火大会で露店が爆発事故 ／8.21 イチロー，日米通算 4000 本安打を達成 ／9.7 2020 年東京オリンピックが決定 ／9.11NTT ドコモが iPhone の提供開始を発表 ／9.22 ドラマ「半沢直樹」の最終回が視聴率 42.2％を記録 ／9.29 堺市長選で，反維新の竹山修身が再選 ／10.2 伊勢神宮の式年遷宮行事がすべて終了 ／10.8 三鷹で女子高生が元交際相手に殺害される（リベンジポルノ問題としても大きなニュースとなる） ／10.15 JR 九州，豪華列車「ななつ星」の運行開始 ／10.31 山本太郎参議院議員が，園遊会で天皇に直接手紙を渡す ／11.3 日本シリーズで楽天が優勝 ／12.4 和食がユネスコの無形文化遺産に登録される ／12.6 特定秘密保護法成立 ／12.9 みんなの党の江田憲司前幹事長ら 14 名が離党届を提出［12.18 結いの党設立］ ／12.12 北朝鮮でナンバー 2 と見られていた張成沢が処刑される ／12.18 東電，福島第 1 原発の 5 号機，6 号機の廃炉を決定 ／12.19 猪瀬直樹東京都知事，徳洲会から 5000 万円受領した件で辞表提出［12.24 正式に辞任］

【流行語・ブーム】今でしょ！ ／おもてなし ／じぇじぇじぇ ／倍返し ／アベノミクス ／
ヘイトスピーチ ／ブラック企業 ／PM2.5

2014 年

【出来事】1.3 有楽町駅付近で火災発生し，新幹線等が混乱 ／1.8 アニメ「妖怪ウォッチ」放映
開始 ／1.15 海上自衛隊輸送艦「おおすみ」と釣り船が衝突 ／1.29 理化学研究所，万能細胞の
STAP 細胞の作製に成功したと発表 [6.4 STAP 細胞論文の撤回を発表] ／1.30 日本相撲協会，
公益財団法人に移行 ／2.3 橋下徹大阪市長，「大阪都構想」を加速する出直し選挙を実施するた
めに市長の辞表を出す [2.27 自動失職，3.23 出直し選挙で再び当選] ／2.5 佐村河内守が作曲を
他者に依頼していたことを公表 ／2.7 ソチ・オリンピック開幕（～ 23 日） ／2.9 舛添要一，東
京都知事に当選 ／2.18 ウクライナで騒乱が発生 [3.1 クリミアに住むロシア系住民の保護のため
という理由でロシアがクリミア半島を実質的に支配] ／3.7 あべのハルカス開業 ／3.31「笑っ
ていいとも」が 31 年半の歴史を閉じる ／4.1 消費税が 8% になる ／4.7 渡辺喜美，8 億円借り
入れ問題でみんなの党代表を辞任 ／4.13 熊本県で鳥インフルエンザが検出され，11 万羽を殺処
分 ／4.16 韓国で「セウォル号」沈没 ／5.25 AKB48 の握手会で傷害事件が発生 ／5.28 石原
慎太郎日本維新の会共同代表が，橋下徹の結いの党の合流案に反対し，分党を決める [6.22 正式
に分党，8.1「次世代の党」設立] ／6.8 桂宮宜仁親王死去 ／6.12 サッカー W 杯ブラジル大会
開幕（～ 7.13） ／6.21 富岡製糸場，世界文化遺産に登録 ／6 月 IS 建国宣言 ／7.1 集団的自
衛権の行使は可能とする憲法解釈の変更を閣議決定 ／7.1 兵庫県議・野々村竜太郎，政務活動
費の不正使用で号泣会見 ／7.9 ベネッセ，個人情報が漏洩していたことを発表 ／7.22 マクド
ナルド，中国の食品会社が保存期限を過ぎた鶏肉を使っていたことを公表し，チキンナゲットの
販売を中止 ／8.20 広島で大雨による土砂災害で死者 70 人以上 ／9.18 スコットランド独立を
問う住民投票が行われ否決される ／9.27 御嶽山噴火し，50 人以上が死亡 ／10.7 青色発光ダイ
オードの発明で日本人 3 学者がノーベル物理学賞に決まる ／10.20 小渕優子経産大臣と松島み
どり法務大臣が辞任 ／11.18 安倍総理，消費税 10% に上げるのを 2017 年 4 月まで 1 年半先送り
すると発表 ／11.21 衆議院解散 ／11.27 和紙がユネスコの無形文化遺産に登録 ／12.14 第 47
回衆議院選挙（自民 291，民主 73，維新 41，公明 35，共産 21）

【流行語・ブーム】集団的自衛権 ／「アナと雪の女王」 ／マタハラ ／カープ女子 ／レジェ
ンド ／「妖怪ウォッチ」 ／ダメよ～ダメダメ

2015 年

【出来事】1.5 日本マクドナルド，「チキンナゲット」にビニール片が入っていたことを公表 ／ 1.7 シャルリー・エブド社がイスラム過激派に襲撃され 12 人死亡 ／ 1.18 岡田克也，民主党代表に復帰 ／ 1.20 ISIL，日本人 2 人の殺害を予告［1.24 1 名殺害，2.1 残りの 1 名も殺害したという動画が投稿される］ ／ 1.25 ギリシャ総選挙で反緊縮財政派の急進左派連合が勝利［欧州連合，同国政府の改革案を承認し，4 か月の支援延長を決める］ ／ 1 月 白鵬，大鵬の記録を抜く 33 回目の優勝を達成 ／ 2.12 大韓航空副社長がニューヨークの空港で離陸直前の大韓航空機を引き返させる ／ 2.23 西川公也農水大臣，献金問題で辞任 ／ 3.1 3 か月繰り下げられた就職活動が解禁 ／ 3.13 トワイライトエクスプレス運行終了 ／ 3.14 北陸新幹線開業 ／ 3.27 平成の大修理を終えて姫路城が公開される ／ 4.1 渋谷区，パートナーシップ条例を施行 ／ 4.2 佳子内親王，国際基督教大学に入学 ／ 4.4 維新の党，上西小百合衆議院議員を除名処分とする ／ 4 月 寺社建築物に油がまかれる被害が頻繁に起きる ／ 5.3 SEALDs（自由と民主主義のための学生緊急行動）発足 ／ 5.17 大阪都構想の是非を問う住民投票が実施され否決される［5.18 江田憲司維新の党代表辞任，松野頼久代表となる］ ／ 6.17 選挙権年齢を 18 歳に引き下げる公職選挙法改正案が成立 ／ 6.26 米国最高裁判所，全州での同性結婚を合法化する ／ 6.30 東海道新幹線内で焼身自殺（巻き込まれた女性 1 人も死亡） ／ 7.5「明治日本の産業革命遺産」が世界遺産に登録される ／ 7.20 アメリカとキューバが 54 年ぶりに国交を回復する ／ 7.24 東京五輪，パラリンピックのエンブレムが佐野研二郎作品に決まる［9.1 盗作が疑われ，佐野作品の使用中止を決める］ ／ 8.11 鹿児島県の川内原発が再稼働 ／ 8.27 山口組分裂 ／ 9.8 安倍晋三，自民党総裁に無投票で再選 ／ 9.10 大雨で鬼怒川が氾濫し茨城県常総市で大きな被害［9.11 宮城県でも大きな被害］ ／ 9.19 集団的自衛権の行使を可能とする安保関連法案が可決成立 ／ 9.19 ラグビー W 杯で，日本が南アメリカを破る ／ 10.1 スポーツ庁設置 ／ 10.7 安倍総理，内閣を改造し，「一億総活躍社会」プランを打ち出す ／ 10.31 橋本大阪市長や松井大阪府知事が維新の党を離党し，「おおさか維新の会」を結党 ／ 11.5 渋谷区，同性カップルに婚姻関係に相当する「パートナーシップ証明書」を発行 ／ 11.10 読売ジャイアンツの 3 選手が野球賭博に関わった問題で無期失格処分となる ／ 11.22 大阪府知事選挙，大阪市長選挙のダブル選挙で，「大阪維新の会」の候補が圧勝 ／ 11.28 浦和レッズサポーターによる差別事件が起きる ／ 12.1 新国立競技場の建設に関して，ほぼ半額の 791 億円を国が負担し，東京都も 400 億円近く負担することで合意 ／ 12.12 橋本大阪市長が政界引退することになり，松井一郎と片山虎之助を「おおさか維新の会」の共同代表に選出 ／ 12.12 消費税を 10％に引き上げる際に，食料品に軽減税率を導入することで自公が合意 ／ 12.21「次世代の党」が「日本のこころを大切にする党」に改称 ／ 12.22 新国立競技場は隈研吾デザイン案に決まる ／ 12.28 従軍慰安婦問題に関して日韓で合意

【流行語・ブーム】爆買い ／ 一億総活躍社会 ／ SEALDs ／ アベ政治を許さない ／ ドローン ／ エンブレム ／ トリプルスリー ／ 五郎丸

2016 年

【出来事】1.4 マイナンバーの交付開始 ／1.6 北朝鮮，水爆実験に成功と発表 ／1月 週刊文春でベッキーとゲスの極み乙女のボーカル川谷絵音の不倫が報道される ／1.15 軽井沢スキーバス転落事故で 15 名死亡 ／1.16 台湾で初の女性総統当選 ／1月 SMAP 解散報道が流れる［1.18 番組内で SMAP メンバーが謝罪］ ／1.24 琴奨菊，日本出身力士としては 10 年ぶりの優勝 ／1.28 甘利経済再生・TPP 担当大臣辞任 ／1.29 日銀，マイナス金利政策を 2 月 16 日から実施すると発表 ／1.29 高浜原発再稼働 ／2.2 清原和博，覚せい剤取締法違反で逮捕 ／2.16 不倫疑惑が報道された宮崎謙介衆議院議員が辞職 ／2.23 夏の参議院選挙に向けて野党 5 党が候補者調整を行うことを合意する ／3.10 高浜原発運転停止 ／3.26 北海道新幹線開業 ／3.27 民進党結成 ／4.1 電気事業法改正が施行され，電力会社以外の業者も電力販売が可能となる ／4.14 熊本地震［4.16 さらに大きな本震］ ／5.26 伊勢志摩サミット開催 ／5.27 オバマ大統領，広島訪問 ／6.15 舛添東京都知事，辞表提出 ／6.15 イチロー，日米通算 4257 安打を打ち，ピート・ローズを抜く ／6.23 イギリス，国民投票で EU 離脱を決める ／6月 安倍総理，消費税の 10%への引き上げを 2 年半延期して，2019 年 10 月からにすると発表 ／7.6 Pokemon GO がサービス開始 ／7.10 第 24 回参議院選挙，18 歳初投票 ／7.13 天皇が生前退位の意向を持っていると報道される ／7.14 フランスのニースで人々の群れにトラックが突っ込み 84 人死亡 ／7.26 相模原障害者施設で 19 人が殺害される事件が起きる ／7.31 小池百合子，東京都知事に当選 ／8.5 リオデジャネイロ・オリンピック開催（〜 8.21） ／8.8 天皇，生前退位の意向をビデオメッセージとして発表 ／8.23「おおさか維新の会」，「日本維新の会」に名称を戻す ／8.31 小池百合子都知事，豊洲移転の延期を発表 ／9.15 蓮舫，民進党代表に当選 ／9月 電通女子社員の自殺が労災認定される ／10.12「生活の党と山本太郎となかまたち」を「自由党」に改称 ／10.13 ボブ・ディランがノーベル文学賞を受賞 ／10.31 朴槿恵韓国大統領の親友・崔順実を逮捕 ／11.9 ドナルド・トランプ，アメリカ新大統領に当選 ／11.10 TPP 法案可決 ／12.6 統合型リゾート推進法案可決 ／12.9 朴槿恵大統領の弾劾訴追案が可決される ／12.15 ロシア大統領来日 ／12.26 安倍総理アリゾナ記念館で慰霊式典に参加 ／12.31 SMAP 解散

【流行語・ブーム】ゲス不倫 ／ポケモン GO ／トランプ現象 ／マイナス金利 ／PPAP ／保育園落ちた日本死ね ／神ってる ／文春砲 ／「君の名は。」

2017 年

【出来事】1.17 小田原市生活保護不正受給反対ジャンパー事件 ／1.21 今治市に，加計学園の獣医学部新設が決定 ／1.23 稀勢の里の横綱昇進が決定 ／1.25 中国国家観光局がアパホテルの利用を控えるよう勧告 ／1.31 ロイヤルホスト，24 時間営業を廃止 ／2.9 朝日新聞，森友学園に払い下げられた国有地の売却価格が例外的に非公表になっていると報道［2.17 安倍総理，「自分や妻

が関わっていれば，総理大臣も議員もやめる」と発言] ／2.10 安倍総理，トランプ大統領と首脳会談 ／2.24「プレミアム・フライデー」が初の実施 ／3.3 石原慎太郎元東京都知事，豊洲移転問題で記者会見を行う ／3.6 北朝鮮がミサイル4発発射実験（この年，のべ7回発射実験を行う） ／3.10 朴槿恵，大統領を罷免される ／3.23 籠池泰典森友学園理事長を国会で証人喚問 ／4.1 名古屋にレゴランド開業 ／4.25 辺野古で埋め立て工事着工 ／4.25 大阪市，2025年国際博覧会への立候補を表明 ／5.17 高浜原発，1年3か月ぶりに再稼働 ／5.9 文在寅，韓国大統領に当選 ／5.17 朝日新聞，加計学園の獣医学部新設に関して，「総理のご意向」と記された文科省の文書が存在すると報道 ／5.31 アフガニスタンで80名以上が死亡する自爆テロ事件が起きる ／6.5 あおり運転のせいで東名高速で被害者夫婦が死亡 ／6.9 明仁天皇の生前退位を認める特例法が可決 ／6.12 上野動物園でパンダが出産 ／6.22 秘書に対する暴行・暴言問題で，豊田真由子衆議院議員が自民党を離党 ／6.26 中学生棋士藤井聡太四段が29連勝の新記録を達成 [7.2 敗北し30連勝はならず] ／7.2 東京都議会選挙で「都民ファーストの会」が圧勝し，自民は大敗北 ／7.5 中国地方・九州地方で豪雨災害 ／7.28 稲田朋美防衛大臣を辞任 ／8.3 第3次安倍再々改造内閣発表 ／9.1 前原誠二，民進党代表に当選 ／9.3 眞子内親王，一般男性との婚約発表記者会見を開催 ／9.7 山尾志桜里，不倫問題報道で民進党を離党 ／9.9 桐生祥秀，100m9.98秒の日本新記録を出す ／9.25 小池百合子，国政政党「希望の党」を立ち上げ，党首になると発表 ／9.28 前原民進党代表，民進党としての公認候補は1人も出さず，立候補予定者は「希望の党」に公認申請をすることを提案し了承される ／10.2 枝野幸男，立憲民主党を立ち上げると表明 ／10.22 第48回衆議院選挙（自民284，立憲民主党55，希望の党50，公明党29，共産党12，維新の会11） ／10.30 民進党，前原代表辞任を了承 ／10.31 座間市でアパートに9遺体を遺棄した男が逮捕される ／10.31 東名高速道路であおり運転をし，死亡事故を引き起こした被疑者を起訴 ／11.14 横綱日馬富士が貴ノ岩に酒席で暴行していたことを貴乃花親方が警察に被害届を出していたことが判明 [11.29 日馬富士引退] ／12.5 羽生善治，史上初の永世7冠を達成 ／12.8 大谷翔平，エンゼルスと契約合意 ／12.11 新幹線のぞみ号，台車に亀裂が入ったまま運行

【流行語・ブーム】インスタ映え ／忖度 ／35億 ／フェイクニュース ／Jアラート ／プレミアム・フライデー ／○○ファースト ／ひふみん ／魔の2回生

2018 年

【出来事】1.8 着物店が突然閉店し晴れ着を着られない成人が続出 ／2.6 宮内庁，眞子内親王の結婚延期を発表 ／2.9 平昌冬季オリンピック開幕（〜3.9） ／2.13 将棋の羽生善治竜王と囲碁の井山裕太七冠が国民栄誉賞を受賞 ／2.17 藤井聡太が中学生初の六段に昇進 ／3.1 日本レスリング協会の強化本部長による伊調馨選手へのパワハラが告発される ／3.7 森友学園問題で近畿財務局職員が自殺 ／3.9 財務省佐川国税庁長官が文書改ざん問題で辞任 ／3.11 中国，憲法を改正し，国家主席の任期を撤廃 ／4.1 小学校で道徳が教科になる ／4.18 福田財務次官，セクハラ疑惑が報じられ退職 ／4.27 文在寅韓国大統領と北朝鮮の金正恩委員長が会談 ／4.27 レオパ

レス 21，物件の施工不良の確認調査を行い補修工事を行うと発表　／5.6 山口達也，強制わいせつ容疑で TOKIO 脱退，ジャニーズ事務所との契約解除　／5.7 民進党と希望の党が合併し国民民主党が誕生　／5.6 関西学院大学との試合での日本大学アメフト部が悪質タックルを行う　／5.16 候補者男女平等法が成立　／5.18 藤井聡太，最年少で七段となる　／5.19 映画「万引き家族」がカンヌ最高賞を受賞　／6.9 新幹線車内で 22 歳の男が乗客を切りつけ，1 人死亡，2 人が怪我　／6.12 シンガポールで，トランプ米大統領と北朝鮮の金正恩委員長が会談　／6.13 18 歳から成人とする民法改正成立　／6.14 サッカー W 杯ロシア大会開幕　／6.18 大阪北部地震発生　／6.27「はやぶさ 2」が小惑星に到着　／6.29 働き方改革法が成立　／6.30 長崎の教会群とキリスト教関連遺産が世界遺産に登録　／7.2 羽生結弦，国民栄誉賞を受賞　／7.6 西日本豪雨で 200 人以上死亡　／7.6 オウム真理教の元代表・麻原彰晃らの死刑執行　／7.18 受動的喫煙対策を強化した改正健康増進法が成立　／7.20 カジノを含む統合型リゾート実施法が成立　／8.2 東京医大での入試得点操作が明らかになる　／8.15 スーパーボランティアの尾畑春夫，行方不明男児を発見　／9.8 大坂なおみが全米オープンテニスで優勝　／9.16 安室奈美恵引退　／9.20 自民党総裁選挙で，安倍晋三首相が石破茂元幹事長を破り 3 選　／9.25 貴乃花親方が相撲協会に退職届提出　／10.1 本庶佑京大教授がノーベル医学生理学賞を受賞　／10.30 韓国最高裁，元徴用工訴訟で，日本企業に賠償を命じる判決を確定　／11.12 大谷翔平，メジャーリーグの新人王に決まる　／11.13 2019 年のゴールデンウィークを 10 連休にすることが正式決定　／11.14 安倍総理，プーチン大統領と会談し北方領土の 2 島先行返還で進める方針に転換　／11.19 日産自動車カルロス・ゴーン逮捕　／11.22 PayPay 総額 100 億円のキャッシュバックを行うことを発表　／11.24 2025 年大阪万博が正式決定　／12.1 BS・CS 放送で 4K・8K の実用放送開始　／12.14 東名高速であおり運転をして被害者夫婦が亡くなった事件で加害者に懲役 18 年の判決　／12.28 日経平均終値 20,014 円 77 銭。

【流行語・ブーム】そだねー　／「おっさんずラブ」　／#MeToo　／災害級の暑さ　／「U.S.A」／「カメラを止めるな！」

2019 年

【出来事】1.22 安倍総理，ロシアを訪問し，北方領土の二島返還を進めようとするが進展せず　／1.26 大坂なおみが全豪テニス優勝　／1.27 アイドルグループ嵐が 2020 年末で活動休止を発表　／2.7 レオパレス 21，建物の壁や天井などに施行不良が 1,324 棟見つかったと発表　／3.21 イチロー引退表明　／4.1 新元号は「令和」と発表される　／4.1 働き方改革法が施行　／4.7 大阪府知事選挙と大阪市長選挙で，立場を入れ替えた維新の吉村知事と松井市長が誕生　／4.9 2024 年度上期までに新紙幣を発行すると発表　／4.15 ノートルダム大聖堂が火災　／4.19 東池袋で 87 歳の高齢者の運転する乗用車が暴走し 2 人死亡　／5.1 新天皇即位し令和に改元される　／5.13「桜を見る会」問題が国会で取り上げられる　／5.25 トランプ米大統領が訪日　／5.28 川崎市でスクールバスを待つ児童を殺傷する事件が発生　／5.29 パワハラ防止法成立　／6.1 元農水次官，引き

こもりの長男を刺殺　／6.4 吉本興業のタレントが特殊詐欺グループの会合に闇営業していたことが発覚　／6.9 香港で大規模デモ　／6.16 吹田市千里山交番で警察官が襲われ拳銃を奪われる　／6.30 日本政府，国際捕鯨委員会を脱退　／7.3 セブン・ペイでの多数の不正アクセスが発覚　／7.6 百舌鳥・古市古墳群が世界遺産に登録　／7.18 京都アニメーション放火で 36 名死亡　／7.21 第 25 回参議院選挙　／8.1 セブン・ペイは 9 月 30 日で全サービスを廃止すると発表　／8.3 愛知トリエンナーレ 2019 に抗議が殺到し中止　／8.4 渋野日向子，全英女子オープンゴルフで優勝　／9.4 ジャニー喜多川のお別れ会が開催され，9 万人が参列　／9.20 ラグビー W 杯日本大会が開幕（〜 11.2）　／9.23 国連気候行動サミットでグレタ・トゥンベリが怒りの演説　／10.1 消費税 10％に引き上げ　／10.9 吉野彰らがノーベル化学賞受賞　／10.31 首里城が消失　／11.1 大学入学共通テストにおける英語民間試験の導入延期を発表　／11.1 レジ袋の有料化が決まる　／11.9 天皇陛下の御即位をお祝いする国民祭典が開催　／11.13 2020 年度の「桜を見る会」の中止を決定　／12.2 第 25 回国連気候変動枠組み条約締結国会議（〜 12.15）　／12.4 アフガニスタンで中村哲医師が殺害される　／12.17 大学入学共通テストの記述式問題の導入見送り　／12.18 性被害を訴えていた伊藤詩織氏が民事裁判で勝訴　／12.31 カルロス・ゴーンが無断出国していたことが発覚　／12.30 日経平均株価 23,656 円 62 銭

【流行語・ブーム】あおり運転　／高齢ドライバー　／免許返納　／ONE TEAM　／闇営業　／タピオカ　／軽減税率　／「天気の子」

2020 年

【出来事】1.7 中国で新型コロナ感染が検出される　／1.16 新型コロナ感染者が日本で初めて確認される　／1.23 俳優東出昌大の不倫問題が週刊誌で報道される　／1.29 新型コロナの感染地として封鎖された武漢に残された日本人の民間チャーター機での帰国が開始　／1.31 英国が EU を離脱　／1.31 政府，法解釈を変更して黒川東京高等検察庁検事長の定年延長を閣議決定　／2.1 新型コロナを指定感染症に指定。感染者の強制入院が可能になる　／2.5 横浜に停船中のクルーズ船で集団感染確認　／2.13 新型コロナで 80 代の女性が死亡。日本での初の死者　／2.27 安倍総理，3 月 2 日から春休みまで小中高の一斉臨時休校を要請　／3.13 新型コロナを新型インフルエンザ等対策特別措置法の対象に加えることが国会で決定。緊急事態宣言の発出が可能となる　／3.14 高輪ゲートウェイ駅開業　／3.15 マスクの転売を禁止する政令を閣議決定（〜 8.28）　／3.18 森友学園問題で自殺した近畿財務局職員の遺族が佐川元理財局長を提訴　／3.24 東京オリンピックの 1 年延期が決定　／3.25 国内初 5G サービス開始　／3.29 タレントの志村けんが新型コロナで死去　／4.1 安倍総理，全世帯に布マスクを 2 枚ずつ配ると表明　／4.7 1 都 1 府 5 県に緊急事態宣言を発令（〜 5.25）　／4.16 緊急事態宣言を全国に拡大　／4.20 国民 1 人当たり 10 万円を給付することが閣議決定　／4.23 女優の岡江久美子が新型コロナで死去　／5.4 大相撲夏場所の中止が決定　／5.20 夏の全国高校野球の中止が決定　／5 月 検察庁法改正に反対する意見がネット上で拡散 [6 月廃案]　／5.21 検察庁法改正で定年延長し批判されていた黒川東京高等検察庁検事長

が賭け麻雀で辞任　／5.23 プロレスラーの木村花がネットいじめを苦に自殺　／6.11 タレント渡部建の不倫が週刊誌で報道される　／6.15 河野防衛大臣, イージスアショアの秋田県と山口県への配備の停止を表明　／6.18 公職選挙法違反で, 河井善法務大臣と妻の河井案里参議院議員が逮捕　／6.19 プロ野球, 3 か月遅れで開幕　／7.1 レジ袋の有料化始まる　／7.4 大雨で球磨川が氾濫し人吉市に大規模な被害　／7.16 藤井聡太, 棋聖戦を勝利し最年少で初タイトル獲得　／7.18 俳優の三浦春馬死去　／7.22 GoTo トラベル開始　／8.24 安倍総理, 連続在職日数が 2799 日になり, 佐藤元総理を超え歴代最長となる　／8.28 安倍総理, 持病の潰瘍性大腸炎が再発したとして辞任の意向を表明　／9.1 マイナポイント事業が開始　／9.11 国民民主党と立憲民主党が合併し立憲民主党となるが, 国民民主党の一部議員は合流せず, あらたな国民民主党を創設　／9.14 菅義偉, 自民党総裁に決まる [9.16 菅内閣発足]　／9 月下旬 GoTo Eat 開始（〜 11.24）　／9.27 女優の竹内結子死去　／10.1 学術会議の新規会員のうち 6 名が任命を拒否されたことが明らかになる　／10.23 梅田ビル屋上から高校生が飛び降り自殺し, 下を歩いていた女性に激突し女性も死亡　／11.1 大坂都構想の賛否を問う 2 度目の住民投票を実施するも再び否決　／12.7 米大統領選挙で民主党のバイデンが勝利　／12.8「はやぶさ 2」の回収カプセルが地球へ帰還　／12.14 菅総理, GoTo トラベルの一斉停止を決める（12.28 〜 2021.1.11）　／12.28 新たな変異ウィルスの侵入を防ぐためにすべての外国人の新規入国を禁止　／12.28 劇場アニメ「鬼滅の刃」の興行収入が 324 億円を突破し, 史上 1 位となる　／12.29 終値が 1990 年以来の 27,000 円超えとなる

【流行語・ブーム】新型コロナ　／3 密　／Zoom　／オンライン　／アベノマスク　／GoTo キャンペーン　／「愛の不時着」　／「鬼滅の刃」　／「あつ森（あつまれ！どうぶつの森）」

2021 年

【出来事】1.7 トランプ支持者が連邦議会を占拠　／1.8 1 都 3 県に 2 度目の緊急事態宣言（〜 3.21）　／1.13 緊急事態宣言に 2 府 5 県を追加　／1.22 核兵器禁止条約が発効するが, 日本は不参加　／2.11 森喜朗が不適切発言で東京オリンピックの大会組織委員会会長を辞任 [2.18 橋下聖子が会長に就任]　／2.15 日経平均株価が 30 年半ぶりに一時 3 万円台に乗る　／2.17 COVID-19 のワクチン接種が始まる　／3.17 札幌地裁で同性婚を認めないのは憲法違反という判断が初めて下る　／4.5 1 府 2 県でまん延防止等重点措置を発令（〜 9.30）　／4.13 福島第 1 原発の処理水を 2023 年頃から海洋放出することに決定　／4.25 1 都 2 府 1 県に 3 度目の緊急事態宣言（〜 6.20）　／4.28「紀州のドンファン」と呼ばれた男性の死亡事件で元妻を逮捕　／5.21 改正少年法成立。18,19 歳の実名報道が可能に　／6.3 育児・介護休業法改正。男性が産休を取れるようになる　／6.23 夫婦同姓を求める民法は憲法違反ではないと最高裁が判断　／7.12 東京都に 4 度目の緊急事態宣言（〜 9.30）　／7.23 1 年延期された東京オリンピックが無観客で開幕（〜 8.8）　／8.4 河村名古屋市長, 金メダルを齧り批判が殺到　／8.18 40 都府県で「ステージ 4（感染爆発）」と発表　／8.23 女子高校野球, 決勝を初めて甲子園で実施　／9.3 菅総理, 自民党総裁選に立候補しないと表明　／9.12 サッカー女子の「WE リーグ」が開幕　／9.27 横綱白鵬引退を申し出る　／9.29 岸

田文雄が自民党総裁に決まる［10.4 岸田内閣発足］　／9.30 緊急事態宣言やまん延防止等重点措置が解除される　／10.2 土曜日の郵便配達が中止になる　／10.26 眞子内親王が民間人男性と結婚し皇籍離脱　／10.31 第 49 回衆議院選挙（自民党 261，立憲民主党 96，日本維新の会 41，公明党 32，国民民主党 11）　／10.31 京王線車内で男が刃物を振り回し 17 名負傷　／11.1 アイドルグループ V6 解散　／11.11 安倍元総理が派閥復帰し，安倍派となる　／11.12 立憲民主党の枝野代表が辞任［11.30 泉健太が新代表となる］　／11.19 大谷翔平が大リーグの MVP を獲得　／11.29 日本大学理事長を脱税容疑で逮捕　／12.8 ZOZO 創業者の前沢勇作が国際宇宙ステーションに向け出発　／12.17 大阪市曽根崎新地のビルの精神科クリニックで放火。26 人死亡　／12.18 タレント神田沙也加，札幌のホテルで飛び降り自殺　／12.30 日経平均株価 28,791 円 71 銭

【流行語・ブーム】リアル二刀流　／ショータイム　／「うっせぇわ」　／親ガチャ　／Z 世代　／黙食　／悪質タックル

2022 年

【出来事】1.12 国内の新型コロナの感染者が 11,766 人になり，4 か月ぶりに 1 万人を超え　／1.15 大学入学共通テストの会場である東京大学前で受験生ら 3 人が切りつけられる　／1.15 試験問題が試験中に外部に流出する［1.27 流出させた女子大学生が出頭］　／1.21 13 都県にまん延防止等重点措置が適用される（〜 3.21）　／1.22 東京都の感染者数が初めて 1 万人超え，全国では 5 万人を超え過去最多を更新　／1.24 感染拡大で保育施設が対応できなくなっているため，大阪市や名古屋市で保護者に登園自粛を要請　／1.27 まん延防止等重点措置が 34 都道府県に拡大　／1.28 大阪府の感染者が初めて 1 万人を超える。全国では 8 万人を超え過去最多　／2.3 全国の感染者が 10 万人を超える　／2.4 第 24 回冬季オリンピック北京大会が開幕（〜 2.20）　／2.24 ロシアがウクライナに侵攻　／3.3 国連でロシアを非難する決議案が 141 ヵ国の賛成で採択　／3.4 まん延防止等重点措置が多くの都道府県で解除される　／3.22 まん延防止等重点措置すべて解除される　／4.1 改正民法が施行され，18 歳から成人となる。男女とも婚姻年齢が 18 歳以上になる　／4.1 改正少年法も施行　／4.10 千葉ロッテの佐々木朗希投手が 28 年ぶりの完全試合を達成　／4.8 在日ロシア大使館の外交官ら計 8 人に国外退去を要請　／4.23 知床沖で観光船行方不明　／5.4 ロシア外務省は日本政府によるロシア制裁措置への報復として岸田総理をはじめ 63 人にロシアへの入国を恒久的に禁止する措置を決定　／5.11 教育職員免許法が改正され，教員免許更新制の廃止が決定　／6.10 短期間滞在の外国人の入国制限が緩和　／6.11 国内プロスポーツで初めて J リーグで声出し応援を試験的に再開　／6.25 40 度を超えるところも出る記録的暑さ　／7.8 安倍元総理が奈良市で狙撃され死亡　／7.10 第 26 回参議院選挙　／7.14 24 年ぶりに 1 ドル 139 円台に下落　／7.23 新型コロナの 1 日あたりの感染者数が 20 万人を超える　／8.27 日本維新の会の代表に馬場伸幸が決まる　／9.1 1 ドル 140 円台に下落　／9.7 外国人観光客の受入れがより緩和される　／9.8 自民党，旧統一教会との関係があった議員は 179 人と発表　／9.8 エリザベス 2 世逝去［9.19 国葬］　／9.23 長崎新幹線の一部が開業　／9.27 日本武道館で安倍晋三元総理の国葬儀が催

行　／10.3 ヤクルト村上宗隆選手が三冠王を獲得　／10.8 クリミア橋が爆破　／10.21 約 32 年ぶりに 1 ドル 151 円台に下落　／10.29 韓国ソウルの群衆過密事故で 159 人が死亡　／11.1 東京都で性的マイノリティカップルのパートナーシップを認める制度が運用開始　／11.18 公職選挙法が改訂され，衆議院での新区割り（10 増 10 減）が正式に決まる　／11.23 サッカー W 杯カタール大会で日本がドイツに勝利 [12.2 スペインにも勝利，12.6 決勝トーナメントでクロアチアに PK 戦で敗れる]　／12.15 防衛相，女性自衛官へのセクハラで複数の自衛官を懲戒処分にしたと発表／12.30 日経平均株価 26,094 円 50 銭

【流行語・ブーム】村神様　／宗教 2 世　／国葬儀　／キーウ　／きつねダンス　／わるい円安／ファスト映画　／タイパ

あとがき

大学教師の職に就いて，はや41年の年月が経った。その間に，ゼミ生として送り出した学生だけでも700人を超える。最初に送り出した学生は1985年卒業なので，すでに60歳代に入っている。すでに定年年齢を超えた熟年世代が学生だった時代から，21世紀生まれの学生ばかりの現在まで，ずっと大学教師という立場から学生たちを定点観測してきた41年である。

思い起こせば，昔教えた学生たちと今の学生たちは，同じ学生と言ってもずいぶん異なっている。しかし，学生たちの変化はある日突然生じるわけではなく，じわじわと少しずつ変化するので，日々学生たちとつきあっているその時々では，その変化に気づかないことの方が多い。ふとした時に，過去の学生を思い出し，「あれっ，ずいぶん変わったなあ」と気づかされる。

どこが変わったのか語ってほしいと言われたら，私の観察からだけでも相当いろいろなことを語る自信はある。おそらく長年大学教師を続けてきた人間であれば，ほとんどの人が語ることができるだろう。しかし，そうした個人的な観察に基づく意見は興味深いものであっても，かなり主観的なものになる。たとえば，観察データとしてもっとも参考にしやすいゼミ生たちの場合，教師のタイプによって集まるゼミ生のタイプも異なってくるので，同じ時代の学生に対する観察でも，教師によって異なる意見が出てくることも当然起きてしまう。こうした主観的観察をカバーし，客観性を持たせるために，計量的なデータが必要となる。

こんなに長期的な学生の変化を捉えようという遠大な目標を持って始めた調査ではなかったのだが，たまたま大学教師になって5年目の1987年に行った大学生の意識と価値観を捉える計量的な調査を，その後5年おきに35年間も行ってきたため，私は自らの観察に基づく学生の変化を，計量的なデータで補完して語ることができる幸運な立場になった。

こうした長期にわたる社会学の調査は，共同研究で行われることがあるが，一人の社会学者が行うのはほとんど例のないことである。一人で行うゆえの大変さももちろんあるが，それ以上にその時々の時代の変化を読み取りながら，自分のアイデアを質問に盛り込み，分析をしていけるという楽しみの方がはるかに大きかった。

　しかし，調査票は一人で作れても，その調査対象となってくれる学生たちや，そういう機会を提供してくれる知己がいなくては，この調査は続けられなかった。調査対象者になってくれた延べ5319人の各時代の学生たちに，心からの感謝を伝えたい。また，機会を提供してくれた知己も数多いが，特に岩田考桃山学院大学教授，辻大介大阪大学教授，戸江哲理神戸女学院大学准教授のご協力なくしては，今回の調査は成立しなかった。この場を借りてお礼を申し上げたい。他にも関西大学社会学部の同僚をはじめ，たくさんの知己にご協力いただいて初めてなしえた調査だということを改めて心に刻みたい。

　今回の調査時点では，まだ新型コロナの制約が厳しくかかっており，対面の授業の履修者が少ないという状況だったにもかかわらず，過去7回と同様に対面の授業での調査票の配布・回収をお願いしたので，間に立っていただいた方々にはいつも以上にご苦労をおかけすることになった。インターネット調査全盛の時代だが，この調査はずっと対面の授業での配布・回収という方法でやってきており，調査方法が変わってしまうと調査結果も大きく変わる可能性が高いので，この難しい状況でもなんとか従来通りの方法で調査を行いたかった。関係者のご協力でこれをなしえたことに心よりの感謝を申し述べたい。

　また，今回の調査には関わっていただいていないが，この35年にも及ぶ調査がここまで長く定期的に続けてこられたのは，前回調査まで献身的にご協力いただいた宮本孝二桃山学院大学元教授と難波江和英神戸女学院大学名誉教授という素晴らしい2人の友人がいたおかげであることも，ここに合わせて付記し改めて感謝の気持ちを伝えておきたい。

　名前のわからない調査対象者である他の学生と違い，直接の教え子である自分のゼミ生には，上で述べたことからもわかるように，いろいろな形で協力してもらった。調査結果の解釈が難しい時などは，ゼミ生たちにさらに聞

き取り調査を行うことで，より適切な解釈ができるようになったことも数多くある。しかしそれ以上に，私とざっくばらんにつきあい，各時代の学生の生の姿や考え方を示してくれたことの意義が大きい。彼らとの会話から思いついて，この調査に入れた質問はたくさんある。教え子たちこそ，この研究のもっとも重要な思考の源泉となっている。これまで書いてきた論文や刊行した書籍もその時々のゼミ生に読んでもらい，感想・コメントを得てきたが，35年分がまとまった本書を，改めて教え子たちがどのように読んでくれるだろうかと思うと，本当に楽しみである。

　もちろん本書は私の教え子だけに向けて書いたものではない。この調査が行われた各時期に大学生だった人たちは，その頃のことを思い出しながら，時代の変化と大学生の変化を楽しんでもらえるだろう。逆に，今大学生の人たちなら，過去の大学生の考え方を自分たちと比べて同じだと思ったり，随分違うものだと思ったりしながら読んでもらえるだろう。また，この調査が行われるより前に大学生であった方々には，自分の時代とは異なる時代を生き，異なる価値観を形成している若い世代のことを理解するよすがにしてもらえるのではないかと思っている。

　そうした異なる世代に対する理解をしやすくするために，1945年以降，今回の調査の行われた2022年までの主要な出来事についての年表を，調査票とともに付録として付けた。調査対象になった大学生たちに直接影響を与えたという意味では，1970年代後半からの出来事でよいのだが，歴史はつながっており，70年代，80年代，さらには現代を理解するためにも，近過去を知っておく必要がある。今当たり前と受け止められていることが，つい数十年前にはまったく当たり前ではなかったことはたくさんある。自衛隊を肯定的に捉えることも，日の丸や君が代を国旗・国歌と考えることも，今の大学生にとっては当たり前のことになっているが，そう思わない大学生が多数派だった時代はそう遠い昔のことではない。なぜ，そんな「奇妙な」状況であったのかは，戦後日本の歩みを——場合によっては戦前まで遡って——追っていかなければわからないであろう。時代が人々の意識を作り，そしてまたその人々の意識が時代を作っていくのである。それゆえ，こうした価値観調査においては，時代を知り得るデータは不可欠だと考えている。

私は，社会学を学び始めた当初から，社会学という学問は，社会と人間の関係に興味を持つすべての人に理解できるようなものとして提供されるべきだと考えてきた。この本ももちろんそうした思いで書いている。それゆえ，決して難解で読みにくい本にはなっていないと思うので，いろいろな人に，調査データから時代を読み取るおもしろさを味わい楽しんでもらえたらと思っている。そして，読み終わった時に，何かを考え始めるきっかけになったと思ってもらえたら，著者としてこれに勝る喜びはない。

　私事になるが，本書の校正をしている最中に，母が満94歳でその生涯を閉じた。母は，私が社会学を専攻すると言った時に，「社会学って大丈夫？」とちょっと心配そうだった。昭和5年生まれの母にとって，社会学は社会主義につながるイメージがまだあったようだ。しかし，私が大学教師になってから，テレビや新聞を見ながら，その時々に起きていたいろいろな出来事を社会学的に分析するのを聞きながら，「社会学っておもしろい学問なのね」と嬉しそうに言うようになったことをなつかしく思い出す。元気であったら，きっとこの本も「おもしろいわね」と言ってくれたに違いない。

　扉写真に使った尾道水道の日の出の写真は，「日出る国・日本」の象徴でもあり，これから本格的に始まっていく大学生たちの人生のスタートをも含意させられると，かなり前から掲載を決めていたものだが，実はこの写真は，姉と私と妹のきょうだい3人が大人になってから初めて揃って母と旅した際に撮ったものである。偶然ではあるが，この本は母に捧げる本になった気がする。

　最後になってしまったが，本書出版の意義を理解し，刊行していただいた関西大学出版部に感謝を申し述べたい。本調査はその継続性に大きな意義があり，一度でも結果を発表しないということになれば，その価値は致命的に損なわれてしまう。2014年に刊行した『不透明社会の中の若者たち——大学生調査25年から見る過去・現在・未来』，2019年に刊行した『時代を生きる若者たち——大学生調査30年から見る日本社会』に引き続き，今回も刊行していただけたことは，私個人にとってはもちろん，日本の社会学研究にとっても大きな貢献をしていただいたことになる。関係各位，特に原稿を丁寧にチェックしアドバイスもしていただいた出版部の岡本芳知さんには心より感謝申し上げたい。

　私が現役教師として行う大学生調査はこれが最後である。少なくない人からこれからもぜひ継続してほしいと言われているが，現実的には難しい気がする。というのは，この調査研究は一見すると，調査データの分析だけしているように見えるかもしれないが，実は上にも述べたように現役教師として大学生と付き合い，その感性と思考を常に観察していたから可能になっていたものである。それゆえ，現役教師でなくなり，大学生たちと日常的に接することができなくなれば，調査データの分析もこれまでのようにはできなくなるだろう。その意味では，やはり本書をもってこの大学生調査は一応区切りとした方がよいのだろうと思っている。読者を含め，長らくお付き合いいただいた皆様に心よりの感謝を申し上げて，本書を閉じたいと思う。

2024 年夏　　片 桐 新 自

著者紹介

片桐　新自（かたぎり　しんじ）

1955 年　東京都生まれ
1978 年　東京大学文学部社会学科卒業
1983 年　東京大学大学院社会学研究科博士課程単位修得退学
1983 年　桃山学院大学社会学部助教授
1992 年　関西大学社会学部助教授
1993 年　関西大学社会学部教授（現在に至る）

主な著書

『資源動員と組織戦略──運動論の新パラダイム』（共著，新曜社，1989 年）
『社会運動の中範囲理論──資源動員論からの展開』（東京大学出版会，1995 年）
『歴史的環境の社会学』（編著，新曜社，2000 年）
『現代社会学における歴史と批判　下巻　近代資本制と主体性』（共編，東信堂，2003 年）
『現代社会学への誘い』（共著，朝日新聞社，2003 年）
『現代社会学〔改訂版〕』（共著，有斐閣，2005 年）
『不安定社会の中の若者たち──大学生調査から見るこの 20 年』（世界思想社，2009 年）
『基礎社会学〔新訂第 2 版〕』（共編著，世界思想社，2010 年）
『よくわかる社会学史』（共著，ミネルヴァ書房，2011 年）
『不透明社会の中の若者たち──大学生調査 25 年から見る過去・現在・未来』（関西大学出版部，2014 年）
『時代を生きる若者たち──大学生調査 30 年から見る日本社会』（関西大学出版部，2019 年）

昭和・平成・令和の大学生
大学生調査 35 年から見る価値観の変化

2024年 9 月 14 日　発行

著　　者　片桐新自

発 行 所　関西大学出版部
　　　　　〒564-8680 大阪府吹田市山手町 3-3-35
　　　　　TEL 06-6368-1121(代) / FAX 06-6389-5162

印 刷 所　協和印刷株式会社
　　　　　〒615-0052 京都府京都市右京区西院清水町 13

©Shinji KATAGIRI 2024 Printed in Japan
ISBN978-4-87354-785-5 C3036　落丁・乱丁はお取替えいたします

JCOPY <出版者著作権管理機構委託出版物>
本書の無断複製は著作権法上での例外を除き禁じられています。複製される
場合は、そのつど事前に、出版者著作権管理機構（電話 03-5244-5088、FAX
03-5244-5089、e-mail: info@jcopy.or.jp）の許諾を得てください。